Heinrich Prescher

# Geschichte und Beschreibung der zum fränkischen Kreise gehörigen Reichsgrafschaft Limpurg

Heinrich Prescher

**Geschichte und Beschreibung der zum fränkischen Kreise gehörigen Reichsgrafschaft Limpurg**

ISBN/EAN: 9783742885920

Hergestellt in Europa, USA, Kanada, Australien, Japan

Cover: Foto ©ninafisch / pixelio.de

Manufactured and distributed by brebook publishing software
(www.brebook.com)

Heinrich Prescher

# Geschichte und Beschreibung der zum fränkischen Kreise gehörigen Reichsgrafschaft Limpurg

# Heinrich Preschers

Limpurgischen Pfarrers zu Gschwend

## Geschichte

und

## Beschreibung

der

zum fränkischen Kreise

gehörigen

Reichsgrafschaft

# Limpurg

---

Zweyter und lezter Theil,

welcher die Topographie enthält,

nebst den noch rückständigen Geschlechtstafeln und einer
illuminirten Charte.

---

## Stuttgart

bey Christian Gottlieb Erhard

1790.

# Vorbericht.

Die gute Aufnahme und billige Beurtheilung, welche der erste Theil der Geschichte und Beschreibung Limpurgs an hohen Orten und bey einem achtungswürdigen Publikum gefunden hat, fordern mich auf, hie zuförderst auf einige Erinnerungen mit näheren Erläuterungen zu dienen. Die erste geht Schenk Walther und seine einfache oder zweyfache successive Existenz an. Der Herr Recensent in der Allg. Lit. Zeitung d. J. N. 256. vermutet uemlich aus Gründen, daß zween Schenke von Limpurg, Namens Walther, nach einander gelebt haben, mithin auch die Urkunden, in welchen ein Schenk Walther v. J. 1230. bis ungefehr 1284. vorkommt, nicht von einer sondern zwey Personen, nemlich Vatter und Sohn verstanden werden müssen. Es gründet sich diese Vermuthung vornémlich

)( 2                          auf

auf eine Urkunde v. J. 1253. in welcher Otto von
Eberstein bezeuget, daß Hr. Conrad von Craut-
heim (Urk. patruus contectalis noſtræ ex conſenſu
noſtro & ex bona voluntate noſtra, ac ipſius uxo-
ris noſtræ) dem Schenken von Limpurg (der nach
der kurzen Handelsweiſe der alten nicht mit Namen
beſtimmt iſt,) einige von des Schenken Vatter
Hn. Gottfried von Hohenlohe und ihm zur Genug-
thuung abgetrettene Güter, nach ſeinem Abſterben,
ohne irgend einen Vorbehalt (libere poſsidere) wieder zuſtellen wolle. Die Urkunde ſchließt ſich mit
den Worten: Acta ſunt hæc Anno MCCLIII.
VIII. Calend. Januar. iſt von Ludewig ſeiner Erläuterung der güldenen Bulle einverleibet und aus Fröſch-
lins handſchriftlicher Kronik, wie die übrigen dort
befindlichen Limp. Urkunden, genommen worden.
Der in der Urkunde vorkommende Vatter des Schenken läßt freylich den Umſtänden nach kaum an einen
andern, als den Schenk Walther denken, der im
J. 1237. an Gottfried von Hohenlohe ſein Caſtrum
Schenkenberg und andere Güter hat abtretten müſſen; ſo wie man um d. J. 1253. von keinem andern
regierenden Schenken von Limpurg, als einem Walther weiß, dem auch nach einer vorhandenen Urkunde eines Eberhards Grafen von Eberſtein v. J.
1251. K. Konrad de precaria ſua in civitate Hallen 450. Pfund jährlich verſezt hat. Nur iſt in
der Urk. v. J. 1237. Cunradus de Crutheim ſe-
nior,

nior, ein Schwager Gottfrieds von Hohenlohe, nicht
genannt, auch keines der Güter namentlich ange-
geführt. Vermuthen läßt sich aber gleichfalls, daß
er als Verbündeter Gottfrieds, an den Abtrettun-
gen seinen Theil erhalten, und im Alter, da er ohnehin kinderlos war, und durch andere Betrachtungen
bewogen, dem Sohn Walther die ehmals väterlichen
Güter mit seinem Tode wieder einzuräumen versprochen habe. Indessen kann man doch noch Zweifel
erheben. Warum hat weder Fröschlin noch die alte
pergamentne Geschlechtsbeschreibung die Schenken
Walther, Vatter und Sohn unterschieden? Die
leztere enthält doch die alte Familien-Ueberlieferung,
nennet nur Einen Walther, seine Gemahlin eine edle Gräfin von Decke, seinen Vatter Johannes.
Man könte sagen, dieser Johannes habe vielleicht mit
G. von Hohenlohe eine Fehde gehabt u. s. w.
Man dürfte bemerkbar finden, daß Walther der ältere und der jüngere in keiner Urkunde durch diese
sonst gewöhnliche Alters-Bestimmung unterschieden
werden, daß Ein S. Walther v. J. 1230. bis
1284. Alters-halber gar wohl alle die Handlungen,
welche die Urkunden enthalten, habe verrichten können, und die Stellen in den Urkunden v. 1260. und
1270. die seines Vatters (ohne Namen) erwäh-
nen, auch wohl von Schenk Johannes gelten können. Allein ich gestehe, die Urkunde v. J. 1258.
macht mich selbst geneigt, zween Walther, Vater

und

und Sohn, samt Walther, dem Enkel, Johanni-
ter-Ritter, anzunehmen. So ungewiß bey dieser
Voraussezung bleibt, von welchem Walther, dem
ältern oder jüngern, in den Urkunden v. 1241. bis
1251. die Rede ist, so erklärt sich doch dadurch noch
ein bemerkenswerther heraldischer Umstand.

Fröschlin hat nemlich schon angemerkt: daß Schenk
Walther sein Sigill ungleich geführt, einmal so,
das andermal anderst, 1237. im Schild blos die
fünf Streitkolben, wie sie auch auf dem Grabstein
Friederichs I. vorkommen, 1255. und später zwar
ebendieselben Kolben, aber so, daß die zwey untern
mit zwey Schenkenbechern besezt erscheinen. So
hätten demnach die zween Walther, wenn sie wirklich in doppelter Persöhnlichkeit existirten, auch zwey
verschiedene Siegel geführt. Ich bin so wenig für
die eine oder andere Hypothese eingenommen, daß
ich diese Bemerkung hier mit Vergnügen nachhole.

Auch würde ich das in Herrn von Normann
Observationibus befindliche Siegel eines Schenk
Walthers v. J. 1260. (welches das andere von den
eben angeführten ist, ) gerne in den Kupfertafeln des
ersten Theils in die Reihe der übrigen aufgenommen
haben, wäre mirs damals schon bekannt geworden;
obwohl die dort abgebildeten Limp. Siegel und Wappen von lauter Originallen genommen sind. Uebrigens,

gens, wenn ich durch diese kleine Nachlese bey den
Lesern einigen Dank verdiene, so bekenne ich, daß
er weniger mir, als dem würdigen Recensenten gebühret, der mich dazu veranlaßte.

In Ansehung des alten Denkmals an der Kirche
zu Welzheim bin ich auch noch eine kleine Antwort
schuldig.   Freylich siehet das Ding, welches der
kaiserliche Adler, unter seinem linken Fittiche eigentlich nicht trägt, sondern schüzt, (Tab. VIII im ersten Theile des Buchs) mehr einem Wappenschilde,
als einem Quadersteine ähnlich; aber die untere
Rundung desselben rührt blos von dem Kupferste-
cher her, der die Originalzeichnung nicht richtig nach-
bildete   An dem Denkmal selbst läßt sich der erha-
ben gebildet- schwebende Würfel nicht mißkennen.
Jeder deute ihn, wie es ihm am besten dünckt; aber
die Abtheilung in der Mitte macht ihn nach meinem Bedenken noch nicht zu einem Wappen.   Die
Schere in dem andern benachbarten Schilde gebe
ich nicht weniger gerne jedem Kenner der Symbolick
des Mittelalters zum besten. Diese ist allerdings vermög des Schildes eine Wappen-Figur — ob der
darüber stehenden Kaiserin, oder einer andern Person,
oder einer edlen Familie? das läßt sich fragen, und
wird vielleicht nie ganz befriedigend ausgemacht werden.   Ist es vielleicht das Wappen des Baumei-
sters oder Bildhauers? oder eines Abts von Lorch?

X 4                                        oder

ober irgend eines Edlen, der etwas an die Kirche ge=
stiftet hat? Wie vielerley Muthmaßungen finden hier
statt! und auch wieder nicht statt, wenn man be=
denkt, daß der Adler unter der Figur des Kaisers
sichtbar seine Beziehung auf dieselbe hat, und war=
um sollte nun das andere Wappen daneben, die dar=
über stehende Kaiserin gar nicht angehen, sondern
weiß nicht, wem? der der ganzen erhabenen Grup=
pe ganz fremd ist, zugehören? Es soll an einem al=
ten jezt nicht mehr stehenden Gebäude noch vor we=
nigen Jahren die gleiche Figur zu sehen gewesen seyn;
aber man kan nun nicht mehr vergleichen und wenig
sicheres daraus schließen.

Die Becher, welche zwey der Statuen in ihren
linken Händen halten, kann ich mir ain allerwenig=
sten in einiger Beziehung anf das nachherige Schen=
kische Wappen gedenken. Welzheim wurde erst im
J. 1335. von Limpurg erworben; kamen etwa jezt
erst die Becher in das Limp. Wappen? Nein sie sind
als Symbol des Schenkenamtes, wenigstens durch
ein Siegel eines Schenken, lange zuvor beurkun=
det. Freylich hier und dort Becher, die sich im gro=
ßen Ideen=Reich leicht und schnell associren, aber
wie viel behalten sie mit einander gemein, wenn sie
die historische Fackel beleuchtet? Die Dynasten von
Limpurg führten notorisch ihren Wappen=Becher um
ihres Schenkenamts willen; es kann so gar seyn,

daß

daß diesem Aſt eines kochergaugräflichen Geſchlechts
dies Amt und die daſſelbe bezeichnende Figur von
den Schwäb. Kaiſern neuerdings verliehen oder beſtättiget worden, und doch die Becher am Denkmal
mit den Bechern der Schenken in ganz keiner Ver-
wandtſchaft ſtehen. Den Reichs-Schenkenbecher
verliehen Kaiſer, nicht Kaiſerinnen, und doch
hält die Kaiſerin am Denkmal auch einen Becher.
Auch dies möchte zu bemerken ſeyn, daß das ganze gar nicht ausſieht, als ſollte hier die Verleihung
des Schenkenamts ſymboliſirt ſeyn, warum hier an
einer Kirche? warum ſonſt nirgend ein Neben-At-
tribut, z. E. das Limp. Familien-Wappen? Würden bey dieſer Hypotheſe nicht die übrigen Theile des
Denkmals noch weit räthſelhafter? Gienge nicht alle Einheit in der Vorſtellung verlohren, ſtatt daß,
wenn wir das Frontiſpiz der Kirche in der rechten
Hand der einen Frauensperſon als Schlüßel des ganzen nicht verkennen wollen, alle andre Umſtände
ſich doch ziemlich in daſſelbe einrangiren laſſen? Daß
die Kelche zum Kirchengebrauch ohne Deckel zu ſeyn
pflegten, wie die auf alten prieſterlichen Grabſteinen;
thut uns in der Hauptſache keinen Eintrag. Der
Becher der Frauensperſon ſieht ſo gar einem Kirchenkelch ganz ähnlich, und das, was man für den Deckel nehmen könnte, ſieht wohl noch mehr einem
Kügelchen gleich, das irgend eine Sache von be-
deutendem Werth anzuzeigen ſcheint. Uebrigens

müßte

müßte der Kirchenkelch, in der symbolischen Deu-
tung der Kirchen-Dotation, nicht einmal da seyn.
Es war den Alten so gewöhnlich, durch Becher,
auch gedeckelte, Schenkungen von Werth zu bezeichnen, daß man selten alte Vorstellungen von den mor-
genländischen Weisen siehet, worauf nicht Becher
zum Vorschein kommen. Man verzeihe diese kleine
Schuzrede in Betracht eines kaiserlichen Denkmals,
und daß dergleichen aus jenem Zeitalter eben so
häufig nicht sind. Für den zweyten Theil des Bu-
ches, werde ich mich, als Vorredner kürzer fassen
können.

S. 52. hat sich ein Fehler eingeschlichen, der aber
aus dem Context sich so bald verbessert, als dieser
gelesen ist. Da alle Personen in der Geschlechts-
Tabelle nach ihrem Alter gereihet sind, so sollte
auch die Gräfin Jul. Dor. Louisa von Wurmbrand
zuerst, nach derselben die Gräfin Wilhelmina Christina von Solms-Assenheim stehen, und jene die
erste, diese die zweyte gräfliche Erbtochter von Limpurg-Gaildorf heißen.

Im 23. Abschn. unter der Rubrik: Neueste
Verfassung, sind die eingepfarrten Orte, und die
Seelenzahl der Limpurgischen Pfarreyen, wie sie zur
Zeit des Abdrucks, mit Mühe, sich hatten erkundi-
gen lassen, angegeben. Um aber der Sache noch
näher

näher auf den Grund zu kommen, stellte ich noch sorgfältigere Nachforschungen an, wodurch sich einige Varianten ergaben, die man in der Topographie und in den wenigen Zusätzen findet, die im 1. Theil angegebene Volkszahl aber noch größer erscheint. Kenner und die in diesem Fache selbst gearbeitet haben, wissen, welche Unverdrossenheit erforderlich ist, in solchen Dingen sich und andern Befriedigung zu verschaffen.

Die Topographie ist so genau und umständlich bearbeitet, als es immer seyn konnte. Ich appellire deßhalb an Sach = und Landes = Kundige. Man wird einsehen, wie viele Fragen man sich beynahe für jeden einzelnen Ort, in Hinsicht des ehmaligen und jezigen, politischen, kirchlichen, sittlichen, natürlichen und Gewerb=Zustandes, selbst daraus auflösen kann. Die Beschreibung der Herrschaft Speckfeld hätte ich umständlicher verfaßt, wenn ich selbst von derselben, wie von den übrigen Herrschaften, auf eigne Einsicht gegründete Lokal=Kenntnis gehabt hätte. Bey der Abtheilung: Ehemalige Besitzungen, finden auch Nachlesen Statt. Aber das gelieferte durfte als Theil des Ganzen, das Ebenmaas nicht zu sehr verlieren, und wird doch hinreichend seyn, manche gute nähere Aufklärung zu geben.

Die

Die Charte mag und wird sich hoffentlich selbst
empfelen, wenn gleich einzelne kleine Hofgütchen und
Häuser darauf fehlen, die aber den kleinen Raum
zu sehr überladen hätten.   Gleichet sie in dieser
Rücksicht einer durch ihre Entfernung dem Auge
nicht in allen ihren Theilen erkennbaren Fläche,
so wird das Buch zu Hülfe genommen, dem Auge die Dienste eines Tubus thun, und es
nicht weit irren lassen.

Inhalt

# Inhalt des zweyten Theils.

## Fortsezung der Ersten Hauptabtheilung.

### Allgemeine Geschichte des Landes und seiner Regenten.

---

# Zweyte Hauptabtheilung.

## Beſchreibung der einzelnen Landes-Antheile an der Grafſchaft Limpurg und aller dazu gehörigen Ortſchaften.

Um die Topographie anſchaulicher zu machen, iſt eine Charte beygefügt, welche die Grafſchaft, nach ihren neueſten Abtheilungen darſtellt. Es iſt aber zu merken, daß da eine Herrſchaft in dem Umfang der andern Zehenden, Waldungen ꝛc. beſizt, auch fremden Herrſchaften einiges zugehört, das Areal jeder Herrſchaft nicht nach der bloſen Anſicht ganz genau zu ſchätzen iſt. Die entlegene Herrſchaft Speckfeld konnte ohnehin auf dem engen Raum nicht mit vorgeſtellt werden.

Fort

# Fortsezung
der
## Ersten Hauptabtheilung:

## Allgemeine
# Geschichte des Landes
und
## seiner Regenten.

A

# Achtzehenter Abschnitt.
## Ueber den kirchlichen Zustand.

Das limpurgische Kirchenwesen damaliger Zeit erfordert noch eine besondre kleine Abhandlung. Denn dasjenige, was davon bereits gelegentlich berührt worden, kann für keine eigentliche Beschreibung desselben gelten.

Die Landesherren wären zum Theil selbst Theologen, und alle halfen im dreysigjährigen Krieg die protestantische Sache vertheidigen. Man kann also um so mehr glauben, daß sie das evangelische Kirchenwesen, wie ihnen hie und da nachgerühmt wird, und auch ihre Veranstaltungen beweisen, zu erhalten und zu verbessern gesucht haben.

Die eigentliche Beschaffenheit der ältern limpurgischen Kirchenverfassung ist aber am besten aus den Kirchen=Ordnungen zu ersehen, dergleichen jede Hauptlinie für ihre Herrschaften besonders bekannt machte. Die ausführlichere Kirchenordnung für die Kirchen der Gaildorfischen Linie, ist schon vor dem Jahr 1611. von Schenk Albrecht und Schenk Karl, doch allein geschrieben, ihren Kirchendienern eingehändigt wor=

den.

den. Sie führet den Titel: *Cynosura Ecclesiastica*
oder Christliche Kirchen Ordnung. Wie es in
den Kirchen der Löblichen Herrschafft Limpurg,
Geilndorffer *Lineæ*, mit der Lehr Göttlichen
Wortts, vnd den *Ceremonien* auch mit andern
darzu nothwendigen sachen solle gehallten werden. Wahrscheinlich ist sie aus der Feder des belieb-
ten Superintendenten Felix Roschmanns geflossen.

In der Vorrede wird der christlichen Einigkeit
ihr verdientes Lob gegeben, und zwar erkannt, daß
darauf unser ewiges Heil und Seligkeit nicht stehe,
sondern allein auf Christo und dem Glauben an ihn,
doch hätte sie sonst ihren besondern Nuzen, und man
hoffe daher, daß Jeder geneigt und beflissen seyn würde, daß Gott in der christlichen Versammlung nicht
nur in einem Geist, sondern auch auf einerley Weise
gedient werde. Hierauf folgen 11. Kapitel. Das
erste handelt von der Lehre, worinn die Kirchendiener
in Ansehung ihres öffentlichen Vortrags auf die heilige Schrift, die Augspurgische Konfession, deren
Apologie und die Formula Koncordiä angewiesen
werden. Das andere Kapitel hat die Ueberschrift:
Von Sonntags- und Wochen- Predigten samt
dem Katechismo insgemein. Hier wird insonder-
derheit darauf gedrungen, daß der Sabbath oder
Sonntag recht gefeiret, die Glaubens- Artickel aus
der h. Schrift recht klar und deutlich, auch faßlich
für die Einfältigen vorgetragen, und dahin gesehen
werde, daß sich die Kraft derselben auch in Werken
des Geistes offenbar mache. Besonders sollten auch
die Laster, und unter denselben das leider gewöhnliche, aber schröckliche Gottesläftern, Trunkenheit,
Uebelnachreden rc. mit Ernst gestraft werden. Die
Pfarrer sollten auch Fleiß anwenden, daß die Jugend
in Schulen und Kirchen singen lerne, weil das Gesang

fang ein feiner Wohlstand bey dem Gottesdienst sey, Gott dadurch gepriefen, und die Herzen zu geistlichen Freuden erwecket werden. Es wird hierauf genau angeordnet, wie es mit der Zeit des Frühgottesdienstes, und der Ordnung des Gesangs, der Kirchen=Musik, wo man dieselbe haben könne, des Eingangs, der Verlesung des Evangelii, des ordentlichen Sonntagsgebets, (welches mit dem noch jezt gewöhnlichen und dem Wirtembergischen ganz übereinstimmt,) der öffentlichen Fürbitten, der Verkündigungen, und anderer Kollecten und Gebete durchs ganze Jahr gehalten werden sollte.

Nachmittags sollte eine Predigt über den Katechismus gehalten werden, und zwar also: wenn der Text des Katechismi gelefen worden, sollte derselbe eine halbe Stunde zu gutem Verstand der Kinder und Einfältigen erklärt, mit klaren Sprüchen der h. Schrift wohl erwiesen, und daraus Lehr, Warnung und Trost aufs einfältigste angezeigt, der ganze Katechismus aber in einem Jahr also durchgebracht werden. Wie es nun hierauf weiter gehalten worden, will ich mit den eignen Worten des Buchs anführen:

„Zu Ende der Predigt läffe der Prediger die Kinder, fo des Catechismi berichtet und fertig erzehlen können, auftretten und ein jedes feine gebühr mit erhobener Stimm deutlich und verständlich (da je eines umb das andere fragt oder Antworttet) herfagen, biß zu End, da er dann einem jeden, auß der heyl. Pfleg zu mehrerem antrieb einen Pfening reiche, Er hallte aber bey den andern an, daß Sie dem Recitirenden alle Wortt bey fich heimblich nachfprechen, damit wo fie folche nicht oder nit allerdingß gelernet, desto

beffer

beſſer begreiffen und faßen mögen, ſonderlich die ſo nicht zur ſchulen geſchickht werden. Da nun die Recitatio Catechismi vorüber, So beſchließe Er mit dem gewöhnlichen hernachfol: genden gebett, und gebe nach einem kurtzen ge: ſang gleich darauf den Segen. „

So ſollte es in der Stadtkirche zu Gaildorf an je: dem Sonn= und Feyertag Nachmittags gehalten wer: den, nur mit dem Unterſchied, daß an jenen Tagen der Diakonus, an dieſen der Pfarrer das ſogenannte Catecheticum zu halten hatte.

Auf den Dörfern war es etwas anders einge: richtet. Hier ſollte nach dem Geſang und Vater Unſer der Katechismus in Frag und Antwort, und nach deſſen Vollendung eine aus den gedruckten und hiebevor eingeführten 12. Predigten der Ordnung nach, vor dem Altar abgeleſen, und dann mit dem Vater Unſer und Segen ohne Geſang beſchloſſen werden. Und dieſes den einen Sonntag, den folgen: den nach dem Geſang eine kurze Rede im Altar ge: halten, darauf der Katechismus von zwey oder vier Kindern, wie mans haben könnte, recitirt, und dann jedem ein Pfennig gegeben, die in der vorgehenden Predigt aber enthaltenen Fragen examinirt, explicirt und der Nuz derſelbigen gewieſen werden. Es könn: ten, heißt es ferner, auch die kurzen Sprüche und Pſalmen, die in Schulen gefaßt worden, dazu gezo: gen werden. Den Beſchluß machte ein vorgeſchrie: benes Gebet und der Segen.

Es wird den Pfarrern eingeſchärft, Alte und Junge oft zu ermahnen, daß ſie zum Katechismo kommen, zu dem Ende auch ein Regiſter über das Pfarrvolk, darinn die Kinder, Knechte und Mägde

\ ver=

verzeichnet stehen, zu halten, und bey den Schulmei=
stern die gute Anstellung zu thun, daß die Schüler
auch kurze Sprüche h. Schrift samt dem Morgen=
und Abend= Segen auswendig lernen. Zu Gail=
dorf, heißt es ferner, würden auch die vornehmsten
Psalmen vorgegeben, könnte mans auf den Dörfern
auch so dahin bringen, wäre es sehr nüzlich An ho=
hen Festen soll Nachmittags keine Katechismus= Ue=
bung, sondern eine Predigt über die Epistel gehalten
werden.

Wochenpredigten sollten zu Gaildorf am Frey=
tag Vormittags durchs ganze Jahr gehalten werden,
es falle dann ein Feyertag ein, da die Litaney nach
der Feyertags= Predigt zu verlesen. Auf den Dör=
fern sollte es eben so gehalten werden, ausser in der
durchs Herrschaft= Mandat bestimmten Zeit groser
Feldgeschäfte. Texte und Erklärung der Bücher A.
und N. Testaments, sollten mit Gutachten des Su=
perintendenten nach Bedürfnis der Gemeine und der
Zeitumstände vorgenommen werden.

Das dritte Kapitel ordnet den Tauf= Actum an,
und hat nichts eigenes. Das vierte ist überschrieben:
Von Verhör der Communicanten vnndt Privat-
Absolution. Vor jedem Sonntag, der ein Abend=
malstag ist, soll am Samstag Vormittags eine Beicht=
oder Vorbereitungs= Predigt, doch nur eine halbe
Stund lang gehalten, und darinn das 11. Kap. der
der 2. Ep. an die Kor. die Bußpsalmen und was
sonst nuz= und erbaulich seyn möchte, erklärt werden.
„Hierauf verhöre der Pfarrer die Confitenten nach
und nach, vnd da derselben viel, sollen Sie doch
nicht haufenweiß fürgenohmen oder verhört werden,
Sonderlich sollen Sie die Pfarrer alle vnt¦jede da=
hin hallten, daß Sie eine Beicht sagen, welches

A 4                                    leicht=

leichtlich sein kann, wann Sie die, so alle Sonntag
von der Canzel abgelesen würdt, fleißig merken, vnd
bey dem anzeigen erzehlen.„ Der Pfarrer soll die
Jungen allerley aus dem Katechismo fragen, (auch
Alte, bey denen ein Zweifel des Verstands in Gottes Wort,) von der Sünde, von Christo, von Gott,
vom h. Abendmal. Er soll alle und jede gebührend
vermahnen, die Vermahnung aber nach Gelegenheit
jeglicher Person schärpfen oder lindern, erlängern oder
abkürzen. Im fünften Kap. vom heil. Abendmal,
wird befohlen, daß dieses in allen und jeden Kirchen
der Herrschaft alle vier Wochen gehalten werde. Die
Liturgie ist der Hauptsache nach der Wirtembergischen
gleich. Das sechste Kap. von hohen Festen und andern Feyertagen, ordnet unter andern an, wenn das
Festum Matthiæ in den Kalendern auf ungleiche Tage gesezt werde, soll es ohnfehlbar auf den 24. Febr.
und das Festum Annunciationis, wenn es in die
Charwoche falle, auf den Freytag vor Palmarum
gefeyert werden. Das siebente Kap. von Passions-
Predigten, enthält, weil man die wichtige Historie
vom Leiden Christi in zweyen oder dreyen Predigten
nicht hinlänglich auslegen könne, so sollen solche die
Pfarrer die ganze Fasten durch alle Sonn- und Feyertage erklären. Der Text soll ein Jahr aus dem Evangelisten Mattheo, hernach aus dem Marco, das dritte
aus dem Luca, und das vierte aus dem Johanne seyn.
Damit aber doch das Evangelium nicht übergangen
werde, so soll dasselbe Nachmittags anstatt der Ka-
techismus-Predigt erklärt, doch aber auch der Katechismus gehalten werden. Das achte Kap. von der
Ehe und Einleitung der Eheleuth, enthält den Trau-
Actum, wie er hier und andrer Orten gewöhnlich,
noch verrichtet wird. Die Eheordnung soll alle Jahre
zweymal, nemlich am ersten Sonntag des Februarii,

und

und am erſten des Septembers von allen Kanzeln ver=
leſen werden. Hierauf folgt eine Forma, wie Per=
ſohnen, ſo wider Göttl. vnd Welltl. Obrigkeit Ver=
botten in vnzucht betretten, den Kirchen abbittung
thun, vnd derſelben wider eingeſöhnet werden ſollen.
Im neunten Kap. von Beſuchung der Kranken, iſt
der Schluß bemerkenswerth: „Fienge dann die Peſt
an zu regieren, vnd, weren allbereit ein Perſohn etli=
che darauf gangen, ſolle ein ieder Pfarrer ſolches alß=
baldt nach Hof berichten, damit ihme mögen beque=
me Artzeneyen für ſich vnd andre zugeſchickht werden,
vnd dann bey den Kranckhen mit beſuchung vnd troſt,
an ſeiner trew vnd fleiß nichts verwinden laſſen. „
Das zehente Kap. vom Begräbnis, enthält auſſer ei=
nigen Vorſchriften, die Beerdigung der Leichen be=
treffend, etliche kurze Leichreden zum Vorleſen. End=
lich das eilfte Kap. von Beſtellung des heyl. Predig=
ambts vnd auf= vnd annehmung Newer angehender
Kirchendiener, beſtimmt, wie es mit der Probpre=
digt, dem Examen, der Ordination vnd Präſentation
der Geiſtlichen gehalten werden ſoll.

Der erſten Bekanntmachung dieſer Kirchen=Ord=
nung folgte bald die Kirchen = Viſitations = Ord=
nung: Wie dieſelbe in der Löblichen Herrſchafft
Limpurg Geylndorffer Lini ſoll gehalten werden.
Sie iſt datirt Gaylndorff, Vnder beeder Jrer Gn.
Gn. Handtvnderſchrifften vnd fürgetruckhten deren
Cantzley Secreten, den 22. May Anno 1611. Es
wird ſich gleich im Anfang auf die neulich verfaßte,
publicirte und ins Werk gebrachte Kirchen=Ordnung
bezogen, und bemerkt, daß man ſie zu Fortpflanzung
reiner Lehre, Einträchtigkeit der Lehrer und Zuhörer,
wie auch aller Gottſeligkeit ſehr bequem und dienſtlich
gefunden; damit nun ſolche erhalten, und Gottes

A 5                        Gnad

Gnad und Segen immer gemehrt werden möchte,
haben Jhre Gn. Gn. die gnädige Anstellung gethan,
daß auch eine gewiße und richtige Visitationsordnung
begriffen und ehestens ins Werk gezogen würde. Es
wird darinn verordnet, daß der Superintendent nebst
einer von Jhren Gn. ihm zugeordneten politischen
Person alle Jahre einmal, um Johannis oder überhaupt zwischen Ostern und Bartholomäi einen jeden
Pfarrer und auch den Diaconum zu Gaildorf, als
Pfarrer zu Münster visitiren soll. Der Fragen, die
hieben an den Pfarrer gethan werden sollen, sind 20.
derer an die Gemeine, oder den Amtmann und die
Gerichtspersonen 10. Zur Probe nur drey von den
ersteren. N. 10. Ob Jemandt mit dem Wieder-
thauff Schwenckhfeld Sacramentirer vnd andern
Secten behafft were oder sonst Schwermer Under-
schlaiffte, herbergte oder Gemeinschafft mit Jhnen
hette. N. 13. Ob Persohnen bey seiner Kirchen,
die seine Predigten oder deß Herrn Abendtmahl nicht
besuchen, oder sonsten verächtlich davon Reden, Jhre
Kinder vnd Ehehalten zum Catechismo nicht für-
dern, oder Zauberey, Wahrsagens, Segensprechens,
Walfahrtens vnd gelobens an Päbstische Ortt, Ehe-
bruchs, Vnzucht, Volltrinkhens, Wucherns, Spie-
lens, ohnversöhnlichen Haß vndt Neydts, Fluchens
vnd Schwörens, vnd ander ärgerlich Laster sich gebrauchen, wer dieselbe alle mit Nahmen, vnd waß
Jhr Verhandtlung. N. 16. Wie es vmb die Schuel
stehe, mit waß Ordnung vnd wie Er Sie visitir, waß
deß Schuelmeisters Vleiß vnd Vnfleiß, vnd ob die
Schuel an Lehr vnd Disciplin, auch mit dem Gesang
wohl angerichtet seye.

Das Limpurg-Gaildorfische Kirchenwesen hatte
also nächst der Landesherrschaft dem Sup. Rosch-
mann

mann viel zu danken. Aber auch seine Nachfolger
hatten ihre Verdienste um daſſelbe. Johannee Don-
ner, der h. Schrift Doktor, der jenem im J. 1615.
im Superintendenten-Amt folgte, bemerkte bald,
daß die öffentlichen Katechismus-Unterweiſungen
einer Verbeſſerung nöthig hätten. Seine Vorſtellung
machte höhern Orts Eindruck, und ihm ward aufgetragen, eine Anzahl faßlicher Katechismus-Predig-
ten zu verfaſſen, die auf dem Land einen Sonntag
über den andern der Gemeine vorgeleſen, den folgenden Sonntag aber in Fragen und Antworten zer-
gliedert, und alſo vermittelſt derſelben die Religions-
lehren dem Volk faßlicher und behaltlicher gemacht
würden. Die Predigten wurden gedruckt und ausgetheilt. Dies geſchah im Jahr 1617. Eine alte
geſchriebene Nachricht meldet hiebey, daß etliche Geiſtliche ſchon am 5. Man beſchloſſen hätten, den Hälliſchen
Katechismum erſtlich an die Hand zu nehmen, und
bey den Schulern einen Anfang zu machen, diejenigen aber, ſo bey den Schulen nicht hergekommen, ſo lang bey den alten Fragen zu laſſen, bis
man nach und nach auch ein mehreres erlangen
möchte. Dies erklärt die obangeführte Kirchenordnung im Punkt der Katechismusunterweiſung, und
eine Frage in der Viſitationsordnung (es iſt die dritte): Ob der Pfarrer ſonntäglich den Katechismum
mit den verordneten Fragen in der Kirchenordnung
vermelt, halte, und wie die Jugend denſelben be-
greiſe, ob ſie fleiſig bey der Predigt und Examine er-
ſcheine? Man ſiehet hieraus, daß bis ins Jahr
1617. die Katechismuspredigten von den Pfarrern
ſelbſt gehalten, aber nur wenige Fragen getrieben
wurden; nun aber die Donneriſchen Predigten abgeleſen, aber am folgenden Sonntag deſto mehr darüber gefragt werden mußte. Es mußten alſo von
Luthers

Luthers erstem Reformations-Versuch völlige 100.
Jahre vergehen, bis die Pfarrer wahre Katecheten
zu werden anfiengen. Man wird aber auch bemerken, daß die Gaildorfische Kirchenordnung in den hieher gehörigen Stellen während der Donnerischen Inspektion etwas geändert worden. Im Jahr 1620.
wurde jene Form der Kirchenbuße, die dem achten
Kapitel der Kirchenordnung einverleibt ist, in Tübingen besonders gedruckt, a) welche sich auch noch bey
den Kirchen befindet. Unter des Sup. M. Georg
Albrechts Inspektion wurden auch zweymal Synoden
oder Conventus ecclesiastici seiner Diöces-Genossen
im Gaildorfer Pfarrhaus gehalten, das erstemal
wegen Veränderung der Kirchenordnung (so zeichnete
es Albrecht selbst auf,) das andremal, um den ersten
Theil des Antibellarmini biblici durchzudisputiren. b)
Jene Veränderung war aber nicht groß. Es wurde
z. E. angeordnet, daß man bey dem gemeinen Noth-
gebet auf die Knie fallen und daß in allen Kirchen an
Abendmalstagen vom h. Abendmal gepredigt werden
sollte, in den Beichtpredigten aber von der Buße und
Beicht. Ueberhaupt kam es unter Albrechten auf,
daß ganze Theile des Systems durchgepredigt wurden, so wie er selbst nur über die Materie von den
lezten Dingen 289. Predigten gehalten hat. Er hatte
auch nach Inhalt eines herrschaftlichen Dekrets vom
1. December 1638. die Nachmittags-Predigten zu
Gaildorf, die eigentlich nach der alten Kirchenordnung dem Diakonus zugehörten, übernommen, und
bey

a) bey Dieterich Werlin, auf 2. Bogen. Auf dem Titel steht
noch: In Lympurgischer Herrschafft Kirchen, Geilendorffer
Linien angeordnet.

b) D. 17. Aug. 1631. und d. 15. Sept. 1633. Den Antibellar-
minus hatte Albrecht selbst drucken lassen. Pars 1. & 2.
Nördlingen 1633. 4.

bey den vielen Predigten überschwere Mühe und Arbeit angewendet, also daß er auch lieber das Leben
dabey zugesezt, als davon abgelassen haben würde;
es wurde aber nun Nachmittags = Predigt und Kinderlehr, welche leztere, vermuthlich durch Albrechts
Anordnung um 11. Uhr gehalten worden, verbunden, und beydes dem Kaplan zu halten aufgegeben,
ohne daß die Frühpredigten zu Münster deswegen
eingestellt werden dürften. Bey Bekanntmachung
dieser Anordnung wurde sowohl Alten als Jungen
ernstlich eingeschärft, diese neuangeordnete Abend-
und Katechismus = Predigten fleißig zu besuchen. Albrecht hat aufgezeichnet, daß er und sein Diakonus
im Jahr 1636. 297. und im nächstvorhergehenden
336. Predigten gehalten haben.

Ein kurzer Ueberblick auf den Begrif der Limpurg = Speckfeldischen Kirchenordnung soll uns nun
die Verfassung der Kirchen jenes Landesautheils an-
schaulich machen. Diese Kirchenordnung ist gedruckt
zu Schwäbisch = Hall bey Hans Reinhard Laidig, Anno 1666. auf 442. Quart = Seiten und führet den
Titel: **Limpurgische Kirchen = Ordnung, Wie es**
**beedes mit der Lehr, und Ceremonien, bei al-**
**len und ieden Christlichen Pfarr = Gemeinden,**
**der Herrschafft Limpurg, Speckfelder Lini, soll**
**gehalten werden.** In der Vorrede entbieten Philipps Gottfried, Grav von Hohenlohe und Herr zu
Langenburg, als Vormund des minderjährigen Herrn
zu Limpurg, benanntlich H. Georg Eberharden, so-
dann Franciscus, Heinrich Casimir und Vollrath,
alle Herren zu Limpurg ic. ihrem Superintendenten
und übrigen Inspectoribus und Pfarrern ihren gnä-
digen Grus, und übergeben ihnen diese neuen Kirchen = Agenda, nicht als ob bisher dergleichen gänzl ch
ge-

gefehlt, sondern weil im vorigen leidigen Krieg, und
auf Absterben der alten Kirchendiener, solche allein
geschriebene Verordnungen verkommen, und Ungleich-
heit eingerissen. Diese neue Kirchenordnung wird
als dem Wort Gottes gemäs, ernstlich eingeschärft,
und erklärt, daß die dermaligen und alle ihre künftigen Pfarrer darauf verpflichtet werden sollen.

Das 1. Kap. handlet von der Taufe. Es sind
dem Tauf-Ritual gute Erinnerungen vorgesezt, als
z. E. daß sich die christliche Kirche in Ansehung der
Zeit der Taufe ihrer Freyheit bedienen könne, ohne
an Ostern und Pfingsten, wie es in der ersten Kirche verordnet gewesen, gebunden zu seyn; jedoch
achte man es für nüzlicher, daß die Kinder, ausser-
halb der Noth ihrer Schwachheit, nicht zur Zeit,
da keine Kirchversammlung vorhanden, sondern auf
den Sonn-Fest-Feyer-Frey-oder Gebet-Tag,
da eine Menge des Volks versammlet, zu tauffen
vorgetragen werden. Das übrige im Kap. ist der
Gaildorfischen Agende ganz gleich, und in keiner
vom Exorcismus eine Spur. Das 2. Kap. hat
abermals seine besondre Vorrede, worinn erstlich Luther, hernach Brenz wegen ihrer Katechismen gepriesen, und von der Luthero-Brenzianischen Kate-
chismusarbeit gesagt wird, daß sie von der seligen
Reformationszeit an in den Limpurgischen Kirchen
nuzbarlich gebraucht worden, und ferner gebraucht
werden solle. Es wird verordnet, daß, so wie in
den Fränkischen (zur Herrschaft Speckfeld gehörigen)
Kirchen Luthers, in den Sontheimischen aber Bren-
zens Katechismus bis daher üblich gewesen, es auch
fürohin dabey verbleiben soll. Die Kirchendiener
sollen dem Volk die gebräuchliche Katechismus-Lehre
ordentlich und verständlich vortragen, also, daß auf
alle

alle und jede Sonntage Nachmittags, wann sonst
keine Predigten zu halten vorfallen, nach Verlesung
von der Kanzel einer der Kirchenordnung einver:
leibten Katechismus: Predigt, der jedes Orts ge:
bräuchliche Katechismus, mit dem jungen Volk frag:
weise, bisweilen vor dem Altar, dann auch bey den
Manns: und Weiber: Stühlen geübt, und einfäl:
tigst erklärt werde, wobey aber Bescheidenheit em:
pfohlen, und erinnert wird, diese Nachmittags: Ka:
techismus: Uebung samt dem Gebet und Gesang,
Ueberdrus zu verhüten, nicht über eine Stunde aus:
zudehnen. Hierauf folgt der Katechismus Lutheri,
der Katechismus Johann Brentii, und 17. Kate:
chismus: Predigten, welche samt dem vorhergehen:
den Inhalt dieses Kapitels den größten Theil des
Buchs ausmachen, und von S. 19. bis 302. rei:
chen. Auf dieser lezten Seite wird noch erinnert,
daß diese 17. Predigten von Limpurgischen Kirchen:
dienern verfaßt seyen, und das ganze Corpus doctrinæ orthodoxæ begreifen. Das dritte Kap. hat
auch wieder eine Vorrede. Ihr kurzer Inhalt ist
folgender: man soll täglich Buse thun, aber die
Beichtstunden seyen eigentlich angestellt, daß man
zur Erkenntnis und Bereuung allerley grober Sün:
den, damit man sich an Gott und Menschen ver:
sündigt habe, gebracht, aus dem Evangelio aufge:
richtet und solche zu fliehen ermahnt werde. Es
sollen die Pfarrkinder ermahnt werden, vor dem
Gebrauch des h. Abendmals sich mit Reu und Leid
über die Sünde, mit Verlangen nach der Absolu:
tion und Abendmal, und mit gutem Vorsaz der
Lebensbesserung, und zwar des Jahrs oftmals im
Beichtstuhl einzufinden. Dabey soll diese Ordnung
gehalten werden: nach dem Gesang soll der Pfar:
rer vor dem Altar die nächstfolgende Ermahnung
. oder

oder einen Bußpsalmen samt kurzer Summarie ver=
lesen, das auch beygedruckte Gebet und das Vater
Unser sprechen; hierauf wieder ein Gesez gesungen,
darauf die gemeine ofne Beicht nebst der Absolution
gesprochen, und mit den Worten: der Friede rc. ge=
schlossen werden. Dann soll der Privat= Beicht=
Aktus im Beichtstuhl, nicht aber nur mit einzelen,
sondern auch mit etlichen Personen zugleich vorge=
nommen werden, wobey allerley erinnert wird, un=
ter andern, daß die Beichtväter über die Privat=
beicht, nach dem Exempel Lutheri stark halten sol=
len, Beichtpfennige, wo sie vorhin üblich gewesen,
zwar nehmen, aber nicht fordern mögen. Darauf
kommen: Vermahnung, Gebet, Beicht und Abso=
lutions= Formel. Das vierte Kap. vom h. Abend=
mal enthält dieselbe Liturgie, wie die Gaildorfische
Kirchenordnung, bis auf die Worte, nur hie und
da mehr abgekürzt. Das fünfte Kap. ist überschrie=
ben vom Gebet, und enthält die ordentlichen und
ausserordentlichen Gebete, die durchs ganze Jahr in
den Kirchen sollen gesprochen werden. Das sechste
Kap. handelt kurz vom Kirchengesang. Das siebente
von Feyertagen. Man wolle sich zwar nach Pauli
Lehre kein Gewissen über bestimmten Feyertagen,
Neumonden oder Sabbathen machen lassen, doch
sollen die Sonntage mit Besuchung des öffentlichen
Gottesdienstes, auch zu Haus mit Lesung der hei=
ligen Schrift rc. und sonst heilig und still zugebracht.
In Ansehung der an gemeinen Feyertagen gestatte=
ten leiblichen Ergözlichkeit beziehet man sich auf die
Kirchen= Mandate. In den Residenzorten soll durchs
ganze Jahr an Freytagen Vormittags eine Predigt
gehalten werden, ausgenommen da eine Fest= Feyer=
tags= Hochzeit= oder Leichpredigt einfällt; in andern
Orten aber soll von Ostern bis Michaelis anstatt
der=

derſelben eine Betſtunde gehalten, jedoch, wenn Re=
genwetter die Feldgeſchäfte hindere das Volk auch
zu Anhörung einer Predigt berufen werden. Der
Mitwoch ſoll zu gewöhnlichen Betſtunden verblei=
ben. Hierauf werden der Reihe nach alle zu feyren=
de Tage genennt, und weiter verordnet, daß fürro=
hin auch der Tag der Heimſuchung Mariä, und zu=
gleich daran das h. Friedensfeſt, nicht weniger der
Tag S. Michaelis gefeyret, mit dem Gedächtnis
S. Pauli Bekehrung, und Mariä Magdalenä Tag
es aber alſo gehalten werden ſoll, daß dieſelben zwar
nicht gefeyret, doch alſo erhalten werden, daß, wenn
ſie auf einen Sonn= oder Feyertag fielen, an derſel=
ben Nachmittagen, wenn ſie aber auf einen Werktag
fielen, an dem Freytag derſelben Woche ohnfehlbar
geprediget, und dieſes Sonntags zuvor verkündet wer=
de. Das achte Kapitel hat zur Ueberſchrift: von der
Kirchendiener Beruf, Ordination und Präſentation,
auch geiſtlichen Kirchen=Habit. Der darinn ange=
ordnete Ordinations= und Präſentations=Aktus kommt
der Hauptſache nach mit dem Gaildorfiſchen überein,
jedoch ſind die Ausdrücke verſchieden. In Anſehung
des Kirchenhabits iſt verordnet, daß die Kirchendie=
ner in allen ihren Amtsverrichtungen, ſowohl publice
als privatim, bey den Gähtaufen und Krankenkom=
munionen, wenn es nicht Nothfall hindert, ſamt dem
ſchwarzen Kirchenrock, den weiſen Chorrock gebrau=
chen. Ihr Privathabit ſoll auch theologiſch und be=
ſcheiden ſeyn. Hierauf wird 1. Name, 2. Farbe,
3. Ermel, 4. Falten des Kirchenrocks und des Chor=
hemds, im ältern Geſchmack gedeutet, z. E. daß die
vielen Falten des weiſen Chorrocks die Kirchendiener
erinnern ſollen, daß ſie fleiſig ſeyen, zu halten die
Einigkeit im Geiſt durch das Band des Friedens;
daß gleichwie eine Falte an der andern hangt, und

viel ·Falten nur ein Kleid oder Rock sey, also sie
auch als Glieder, durch brüderliche Liebe an einander
hangen, und doch nur ein Kollegium machen. Das
Chorhemd, so wie es in Gaildorfischen und Speck=
feldischen Kirchen gebräuchlich ist, wird nemlich ver=
mittelst eines besondern Holzes zu lauter kleinen an
einander hangenden gestreiften Falten oder Runzeln
formirt, welches, wie man hier siehet, nicht nur her=
kömmlich, sondern in den Speckfeldischen Kirchen
auch gesezlich ist. Das neunte Kap. handelt von der
heil. Ehe, Hochzeiten und herrschaftlichen Eheord=
nung. Der Trau=Aktus ist mit dem Gaildorfischen
übereinstimmend. Hierauf folgt die Limpurg=Speck=
feldische Eheordnung, so wie sie jährlich zweymal
1. am 2. Sonntag nach dem h. Obersttag, 2. am 20.
Sonntag nach Trinit. in allen Kirchen verlesen wer=
den soll. Das zehente Kap. enthält Erinnerungen
über den Kranken=Zuspruch, welchen eine Summa
eines recht evangelischen Patienten=Trosts, von Wort
zu Wort, aus der vor mehr denn ein hundert Jah=
ren, bald nach der seligen Reformation dieser Herr=
schaft gegebenen Instruktion, aus einem alten ge=
schriebenen Exemplar angehängt ist. Das eilfte Kap.
ordnet die Begräbnis=Gebräuche an. Es folgen
auch etliche kurze Leichreden. Eine derselben über
den Jüngling zu Nain steht auch in der Gaildorfi=
schen Kirchenordnung, die andern sind verschieden.
Angehängt sind Gebete, theils auf dem Gottesacker,
theils nach der Leichpredigt zu sprechen. Das zwölfte
Kap. von der Kirchenbuse, enthält eine öffentliche
Abbitt= und Absolutions=Formel, der Gaildorfischen
ähnlich, aber in andern Ausdrücken verfaßt. Eine
Note ordnet an, daß Leute, die in Unzucht zusammen
kommen, und mit dem Strohkranz zur Kirche gehen
müssen, vor der Trauung vor den Altar treten, auf
vor=

vorgeschriebene Weise Kirchenbuße thun, hernach wies
der in ihre Stühle gelassen, wo sie die Strohkränze
abzulegen Erlaubnis haben, und darauf erst ordent=
lich getraut werden sollen. Das dreyzehente Kap.
von den Schulen, gibt Bericht, daß zwar jedermann
auf die Schulen der Herrschaft, an welchen der Kir=
che und dem Staat hoch gelegen sey, ein Aug haben,
geist= und weltliche Beamte aber sonderlich bedacht
seyn sollen, auf Abgang eines oder des andern Schul=
dieners, andre tüchtige Leute beyzuschaffen. In den
Dörfern, ob wohl zu wünschen wäre, daß durchs
ganze Jahr die Schulen gehalten würden, soll doch
der nöthigsten Feldgeschäfte wegen, dieselben von
Ostern bis zwischen Michaelis und Martini einzustel=
len erlaubt seyn, dagegen aber die Kinder desto fleißi=
ger an den Sonntags=Nachmittagen zur Kinderlehr
zu schicken seyen. In Orten aber, wo Latein, Mu=
sik und Rechnen getrieben wird, sollen die Schulen,
die Ernd= und Herbst=Vakanzen ausgenommen,
durchs ganze Jahr offen seyn. Jeder Pfarrer soll
seine Orts=Schule wöchentlich, im Nothfall täglich
besuchen, die Inspektores die Hauptschulen der Resi=
denzorte jährlich zweymal, die Dorfschulen einmal
visitiren, und über der vor vielen Jahren verfaßten
Schulordnung halten. Das vierzehente Kap. von
Kirchen=Visitationen, berichtet, daß dieselben in der
Herrschaft von den gottseligen Vorfahren angeordnet
worden, und althergebrachter Praxi gemäs, jährlich
kontinuirt werden sollen. Es folgt eine Instruktion
für die Visitatoren, mit vielen Fragen. Man siehet
auch daraus, daß der Katalogus der Pfarrkinder,
oder das Seelenregister öffentlich dabey abgelesen,
und bemerkt wurde, um wie viel die Pfarrey ab= oder
zugenommen. Das fünfzehente und lezte Kap. enthält
die Geschichte von Zerstöhrung der Stadt Jerusalem,

welche

welche am 10. Sonnt. nach Trin. alljährlich verlesen
werden soll, samt angehängter kurzen Ermahnung
und Gebet. Es mag der Obersontheimische Superintendent M. Johannes Spindler, vornemlich die Feder bey Abfaffung diefer Kirchenordnung geführt haben. c)

Was das Innere des öffentlichen Predigt-Vor-
trags betrift, wie es sich aus vielen gedruckten Predigten ergibt, so war es meist erbaulich und zur Faf-
fungskraft des Volks herabgestimmt; die Exegetick
freylich manchmal sonderbar, wie mans nicht anders
vermuthen kann. Hie und da trift man mancherley
Wortspiele, und gesuchten Wiz an, der fast den Eindruck der ernsthaften Wahrheiten hätte schwächen sollen, wenn die Zuhörer nicht daran gewöhnt gewesen
wären. Lateinische und griechische Sentenzen kommen häufig vor, und häufig Geschichtchen, aus alten
und neuen Schriftstellern, die zwar den Vortrag be-
lebten, und erläuterten, an deren Statt aber doch
etwas unterrichtenderes hätte vorgetragen werden können. Mit Schriftstellen waren die Predigten sehr
überladen. Die Scholastick regte sich hie und da
auch noch stark, wodurch der Vortrag sehr gekünstelt
und gezwungen wurde. Denn bald muß er sich in
die Form der 10. Prädikamente, bald der 7. Rationen
schmiegen. Manchmal müssen einzele Buchstaben
eines lateinischen oder deutschen Worts die Materie
zur Rede, und zugleich ihre Form an die Hand geben. Bey der Huldigungspredigt Schenk Christian
Ludwigs, wurde sein Name Christianus analysirt,
und gezeigt, wie der neue und jeder christliche Re-
gent seyn müsse: 1. Credens. 2. Humilis. 3.
Rectus. 4. Immaculatus. 5. Sanctus. 6. Tole-
rans.

c) Er war dafür bekannt. Wibel. Th. 4. S. 265.

rans. d) 7. Impendiofus. 8. Amans. 9. Nitidus. 10. Utilis. 11. Studiofus. Bey einer andern Gelegenheit wurde die Stadt Geildorf gepriesen, wie sie nach ihren acht Buchstaben sey: 1. Gottesbaus, 2. Ehrenbaus, 3. Jesushaus, 4. Liebhaus, 5. Dankhaus, 6. Opferhaus, 7. Rathhaus. 8. Friedhaus. Allein das war um die Mitte des 17. Jahrhunderts herrschender Geschmack, der sich aber, wie man mit Vergnügen bemerkt, gegen das Ende desselben immer mehr verlor. Man findet nun häufiger Vorträge, welche die Grundideen des praktischen Christenthums mehr entwickeln.

Die äusere Kirchendisciplin wurde durch sogenannte Kirchen=Mandate bestimmt, davon in einem der folgenden Abschnitte etwas ausführlicheres vorkommen wird.

Ueber der Ordination wurde steif gehalten, so gar daß auch ein Wirtembergischer Stipendiat M. Johann Philipp Glückh, eh er zum Welzheimer Vikariat gelangte, im Jahr 1634. am Sonntag Sexagesima durch Sup. Albrecht vorher nach dem Limpurgischen Ritual ordinirt wurde. Er wurde aber vom Herzoglichen Konsistorio dazu nominirt, und der vorher zu Welzheim als Vikarius angestellte Hällische Kandidat wieder entlassen.

Wie es mit den gemeinen Schulen aussah, läßt sich nun aus dem vorhergehenden, und aus andern Umständen nicht schwer angeben. Man traf häufig Leute an, die bey den Schulen nicht herkommen waren, und in der Gaildorfischen Kirchenordnung findet

B 3

d) Wird aber nicht auf Religions=Toleranz, wie man etwa vermuthen möchte, sondern überhaupt auf Regierungs=Lust gedeutet. Albrecht hielt die Predigt.

findet man Kap. 2. den Ausdruck von Kindern, die
nicht zur Schule geschickt werden. Hieraus ge=
winnt es so ziemlich das Ansehen, daß es wenigstens
in der ersten Hälfte des 17. Jahrhunderts in der El=
tern Willkühr gestanden, ob sie ihre Kinder in eine
Schule schicken wollten, oder nicht. Weil es Geld
kostete, und die Kinder in der Schulzeit ihren Eltern
nicht nüzlich seyn konnten, so hatte man wohl An=
fangs den Muth nicht, allen und jeden von Obrig=
keits wegen die Pflicht, die Kinder zur Schule anzu=
halten, aufzulegen, und im Nothfall Zwangsmittel
zu gebrauchen; und in den unglücklichen, geld= und
volkarmen, dagegen verwirrungsvollen Kriegszeiten
mußte dieses noch mehr Schwierigkeiten haben. Man
hofte dabey, daß die Prediger in den sonntäglichen
Katechismusübungen und in den Beichtverhören den
ungeschulten Kindern doch das wesentlichste des Chri=
stenthums beybringen würden, welches aber wohl
schwer mag hergegangen seyn. In den ruhigern Zei=
ten nach dem dreyßigjährigen Krieg, wie man aus
der Speckfeldischen Kirchenordnung sieht, wurde es
schon genauer genommen, und verordnet, daß die
Nachlässigkeit der Eltern bey Amt angezeigt, und sie
von demselben zu ihrer Schuldigkeit angehalten wür=
den. Albrecht that das seine zu Gaildorf zur Auf=
nahme der Schulen auch, und er ward durch sein
Biblisches A B C und Namen= Büchlein, welches
uns Jahr 1634. zum erstenmal gedruckt, e) und seit=
dem an so vielen Orten so oft aufgelegt worden, ein
Reformator und Wohlthäter nicht nur der Limpurgi=
schen, sondern auch vieler anderwärtigen Schulen.
Ein Verdienst, welches nach dem Maasstab jener
Zeiten genommen, gewiß keines seiner geringsten ist.

Daß

---

e) zu Nördlingen. Es hat nun an vielen Orten volle 1 1/2
Jahrhunderte regiert.

Daß es auch damals alte Leute gegeben, die gar nichts von ihrem Glauben wußten, weil sie nicht in Schulen geschickt worden, und manche Eltern ihre Kinder nach Willkühr wieder aus der Schule genommen, lieset man wörtlich in einer Albrechtischen Predigt, womit er zu Gaildorf am 4. Adv. Sonntag 1631. die Schule empfohlen. f)

In Ansehung der Zubereitung zum h. Abendmal wird in der Gaildorfischen Kirchenordnung erfordert, daß die jungen Leute eine Beicht sagen können, und den Katechismum wissen, in der Speckfeldischen, daß sie etliche Zeit vorhero informirt, und wenn sie in der Lehr und Glaubensbekänntnis recht erfunden worden, zum h. Abendmal gelassen werden sollen. So auch die, welche von einer fremden Religion zur evangelischen tretten wollen.

So lang die Zeiten so kriegerisch waren, so war es auch die Dogmatik und der Kanzelvortrag, worüber man nicht wundern darf. Daß man aber daraus, daß die Glaubensgegner gewaltsam reformirten, einen gültigen Schluß machen wollte, als dürften die Evangelischen überhaupt auch intolerant seyn, und z. E. die Juden durch allerley harte Mittel dahin bringen, Christen zu werden, ist doch sonderbar. So wurde im Jahr 1641. zu Gaildorf, aus Gelegenheit eines öffentlichen Taufactus, in einer Predigt von Sup. Albrecht angeführt, was Luther zur Bekehrung der Juden für dienliche Mittel vorgeschlagen hätte, die er denn in ihrem hohen Werth bleiben lässet; er fährt aber fort, daß er für dießmal so scharf nicht verfahren, sondern allen christlichen, gewissenhaften Regenten folgende Mittel zu bedenken geben

B 4

f) Misc. Pr. Th. 2. S. 16.

geben wolle: 1. daß man den Juden auſſer der Bi-
bel alle ihre Bücher nehme. Daß es recht ſey, wird
daraus erwieſen, daß den Lutheranern auch ihre Bücher genommen, und leſen und Singen verboten
werde. 2. Man ſoll die Juden zwingen, mit Weib
und Kindern in die Kirchen zu gehen. Urſach und
Beweis: man macht es uns, wenn an einem Ort
reformirt wird, auch nicht anders. 3. Wenn ein
Jud wider unſern Heiland und die Chriſten läſter-
worte ausgießt, ſoll ihm die Zunge zum Nacken
herausgeriſſen, oder derſelbe nach ſeinem Geſez ge-
ſteinigt werden. Grund: Iſt man doch befugt,
dergleichen den Chriſten zu thun, wann ſie ihren
Gott läſtern, warum nicht auch den Juden? 4.
Man ſoll ihnen alles Schachern und Wuchern ver-
bieten, weil ſie dadurch reich, die Chriſten aber
arm werden, welches ihre boshaftige Verſtockung
und muthwillige Verhärtung vermehrt. 5. Man
ſoll ſie zu allerley Dienſtwerk, zu gemeinem Bauen,
Holz, Stein, Kalch, Sand und dergleichen zu führen, gebrauchen, wie im A. T. die Gibeoniter unter den Juden Holzhauer und Waſſerträger ſeyn
mußten. Albrecht ſezt hinzu: o wollte Gott, daß
es allenthalben fleiſig geſchähe, wie gute Hofnung
wollte ich von der Juden Bekehrung haben! Ja
er glaubt gewißlich, die verlohrnen Juden würden einſt
die Regenten vor dem ſtrengen Richterſtuhl J. C. ver-
klagen, welche ſich dieſer Mittel nicht gegen ſie bedient,
ſondern ſie in ihrem Gebiet geduldet und geſchüzt hätten, und dieſe Regenten würden dann mit jenen ge-
duldeten Juden in Ewigkeit verdammt und verlohren ſeyn. Die Strafrede endigt ſich mit folgender
Apoſtrophe: Merket auf, ihr Regenten, die der Herr
zu ſeines Reichs Amtleuten geſezt hat, erweget dieſe
Sach fleiſig, und bedenket euch unterdeſſen wohl,

was

·was ihr auf diese schwere Anklag dem gerechten Richter wollet antworten. Wem dieses Albrechtische
Fragment hart auffällt, der bedenke, daß es weit
gelinder ist, als Luthers Rath, der auch die Sy-
nagogen mit Feuer verbrannt, und die Häuser der
Juden abgebrochen haben wollte; und aus dem Zeitalter der Ferdinande, nicht der Friedriche und Jo-
sephe.

Die Bekehrung des Juden, der Albrechten auf
diese Kanzelmaterie brachte, ist auch sonderbar genug, um noch erzählt zu werden. Es war ein
Marquetender bey dem Rakowizischen· Regiment,
Namens Moses Jacob, von Lemberg in Polen gebürtig, und, doch um keines Verbrechens, sondern
um einer geringen Geldschuld willen, zu Gaildorf
in den Burgerthurn gelegt worden. Gleich den
folgenden Tag ließ er Albrechten zu sich rufen, und
erzählte ihm, daß er bey hellem Mittage, nach 12.
Uhr, ein starkes Windbrausen, und hierauf eine
Stimme zu zweyen malen gehört: Willt du deine
Seele noch dem Teufel ergeben, und den christlichen
Glauben nicht annehmen? Da er nun hierauf ge-
antwortet: ich wollte gern wissen, wer mit mir re-
det? Vater, seyd ihrs? in Meynung, es wäre der
Wächter auf dem Thurn, so habe die Stimme abermal gesprochen: du sollt mich sehen, und damit seye
der Kerker voll Lichts und eines unaussprechlichen
Glanzes geworden. Kurz, dies Gesicht machte den
Juden frey, er wurde einige Zeit unterrichtet, und
am 10. Jenner des angezeigten Jahrs zu Gaildorf,
in Gegenwart aller 9. zur diesseitigen Herrschaft gehörigen Pfarrer, mit Beylegung des Namens Jo-
sua, getauft, wobey die hochwohlgebohrnen gnädi-
gen Landesherrn Taufzeugen waren, und Predigt
und Taufactus wurden gedruckt. Hätte übrigens

die

die gnädige Landesherrschaft die Albrechtischen Grund-
säze der Judenbekehrung zu Landesgesezen gemacht,
so würden vierzig Jahre nachher wohl keine Juden
zu Gaildorf aufgenommen worden seyn.

Graf Philipp Albert, der vermuthlich seinen
Landesantheil durch sie mehr zu bevölkern suchte,
bekannte sich auch im Jahr 1681. zur katholischen
Religion, doch ohne daß deswegen auch Katholiken aufgenommen, oder etwas in der kirchlichen Verfassung geändert worden wäre.

+++++++++++++++++:++++++++++++++++

## Neunzehenter Abschnitt.

Vierter und lezter Zeitraum der Limpurgischen Geschichte vom Tod Graf Wilhelm Heinrichs zu
Limpurg-Gaildorf (1690.) bis auf die neueste
Zeit. Das Haus Speckfeld rechtet mit dem
von Gaildorf, beyde mit des Königs in Preussen Majestät. Der erste Streit wurde noch
vor Ende des Jahrs 1690. der andre 1746.
und 1748. vertragen.

———————

Mit dem Aussterben des Limpurg-Gaildorfischen
Mannsstamms in der Person Graf und Schenk
Wilhelm Heinrichs im Jahr 1690. fängt eine neue
Periode, und mit derselben eine Reihe von Bege-
benheiten und Veränderungen an, die eigentlich den
Grund von der izigen Beschaffenheit der Limpurgi-
schen Lande enthält, und daher eben nicht weitläuf-
tig, aber doch ordentlich aufgeklärt seyn will.

Ge-

Gedachter Herr hinterließ vier unmündige Gräfinnen Töchter, davon zwey frühzeitig verstarben,
zwey aber sich nachher vermählten, die eine, nemlich Juliana Dorothea, mit einem Grafen von Löwenstein-Wertheim, und nachher zum zweytenmal
mit einem Grafen von Wurmbrand, die andre, nemlich Wilhelmina Christina, mit einem Grafen von
Solms. Aber das Erbe blieb ihnen nicht ungetheilt. Die damals noch einzig lebende zwey Zweige des Limpurgischen Mannsstamms, Graf Vollrath in Obersontheim, und Graf Georg Eberhard
in Sommerhausen, machten Ansprüche darauf. Es
entstund ein Rechtsstreit darüber bey Kaiserlicher
Majestät und insbesondre beym Reichshofrath. Aber
er währte nicht lange, indem die den beyden fränkischen Kreisausschreibenden Fürsten zu Bamberg
und Brandenburg aufgetragene Vermittlung zwischen
den streitenden Partheyen von so guter Wirkung
war, daß noch in demselben Jahre die Sache freundschaftlich beygelegt, und eine Theilung beliebt wurde, vermög deren die Hälfte des Erbes, und damit insonderheit auch die halbe Stadt Gaildorf an
Limpurg-Sontheim und Speckfeld, unter dem Namen Limpurg-Schmidelfeld fiel. a) Dadurch wurde zwar der Ruhestand auf einer Seite wieder hergestellt; aber bald gab es eine neue Unruhe, die
sich nicht so leicht beylegen ließ. -

Es war nun bekannt, daß der ganze Limpurgische Mannsstamm auf dem Aussterben stünde, indem beyde noch übrige männliche Zweige nur Töchter am Leben hatten. Man war auch zuerst am
Kaiser-

---

a) S. oben 15. Abschnitt. Der Vorgang wird hier kürzlich wiederholt, um die von Graf Wilhelm Heinrichs Tod herrüh-
renden Veränderungen in einen Prospekt zu bringen.

Kaiserlichen Hof der Meinung, daß die limpurgischen Besizungen, wenig ausgenommen, in Reichslehen bestünden, und auf den Fall der gänzlichen
Erlöschung des Mannsstamms nichts im Weg stehen würde, dieselben nach Gefallen wieder zu verleihen. Unter dieser Voraussezung bekam der Churfürst von Brandenburg, nachmalige erste König von
Preussen, Friedrich I, der bekanntlich dem Kaiser
Leopold auch manchen Gefallen that, im J. 1693.
von gedachtem Kaiser ein Expektanzdekret auf die
limpurgischen Reichslehen, die man bald erledigt zu
sehen erwarten konnte. Ein Umstand von Seiten
des limpurgischen Hauses schien die Sache sehr zu
erleichtern.

Schenk Georg Eberhard, der bisher mit seinem Bruder Vollrath in Gemeinschaft regiert hatte, übernahm in diesem Jahr die Alleinregierung
der Herrschaft Speckfeld, b) und um vermeintlich
. für

---

b) Vermög Winterbäuser Vertrags vom Jahr 1693. Es wurde
darinnen ausgemacht, daß Schenk Vollrath für seinen, an
dem Ganzen der seiner Hauptlinie zustehenden, bisher in
Gemeinschaft verbliebenen Landschaften, gebührenden Antheil,
die gesammte sogenannte äussere und bey Schwoben gelegene
Herrschaft, worinnen die vor drey Jahren ihnen beyden zur
Hälfte erblich angefallenen Gaildorfischen Lande mitbegriffen
wären, mit allen Zugehörungen und Gerechtigkeiten; Schenk
Georg Eberhard aber für seinen Antheil, die ganze innere
und in Franken gelegene Herrschaft, mit allen ihren Zugehörungen und Gerechtigkeiten, doch dem bey ihrem Haus
eingeführten Juri Senii ohne Schaden und Nachtheil, jeder
für sich allein inne habe, und in Gemäsheit der Erbeinigung
(vom Jahr 1604.), regieren, geniessen und besizen sollen.

Dabey aber wurde noch insonderheit, auf den Fall der
gänzlichen Verlöschung des Mannsstamms, welcher damals
schon als leicht möglich angesehen werden konnte, der Schenk-
Vollrathischen Frau Gemahlin, aus dem Hause Limpurg-Gaildorf, ihr besonders auf der Limpurg-Schmidelfeldischen
Herrschaft zustehendes Erbrecht ausdrücklich provisorisch vorbehalten.

für sich und seine Kinder zu rechter Zeit zu sorgen, überließ er an den Churfürsten von Brandenburg, der ihn zu seinem Generalmajor ernannte, auf den Fall seines Absterbens unter gewissen Bedingungen seine Lande.

Damit war sein Bruder Vollrath durchaus nicht zufrieden, und erregte, weil in den Lehenbriefen ohnehin nicht klar genug bestimmt war, was denn eigentlich zu den Reichslehen gehöre, gegen Schenk Georg Eberhard den Reichs-Proceß Limpurg contra Limpurg puncto Separationis Feudi ab Allodio, worinn es gleichwohl zu keinem Endurtheil kam. Graf und Schenk Georg Eberhard starb darüber, am 15. April 1705. Graf Vollrath trat sogleich auch die Speckfeldische Regierung an.

Und konnte dieses auch, in Kraft des mit Schenk Georg Eberhard im Jahr 1699. zu Markt-Einersheim getroffenen Vergleichs, und der darinn von neuem anerkannten und bestättigten ältern Hausverträge, mit bestem Fug und Recht thun. c)

Allein, wie schon angeführt worden, das Vernehmen beyder Brüder blieb, dieses brüderlichen Vertrags ohngeachtet, nicht das beste. Die mit dem königlich Preußischen Hause einseitig getroffene Ueber-eins

---

c) Es wurde darinnen der Schenk-Vollrathischen Frau Gemahlin, auf den Fall des gänzlichen Abgangs des Mannsstammes, für sich und ihre Kinder ihr Schmidelfeldisches Erbrecht aufs neue gesichert, einander alle gegenseitige brüderliche Treue zugesagt, und insbesondere ausgemacht, daß, welcher Bruder von beyden auch den andern überleben möchte, derselbe für des Verstorbenen Wittwe und Kinder sorgen, und Vatersstelle dergestalten vertretten solle, daß er gegen sie, wie gegen eigne Gemahlin und Kinder, mit Rath und That, sich getreulichst in allwege erzeigen wolle.

einkunft Schenk Georg Eberhards, erhielt keines=
wegs die Beystimmung von Seiten Schenk Voll=
raths und der Seinigen. Man suchte seine Rech=
te, so gut man konnte, zu gewahren, und wollte
oder konnte zu den limpurgischen Reichslehen nicht
alles rechnen, was von andern dazu gerechnet wer=
den wollte.

Der König in Preussen bestund dagegen fest
auf seinen Ansprüchen, und ließ sich im J. 1706.
seinen Leopoldischen Expectanzbrief auch von Kaiser
Joseph bestättigen. Man feyerte auch limpurgischer
Seits nicht. Man durchsuchte die Archive, und
stellte im Jahr 1710. eine in jure & facto bestge=
gründete Deduktion und Vorstellung, die Sepa=
ration der limpurgischen Reichslehen von dem Al=
lodio betreffend. Mit Beylagen sub Lit. A. usque
Z. & Aa. Bb. Cc. fol. 1710. — ans Licht.

Hierauf erschien unterm 29. November eben
dieses Jahrs ein Kaiserliches Provisional=Conclusum,
des Inhalts: daß als ungezweifelt Reichslehen zu
halten, und bey ereignendem Falle dem Expectivato
einzuräumen seye: Der Wildbann, und Forstrecht,
dann die Erz= und Bergwerke, Geleit und Zoll bey
Münkheim, ingleichen verschiedne Halsgerichte, samt
dem Bann über Blut zu richten: ein und andere
weitere Stücke aber, als die Gerichte in der Herr=
schaft, samt der Mannschaft, so Limpurg fürbaß lei=
het, zu gütlicher Komposition oder weiterer Aller=
höchst=Kaiserlicher rechtlicher Erkänntniß ausgesezt
bleiben sollen. Die Gerichte in der Herrschaft und
die Mannschaft, so Limpurg fürbaß leihet, wa=
ren eigentlich die räthselhaften Punkte in den Lehen=
briefen, die jeder Theil seinem Interesse gemäß deu=
tete. Da nun diese noch ausgesezt bleiben sollten,
so

so war auch weder der König in Preussen, noch
Graf Vollrath durch jenes Urtheil zufriedengestellt.

Man versuchte indessen die angerathene gütliche Vertragung der Sache, und trat von beyden
Seiten, unter Vermittlung einer Kaiserlichen subde-
legirten Kommission, welche Bamberg, Würzburg,
und Wirtemberg aufgetragen war, in Schwäbisch-
Hall zusammen. d) Dieß geschah im Jahr 1712.
im Monat September. Man unterließ nicht von
Seiten-Limpurgs, vermittelst Vorlegung der nöthigen
Original-Urkunden, darzuthun, wie alle und jede Limpurgische Orte erworben worden, und solchergestalt zu
erweisen, daß sie samt der ihnen anhängigen Landeshoheit Allodia seyen, und also keineswegs unter eröfnete
Reichslehen gerechnet werden könnten. Allein es
wurde kein Vergleich erzielet.

So

d) Das Personale, wie ich es in einem gleichzeitigen Verzeich-
niß finde, bestund bey dieser Zusammenkunft in folgenden
Personen:

Von Seiten Bamberg, dessen Insul damals der
Churfürst von Mainz trug.

Geheimer Rath von Scharpf.

Würzburg.

Kanzler Adelmann.

Würtemberg.

Regierungsrath Abel.

Von wegen Ihro Königl. Majestät in Preussen.

Geheimer Rath von Böhringer zu Goldbach.

Von Seiten des hochgräflichen Hauses Limpurg-
Sontheim und Gaildorf.

Kanzley-Direktor Mohr.
Rath und Konsulent Sturm.
Kanzleyrath Erter zu Sommerhausen.
Kanzleyrath Schneider.
Gutbier, Solms. Hofrath.
Lehens-Sekretarius Wägelin.
Hirsching, Wurmbrandischer Sekretarius.

So stunden die Sachen bis ins folgende Jahr, (1713.) da Schenk Vollrath, als der lezte seiner Linie, und des Limpurgischen Gesammthauses starb. Dieser so merkwürdige und in Ansehung seiner Folgen so wichtige Todesfall ereignete sich den 19. August, Nachmittags um 2. Uhr. Es war der Sonnabend vor dem zehenten Sonntag nach Trinitatis. Man unterließ damals nicht, es für sehr ominos auszudeuten, (wie man überhaupt in ältern Zeiten dergleichen Ausdeutungen sehr liebte,) daß auf den Todestag gleich der Thränen Sonntag folgte. e) Die Verbindung der Ideen ist übrigens aus dem Zustand der Sachen damaliger Zeit wohl zu erklären. Die Landesherrschaft war geliebt; man stellte sich grose, zum Theil für dieselbe und für Land und Leute bedenkliche Aenderungen vor. Es war ausgemacht, daß die Reichs- und andere Lehen, die nicht unstreitig Kunkellehen waren, wegfallen, und etwa nur schwer wieder zu erhalten stehen würden. Es war aber noch insonderheit in Betreff der Reichslehen nicht, wenigstens zur Befriedigung beyder rechtenden Theile nicht ausgemacht, was und wie viel dazu, und nicht dazu gehöre. Man konnte einer Besiznehmung des ganzen Landes von Seiten Seiner Majestät des Königs in Preussen, ohne Propheten Geist entgegen sehen, da die Sachen noch so wenig verglichen waren, der König öffentlich auf die Landeshoheit und anderes, jedoch mit einiger Beschränkung in Kraft der ihm zugesagten Reichslehen, Anspruch machte, und der Preussische Geheime Rath Freyherr von Böhringer, schon geraume Zeit her, sich in Goldbach f) ohn-

e) Mors luctuosa ominosa, heißt es bey dieser Todesanzeige in einem alten Manuscript.

f) Auf einem zu den vormalig gräflich-Seyerischen Gütern gehörigen Ort, an den Gränzen der Grafschaft Limpurg. Er war

ohnweit Kreilsheim, aufhielt, auch bereits zur Be-
sizergreifung förmlich bevollmächtigt war.

Man säumte daher, sonderlich in Gaildorf nicht,
die Unterthanen den Allodial-Herrschaften aufs neue
huldigen zu laſſen. Gleich den Tag nach dem Todesfall, am 20. Auguſt, als am 10. Sonntag nach
Trinitatis, nachdem zuvor in den Landes-Kirchen
die Trauer öffentlich angekündigt worden, wurde, und
zwar Nachmittags um 1. Uhr die Bürgerſchaft zu
Gaildorf, in den groſen Saal des gräflichen Schloſ-
ſes gefordert, und ihr der neue Huldigungseid abge-
nommen. Am folgenden Montag wurde ſie nebſt der
umliegenden Bauerſchaft nochmals dahin zuſammen
berufen, und dieſen Leuten durch einen kaiſerlichen
Notar erklärt, worauf es bey dem gegenwärtigen
Rechtsſtreit eigentlich ankomme, die Unterthanen
hätten alſo ihre Treue gegen ihre angebohrne Herrſchaft ferner zu beobachten, Zinß, Schazung ꝛc. zu
reichen.

Indeſſen ſtund es nur 2. Tage an, ſo kam,
nemlich am Mitwoch den 23. Auguſt, der Herr von
Böhringer über Sonthelm, Adelmannsfelden, Schmidelfeld und Sulzbach, auch in Gaildorf an. Es
wurde ein königliches Manifeſt verkündet, an allen
Orten die Preuſſiſchen Adler angeheftet; eine Huldigung geſchahe diesmal noch nicht. Im Namen der
Allodial-Herrſchaften wurden die königlichen Abgeordneten von jener ihren Räthen bewillkommt. Am
9. Dec

war um ſo bequemer zum Aufenthalt für den Herrn von
Böhringer, da er damals wirklich preuſſiſch war, weil der
lezte Graf von Geyer ihn mit ſeinen übrigen Gütern an den
König in Preuſſen überlaſſen hatte. Im Jahr 1729. kamen
dieſe Güter an das markgräfliche Haus Brandenburg-Onolzbach.

Geſch. Limp. 2. Bd.                    C

9. December, als am Sonnabend vor dem 2. Ad-
vents-Sonntag, langten auf einmal königlich-Preuß-
sische Truppen zu Gaildorf an. Es war eine Abtheilung von denen, die den Feldzug am Rhein mit-
gemacht hatten, ein Bataillon, über 600. Mann
stark, unter den Befehlen des Obristlieutenants von
Waldau. Gaildorfs Thore konnten sie zwar auf den
Fall der Gewalt nicht lange aufhalten, und an keinen thätlichen Widerstand konnte drinnen auch nicht
gedacht werden. Aber man unterhandelte mit den
Truppen, und in der Zwischenzeit blieben freylich die
Thore gesperrt. Endlich schlugen einige Einwohner
selbst die Schlösser von den Thoren ab, und die
Krieger zogen in guter Ordnung ein. Der Stab und
zwey Kompagnien blieben im Städtchen, die andern
wurden aufs Land vertheilt, bald darauf auch noch
eine von denen in der Stadt, bequemerer Verpflegung
wegen. Den 30. December wurde ein königliches Patent, etliche Bogen stark, sowohl an die Kirchenthü-
ren, als an das Rathhaus zu Gaildorf affigiret.

Im folgenden Jahr 1714. den 15. und 16.
Jenner nahm der königliche Rath und Rentenverwal-
ter Löbelin von Goldbach, mit Zuziehung eines kaiserlichen Notars Vockerodt von Schwäbisch-Hall,
im Namen Seiner königlichen Majestät, zu Gaildorf, die Huldigung von den dortigen Bürgern und
den Unterthanen aus den Aemtern, auch den Sontheimischen, ein. Den 28. Jenner kam auch der Geheime Rath von Böhringer wieder nach Gaildorf.
Es wurden zu verschiednenmalen die Geistlichen vor-
gefordert, und ihnen auferlegt, Handtreue abzulegen,
und für des Königs Majestät namentlich, als für
den Landesherrn bey öffentlichen Gottesdiensten zu
beten. Nur nach und nach willigten sie ein, bis auf
die

die beyden Superintendénten, Müller und Apin, in
Obersontheim und Gaildorf, welche auf ihrer unter-
thänigsten Entschuldigung beharrten, daß sie wegen
Gewissensscrupeln ohnmöglich einwilligen könnten;
sie suchten endlich doch bey ihrer bisherigen Landesherrschaft Relaration ihrer Pflichten, die sie aber
nicht erlangten. Bey allem dem, ob ihnen schon
ihre Scrupel als unnöthig verwiesen, das Recht des
Königs demonstrirt, auch wohl ein Wörtlein von be-
denklichen Folgen vorgebracht wurde, widerfuhr ihnen nichts widriges.

In der That aber wußte man am Ende Jen-
ners schon von Wien her, daß sich die Sachen in
Kürze ändern würden. Denn die Allodial-Herrschaften (die Frau Gräfin von Wurmbrand ausgenommen, welche als eine Dame von Geist und Erfahrung, Umstände zu bemerken glaubte, die ihr von
der königlichen Gnade mehr Vortheile versprachen,
als bey den rechtlichen Gegenschritten, und welche
bey dieser Partie, wie die Folge näher entwickelt
wird, auch nicht übel fuhr,) fleheten fortwährend
des Kaisers und des Reichs Hülfe und Schuz an.

Der Kaiser wollte die ganze Sache nur gütlich
und im ordentlichen Wege Rechtens ausgetragen haben, hatte auch schon unterm 29. August des Jahrs
1713. an den König geschrieben, daß derselbe mit
Thätlichkeiten an sich halten, und gesichert seyn solle,
daß bey nachfolgender Relation und Erwägung der
Kommissionsakten, alles, was zu Behauptung der
Gerechtsame von beyden Theilen beygebracht worden, auf das genaueste werde in Betrachtung gezogen, und die Gott wohlgefällige Justiz administrirt
werden. Unterm 20. December ernannte der Kaiser
aufs neue eine Kommission in dieser Sache, und
zwar

zwar auf dieselbe Stände, die schon einmal im Jahr
1712. einen wiewohl zu gänzlicher Beylegung der
Sache nicht gedeihlichen Vermittlungs = Versuch ge=
macht hatten, und denen nun vornemlich aufgetra=
gen wurde, die limpurgischen Allodial = Erben bey
demj nigen Stand, worinn alles in Ansehung der
bereits entschiedenen oder noch zur Entscheidung aus=
gestellten Allodien, nach dem Absterben Schenk Voll=
raths gewesen, aus kaiserlicher Autorität zu erhalten.
Die kaiserliche Kommission nahm zuerst ihren Aufent=
halt zu Hall. Von da veranlaßte sie durch ein kai=
serliches Kommissions = Patent den 13. Februar 1714.
den Abzug der königlichen Truppen, welcher den 21.
desselben Monats in guter Ordnung und friedlich ge=
schah, nachdem sie zehen Wochen und vier Tage
im limpurgischen gelegen waren, welches bey dieser
Gelegenheit zwar kein freywilliger, aber desto unver=
dächtigerer Zeuge der guten Preussischen Disciplin
wurde.

Am 25. wurde von der kaiserlichen Kommission
Befehl nach Gaildorf gesandt, daß alle und jede,
geist= und weltliche Bediente, Bürger und Unter=
thanen sich auf dem Rathhaus zu Gaildorf einfinden
sollten, um die Verordnung der Kommission anzuhö=
ren. Sie rückte am 26. selbst zu Gaildorf ein, und
am 27. erschien sie auf dem Rathhaus, wo eine Er=
innerung an die Versammlung geschah, und einigen
neuerdings Handtreue zu geben auferlegt wurde. Es
wurden auch kaiserliche Patente angeschlagen. In
die Stelle der Preussen rückte ein Kreißkommando.

Durch diese Kommission wurden die Allodial=
Erben wieder in ihre vorige Rechte und Nuzungen
eingewiesen, an Preussen aber für dieselbe Zeit, blos
eine auf die unstrittigen Reichslehen beschränkte In=
spektion

fpektion zugeſtanden, in Erwartung, wie die noch
in Zweifel geſezten übrigen Stücke von dem kaiſerli=
chen Reichshofrath entſchieden werden dürften, wenn
etwa die zugleich beyden Theilen vorgeſchlagene und
angerathene gütliche Uebereinkunft nicht erfolgen
ſollte.

Die Allodial= Erben ſtellten bey dieſer Gelegen=
heit ans Licht: Fernerweite in Jure & facto beſtge=
gründete Deduktion und Vorſtellung, vornemlich die
als noch dubios ausgeſezte drey Punkten: von der
Mannſchaft, von denen Gerichten, und von denen
alten Hohenlohiſchen Lehen betreffende. Anno 1714.
Fol.

Desgleichen :

Gemeinſame Limpurgiſche Extractus der vorhande=
nen Akquiſitions= und anderer Allodial= Dokumen=
ten. 1714. Fol.

In den leztern iſt von Ort zu Ort gezeigt, in
welcher Eigenſchaft Limpurg dieſelben von Alters her
beſize.

Die Allodial= Erben hatten nun zwar, vermöge
der Immiſſion der kaiſerlichen Kommiſſion, wieder
die völlige Nuznieſung ihrer Allodien, und der ihnen
darauf zuſtehenden Rechte; aber ſie waren damit
noch nicht mit des Königs in Preuſſen Majeſtät ver=
tragen. Es lag Kreiß= Mannſchaft im Land; es
war eine Preuſſiſche Lehens= Inſpektion da, und bey=
des war doch immer unbequem. Die Gränzlinien
der beyderſeitigen Rechte ſchienen auch noch immer
zu unbeſtimmt, um mit völliger Ruhe in die Zukunft
blicken zu können.

Im

Im Jahr 1719. deducirte der König sein Recht durch folgende öffentliche Druckschrift: das unumstöß: liche Recht Sr. Königl. Majestät in Preussen an de: nen durch Absterben der Herren Schenken von Lim: burg erledigten Graf: und Herrschaften, einer gewissen ausgestreueten Schrift, genannt: In jure & facto bestgegründete Deduktion und Vorstellung, die Se: paration der limburgischen Reichslehne von dem Al: lodio betreffend. Mit Beylagen sub Lit. A. — Z. & Aa. Bb. Cc. Gedruckt im Jahr 1710. Rechts: beständig entgegengesezt, worinnen unter andern der wahre Ursprung derer Grafschaften, deren Feudali: tät und da vorwaltende Präsumtion, die aus denen Regalien erwachsene Landeshoheit, der rechte Ver: stand derer Lehenbriefe, und die Kraft von denen Geständnissen der Vasallen, mithin das Sr. Königl. Majestät zustehende Reichslehen wider die angemaßte Einwürfe und Verkleinerungen gründlich gerettet wird. Mit Beylagen sub Lit. A.— Z. & Aa. usque Ff. incl. Gedruckt zu Berlin im Jahr 1719. Fol.

Dieser Staatsschrift folgte bald eine zweyte, von welcher ich aber nicht weiß, ob sie besonders ge: druckt existirt, unter dem Titel:

Deductio, daß das Recht wegen der limburgi: schen Lande, Siz und Stimme auf Reichs: und Creißtagen zu haben, nicht von den Allodial: son: dern Lehn: Stücken gedachter Lande dependire, und folglich die limburgischen Allodial: Erben solches Ihro Königl. Majestät in Preussen, als Expectativo an gemeldten Stücken nicht disputirlich machen kön: nen. Vom Jahr 1721.

Man muß den Inhalt dieser Staatsschriften selbst einsehen, um sich hinlänglich zu belehren; alles,
was

was man kürzlich davon sagen könnte, wäre dazu unzureichend. Die Titel zeigen die Absichten an, unter denen sie verfaßt wurden.

Die Allodial-Herrschaften liesen das Jahr darauf noch eine Deduction von ihrer Seite ans Licht stellen, welche den Titel führet:

Limburgische weitere gründliche Deduction und Actenmäsige Information in puncto Separationis feudorum ab Allodio &c. Mit Beylagen. Gedruckt im Jahr 1722. Fol.

Beyde Theile schienen nun alles gesagt zu haben, was sich zum Behuf ihrer Sache wollte sagen lassen. Es kam nun darauf an, ob der höchste Richter ein entscheidendes Urtheil fällen, oder die rechtenden Theile selbst sich gütlich aus einander sezen wollten. Das erste geschahe nicht, und das andre verschob sich von einer Zeit zur andern.

Es wurden aber nicht nur Staatsschriften von den hohen litigirenden Theilen gewechselt. Der grose Staatsrechtslehrer und Historiker, Herr Kanzler von Ludewig zu Halle im Magdeburgischen, nahm auch gewissermasen in einer Privatschrift, in seinem grosen Kommentar über die güldene Bulle, Theil an dem Streit. Er widmete dem Hause Limpurg eine Reihe Blätter. Er stellte einige neue historische Säze auf, gab ihnen jedoch selbst mehrentheils nur die Gestalt historischer Vermuthungen, die aber ein nachtheiliges Licht auf die Lande der Allodial-Erben fallen liessen.

Nach denselben ist die Graf- und Herrschaft Limpurg erst um die Mitte des dreyzehenten Jahrhunderts den Schenken von Limpurg, von den schwäbischen Kaisern eingeräumt worden. Sie bestund damals

mals in einem blosen Wald, einem Reichswald,
der Virngrund genannt. Die Schenken reuteten ihn
aus, und legten Orte drinn an. Sie mögen noch
andere Güter und Erbstücke dazu erkauft haben. Sie
selbst sind Stammsverwandten der Kolben von War-
tenberg und derer von Winterstätt, und eigentlich
vom Rhein, um die angegebne Zeit an den Kocher
versezt, um den schwäbischen Kaisern näher zu seyn.
Es wäre dieses alles gut, wenn sich diese Vermuthungen nur zu andern Umständen, die man aus den alten Quellen gewisser erkennet, arten wollten. Die
Schenken von Limpurg waren wenigstens lang vor
jener Zeit im Kochergau und andern Gegenden von
Ostfranken angesehen, mit den alten fränkischen Gra-
fengeschlechtern gesippt, und an fränkischen Vasallen
mächtig. Die heutige Grafschaft Limpurg, an den
schwäbischen Gränzen nemlich), machte auch eigentlich
von Alters her, ihrem größten Theile nach, einen
Theil des alten Kochergaues, und anderer benachbarter Gauen, nicht des grosen fränkischen Pagi
Virngrund aus, und sie kann nicht wohl erst in der
Mitte des dreyzehenten Jahrhunderts durch Neureute
entstanden seyn. Viechberg war zu Anfang des
neunten Jahrhunderts schon eine Pfarrey. g) Ko-
taha und Westheim kommen in diesem Jahrhundert auch schon vor. h) Die zwey Brezzingen, i)
Klein-Sulzbach am Kocher, k) Gebenweiler
und Geifertshofen, l) Winzenweiler, m) im elf-
ten.

---

g) Cruf. Annal. P. II. lib 1. c. 12.

h) Bey dem Jahr 855. Georgii Uffenh. Nebenst. Stük 9. §. 1.
Anmerf.

i) Hanselmanns Beweis von der Römer Macht. Th. 2. S. 399.

k) Dipl. Imp. Henrici II. Coenobio Elvacenfi concefs) de
anno 1024.

l) Georgii l. c. Band I. Seite 1148.

m) Wibels Hohenl. K. u. R. Hist. Th. 3. Cod. p. 34.

ten. **Schmidelfeld**, n) auch **Kirnberg** o) (Kir=
chen=Kirnberg) im zwölften. Als im Jahr 1027.
Kaiser Konrad der Andere, dem Wirzburgischen Bi=
schof Megenhard, einen waldigen Strich Landes,
der einen grofen Theil der heutigen Grafschaft Lim=
purg begreift, zwischen dem Rothfluß, dem Kocher,
dem Steigersbach, und von da durch die Gränzen
der Franken und Schwaben bis zum Ursprung der
Wislauf laufend, schenkte, so werden schon eine
Menge Grafen angeführt, die in diesem Bezirk die
Jagdgerechtigkeit besafen, und in die Schenkung ein=
willigten. p) Folglich kann die Gegend um jenen
Bezirk ohnmöglich so sehr wüste und menschenleer
gewesen seyn.

Dieses und mehr fällt dem, welchem Geschichte
und Lokal=Kenntnis der Kochergegenden nicht fremd
ist, bey den Ludewigschen Säzen auf. Doch der ge=
lehrte und verdienstvolle Mann gab sie ja als Ver=
muthungen, und diese können Diplomen nicht prä=
judiziren.

Ueberhaupt wollte die wichtige Frage von dem
an sich wohl und theuer erworbenen und freylich nicht
leicht abzuweisenden Rechte Seiner Majestät des
Königes in Preussen auf die Limpurgischen Reichsle=
hen, bey den historischen und diplomatischen Dunkel=
heiten, die von verschiedenen auf verschiedene Weise
zu heben versucht wurden, nicht in den Studierstu=
ben und auf Kathedern, sondern im Kabinet ent=

E 5

schie=

---

n) Wibel l, c. Th. 2. Cod, p. 32.

o) Sattlers hist. Beschreib. von Wirt. Th. 1. Seite 143.

p) Das Diplom kann man im Friese, Crusius, Hanselmann
und Wibel finden, aber in Nebendingen mit ziemlichen Va=
rianten.

schieden seyn. Und da hat sie auch endlich, da die Zeitumstände dazu reif waren, ihre bestimmteste Entscheidung gefunden.

Allein es stund, von der Ausgabe der lezten gedruckten limpurgischen Deduktion noch eine gute Zeit an.

Preussischer Seits, so wie auf Seiten der limpurgischen Allodial-Erben mußte man endlich eines Rechtsstreits, bey dem so wenig Austräglichkeit zu Stande kommen wollte, müde werden. Doch wollte man auch so schlechterdings von seinen bisher behaupteten Ansprüchen nicht abstehen, theils weil die Ausdrücke der Lehenbriefe: und alle Gericht, die Sie, die Schenken, in ihren Herrschaften haben, und darzu die Mannschaft, die sie fürbaß leihen, doch immer räthselhaft schienen, theils weil diejenigen limpurgischen Reichslehen, welche dafür erklärt und an Preussen eingeräumt waren, nur eine geringe Vergeltung für die zum Dienst des Kaisers und des Reichs hergegebnen Völker ausmachten, als an deren Statt sie seyn sollten. Diese Betrachtung half wohl den Vergleich, zu welchem Limpurg unter anständigen Bedingungen nicht ungern die Hände geboten hätte, um auf alle Fälle den Ruhestand zu befestigen, und überhaupt freyere Hände zu bekommen, nicht sonderlich befördern. q)

Doch als der grose Friedrich zur Regierung kam, blieb diese Sache nicht lange im alten zweydeutigen

tigen

---

q) Es stehet also zu begreifen, warum der kön. Preussische Hof das schon in der Hand geglaubte Aequivalent nicht so schlechterdings fahren lassen, oder gleichsam unter den Händen schwinden sehen wollte, obschon übrigens König Friedrich Wilhelms Majestät in der Sache sehen liesen, daß Sie gnädig zu seyn, wie zu rechten wüßten. S. weiter unten.

tigen Zuſtand. Der Monarch, ſo wie er auf der
einen Seite mit dem Haus Oeſtreich ſeine Sachen
abmachte, ſo that er auch auf. der andern einen
Schritt, der Limpurg zum gewünſchten Frieden half;
Er trat ſchon im Jahr 1742. den 22. Merz, ſeine
limpurgiſchen Reichslehen Afterlehensweiſe an den
Herrn Markgrafen zu Brandenburg-Onolzbach ab.
Dieſer ſchloß nach allerley Vermittlungen, mit den
Gräflich-Solms-Aſſenheimiſch- als Gaildorfiſchen,
und den Schmidelfeldiſch-Sontheim- und Speckfel-
diſchen Allodial-Erben unterm 15. Aug. 1746. einen
Vergleich.

Dieß iſt in Rückſicht der limpurgiſchen Verfaſſung eine Haupturkunde. Ihr Inhalt darf daher
nicht übergangen werden. Nach deren

Art. 1. überlaſſen genannte limpurgiſche Herrſchaften, an Brandenburg ¼ gehabten Gail-
dorf- und Schmidelfeldiſchen Craiß-Voti, wogegen und um der weiter von jenen abgetrett-
nen limpurgiſchen Ortſchaften willen, Brandenburg ſieben Matrikular-Gulden übernimmt.

Art. 2. Treten Jene an Brandenburg ab ihre ⅞
des limpurgiſchen Schildlehen-Hofs; wie auch

Art. 3. folgende Orte: Oberſpeltach, Goldbach,
Ingersheim, Gollach-Oſtheim, Pfalenheim,
Bergtheim und Seyderzell, Markertshofen,
Unterſontheim und Ummenhofen, freylich in
einem Theil jener Orte nur einige Unterthanen.

Art. 4. Brandenburg überläſſet und überträgt an
die limpurgiſchen Allodial-Erben als ein Reichs-
Unterafterlehen, alle Reichslehenbare Rechte
und Regalien in ihren limpurgiſchen Landesantheilen, wobey beſonders beſtimmt wird

1.) Das

1.) Das Successions=Recht,

2.) Die Uebernehmung der Lehen=Trägers=Stelle,

3.) Vollmacht zur limpurgischen Belehnung,

4.) limpurgische Sterbfälle,

5.) Lehen= Taxen,

6.) Successionsordnung in den limpurgischen lehenbaren Regalien,

7.) Qualität des Lehens, (feudi franci),

8.) Lehens= Veränderungs= Fälle,

9.) Befreyung von Laudemial= Gebühren,

10.) Wie es in Felonie= Fällen zu halten,

11.) Die Cognition des Onolzbachischen Le=henhofs in Caufis feudalibus.

Art. 5. Brandenburg läßt die drey nach dem Reichshofraths= Concluso vom Jahr 1710. noch zweifelhafte Punkte fahren, und entsagt aller dießfallsigen Prätension, der bisherige Proceß aber super petitorio wird aufgehoben.

Art. 6. Wird die Einrichtung des neuen hoch=fürstlichen Lehenbriefs bestimmt.

Art. 7. Werden die überlassenen Reichslehenbare Rechte und Regalien auch auf die in dem Reichs=lehenbaren Halsgerichtsbezirk angesessenen Un=terthanen und Güter ausgedehnt, und auf den Fall mit der Nachbarschaft darüber entstehen=der Zwistigkeiten, die Onolzbachische Assistenz, jedoch ohne Kosten, garantirt. So wie nun Brandenburg an die limpurgischen Erben alle gesammte und bisher sowohl besucht als un=besuchte Reichslehenbare Gerechtsame und Re=galien

galien lauter und vollkommen überläßt, so be=
hält es sich doch bevor

1.) den Reichslehenbaren Zoll zu Geißlin=
gen und unter den Thoren zu Schwä=
bisch=Hall, wie auch

2.) die dazu gehörigen beyden Geleite, in
dasiger Gegend zu Münkheim und Geiß=
lingen. Die innerhalb der Gräflich=Lim=
purgischen Lande aber hergebrachte Zölle
werden von Onolzbach ohne Widerspruch
erkannt. Doch beeden Theilen auf ihre
eignen Waaren und Güter gegenseitige
Geleits= und Zoll=Freyheit pactirt, auch
die wechselseitige Stellung der Defrau=
danten garantirt.

Auf diese Weise erreichte ein langwieriger, ohn=
gefähr fünfzig Jahre hindurch daurender Rechtsstreit,
auf dessen Gang ganz Deutschland aufmerksam war,
endlich seine Endschaft; und der Graf und Mitinter=
essent Johann Eberhard Adolph von Rechteren em=
pfeng noch in eben diesem Jahr (1746.) für Solms,
Schmidelfeld, Sontheim und Speckfeld die Reichs=
Unterafterbelehnung.

Aber hiedurch war Wurmbrand noch nicht be=
ruhiget. Die Gräfin dieses Namens, Juliana Do=
rothea, Gemahlin Graf Johann Wilhelms von
Wurmbrand und Stuppach, Kaiserlichen wirklichen
Geheimen Raths und Reichshofraths=Präsidenten,
hatte gleich Anfangs, nachdem der König in Preus=
sen die Limpurgischen Lande besezen lassen, die Partie
ergriffen, sich der königlichen Gnade zu ergeben, und
dadurch den König bewogen, derselben über die
Reichslehen in ihrem Landesantheil schon im Jahr
1718.

1718. die proviſoriſche Belehnung zu ertheilen. Sie
nahm daher an allen gegen Preuſſen von den übrigen
Limpurgiſchen Allodial - Erben angeſtellten Actionen
ganz keinen Theil, und wurde daher auch von der
angeordneten Lehens-Inſpektion in ihrem Landesantheil im mindeſten nicht beeinträchtigt, ſondern genoß
durch des Königs beſondre Milde die ungehinderte
Ausübung und Nuzung der Regalien in demſelben
ohne Ausnahme. Allein die gemeldte proviſoriſche
Belehnung im Jahr 1718. war nicht genug beſtimmt,
und inſonderheit in Anſehung künftiger Erbfälle ſo
wenig beruhigend, daß ſie den König mit der Bitte,
die Sache nach ihrem Wunſch gänzlich beyzulegen,
unabläſſig angieng. Allein ſie ſtarb im Jahr 1734.
ohne daß die Sache auf einen andern Fuß geſezt
war.

Ihren Erben war es vorbehalten, erſt nach
vierzehen Jahren ein Werk zu vollenden, woran ſie
der Tod gehindert hatte. Denn ob ſchon die Gräfin
von Solms - Rödelheim und die Herzogin von Sach-
ſen-Gotha-Roda, als Deſcendentinnen der Gräfin
von Wurmbrand, und rechtmäſige Erben ihres Landesantheils die Traktaten nicht unterlieſen, und keine
Mühe ſparten, die Sache in erſprießliche Wege ein-
zuleiten, ſo wollte es doch Anfangs nicht gelingen.
Allein durch die im Jahr 1742. von Preuſſen an
Brandenburg - Onolzbach geſchehene Limpurgiſche
Reichs-After-Belehnung, und den zwiſchen dieſem
fürſtlichen Haus und den meiſten Limpurgiſchen Allodial-Erben im Jahr 1746. zu Stand gekommenen gütlichen Vergleich war nun der Weg dazu bereitet. Im J. 1748. den 11. May kam der Traktat
auch zwiſchen dem Haus Brandenburg und den
Gräflich Wurmbrandiſchen Deſcendentinnen zu Stand.
Er iſt nach ſeinem Inhalt folgender:

Bran-

Brandenburg verleihet an die Limpurg = Wurm=
brandische Gemeinherrschaften Unter = After = Lehens=
weise alle Reichslehenbare Rechte und Regalien und
insonderheit Ein Quart an dem vormals Gaildorf
und Schmidelfeld zugehörigen ganzen Kreiß = Voto,
wogegen Wurmbrandischer Seits an Brandenburg
⅞ des Limpurgischen Schildlehenhofs, samt dem Zoll
zu Geißlingen und unter den Thoren zu Schwäbisch=
Hall, wie auch dem Geleit zu Geißlingen und Münk=
heim abgetretten wird. Doch weil die übrigen drey
Quarte jenes Kreiß = Voti von Solms = Assenheim
und Schmidelfeld, neben andern Vergleichs = Gegen=
ständen an Brandenburg abgetretten worden, so fand
man für nöthig, noch folgende Bestimmungen hinzu=
zufügen:

1.) Solle Onolzbach der drey Quart-halber, das
angeregte Votum bey den ersten Kreißtagen ganz
allein, und bey dem vierten den Gräflich = Lim=
purg = Wurmbrandischen Herrschaften ebenfalls
ganz allein zukommen, wobey auch bestimmt
wurde, wie es zu halten, wenn der Kreißtag
über drey Jahre währen sollte.

2.) Wann der Turnus dieses Voti auf Bran=
denburgischer Seite, soll von allen Kreißakten
und Vorfallenheiten durch den Anspachischen
Kreiß = Sekretar (gegen Gebühr,) hieher Mit=
theilung geschehen; und

3.) Bey dem Wurmbrandischen Turno den dieß=
seitigen Herrschaften frey stehen, das Votum
durch eignen Abgeschickten zu führen, oder durch
den Brandenburg = Onolzbachischen Kreiß = Ge=
sandten gegen billige Erkenntlichkeit vertretten
zu lassen.

Weil

Weil übrigens der Wurmbrandiſche Landesan=
theil ſeit den Hausverträgen von den Jahren 1690.
und 1707. in ſeiner alten Gröſe blieb, ſo wurde auch
an der Wurmbrandiſchen Matrikular=Anlage zu zehen
Gulden nichts verändert.

Indeſſen diente doch jener Hauptvergleich noch
nicht zu gänzlicher Beruhigung der Gräflich=Wurm=
brandiſchen Deſcendentinnen, welche wünſchten, daß
auf alle ſich ereignen könnende Fälle, in Anſehung
der Lehensfolge und ſelbſt der Felonie die beſtimmte=
ſte Rückſicht genommen werden möchte. So ent=
ſtund noch eine ſo betitelte Neben=Konvention un=
term 22. Auguſt deſſelben Jahrs, wodurch alle übri=
ge Anſtände völlig gehoben wurden. Sie mag dieſes
Kapitel, wie die Rechts=Angelegenheiten mit dem
hochfürſtlichen Hauſe Brandenburg, ſchließen.

---

Inhalt der Neben=Konvention zwiſchen des Herrn
Margarafen von Brandenburg=Onolzbach
Durchlaucht und den hochgräflich=Limpurg=
Wurmbrandiſchen hohen Deſcendentinnen und
Allodial=Erben. Onolzbach, den 22. Aug.
1748.

### Art. I.

Auch diejenigen Perſonen, welche der jeztleben=
den Frauen Tranſigentinnen Erben und Nachkom=
men, zu ihren Succeſſoribus in ihrem in dem 1707.
ſchweſterlichen Theilungs=Receſs beſchriebenen Lim=
purgiſchen Allodial=Landes=Antheil per Conventio-
nem inter vivos, oder per Teſtamentum ernennen,

oder

ober burch Kauf, Tausch und andere Wege veräuſ=
ſern würden, ſollen künftig auch in den Reichslehen
ſuccediren, jedoch mit der Bedingung, daß gleich
beym Antritt der Succeſſion ſemel pro ſemper in
das hochfürſtliche Haus pro Conceſſione 50. Duca=
ten bezahlet, und was im Haupt= Receſs ratione
qualitatis perſonarum, und der auf 300. fl. pactir=
ten Cammer= Revenüe verglichen, ohnverbrüchlich
gehalten werden ſoll.

### Art. II.

Daſern etwan von einem oder anderm der Er=
ben und Nachkommen der Wurmbrandiſchen De=
ſcendentinnen ſolche Ihnen Unter= after= Lehens=
Weiſe verliehene Reichs= Lehen in die Hände Eines
der hohen Lehens= Herren reſutirt werden möchten,
ſoll ſothane Lehens = Portion von unpartheiiſchen
Taxatoribus æſtimirt, und von dem Hauſe Bran=
denburg gegen Erhaltung des angeſezten propor-
tionirlichen Geld= Quanti den übrigen Gräfl. Wurm=
brandiſchen Convaſallis überlaſſen,

### Art. III.

In allenfallſigen Felonie- Fällen aber es alſo
gehalten werden, daß wie in denen darüber ent=he=
henden Proceſſen die Rechtfertigung denen = von
dem Hochfürſtl. Haus nach der Obſervänz niederzu=
ſezenden Paribus Curiæ verbleibet: Alſo wann dar=
auf erkannt, und die Perſona peccans Ihrer Por=
tion und Rechtens verluſtig erkläret, und pro re nata die alſo verwürkte Lehens= Portion nach denen
Rechten derer unterſchiedlichen Felonie- Fällen, nicht
denen Convaſallis, ſondern dem hohen Lehen=Herrn
zuerkannt worden; Alsdann die nur berührte Le=
hens= Portion von dem Durchl. Lehens= Herrn nicht

eingezogen, noch weniger aber die Poſſeſſion davon
jemalen Via facti ergriffen, ſondern nachdem die Sen-
tentia feloniæ declaratoria l. feudi privatoria ihre
Rechtskraft erlangt, alsdann erſt die dem hohen Lehens - Herrn adiudicirte Lehens-Portion von unpar-
theyiſchen Taxatoribus lediglich nach dem Geld- Ertrag æſtimirt, und um das davor angeſezte Geld-
Quantum denen übrig Gräfl. Limpurg. Convaſallis
überlaſſen, dem hohen Lehens- Herrn aber alſofort
nach Endigung der legalen Taxation, von ſolchem
Geld- Quanto die Reichs- Conſtitutions-mäſige Zinße,
mit 5 pro Cent, ſo lange die Perſona peccans oder
deren Deſcendenz am Leben ſeyn wird, entrichtet
werden ſollen. Und da

## Art. IV.

auch in dem den 15. Aug. 1746. mit den übrig
Gräfl. Limpurg. Allodial - Herrſchaften errichteten
Receſs §. V. wegen Renunciation des im Conclu-
ſo, d. d. 29. Nov. 1710. Jhro Königl. Majeſtät
in Preuſſen ausdrücklich vorbehaltenen Rechtfertigung
in puncto ulterioris ſeparationis feudi ab Allodio
Limpurgico ausdrücklich Vorſehung geſchehen, und
von Sr. Hochfürſtl. Durchlaucht auf alle Anſprüche und Forderungen renuntiirt worden: So wird
deſſen Jnhalt auch gegen die Gräfl. Wurmbrandiſchen Deſcendentinnen und deren Succeſſores durchgängig beobachtet werden.

Zwan-

## Zwanzigster Abschnitt.

Das neuere Haus Limpurg, oder die hohe Nachkommenschaft der lezten männlichen Zweige
des ältern Hauses, tabellarisch vorgestellt.

---

Da die Besizungen der lezten Grafen und Herren
zu Limpurg, dem größten Theil nach als allodial, auf ihre weibliche hohe Nachkommen vererbt
werden konnten, und wirklich vererbt wurden, wie
man schon aus dem vorigen Abschnitt ersieht, diese
aber sich nach einander in mancherley Grafen= und
Fürstenhäuser vermählten, so mußten die Limpurgischen Regenten nothwendig immer mehr vervielfäl-
tigt werden. Diese Vervielfältigung zog Theilungen, auch endlich Veräusserungen nach sich, die
alle zu einiger Beurtheilung der jezigen Gestalt des
Landes und seiner verschiedenen Verfassungen zu wissen nöthig sind. Eine kurze Nachricht hievon, kann
man daher auch mit Recht hier suchen, und dazu
gehört vor allen Dingen eine zuverläsige Nachricht
von der Abstammung der jeztlebenden gnädigsten
Herrschaften, aus dem Limpurgischen Grafen= und
Schenken=Haus, die ich, Kürze und leichterer Uebersicht wegen, hier tabellarisch mittheile.

## A.
### Graf Wilhelm Heinrichs zu Limpurg=Gaildorf hohe Nachkommenschaft.

lezter Graf zu Limpurg=Gaildorf, Wilhelm Heinrich, in welchem der männliche Stamm dieser
Hauptlinie erlosch den 12. May 1690.

D 2                                    Gent.

Gem. Elisabetha Dorothea, geb. Semperfreyin von Limpurg-Gaildorf, Wilhelm Ludwigs, Herrn und Erbschenken zu Limpurg-Gaildorf Tochter, welche sich noch in eben diesem Jahr mit Gr. Ludwig von Dänewald vermählte, und mit demselben nach Wien zog.

## Deren Kinder und Erben:

1.) Von welchen zwey frühzeitig verstarben:

a) Juliana Charlotta, geb. 29. Aug. 1685. gest. zu Pfedelbach, 22. März 1699. zu Gaildorf beygesezt Montags nach Palmarum.

b) Sophia Elisabetha, geb. 7. Aug. 1688. gest. 15. May 1705. im Bad zu Ems, als Braut Graf Georg Friedrichs, Burggrafen zu Kirchberg, zu Gaildorf beygesezt den 16. Junius.

2. Welche den Regentenstamm fortpflanzten:

a) Die erste gräfliche Erbtochter Graf Wilhelm Heinrichs, welche den Regentenstamm fortpflanzte, war:

Wilhelmina Christiana, geb. 24. Sept. 1679. gest. 15. Dec. 1757.

Gemahl: Ludwig Heinrich, Graf zu Solms-Assenheim, und seit 1722. auch zu Solms-Rödelheim, geb. 25. Aug. 1667. verm. 27. Jun. 1695. gest. 1. May 1727.

### Ihre hohe Nachkommen:

α) Dorothea Sophia Wilhelmina, geb. 27. Jan. 1698. gest. 6. Febr. 1774.

Gemahl: Josias, Graf von Waldeck, Kön. Franz. Brigad. geb. 20. Aug. 1699. v. 27. Jan. 1725. gest. 2. Febr. 1763.

Kinder

- Kinder und Erben im Limpurgischen Antheil.

aa) Wilhelm Josias Leopold, regierender Graf von Waldeck, in Bergheim, mit- regierender Graf und Semperfrey zu Limpurg-Gaildorf, Kön. Franz. Obri- ster, geb. 16. Oct. 1733. † 4. Jun. 1788.

Gemahlin: Christina Wilhelmina, Graf Gu- stav Friedrich zu Isenburg-Büdingen Toch- ter, geb. 24. Jun. 1756. v. 5. März 1772. Dermalen Vormünderin ihrer hochgräflichen Kinder:

1. Josias Wilhelm Friedrich Christian Karl, geb. 13. May 1774.

2. Karl, geb. 17. Nov. 1778.

3. Karoline Christine Louise, geb. 6. Oct. 1782.

4. Georg Friedrich Karl, geb. 31. May 1785.

bb) Karolina Christina Johanna Louise Friderika, Gräfin zu Waldeck, mit- regierende Gräfin und Semperfreyin Limpurg-Gaildorf, geb. 24. Jun. 1729.

) Wilhelm Karl Ludwig, regierender Graf zu zu Solms-Rödelheim, Sen. Fam. geb. 3. Febr. 1699. gest. 27. Aug. 1778.

Gemahlinnen:

I. Maria Margaretha Leopoldina, Gr. Joh. Wilhelm von Wurmbrand Tochter, (S. oben unter A. 2. a. ß.) gest. 14. Dec. 1756.

II. Sa-

II. Sophia Wilhelmina Christiana, Gr. Ka=
simir zu Sayn = Witgenstein = Berleb. T.
v. 10. May 1757. gest. 21. May 1760.

III. Sophia Henr. Albertina, Gr. Heinrich
Karl zu Solms = Wildenfels Tochter, geb.
18. Oct. 1739. v. 26. Aug. 1763.

Einzige überlebende Tochter und Erbin von der
ersten Gemahlin:

Christiana Wilhelmina Louise, regierende Für=
stin zu Leiningen, mitregierende Gräfin und
Semperfreyin zu Limpurg = Gaildorf. (S.
l. c.)

γ) Eleonora Friderika Juliana, geb. 23. Sept.
1703. gest. 1. Jul. 1762.

Gemahl: Karl Friedrich, Graf von Isenburg=
Büdingen in Meerholz, geb. 27. Nov. 1700.
v. 24. Febr. 1725. gest. 14. März 1774.

Kinder und Erben:

aa) Johann Friedrich Wilhelm, regieren=
der Graf von Isenburg = Büdingen
in Meerholz, mitregierender Graf
und Semperfrey zu Limpurg. Gail.
dorf, Sen. des gesammten Isenbur=
gischen Hauses, des Churpfälz. Löw.
O. Ritter, geb. 2. May 1729.

Gemahlin: Christiana Karolina Louise, Gr.
Karl Walrad, Wild = und Rheingrafen
zu Grumbach Tochter, geb. 4. Apr. 1733.
v. 11. Jun. 1762.

bb) Christiana Louise Charlotte, gebohrne
Gräfin von Isenburg=Büdingen, ver=
mählte

mählte und verwitwete Gräfin von
Waldeck, mitregierende Gräfin und
Semperfreyin zu Limpurg-Gaildorf,
geb. 22. Nov. 1742.

Gemahl: Georg Friedrich Ludwig Belgikus,
geb. 20. Jul. 1732. gest. 9. April 1771.

δ) Sophia Louise Christiana, geb. 31. Dec. 1709.
gest. 17. Jan. 1773.

Gemahl: Friedrich Ludwig, regierender Graf
von Löwenstein-Wertheim, mitregierender
Graf und Semperfrey zu Limpurg-Sontheim, Kaiserl. Kämmerer, geb. 14. März
1706. v. 13. Jun. 1743.

* S. hiezu die nächstfolgende Note.

ι) Johann Ernst Karl, jezt regierender Graf
von Solms-Rödelheim, mitregierender
Graf und Semperfrey zu Limpurg-Gaildorf, geb. 8. Maj. 1714.

Gemahlin: Amöna Charlotte Eleonora Friderika, Gr. Johann Ludwig Vollraths von Löwenstein-Wertheim Tochter, geb. 14. Febr.
1743. v. 10. Sept. 1761.

### Note.

Warum der den hohen Nachkommen der zweyten gräflichen Erbtochter Graf Wilhelm Heinrichs,
Wilhelmina Christiana, vermählten Gräfin zu Solms-
Assenheim, zustehende Antheil an der Herrschaft Limpurg-Gaildorf, der Solmsische genennt wird, ist
für sich selbst klar. Aber es muß bemerkt werden,
daß der Antheil der Graf Friedrichschen Gemahlin
von Löwenstein-Wertheim durch ihren Tod im Jahr
1773. (Lit. δ.) den übrigen vier Limpurg-Gaildorf-

Solm-

Solmsischen Gemeinschafts-Herrschaften, den Haus-
gesezen zu Folge, zu gleichen Theilen zufiel, und der
regierenden Fürstin Christiana Wilhelmina Louise zu
Leiningen Durchlaucht ihr im Jahr 1778. vom Vater ererbtes ¼ am ganzen Limpurg-Gaildorf-Solm-
sischen Antheil durch eine s. d. Miontauben 26. Nov.
und Erbach 15. Dec. 1783. geschlossene Konvention,
an ihres Herrn Tochtermanns, des regierenden Grafen Franz von Erbach-Erbach (geb. 29. Oct. 1754.
Churbraunschweigischen Gen. Maj. der Infanterie,
St. Joh. und Churpfälz. löw. O. Ritter,) und Hoch-
dero Frau Gemahlin Louise Charlotte Polyxena, (geb.
27. May 1756 v. 1. Sept. 1776. gest. 13. Jan.
1785.) Erlauchten überlassen haben. Besiz davon
wurde am 24. und 26. Jan. 1784. genommen.

*Antheil fruktt Widenburg a 1790.*

b) Die zweyte gräfliche Erbtochter Graf Wilhelm
Heinrichs zu Gaildorf:

Juliana Dorothea Louise, geb. 10. May
1677. gest. 4. Oct. 1734. Hat sich zweymal vermählt, und von beyden Gemahlen Kinder und Erben nachgelassen.

*a)* Erster Gemahl: Eucharius Kasimirus, Graf
von Löwenstein, Wertheim und Virne-
burg. v. 1693. gest. 1. Jan. 1698.

Tochter:

Juliana Dorothea Louise, geb. 8. Jun. 1694.
gest. 15. Febr. 1734.

Gemahl: Heinrich I. Graf Reuß, zu Schlaiz,
geb. 10. März 1695. v. 7. März 1721.
gest. 6. Dec. 1744.

Toch-

Tochter:

Louise, geb. 3. Jul. 1726. geſt. 28. May
1773.

Erſter Gemahl: Chriſtian Wilhelm, Herzog
zu Sachſen-Gotha, Königl. Pohn. und
Churſächſ. Gen. L. der Kav. Ritter des
weiſen Adler-Ordens, reſid. in Roda.
geb. 28. May 1706. v. 28. May 1743.
geſt. 19. Jul. 1748. ohne Erben.

Zweyter Gemahl: Johann Auguſt, Herzog
zu Sachſen-Gotha, Kaiſerl. Königl. Ge-
neral-Feld-Marſchall und Obriſter eines
Drag. Reg. des W. A. O. Ritter, des
erſten Gemahls Bruder, geb. 17. Febr.
1704. v. 6. Jan. 1752. geſt. 8. May
1767.

Prinzeſſinnen:

aa) Auguſta Louiſe Friderika, geb. 30.
Nov. 1752.

Gemahl: Jhro Durchlaucht, Friedrich Karl, Erbprinz von Schwarz-
burg-Rudolſtadt, geb. 7. Jul. 1736.
v. 28. Nov. 1781.

bb) Louiſe, geb. 9. März 1756. Regierende Herzogin zu Mecklenburg-
Schwerin.

Gemahl: Jhro Durchlaucht, Friedrich
Franz, der regierende Herzog zu
Mecklenburg-Schwerin. geb. 10.
Dec. 1756. v. 1. Jun. 1775.

D 5 Note.

## Note.

Beyde Durchlauchtigſte Prinzeſſinnen haben ihren erblichen Antheil an der Grafſchaft Limpurg, doch unter Vorbehalt des Titels und Wappens von Limpurg an des Regierenden Herzog
Karls von Wirtemberg Durchlaucht überlaſſen,
wovon das nähere in der Folge vorkommen wird.

s) Zweyter Gemahl der Juliana Dorothea
Louiſe, geb. Erbgräfin und Semperfreyin
zu Limpurg: Johann Wilhelm, Graf
von Wurmbrand, von der Oeſterreichi-
ſchen oder Stuppachiſchen Linie, Kaiſerl.
Kön. wirkl. Geh. Rath und Reichshof-
raths = Präſident, des güldnen Blieſes
Ritter, geb. 18. Febr. 1670. v. 5. Oct.
1700. geſt. 17. Dec. 1750.

### Tochter:

Maria Margaretha Leopoldina, geb. 21. Jul.
1701. geſt. 14. Dec. 1756.
Gemahl: Wilhelm Karl Ludwig, Graf von
Solms = Rödelheim, geb. 3. Febr. 1699.
v. 3. Oct. 1722. geſt. 27. Aug. 1778.

### Tochter und Erbin:

Chriſtiana Wilhelmina Louiſe, regierende Fürſtin zu Leiningen, mitregierende
Gräfin und Semperfreyin zu Limpurg-
Gaildorf, geb. 24. Apr. 1736.
Gemahl: Jhro Durchlaucht, Karl Friedrich Wilhelm, der regierende Fürſt
zu Leiningen, in Dürkheim, Churpfalz-
bayriſcher Gen. L. der Kav. Innh. eines
Drag.

Drag. Reg. des St. Hub. und Pfälz. löw. Ordens Ritter, zugleich bisheriger Administrator des Dero Durchlauchtiger Frau Gemahlin zustehenden Antheils an der Grafschaft Limpurg. geb. 14. Aug. 1724. v. 24. Jun. 1749.

## Note.

Der nun Herzoglich = Wirtemberg = und Fürst = lich = Leiningische gemeinschaftliche Landesantheil heißt der Gräflich = Wurmbrandische, wovon der Grund gleich auffällt.

## B.

Graf Vollraths zu Limpurg = Speckfeld, in Ober = sontheim residirend, hohe Nachkommen.

Lezter männlicher Zweig der Limpurg = Speckfeldischen Linie, Graf Vollrath, starb 19. Aug. 1713.

Gemahlin: Sophia Eleonora, geb. Semperfreyin von Limpurg = Schmidelfeld, Johann Wilhelms, Herrn und Erbschenken von Limpurg = Schmidel = feld Tochter, nach seinem Tod gebohren den 29. Nov. 1655. v. 1. Sept. 1673. zu Speckfeld, gest. 18. May 1722.

Ihre fünf gräfliche Erbtöchter, welche auch den Limpurgischen Regentenstamm fortpflanzten:

### I.

Wilhelmina Sophia Eva, geb. 31. Oct. 1677. gest. 21. Aug. 1735. zu Grumbach, als des hochgr. Hauses Seniorin und Lehensadministratorin.

Gemahl: Rudolph, Graf von Prösing. geb. — — v. 20. Febr. 1701. gest. — —

Von

Von Ihren fünf Kindern blieb aber nur
am Leben:

Juliana Francisca Leopoldina Theresia, geb. 15.
Febr. 1709. gest. 13. Dec. 1775.

Gemahl: Karl Walrad Wilhelm, Wild- und Rheingraf zu Grumbach, geb. 10. Oct. 1701. v. 13.
Sept. 1728. gest. 12. Jul. 1763.

### Kinder und Erben:

1. Karl Ludwig Wilhelm, geb. 14. Jul. 1729. reg.
   Graf, des W. A. und Churpf. Löw. O. R.

   Gem. Elis. Christ. Mariana, Fürst Karl Friedrich
   Wilhelm zu Leiningen Tochter, v. 17. May
   1768.

2. Leopold. Sophia Wilh. geb. 17. Nov. 1731.

   Gem. Georg Wilhelm, Graf zu Erbach-Erbach,
   v. 2. May 1753. † 31. May 1757.

3. Karolina Frider. geb. 4. April 1733. Gem.

   I. Joh. Friedr. Wild- und Rheingraf zu Dhaun,
   † 27. Jan. 1750.

   II. Karl Friedr. Graf von Wartensleben, K.
   K. Käm. Holl. Gen. L. und Ges. im Reich,
   † 1783.

4. Christiana Karolina Louise, g. 20. April 1734.

   Gem. Joh. Friedr. Wilhelm, Graf zu Isenburg-
   Meerholz, v. 11. Jun. 1762.

5. Christiana Franc. Eleon. geb. 10. Aug. 1735.

   Gem. Christian Joh. Graf zu Leiningen-Wester-
   burg, † 18. Febr. 1770.

6. Philipp. Augusta, geb. 6. Dec. 1737.

   Gem.

Gem. Karl Gustav Reinh. Graf zu Leiningen:
Westerburg.

7. Soph. Henrika, geb. 14. May 1740.
Gem. Friedrich, Landgraf zu Hessen: Philipps:
thal, † 15. Nov. 1777.

8. Wilh. Christian, geb. 17. Jul. 1741. Holl. Ge:
neral.
Gem. Louise Charlotte, Gr. Karl Magnus Rhein:
graf zu Grehweiler Tochter, v. 19. Oct. 1784.

9. Karl August, geb. 13. Aug. 1742. Obrister bey
dem Fränk. Inf. Reg. Oelhasen.

10. Joh. Friedrich, geb. 5. Nov. 1743. Holländ.
Obrister bey Sachsen: Gotha.

11. Franc. Juliana Charl. geb. 25. Nov. 1744.
Gem. Friedrich Karl Gottl. Gr. von Löwenstein,
v. 25. März 1779.

12. Joh. Albr. Ludwig, geb. 13. Jan. 1746. † 28.
May 1778. Hauptmann des Fränk. Drag.
Reg. von Schomberg.
Gem. Maria Christ. Louise, Gr. Firnhaber von
Eberstein Tochter, v. 1776.

13. Heinr. Friedr. Walrad, geb. 9. Sept. 1748.
Obrist bey Oberrhein. von Nassau Inf. Reg.

### Note.

Diese besasen den Antheil Limpurg: Sontheim:
Schmidelfeld bis 1781. da er an das Herzoglich
Wirtembergische Haus durch Kauf kam.

### 2.

Christina Magdalena Juliana, geb. 25. Jan. 1683.
gest. 2. Febr. 1746. zu Obersontheim.

Ge:

Gemahl: Ludwig Georg, Landgraf von Hessen-Homburg, in Oberbronn im Elsaß und in Oberfontheim residirend, geb. 10. Jan. 1693. v. 28. May 1710. gest. 1. März 1728.

### Erbtochter:

Sophia Charlotta Dorothea Wilhelmina Friderika, geb. 18. Febr. 1714. gest. 2. May 1777. und beygesezt in der Schloßkapelle zu Unter-Gröningen. Gemahl: Karl Philipp Franz, Fürst von Hohenlohe und Waldenburg, in Bartenstein, K. K. wirkl. Geh. Rath und Reichs-Kammer-Richter, des Andr. O. Ritter, des Fürstlichen Hohenloh-Waldenburgischen Hauses Senior, geb. 7. Jul. 1702. v. 26. Sept. 1727. gest. 1. März 1763.

### Erbprinz:

Ihro Durchlaucht, der jezt regierende Fürst zu Hohenlohe und Waldenburg, in Bartenstein, Ludwig Karl Philipp Leopold, geb. 15. Nov. 1731. zugleich regierender Graf und Semper-frey zu Limpurg-Sontheim-Gröningen, seit 1777.

### Note.

Der erstgebohrne Prinz hat auch im Limpurgischen Landesantheil, wie im Hohenlohischen die Regierung allein, und die nachgebohrnen begnügen sich mit ihrer bestimmten Appanage, welches sich auf eine testamentarische Disposition sowohl der hochseligen Frau Kammerrichterin, als ihres vorher verewigten Herrn Gemahls gründet.

### 3.

Amöna Sophia Friderika, geb. 24. Aug. 1684. gest. 20. Febr. 1746.

Ge-

Gemahl: Heinrich Friedrich, Graf von Löwenstein=
Wertheim, geb. 13. März 1682. v. 7. May
1703. gest. 31. März 1721.

Kinder und Erben:

a) Johann Ludwig Vollrath, mitregierender
Graf zu Löwenstein Wertheim, auch
mitregierender Graf und Semperfrey zu
Limpurg=Sontheim, geb. 14. Apr. 1705.

Gemahlin: Friderika Charlotte Wilhelmina,
Graf Friedrich Karl von Erbach=Erbach
Tochter, v. 7. Dec. 1738. (Vergl. weiter
unten N. 5.)

b) Friedrich Ludwig, mitregierender Graf
zu Löwenstein=Wertheim, Kaiserlicher
Kämmerer, auch mitregierender Graf
und Semperfrey zu Limpurg=Sontheim,
geb. 14. März 1706.

Erste Gemahlin: Sophia Christiana Albertina,
Graf Friedrich Karl von Erbach=Erbach
Tochter, v. 5. Nov. 1738. (Vergl. unten
N. 5.)

Zweyte Gemahlin: (S. oben A. 2. b. s.)
* Unbekindert.

c) **Karl Ludwig, mitregierender Graf zu
Löwenstein = Wertheim und Limpurg,
K. K. Kämmerer,** geb. 29. Sept. 1712.
gest. 26. März 1779.

Gemahlin: Anna Charlotte Josepha, Freyherrn
Joh. Wenzeslai Deyms von Striciez Toch=
ter, geb. 28. Jan. 1722. v. 28. Jan.
1742.

Kinder

Kinder und Erben:

α) Friedrich Karl Gottlob, mitregierender
Graf zu Löwenstein = Wertheim, auch
mitregierender Graf und Semperfrey
zu Limpurg = Sontheim, geb. 29. Jul.
1743.

Gemahlin: Francisca Juliana Charlotte,
Wild = und Rheingrafen Karl Walrad
Wilhelm zu Grumbach Tochter, v. 25.
März 1779.

β) Ludwig Friedrich Albrecht, mitregie=
render Graf zu Löwenstein = Wert=
heim, auch mitregierender Graf und
Semperfrey zu Limpurg = Sontheim,
geb. 29. Dec. 1751. gest. 11. Jul. 1785.

Gemahlin: Friderika Philippina Mariana
Charlotte, Freyherrn Philipp Gottfried
von Stein zum alten Stein, Branden=
burg = Onolzbach. Oberhofmarschall, geh.
Rath und Oberamtmann zu Wassertrüdin=
gen und R. Adler O. Gr. Kr. Tochter,
v. 19. Oct. 1779.

Note.

Die gräflich Karl Ludwigschen Gräfinnen Töch=
ter sind:

Sophia Karolina Konstantina, geb. 29. Merz
1749.

Karolina Christina Anna Sophia, geb. 17. Merz
1754. mit Freyherrn Eugen Philipp von Rack=
nitz v. 7. Jun. 1781.

Friderika Charlotta Wilhelmina Amöna, geb. 17.
Merz 1757. mit Graf Friedrich Karl zu Ho=
henlohe=

henlohe = Kirchberg rc. vermählt 14. Aug. 1778.
gesch. 1782.

Sie sind Prätendentinnen an dem Limpurg = Sont=
heim = Obersontheimischen väterlichen ½. Deren ein=
ziger noch lebender Herr Bruder behauptet aber die
ausschließliche Erbfolge in demselben.

d) Johann Philipp, Gr. zu Löw. Wertheim und
Limpurg, geb. 27. Aug. 1713. gest. 12. Apr.
1757. (S. unten N. 4.)

e) Wilhelm Heinrich, Gr. zu Löw. Wertheim und
Limpurg, geb. 23. Sept. 1715. gest. 6. Oct.
1773.

f) Amöna Sophia Friderika, geb. Gr. zu Löw.
Wertheim, mitregierende Gräfin und Sem=
perfreyin zu Limpurg = Sontheim, geb. 23.
May 1718. gest. 16. März 1779.

Gemahl: Bertram Philipp Sigmund Albrecht,
Graf von Gronsfeld, Holländ. General und
bev. Min. zu Berlin und Madrit, 1749.
in das Korps der Nobles der Pröv. Hol=
land und Westfriesland aufgenommen, Mit=
glied des Admirals = Kolleg. F. Nassau=Oran.
geh. R. und Reg. Präsident. geb. 19. Nov.
1715. v. 26. Sept. 1751. gest. 15. Nov.
1772.

Kinder und Erben:

α) Karl Annas Heinr. Friedrich, geb. 12. Oct.
1753. T. O. R. zu Utrecht.

β) Amöna Sophia Friderika, geb. 25. Oct.
1754.
Gemahl: Robert Walrave, Freyherr von
Heckern zu Walien, Holländ. Maj. und

Kammerherr des Pr. von Oranien. geb.
18. Jun. 1759. v. 13. Aug. 1780.

*y*) Louise Maria Anna Christ. Sophia, geb.
16. Dec. 1755. Georg, Freyherrn von
Monster Landegg, Osnabrückschen geh.
R. ꝛc. 4. Oct. 1775. v. und 24. Jul.
1779. gesch. Gemahlin.

*z*) Joh. Bertram Arnold, geb. 10. Dec. 1756.
T. O. R. zu Utrecht ꝛc.

*a*) Friedrich August Jakob Sigmund, geb. 15.
Febr. 1758. Hessen-Cassel. Hauptmann
der ersten Garde.

g) **Karolina Christiana**, geb. Gräfin zu Löwenstein-Wertheim, mitregierende Gräfin und Semperfreyin zu Limpurg-Sontheim, geb. 7. Aug. 1719.

Gemahl: Christian Wilhelm Karl, Graf von
Pückler, K. K. Käm. und Churpfälz. Löw.
O. Ritter, zu Burg-Farrenbach residirend,
geb. 8. Dec. 1705. v. 10. Jun. 1737. gest.
15. Febr. 1786.

### Note.

Durch den Tod Graf Johann Philipps, Gr.
zu Löwenstein-Wertheim und Limpurg im J. 1757.
wuchs dessen ⅓ an dem mütterlichen Landesantheil
den übrigen 6. hohen Mittheilhabern zu, und Graf
Wilhelm Heinrich überließ sein ⅔ im Jahr 1768.
an seine hochgräfliche Frau Schwester, vermählte
Gräfin von Gronsfeld, so daß diese nun ⅔ an jenem Antheil besaß, welche von den Gronsfeldischen
Erben wiederum an des jeztregierenden Herzogs von

Wir-

Wirtemberg Durchlaucht überlaſſen wurden. Die
Beſitzergreifung geſchah den 10. April 1782.

### 4.

Friderika Auguſta, geb. 26. Jan. 1694. geſt. 28.
Jul. 1746.

Gemahl: Chriſtian Heinrich, Graf von Schönburg-
Waldenburg, von der 1754. ausgeſtorbnen Schön-
burg-Waldenburg-Waldenburgiſchen Linie, Kaiſ.
Kön. geh. Rath, Kämmerer, und der Kaiſerin
Eliſabeth Hatſchier- und Trabanten-Hauptmann,
geb. 13. Nov. 1682. v. 30. Apr. 1715. geſt.
27. Jan. 1753.

**Einzige hinterlaſſene Tochter und Erbin im
Limpurgiſchen Antheil:**

Sophia Henrietta Friderika, gebohrne Gräfin zu
Schönburg-Waldenburg, auch Gräfin und Semperfreyin zu Limpurg-Sontheim, geb. 4. Jul.
1718. geſt. 12. Apr. 1757.

Erſter Gemahl: Friedrich Ernſt, Graf von Welz,
von der Eberſteiniſchen Linie, auch Graf und
Semperfrey zu Limpurg-Speckfeld, (S. unten
C. 2.) geb. 12. Jun. 1712. v. 5. Dec. 1737.
geſt. 3. Jul. 1741.

Zweyter Gemahl: Johann Philipp, Graf zu Löwen-
ſtein-Wertheim, auch Graf und Semperfrey zu
Limpurg, geb. 27. Aug. 1713. v. 12. Jul. 1743.
geſt. 12. Apr. 1757. an einem Tag mit der Frau
Gemahlin.

Tochter

Tochter erster Ehe und Erbin im Limpurg = Sont=
heim = und Limpurg = Speckfeldischen Antheil:

Juliana Maria Friderika Amöna Christiana Elisa=
betha Eleonora, geb. Gräfin von Welz, auch
mitregierende Gräfin und Semperfreyin zu Lim=
purg = Speckfeld und Sontheim, geb. 24. März
1739. gest. 20. März 1765.

Gemahl: Friedrich Philipp Karl, regierender
Graf von Pückler, zu Burg = Farrenbach,
auch regierender Graf und Semperfrey zu
Limpurg = Sontheim = Gaildorf und Speck=
feld 2c. Herzoglich = Wirtembergischer Christ=
Kammerherr, des St. Johanniter Ordens
Ritter, des Herzoglich = Wirtembergischen gro=
sen, und des rothen Adler = Ordens Groß=Kreuz,
auch des Herzogl. Militär St. Charles = Ordens
Ritter, geb. 18. Jun. 1740. v. 1. Febr. 1764.

Hochgräfliche Tochter aus dieser Ehe, und Erbin
im Limpurg = Sontheim = Gaildorf = und Speck=
feldischen Antheil:

Karolina Sophia Louise Henriette Maria Leo=
poldina, geb. Gräfin von Pückler, auch Grä=
fin und Semperfreyin zu Limpurg = Sont=
heim = Gaildorf und Speckfeld, geb. 8. Febr.
1765. gest. 6. August 1787.

### Note.

Mit dem Tode der Erbgräfin Karoline von
Pückler und Limpurg = Sontheim = Gaildorf und
Speckfeld begann eine Prozeß = Fehde in Ansehung
der Erbfolge sowohl in dem Limpurg = Sontheim=
Gail=

Gaildorfisch- als Limpurg-Speckfeldischen Antheil, zwischen deren Herrn Vater, Grafen Friedrich Philipp Karl von Pückler und Limpurg, als welcher die Erbfolge in beyden Antheilen aus verschiedenen Gründen anspricht, und zwischen den Herren Grafen Johann Ludwig Vollrath und Friedrich Ludwig zu Löwenstein-Wertheim, auch der verwittweten Frau Gräfin Karoline Christiane von Pückler, gebohrnen Gräfin zu Löwenstein-Wertheim, als welche die Erbfolge im Limpurg-Sontheim-Gaildorfischen Antheil für sich ansprechen, und den hochgräflich-Limpurg-Speckfeldisch-Rechterischen Herrschaften, welche behaupten, daß sie im Limpurg-Speckfeld-Pücklerischen Antheil die rechtmäßigen Erben seyen. Indessen blieb der Herr Graf von Pückler im Limpurg-Sontheim-Gaildorfischen Antheil im Besiz. Der endliche reichsgerichtliche Ausspruch ist noch nicht erfolgt. S. Note C. 3.

### 5.

Sophia Eleonora, geb. 10. Jun. 1695. gest. 28. Jan. 1738.

Gemahl: Friedrich Karl, Graf zu Erbach, von der der ältern Erbach-Erbachischen Linie, deren lezter männlicher Zweig er war, geb. 21. May 1680. v. 18. May 1711. gest. 20. Febr. 1731.

Töchter und Erben im Limpurgischen Landesantheil:

a) Sophia Christina Albertina, geb. Gräfin zu Erbach, auch mitregierende Gräfin und Semperfreyin zu Limpurg-Sontheim, geb. 5. Nov. 1719. gest. 15. Dec. 1741.

Ge-

Gemahl, und noch Mitinhaber des Limpurg-
Erbachischen Landesantheils: Friedrich Ludwig, mitregierender Graf zu Löwenstein-
Wertheim, Kaiserlicher Kämmerer, ruch
mitregierender Graf und Semperfrey zu
Limpurg-Sontheim, geb. 14. März 1706.
v. 5. Nov. 1738. (S. oben A. 2. b. z.
und B. 3. b.)

b) **Friderika Charlotta Wilhelmina Augusta,**
geb. Gräfin zu Erbach, auch mitregierende Gräfin und Semperfreyin zu Limpurg-Sontheim, geb. 6. Jul. 1722.

Gemahl: Johann Ludwig Vollrath, mitregierender Graf zu Löwenstein-Wertheim, auch
mitregierender Graf und Semperfrey zu Limpurg-Sontheim, geb. 4. Apr. 1705. verm.
7. Dec. 1738. (S. oben B. 3. a.)

## Note.

Die hochselige Frau Gräfin Sophia Christina
Albertina von Erbach und Limpurg, vermählte Gräfin zu Löwenstein-Wertheim, hatte 3. Kinder bey
ihrem den 15. December 1741. erfolgten Tode hinterlassen, die ihr aber sämtlich sehr bald in die Ewigkeit nacheilten, nemlich

1. Sophia Charlotta Christiana, am 18. Jenner 1742.

2. Friedrich Ludwig Karl, am 10. Jenner 1742.

3. Johann Philipp Heinrich, am 25. Dec. 1741.

Ueber ihre Beerbung in Ansehung des halben Erbachischen Fünftels an dem Ganzen der Limpurg-
Sontheimischen Lande, gab es einige Irrungen,
welche

welche auch einige Rechtsgänge veranlaßten. Durch
einen am 9. Merz 1753. zu Stand gekommenen Traktat wurde alles beygelegt. Der Herr Graf Friedrich
Ludwig blieb demselben zu Folge für sich und seine
männliche Nachkommenschaft im Besiz und Genuß
jenes halben Fünftels, mit alleiniger Ausnahme von
550. fl. jährlicher Revenüen, welche durch den gemeinschaftlichen Kammerrath oder Gefäll-Einnehmer
an den Herrn Grafen Johann Ludwig Vollrath,
desselben Frau Gemahlin und deren hochgräfliche Kinder und Leibes-Erben jährlich ausgezahlt werden sollten, wobey aber einige Modifikationen festgesezt wurden. Nach gänzlicher Erlöschung des Graf Friedrich
Ludwigschen Mannsstamms, soll dessen halbes Erba-
chisches Fünftel der Graf Johann Ludwig Vollrathischen, mit der Erbachischen Frau Gemahlin erzeugten
Nachkommenschaft heim- und zufallen, aber die Pri-
mogenitur unter gewissen Bestimmungen bey der Erbfolge Statt finden.

## C.

### Graf Georg Eberhards zu Limpurg-Speckfeld, in Sommerhausen residirend, hohe Nach- kommen.

Graf Georg Eberhard, starb 11. Apr. 1705.

Gemahlin: Johanna Polixena, Graf Emich XII.
zu Leiningen-Dachsburg Tochter, v. 2. Sept.
1679.

### Nachgelässene Kinder und Erben:

1. Amalia Alexandrina Friderika, geb. 5. Jan. 1689.
gest. 2. Apr. 1754.
Erster Gemahl: Johann Georg, Graf von Wolf-

rams-

ramsdorf, Kön. Polnischer und Churfächfischer
Kammerherr, Hermann von Wolframsdorf,
Churfächfischen Premier-Ministers Sohn, gest.
8. Nov. 1710.

Zwenter Gemahl: Joachim Heinrich Adolph, Gr.
von Rechteren, geb. 1687. v. 1. Dec. 1711.
gest. 5. März 1719.

### Sohn und Erbe:

Johann Eberhard Adolph, Graf von Rechteren
und Limpurg, geb. 2. Nov. 1714. gest. 25.
März 1754.

Erste Gemahlin: Jof. Elifabetha, Graf Fried.
Rudolph von Rechteren T. v. 1737. gest. 13.
Febr. 1738.

Zwente Gemahlin: Sophia Karol. Florent. Gr.
Adolph Phil. Zeger von Rechteren-Almeloo
Tochter, v. 14. Jul. 1746.

### Kinder und Erben:

a) Jofina Elifabetha, verwittibte Fürstin zu
Hohenlohe ꝛc. geb. Gräfin von Rechteren, regierende Gräfin und Semperfreyin zu Limpurg, geb. 13. Febr. 1738.
resid. zu Ordruff.

Gemahl: August Wilhelm, Fürst zu Hohenlohe und Gleichen, von der Hohenlohe-Lan-
genburg-Ingelfingischen Linie, geb. 12. May
1720. v. 30. Dec. 1754. gest. 15. Febr.
1769.

b) Joachim Adolph, geb. und regierender
Graf von Rechteren und Limpurg, geb.
1747. gest. im Jul. 1775.

c) Fried-

c) Friedrich Ludwig Christian, regierender
Graf von Rechteren, auch regierender
Graf und Semperfrey zu Limpurg, geb.
29. Febr. 1748.

Gemahlin: Wilhelmina Charlotta Dorothea,
Graf Vincent. Gust. Ludw. Sigm:und von
Haiden = Homprsch Tochter, geb. 7. May
1758. v. 12. Dec. 1780.

d) Friedrich Reinhard Burkhard Rudolph
regierender Graf von Rechteren, auch re
gierender Graf und Semperfrey von Lim
purg, geb. 22. Sept. 1751.

Gemahlin: Friderika Anton. Karolina, Graf
Christian Friedrich Karl von Giech Tochter,
geb. 7. Sept. 1765. v. 13. Nov. 1783.

### Note.

In a. c. d. bestehet demnach jetzt die Limpurg=
Speckfeld = Rechterische Linie.

2.) Albertina Susanna, geb. 1. Jun. 1690. gest.
7. Jun. 1717.

Gemahl: Friedrich Ferdinand, Graf von Welz,
von der Ebersteinischen Linie, geb. 11. Jul.
1671. verm. 15. Nov. 1707. gest. 5. Dec.
1721.

### Einziger Sohn und Erbe:

Friedrich Ernst, Graf von Welz, auch regie=
render Graf und Semperfrey zu Limpurg,
geb. 12. Jun. 1712. gest. 3. Jul. 1741.

Gemahlin: Sophia Henrietta Friderika, geb.
Gräfin zu Schönburg=Waldenburg, von der

E 5

1754. ausgestorbenen Schönburg-Walden-
burg-Waldenburgischen Linie, auch regierende Gräfin und Semperfreyin zu Limpurg-
Sontheim, geb. 4. Jul. 1718. v. 5. Dec.
1737. gest. 12. April 1757. —

### Note.

Durch diese Vermählung wurden die Limpurg-
Speckfeld-Welzische und die Limpurg-Sontheim-
Schönburgische Linien und Landeeantheile, (wie man
aus oben B. 4. siehet,) vereinigt.

3.) Christiana Karolina Henrietta, geb. 26. Nov.
1691. gest. 13. Nov. 1765.

Gemahl: Viktor Sigismund, Graf von Grä-
venitz, Ritter des Kön. Preuß. schwarzen
Adler- und Wirtemb. grosen Ordens, Herzogl. Wirtemb. geh. und Konferenz-Rath,
auch Komitial-Gesandter bis 1733. etc. geb.
20. Oct. 1701. v. 22. May 1725. geschieden 1739. gest.

### Note.

Da diese dritte Erbtochter Graf Georg Eberhards keine Erben hinterließ, so wurde ihre Erbschaft zu einem Prozeß-Gegenstand. Die hochgräflich Pücklerische Mitherrschaft behauptete Successio-
nem linealem, und sprach vermög derselben die
Hälfte der Erbschaft an, die hochgräflich Rechterische
Mitherrschaft aber nahm den gemeinen Erbrechten zu
Folge das ganze Grävenizische ⅓ an der Herrschaft
Speckfeld, als um einen Grad näher, in Besitz,
so wie sie es noch ist.

Mit dem am 6. Aug. 1787. erfolgten Tode
der Erbgräfin Karoline von Pückler und Limpurg,

ward

ward auch die Erbfolge in dem noch bisher beses=
senen Pücklerischen ⅓ eröfnet. Deren Herr Vater
Graf Friedrich Philipp Karl von Pückler sprach
diese hier, so wie im Gaildorfischen Antheil, aus
verschiedenen Gründen an. Die hochgräflich Rech=
terische Mitherrschaft sezte sich aber in den Besiz
des Pücklerischen Drittels. Noch ist vor dem höchst=
preißlichen Reichs = Kammer = Gericht der Rechts=
streit nicht zu Ende.

Wegen den Würzburgischen Kunkellehen (S. im
I. Theil, Abschnitt 12.) erwartet man insbesondre
von dem hochfürstlich Würzburgischen Lehenhof, auch
einen endlichen Ausspruch.

+‡+‡+++++++++++++:++++++++++++++

## Ein und zwanzigster Abschnitt.

Vermischte politische Merkwürdigkeiten. aus diesem
Zeitraum.

Es ließ sich voraussehen, daß das neuere Haus
Limpurg, das sich nach und nach so weit aus=
breitete, und mit so vielen andern Reichsständischen
Häusern verschwisterte, seine Lande in die Länge nicht
so ungetheilt, wie sie die lezten männlichen Zweige des
ältern Hauses hinterlassen hatten, fortbesizen werde.
Daß die Limpurg=Gaildorfischen Erbtöchter noch im
Jahr 1690. ihres Vaters hinterlassene Herrschaften
mit dem Haus Speckfeld theilten, und damit zu bey=
derseitigem Behuf dem ungewissen Rechtsstreit aus=
wichen, ist oben schon (15. Abschn.) erzählt worden.
Aber es stund nicht lange an, so wurde die jenen
Erb=

Erbtöchtern vermög jener Vergleichstheilung gebliebene Herrschaft Gaildorf wieder in zwey Halbschei-
de getheilt, nemlich zwischen den beyden hochgräflichen Schwestern von Wurmbrand und Solms,
und zwar, wie die Theilungsakte besagt, um ver-
hoffenden bessern Genusses, auch mehrerer Ruhe
und Einigkeit willen, immassen Ihnen aus vielen Consiberationen länger in der Gemeinschaft
zu beharren nicht rathsam geschienen. Die Akte
wurde von beyden Theilen gezeichnet, zu Gaildorf
den 22. October 1707. Da diese Theilung noch, in
der Hauptsache unverrückt bestehet, und beyde, so
wohl der Wurmbrandische als Solmsische Antheil
in der Topographie ausführlicher beschrieben werden, so ists überflüßig, hier den ganzen Inhalt der
Theilungsakte auszuziehen. Es wurden aber ausser
dem, was die Parifikation der Theile betrift, noch
allerley andere Punkten festgesezt, z. E. in Ansehung
der von der Frau Mutter auf einen gewissen Fall sich
ereignenden Prätention für einen Mann zu stehen,
und sich abzufinden, welches aber nicht nöthig war,
die Processe, Prätensionen der Herrschaft, die Konsistorialia, Kriminal-Jurisdiktion, Dokumente und
Akten und mehr dergleichen gemeinschaftlich zu lassen, ohne daß jedoch der Civil-Jurisdiktion in jedem der beyderseitigen Antheile dadurch etwas be-
nommen werde. Dieser Hauptreceß wurde nachher
durch mehrere Nebenrecesse erläutert und genauer
bestimmt.

Wahrscheinlich würden nach gänzlichem Ausgang des Limpurgischen Mannsstamms die Lande
der Häuser Sontheim und Speckfeld auch nicht lang
ungetheilt geblieben, und der Versezung der Erbtöchter in auswärtige Häuser, die Theilung, als eine
gewöhnliche Folge einer durch kein Band eng ge-

nug

nug verknüpften Gemeinschaft gefolgt seyn; wäre
nicht die fatale Periode eingetretten, während welcher, wie schon gezeigt worden, die Gränzlinie zwischen Reichslehen und Eigenthum ziemlich zu schwan-
ken begunnte, wozu auch noch andre Umstände kamen. Und eh man theilen wollte, wars doch räth-
lich und nöthig zu wissen, was man beharrlich als
eigen würde ansprechen dürfen. Die fürstlichen
Mannlehen, als z. E. Welzheim, welches dem Haus
Wirtemberg, und Hausen, welches dem Haus Bayern eröfnet, und welche auch eingezogen wurden, so
wie einiges im innern Franken, von andern Lehenherren, konnten keine lange Verlegenheit verursa-
chen, desto mehr thaten es aber die Reichslehen,
welche verliehen wurden, ohne daß eine genaue
Gränzlinie zwischen ihnen und dem Eigenthum gezogen, und die historisch- und diplomatischen Dun-
kelheiten, die sie in etwas verhüllten, zerstreuet waren. Doch die gütliche und völlige Beylegung der
Sache hat die Rechte der beyderseitigen Prätendenten der Reichslehen und des Eigenthums ganz aus
einander gesezt, und bestimmt, wie davon schon an
seinem Ort gehandelt worden, — und so konnte denn
endlich auch, nachdem die Umstände dazu reif waren,
eine Sontheimische Theilung zu Stand kommen.
Doch ehe wir dahin zurückkommen, wollen wir einige Merkwürdigkeiten des Zwischenraums mitneh-
men.

Limpurg verlohr seine Landesväter bald nach
einander; an seinen Landesmüttern erhielt es einigen
Ersaz. Es paarten sich, als wenn es für diese
Zeit nicht anderst seyn dürfte, mit landesmütterlicher
Güte, die Tugenden, die sie zu leiten und wahrhaft
nüzlich zu machen, geschickt waren. Die Gräfin
Sophia Eleonora, Schwester der beyden lezten Gra-
fen

fen zu Gaildorf und Schmidelfeld, Gemahlin und
Wittwe des lezten zu Southeim, Stammmutter des
ganzen neuern Limpurg-Sontheimischen Hauses, war
nicht nur eine Dichterin, welche in vielen gedruckten Versen, von vielem Fluß, seine Empfindungen
der Demuth, frommer Resignation und zärtlicher
Freundschaft an den Tag legte, sondern auch Leh-
rerin fürs Volk, welche in grosen Werken die Frucht
ihrer einsamen Betrachtungen und Ueberlegungen
der Welt mittheile. a) Sie war die thätigste Be-
fördererin des vom Jahr 1699. bis 1709 durch die
unermüdete Bemühung des frommen Superintendenten Johann Müllers zu Stand gebrachten Obersontheimer Waisenhauses, des ersten und einzigen
in der Grafschaft, b) nachdem zuvor der Land- und
Gassen-Bettel abgestellt worden. Dies ist nur eine
sehr unvollkommne Skizze ihres Charakters, beweißt
aber, daß sie keine schlechte Landesmutter seyn konnte.
Aeusserst schmerzlich fiel ihr der Todesfall ihres Gemahls, des lezten männlichen Zweiges seines Hauses und aller Schenken von Limpurg, im J. 1713.
Da der Schluß des Drucks ihres moralisch-theolo-
gischen Werkes: der Weisen Tugendleuchte, in diese
Zeit fiel, so konnte sie sich nicht enthalten, die Em-
pfin-

a) Es wurden von Ihr innerhalb 6. Jahren gegen 16 Alphabete
in Quart gedruckt, nämlich: Fr. Sophien Eleonoren, geb.
und vermählten Gräfin und Semperfreyin von Limburg geist-
liches Kleeblat. Krankf. 1709. in 4. 9. Alph. 13. Bogen.
Der Weisen Tugendleuchte. Schw. Hall. 1714. in 4. 6. Alph.
4. B. „ Die hochgebohrne Frau Verfasserin, derer Ruhm
unverwelklich grünet, hat allbereits vom 14. Jahr ihres Alters dergleichen aufzusezen vorgenommen, und es hernach so
reichlich ausgeführet. Sie zeiget in drey Theilen, wie man
das schöne Christen-Kleeblatt, Glauben, Leben und Sterben,
recht üben solle. „ Unsch. Nachr. 9. Band.

b) Der erweckte, geschwächte und wiedergestärkte Glaub — durch
Johann Müllern — Schwäb. Hall. 1709. in 12.

pfindungen ihres schwer verwundeten Herzens, welche
freylich die Umstände noch um sehr viel bitterer machten, in einer Schlußrede zu schildern. Zu einiger
Anzeige, wie damals die Hausangelegenheiten stunden, oder wie sie insonderheit von der erlauchten
Wittwe angesehen wurden, auch zu einiger Probe
ihrer Schreibart und Beredtsamkeit, mag diese einige
Stelle dienen: „Alle diese sich nunmehr ereignende
unglückliche Begegnusse schwebten schon viele Jahre
vor unsern Augen; derowegen ich den Allmächtigen
täglich mit unzahlbaren Thränen, auf dem Gesicht
und Knyen liegend, um gnädigste Abwendung sotha-
nen grossen Unglücks, oder mich es nicht erleben zu
lassen, (aber leyder vergebens!) wehmüthigst und
flehentlich gebetten. Sintemalen ich samt meiner
unglücklichen Weibl. Familie schon lange an solchem
unvermeidlichen Abgrund alles Elends gestanden, vor
uns habend sothanes unergründliches Meer, daneben
ben die Gebürge der Unmöglichkeit menschlicher Hülffe
hinter-uns ja gar unter uns selbst, nebenst dem
verderblichen gefährlichen Krieg, *) mehr als ein
Heer vieler mächtigen, grausamen, unerbittlichen,
hefftigen, arglistigen, rachgierigen, schädlichen Feinde, bis wir gar in sothane Meer-Tieffe aller Angst
versenket worden, woselbst die Macht der Gewalt,
Verfolgung, Bedrängnuß, Gefährlichkeit, Schaden,
Verlusts, Schulden, Verlassenheit, Streit, Ver-
leumdung, Rebellion, Untreu, Sorgen, Feindschafft,
Haß, schwehrer Rechts-Sachen, Betrug, inn-und
äusserlicher Uneinigkeit, Unruhe, Verantwortung,
Krankheit und Schmerzen, verwirrter Unrichtigkeit,
Furcht, Schrecken, Betrübnus, Herzenleid, Trau-
rig-

*) Dem spanischen Erbfolge-Krieg, der Limpurg auf verschiedne
Weise drückte und schreckte.

rig = und Widerwärtigkeit, ja alle Trübsahls = Waß
ser zusammen laufen. „ Doch die Wellen legten
sich, bey ihrem Tode im Jahr 1722. waren die Aus=
sichten schon weniger trübe; sie konnte ihre Herrschaf=
ten ungestört auf ihre Töchter vererben.

Von diesen lebte Christina Magdalena Juliana,
vermählte und verwittwete Landgräfin von Hessen=
Homburg, eine lange Zeit bis an ihren im Jahr
1746. erfolgten Tod, auch zu Obersontheim, aber
ohne alles Geräusch, indem sie ihre Zeit, die von
den nothwendigen Regiments = Geschäften übrig blieb,
Beschäftigungen der Andacht und dem Lesen guter
Bücher widmete, und ihren Ruhm im stillen Wohl=
thun suchte.

Die Gräfin Juliana Dor. Louise, Gemahlin
des Reichshofrathspräsidenten, Grafen Johann Wil=
helms von Wurmbrand, war mit der grosen Welt
nicht unbekannt, brachte aber daraus in ihre Retirade
nach Gaildorf so viel wahre Liebe und Güte gegen
Vaterland und Unterthanen zurück, daß ihre Welt=
kenntnis nur ein Mittel mehr war, gutes zu thun.
Sie war die Freundin und Rathgeberin ihrer Unter=
thanen, von welcher Greise noch mit Ehrfurcht und
Liebe sprechen; ihre Hofapotheke stand dürftigen
Kranken zu aller Zeit offen; sie suchte, so viel sie
konnte, Aufklärung, christlichen Unterricht und wahre
Gottesfurcht auszubreiten, stiftete auch zu diesem Be=
huf ein Kapital von 1000. fl. und theilte eine Menge
Bibeln aus. Sie wachte mit Ernst über die Sitten
des Volks. Sie sahe schon zu ihrer Zeit ein, wie
nöthig es sey, die Wälder zu schonen, und dem jun=
gen Nachwuchs aufzuhelfen, und ließ gute Verord=
nungen zu diesem Behuf bekannt machen. Sie
machte im Jahr 1726. die nützliche Anstalt, daß in

ihrem

ihrem Landesantheil die Kontingents-Soldaten, und
zwar im untern Amt die Mousquetier, im Amt
Gschwend die Dragoner von Ort zu Ort streifen,
und das fremde Bettler- und Jauner-Gesind hin-
ausschaffen mußten. Eine Anstalt, die im Jahr
1763. jedoch mit einiger Veränderung und einem
Zusaz von Landmiliz wieder auf einige Zeit erneuert
wurde, da die fremden Landsknechte öfters zu Haufen von 20. und mehr Köpfen eindrungen. Man
findet aber, daß in den Herrschaften Gaildorf und
Schmidelfeld schon im vorigen Jahrhundert 2. Kompagnien Landmiliz unter dem Namen eines Ausschuf-
fes aus Unterthanen errichtet waren. Jede hatte
ihre Fahne, die eine blau und gelbe, die andre roth
und weise Liberey. Den Kapitänen, deren der eine
zu Gaildorf, der andre zu Sulzbach wohnte, war
unter andern aufgegeben, „des Jahrs zu etlichen
malen, nachdem es die Nothdurft erfordert, mit
etlichen Rotten Mousquetirern uf die umschweifen-
de, dem armen Bauersmann sehr beschwerliche Landsknechte, und ander dergleichen herrenloses Gesindel
zu streifen, und dieselben, so viel immer möglich,
aus dem Land zu schaffen.„ Die ruhmwürdige
Gräfin von Wurmbrand starb im Jahr 1734. als
die Stammmutter der neuen Limpurg-Gaildorf-
Wurmbrandischen Linie.

Die Gräfin Wilhelmina Christina, vermählte
von Solms, verlies mit ihrem erlauchten Gemahl,
nachdem sie vorher die Wurmbrand- und Solmsische Landestheilung zu Stand gebracht hatten, schon
im Jahr 1713. vor der Pfingstwoche das Land.
Der Abschied, schreibt Stadtpfarrer Apin an einem
Ort, geschah mit vielen Thränen. Sie war auch
die 50. Jahre hindurch, da sie ihren Landesantheil

ausschließlich besaß und regierte, eine verehrte und
geliebte Landesmutter. Sie lies noch 1750. eine
hochgräflich = Limpurg = Solms = Assenheimische ver=
neuerte Forstordnung im Druck bekannt machen,
wodurch dem Unterthanen mehrere Schonung der
Wälder und Gehölze, welche ein Schaz und Klei=
nod eines Landes seyen, eingeschärft, und bey nahm=
haften Strafen dem unbedachtsamen Ausreuten und
Waldveröfen Ziel gesezt wurde. Sie war auch be=
dacht, ihren erlauchten Erben ihren Limpurgischen
Antheil nicht nur verbessert, sondern auch außer
Streit gesezt zu hinterlassen. Daher machte sie mit
der Mitherrschaft in den Jahren 1750. und 1757.
durch besondere Theilungsrecesse noch einige Puncte
aus, die etwa Irrungen erzeugen konnten. Die
bisher noch gemeinschaftlich gebliebene Kriegs= oder
Landschafts=Kasse und deren Verwaltung wurde nun
auf jeder Seite einem besondern Kriegs= und Land=
schafts=Kassier übergeben, eine Vorschrift, wie in
Quartier=Sachen verfahren werden soll, gemacht,
das Mousquetier= und Dragoner=Kontingent eben=
mäßig, so viel thunlich, getheilt, desgleichen die Kri=
minal=Jurisdiktion, die Konsistorialia aber nur auf
gewisse Weise, indem zwar auf jeder Seite ein Par=
tikular=Konsistorium Statt finden, und vor dasselbe
gewisse Fälle gezogen werden, die Episcopal=Rechte
aber über die vier Pfarreyen Oberroth, Viechberg,
Münster und Eutendorf gemeinschaftlich verbleiben
sollen. Die Bestell= und Abänderung der Schul=
meister, auch die Jurisdiktion über dieselbe und de=
ren Angehörige soll jeder Herrschaft in ihrem Landes=
antheil allein zustehen. Die noch gemeinschaftli=
che Schule zu Gschwend, (eine Kirche war noch
nicht da,) soll ehestens getheilt werden, wie auch
geschah. Nur in dem gemeinschaftlichen Städtlein
Gail=

Gailborf soll das Jus circa Sacra & Confiftoria-
lia, sowohl bey den Kirchen als Schulen, annoch
in Gemeinschaft verbleiben, bis die Umstände ein
anderes ergeben möchten. Dies wurde schon 1750.
festgesezt. Die übrigen Punkte dieses und des folgenden Recesses sind zu partikular, als daß sie
hier berührt werden könnten. Die Gräfin von
Solms-Assenheim, als die älteste Erbtochter des
alten Limpurg-Gailborfischen Hauses, und Stammmutter der Limpurg-Gailborf-Solms-Assenheimi-
schen Linie verlies die Welt im Jahr 1757.

Die Sontheimischen und Speckfeldischen Landes-
herrschaften fanden auch bald eine Landestheilung
in verschiednen Rücksichten wünschenswürdig. Unter die vorbereitenden Anstalten gehört unter andern
der Schloßbau zu Schmiedelfeld. Hier stund ein
ohne Zweifel sehr alter, fester, viereckigter Thurn
von zehn Schuh dickem Gemäuer, war aber samt
dem übrigen Schloßgebäude fürstlich Ellwangisches
Lehen. Die Gräfin Sophia Eleonora hatte ihn noch
vor ihrem Tode, durch Tausch gegen die Höfe
Gernbronn und Lauten von der Lehenschaft frey gemacht, und in den Jahren 1739. und 1740. wurde nun an der Stelle des antiken Werks ein neuer
ansehnlicher Schloßbau aufgeführt, damit es für
den dereinstigen Besitzer des zu diesem Schloß zu
legenden Landesantheils nicht an einer anständigen
Residenz fehlen möchte. Als bald darauf der Vergleich mit dem hochfürstlich Brandenburgischen Hause
zu Stande kam, welcher die Limpurgischen Reichslehen unterafterlehensweise wieder zurückbrachte, war
der Weg zur Landestheilung noch mehr gebahnt,
allein sie fand noch andre Schwierigkeiten, und kam
nach beynahe dreysig Jahren nachher erst zu Stande.

Graf

Graf Vollrath von Limpurg-Sontheim hatte am 5. April des Jahres 1713. ein Testament gemacht, und darinnen, so sehr er auch sonst besorgt war, daß seine Hinterlassenschaft an Land und Leuten bey seinen Nachkommen, unter Beybehaltung des Titels von Limpurg, möchte erhalten werden, die Theilung der Lande unter seine fünf Gräfinnen Töchter und deren Nachkommen nicht untersagt, aber viele Bedingungen hinzugefügt, die allerdings die Sache weitläuftig und schwer machen mußten. *) Es entstanden auch aus der Lage der Sachen zwischen den hohen Theilhabern selbst eigene Schwierigkeiten. Die Sontheimische Eigenthums-Herrschaft Schmiedelfeld, so wie sie im Jahr 1690. erzählter maßen an Limpurg-Sontheim, und zwar, was das Eigenthum betrift, eigentlich an die Vollrathsche Gemahlin, Gräfin Sophia Eleonora, zu Abfindung ihrer besondern Erbsansprüche gekommen war, in den Aemtern Gaildorf, Schmiedelfeld und Gröningen bestehend, gehörte ihren 5. Erbtöchtern, als mütterliches Erbe vorhin. In Ansehung der übrigen Sontheim- und Speckfeldischen Lande hatten sie mit den Graf Georg-Eberhardischen Töchtern abzutheilen. Es war also eine Hauptabtheilung zwischen Sontheim und Speckfeld, und dann noch eine Unterabtheilung zwischen den Nachkommen der 5. Vollrathischen Erbtöchter, oder der Limpurg-Sontheim-Prösingischen,

*) Es verdient angemerkt zu werden, daß unter andern auch testamentlich von Ihm verordnet worden, daß die Schenken-becher auf den Wappen der von ihm descendirenden Sont-heimischen Linien abgethan und mit ihm begraben seyn, das übrige aber des Geschlechts-Wappens unaufhörlich und un-geändert von ihnen beybehalten werden solle. Dies erklärt, warum man in den Wappen und Sigeln der Sontheimischen Linien den Schenkenbecher nicht mehr siehet, der in den Solmsischen und Wurmbrandischen noch immer das alte Andenken erhält.

schen, Limpurg = Sontheim = Homburgischen, Lim=
purg = Sontheim = Wertheimischen, Limpurg = Sont=
heim = Schönburgischen und Limpurg = Sontheim = Er=
bachischen Linie nöthig. (S. im vorigen Abschn.)
Nothwendig mußte die vergröserte Gemeinschaft mit
Länge der Zeit eine Langsamkeit in den Regierungs=
geschäften, auch wohl bey vorkommenden Umständen
manche Mishelligkeit gebähren. Eine hinlänglich
bestimmte Vorschrift von dem lezten Erblasser, oder
eine neuere Uebereinkunft der hohen Theilhaber zu
einer ganerbschaftlichen Regierung, welche zur aller=
seitigen Zufriedenheit hätte gereichen mögen, war
nicht vorhanden. Man fand also zulezt kein räthli=
chers Mittel, die Rechte und Ansprüche der sämtli=
chen hohen Theilhaber auseinanderzusezen, und je=
dem derselben zum ungehinderten Genuß seiner Erb=
rechte zu verhelfen, als die Theilung. Diese kam
endlich folgendergestalt zu Stand. Nach mancher=
ley Vorschritten in den Jahren 1739. 1743. 1747.
1749. 1751. 1757. welche aber nicht zum gewünsch=
ten Ziel führten, wurde endlich im Jahr 1769. von
dem höchstpreislichen Kaiserlichen und Reichs = Kam=
mergericht, auf die damals lebenden Fürsten Fried=
rich den zweyten, regierenden Landgrafen zu Hessen,
und Joseph, Fürsten zu Schwarzenberg, als des
fränkischen Kreises hohe Mitstände, endlich aber im
Jahr 1770. zu Ersparung der Kosten, auf den er=
stern allein eine kaiserliche Kommission erkannt, um
die Limpurg = Sontheim = und Speckfeldischen Landes=
herrschaften völlig auseinander zu sezen. Von dem
Landgrafen wurde hierauf dessen Geheimder Rath und
Kreis = Gesandter, Freyherr August Christoph von
Hagen, unterm 17. Aug. 1770. subdelegirt, das
Kommissionsgeschäft selbst aber erst im Sommer des
folgenden Jahrs zu Obersontheim, nachdem die aller=

F 3 sei=

seitigen Herrschaften als Interessenten ihre Bevoll=
mächtigten dazu abgeordnet hatten, angefangen.

Im Jahr 1772. wurden Speckfeld und Sont=
heim aus einander geschieden, im Jahr 1774. den
22. November, die nach vorgängigen vielfachen und
mühevollen Vorrichtungen und Ausgleichungen for=
mirten fünf Limpurg=Sontheimischen Theile zu Ober=
sontheim feyerlich verloofet. Dadurch erhielte nun

1. Die Limpurg=Sontheim=Prösingische Linie die
Herrschaft Limpurg=Sontheim=Schmiedelfeld.

2. Die Limpurg=Sontheim=Homburgische Linie
die Herrschaft Limpurg=Sontheim=Gröningen.

3. Die Limpurg=Sontheim=Wertheimische Linie
die Herrschaft Limpurg=Sontheim=Obersont=
heim.

4. Die Limpurg=Sontheim=Schönburgische Linie
die Herrschaft Limpurg=Sontheim=Gaildorf.

5. Die Limpurg=Sontheim=Erbachische Linie die
Herrschaft Limpurg=Sontheim=Michelbach.

Jeder hohe Theilhaber erhielt zugleich auf seinem
Landesantheil alle Rechte in geistlichen und weltlichen
Sachen privative, und es sollte nur noch ein Ne=
xus in publicis (denn ein gemeinsamer Vereini=
gungspunkt mußte aus verschiedenen Ursachen gleich=
wohl bleiben, also daß die fünf abgetheilten Herr=
schaften, in demselben ihrem Mittelpunkt noch im=
mer ein Corpus vorstellen,) nemlich in Reichs=Kreis=
und Kollegial= auch Lehensachen, und in Ansehung
der Erbfolge, so wie es die Hausverträge mit sich
bringen, fortdauren. Ein gemeinschaftliches Konsi=
storium, wovon auch die Rede war, kam nicht zu
Stand,

Stand, weil das Reichs-Kammer-Gericht darüber
nicht erkennen wollte, sondern die Sache, als die
Religion betreffend, an den Reichstag verwies.

Der General-Theilungs-Receß wurde den ersten Merz 1775. zu Obersontheim verfaßt, und von
den hohen Interessenten nach und nach unterschrieben.

Auf alle diese Theilungen folgten Veräusserungen. Die durchlauchtigen Prinzessinnen von Sach-
sen-Gotha-Roda (S. im vorigen Abschnitt) fanden
sich zuerst bewogen, die ihnen zustehende Hälfte an
dem Limpurg-Gaildorf-Wurmbrandischen Antheil,
des regierenden Herzogs Karl zu Wirtemberg Durchlaucht käuflich zu überlassen. Das Kaufsinstrument
ist datirt Schwerin, den 11. Dec. Roda, den 18.
Dec. Stuttgard, den 2. Nov. 1780. Die Besitz-
nehmung geschah im Monat November eben dieses
Jahrs.

Den Durchlauchtigen Verkäuferinnen wurde zu-
gestanden, den Titel und das Wappen der Grafschaft Limpurg auf ihre Lebzeiten zu führen. Des
Herrn Käufers herzogliche Durchlaucht geruheten
am 23. desselben Monats persönlich ins Land zu kommen, zu Gaildorf auch zu übernachten, und nachdem
Sie von da noch vorher eine Reise nach Hall gemacht hatten, am folgenden Tage die Rückreise an-
zutretten.

Im Jahr 1781. wurde auch von den zwölf
hochgräflichen Kindern und Erben der hochseligen
Gräfin Juliana Francisca Leopoldina Theresia, gebohrnen Gräfin von Prösing und Limpurg, vermählten und verwittweten Wild- und Rheingräfin von
Grumbach, (S. im vorigen Abschn.) der Limpurg-
Sontheim-Schmiedelfeldische Antheil an das hoch-
fürst-

F 4

fürstliche Haus Wirtemberg käuflich überlassen, den 2. November, und von diesem sofort in Besiz genommen.

Die hochgräflich = Gronsfeldischen zwey Sechstheile an dem Limpurg = Sontheim = Obersontheimischen Antheil folgten diesem im darauf folgenden Jahr 1782. und wurden von dem hochfürstlichen Hause Wirtemberg den 10. April in wirklichen Besiz übernommen. (S. im vorigen Abschn.)

Dieß sind nun, mit denen, welche in den beyden vorigen Abschnitten schon vorgekommen, die das Regentenhaus selbst angehenden, hauptsächlichsten Merkwürdigkeiten aus diesem Zeitraum, so weit sie aufs Ganze einigen Einfluß hatten.

Von dem Land und den Einwohnern ist noch einiges zu sagen übrig.

Die Gränzen der Limpurgischen Lande, mußten sich durch das Hinwegfallen so mancher Lehenstücke und durch die konventionellen Abtretungen an das hochfürstliche Haus Brandenburg, freylich verengern; man suchte aber dagegen die von der Schenkin Ytta, gebohrnen von Weinsperg, erworbene, nachher aber dem adelichen Hause Wohenstein auf gewisse Weise wieder überlassene Herrschaft Adelmannsfelden, mit den alten Stammgütern des Hauses Limpurg = Sontheim wieder zu vereinigen. Allein die deswegen vorgenommene Verhandlungen hatten den Erfolg nicht, den man bezielte. c)

Auch der alte Glanz der Grafschaft, möchte man sagen, habe durch die Abtretung der $\frac{1}{4}$ Kreis-
Stimme,

Stimme, und des anfehnlichen Schildlehenhofes, einige Verminderung erlitten.

Als die ältern Landesherrschaften nach und nach abstarben, oder sich aus dem Lande begaben, so mußte freylich auch die Konsumtion und der Geldumlauf im Lande darunter leiden.

Aber das Land, hat in sich selbst, gegen die vorigen Jahrhunderte, ohne Zweifel manches gewonnen.

Die Bevölkerung hat im Ganzen stark zugenommen, welches die öffentlichen Kirchen= Register beweisen. Und man wird nicht zu viel sagen, wenn man sie gegen diejenige in der Mitte des vorigen Jahrhunderts, um zwey Drittel höher ansezt. d)

Es würde dies ein Unglück für ein Ländchen seyn, das die Hände, welche der Feldbau nicht erfordert, nicht durch nahmhafte Fabricken und Manufakturen beschäftigen kann. Aber auch der Anbau des Landes hat nicht wenig, nach und nach, zugenommen. Zwar siehet man jezt Wälder, wo nach alten Nachrichten, nicht unbeträchtliche Schlösser, Flecken, Weiler und Höfe standen. Ihre Ueberreste hie und da, selbst die noch übrigen Namen, auf den veröbeten Stätten, und sonderlich die noch sichtbaren zahlreichen Ackerbeete, zeugen auch davon. Aber an andern Plätzen haben dagegen Wälder, Sümpfe, und öde Haiden den anbauenden emsigen Menschenhänden weichen müssen. Viele große Güter sind nach und nach vertheilt worden, unter zwey, drey und mehrere Besitzer, die nun das drey= und mehrfache an Vieh und Früchten erzeugen, und die

F 5

Lan=

d) S. 1. Theil, Seite 364. und 365.

Landeseinkünfte und den Landes-Reichthum nüzlich vermehren halfen. Viele Allmanden oder sogenannte Gemeinden, (Gemeingüter) die als Hutpläze in geringe Betrachtung kamen, sind theils schon urbar gemacht worden, theils versprechen sie für die Zukunft dem Wohlstand der Einwohner eine neue Stüze und neuen Zuwachs. Die meisten der ehemaligen Herrschafts-Höfe, die entweder bestandweise, oder auf herrschaftliche Rechnung gebauet wurden, sind nach und nach an Unterthanen als Erblehen überlassen worden, und diese, das Ländchen, und der Anbau haben dadurch mehr gewonnen, als verlohren. Der Weinbau, die paar Orte, gegen der Rems zu ausgenommen, ist abgegangen, und der Landmann hat ein Produkt dabey verlohren, das ihn wenig kostete, und seine Kräfte zu den schweren Feld- und Wald-Arbeiten stärkte. Aber die Weinberge sind deswegen nicht zu öden Wüsten worden, sondern haben sich meistentheils in Baum- und Gras-Gärten verwandelt; die Landesherrschaft bekam statt des Zehend-mostes Zehendgeld, und die Unterthanen fanden selbst offenbar ihren Vortheil bey der Verwandlung; die Viehzucht gewann; die Zeit, die der Weinberg erforderte, kann andern Arbeiten gewidmet werden; und es können nun auch desto mehr Pfäle ins Ausland gehen, und Geld einbringen.

Die Erdbirnen oder Kartoffeln haben auch einen nicht geringen und sehr gerechten Anspruch auf eine Stelle unter den Dingen, welche in diesem Jahrhundert dem Limpurgischen Landmann mehr Wohlstand und Segen gebracht haben. Die weisen Rüben, welche freylich von ihnen größtentheils verdrängt wurden, haben den Vorfahren doch bey weitem nicht die Kartoffeln ersezen können, die nun allgemein und in
Menge

Menge gebaut, fast Jahr aus Jahr ein, den Menschen und sonderlich auch dem Melkvieh zur schmackhaften, gesunden und reichlichen Nahrung dienen. Man darf sagen, daß ohne sie, vorausgesezt, daß sie nur hauptsächlich den Landbau zur Nahrung hätten, nicht so viele Menschen sich auf dem limpurgischen urbar gemachten Boden ernähren könnten. Der Kartoffelbau hat sich erst seit etwa fünfzig Jahren so sehr ausgebreitet; der Samen kam von den rheinischen Gegenden her; den ersten limpurgischen Anbauer weiß man nicht anzugeben. Man bemerkt aber auch seit einigen Jahren etwas Miswachs und Ausartung bey diesem Erzeugnis; hoft aber, da die wilden Erdbirnen, deren Einfluß man sie zuschreibt, ihren Kredit zu verlieren anfangen, bald wieder die vorige Ergiebigkeit.

Die künstlichen Grasarten sind von sichtbarem Einfluß auf die Vermehrung und Verbesserung des Viehstandes, und der limpurgische Landmann wird sie von Jahr zu Jahr mehr schäzen.

Mergel- oder Kiesführen ist in einigen oberländischen Gegenden seit etwa vierzig Jahren im Gang, und hat in manchen Gegenden den Ertrag der Feldgüter und der Zehenden schon um ein nahmhaftes erhöhet.

Ein Produkt des Kunstfleises, ist seit dem Anfang dieses Jahrhunderts Limpurg entgangen, Glas. Es waren mehrere Glashütten im Amt Gschwend, die aber die umliegenden Wälder aufzehreten, und auf ihren Nachwuchs nicht warten konnten. Aber auch hierdurch hat der Anbau gewonnen. Die Waldungen wurden zum Theil zu Feldgütern, und die Glasmacher und Glasträger zu landbauenden Unterthanen.

thanen. Auch hat fürs Glasmachen die Spinnerey und, wie es scheint, auch Weberey zugenommen.

Das Holz ist in diesem Jahrhundert ausseror= dentlich im Preise gestiegen. Im dreysigjährigen Krieg wurden viele Aecker und Wiesen zu Wäldern, worinn sich auch häufige Wölfe noch lange nachher aufhielten. Diese sind ausgerottet, aber auch die Wälder weichen nach einiger Zeit von den Wohnun= gen der Menschen immer weiter zurücke. Noch im Anfang dieses Jahrhunderts hatte Holz sehr wenig Geldwerth, und wurde beynahe als Unkraut anges sehen, oft nicht viel anders behandelt. Die Holzma= cher verbrannten, gleichsam zum Zeitvertreib ganze Stämme, neben ihrer Arbeit zu Asche, um daraus nachher Salin sieden zu können. Fiel ein Stamm beym Umhauen etwa nicht bequem genug, etwa in eine Klinge, so lies man ihn liegen und faulen, und suchte sich einen andern. Noch vor 60. oder 70. Jahren, wie Alte berichten, kaufte man für sie= ben bis acht Gulden hundert der stärksten tännenen Stämme von der Gattung, von welcher nun ein einziger beynahe so viel gelten kann. Alles arbeitete aber, um die reichen limpurgischen Wälder aus der tiefen Verachtung zu ziehen, worinn sie lagen. Heer= den von Hornvieh und selbst Geißen und Schaafen, wurden in die Wälder getrieben, um den jungen Nachwuchs im Aufkeimen zu zerstöhren, oder abzu= weiden. Holzsparkünste würde man verlacht oder für Geiz erklärt haben. Man blockte häufig die ländlichen Wohnungen mit übereinander gelegten Bal= ken auf, oder betäfelte sie von innen und aussen mit Brettern; die künstliche Holzmasse mußte freylich auch mit kleinen Brettchen oder Schindeln bedeckt seyn, wenn nicht nach der ältesten Sitte ein Stroh=
dach

bach vorgezogen wurde. Die Anlegung lebendiger
Haagen schien manchem zu mühsam, man nahm
zum Umzäunen die schönsten jungen Bäume. Selbst
zu Bohnenstecken gebrachte man junge Tannen- oder
Fichten-Bäumchen. Alle Heerstrasen wurden mit
Bäumen gepflastert, welche man Bruckhölzer nennt.
Mit der zunehmenden Volksmenge vermehrte sich das
Bedürfnis im Land, und wohl noch mehr im Ausland, wohin Brennholz oder Holzwaare geliefert
wurde. Alles dieses, neben den allgemeinen Ursachen, der Vermehrung des Geldes der Masse und
seiner Verringerung dem Gehalt nach, hat den Preis
des Holzes auf einen Grad erhöhet, den man gegen
die Vorzeit erstaunlich nennen könnte, wenn er nicht
eine so begreifliche Folge ganz natürlicher Ereignisse
wäre. Dieser erhöhete Preis wurde sonderlich der
Klasse der Bürger und Handwerker empfindlich, aber
er vermehrte den innern Reichthum des Landes, die
herrschaftlichen Einkünfte aus ihren Domänen, und
die Vortheile des Landmanns, als Waldbesizers und
Holzhändlers. Er gab schon vor fünfzig und mehr
Jahren gute herrschaftliche Forstordnungen ein, er
lehrte auch den Bauer seine Waldungen mehr schonen, lehrte mehr Holzsparkunst, und selbst die Kunst,
Holz zu säen und zu pflanzen. Bereits finden sich
seit mehreren Jahren Holzpflanzgärten hie und da
im Land, worinn schöne junge Eichen, auch Lerchenbäume und andre erzogen werden. Die Urheber
und guten Pflegeväter wird noch die Nachwelt segnen.

So wie das Land an der Anzahl seiner Einwohner, an Umfang seines Anbaues, an Menge, Arten
und Geldwerth seiner Produkte offenbar in diesem
Jahrhundert zugenommen hat, so sind auch mehrere
einzelne Häuser und kleine Oertchen entstanden, die
ältern

ältern haben grosentheils mehrere und theils bessere
Gebäude erhalten. Man baute nach und nach geräumiger, bequemer, ansehnlicher, mehr von Stein;
es entstunden neue Ziegelhütten; die Strohdächer
verschwanden fast ganz, und die bretternen Dächer
nahmen auch in den Waldorten wenigstens stark ab;
die Hauptlandstraßen wurden wenigstens stückweise
besser, und das ganze Land hat gegen vorige Zeiten
ein freundlicheres und gefälligeres Aussehen gewonnen.

Dennoch hat es auch in diesem Zeitraum an be-
schwerlichen Umständen, die vornemlich von kriegerischen Zeiten und andern Unfällen herkamen, nicht gefehlt. Den spanischen Erbfolgekrieg hat das Land
stark empfunden. Es wurde durch Quartiere und
Durchzüge, bald von Freunds- bald von Feindsvolk
nicht wenig mitgenommen. Bayern und Franzosen
waren mehrmals im Land. Auch findet man in den
Kirchenbüchern mehrmals Flüchtlinge angemerkt, die
von den Franzosen geplündert und verjagt worden,
auch darunter solche, die aus Mangel der Nahrung
unterwegs verschmachteten. Im Jahr 1702. wurde
sogar in der Grafschaft, so wie in andern fränkischen
Kreislanden, ein Ausschuß unter den Bauer-Söh-
nen gemacht, dazu die Herrschaft Limpurg-Gaildorf
allein fünfzig Mann zu stellen hatte, um sie gegen
die Bayern und Franzosen zu gebrauchen. Die
sämtlichen limpurgischen Ausschüsser wurden im Monat Februar 1703. unter ihrem Hauptmann Schrei-
ber, Forstmeister zu Sulzbach am Kocher, nach Nürnberg gesandt, dort aber im Monat May wieder entlassen, und dafür regulirtes Volk zu werben beschlossen. Bey einer andern Gelegenheit in diesem Kriege, nahmen aber die Limpurger noch thätigern Antheil, jedoch nur zur Selbstvertheidigung. Eine
strei-

streifende Rotte französischer Marodeurs, mit Raub
beladen, war ins Limpurgische eingedrungen, hatte
bereits im Ländchen grose Ausschweifungen begangen,
und drohete noch weiter mit Plünderung, Mord und
Brand. Bürger von Gaildorf, mit einigen Land-
leuten, sezten sich derselben bey Unterroth entgegen,
um den Mordbrennern den weitern Einbruch zu ver-
wehren. Es kam zum Handgemenge, die Feinde
wurden haufenweise in den Rothfluß gesprengt oder
sonst getödtet, keiner von ihnen kam davon.

Im Jahr 1741. ist das französische Heer, zur
Eroberung Böhmens, im Anfang des Septembers,
mitten durch das Limpurgische gezogen, samt vielem
Geschüze, Pontons und einem Zug von etlichen hundert Wagen, jedoch freundschaftlich, ob es schon,
wie zu erachten, nicht ohne grose Beschwerde ab-
gieng. Es stund ein Lager auf der Ebene ohnweit
Reipertsberg und Honkling, und zweymal eines bey
Gaildorf, vom Armenhaus bis in die Höhe gegen
Winzenweiler hin. Der Durchzug währte vom ersten bis dritten September. Das ganze Städtchen
war mit hohen Befehlshabern und ihrem Gefolge
vollgepfropft. Im Jahr 1743. sonderlich im Monat Februar, zog sich der Ueberrest des geschlage-
nen Heers, in mehreren Marschsäulen auch wieder
durch das Ländchen, jedoch mit starken Tagmärschen.
Oesterreichische Husaren verfolgten sie.

Der siebenjährige Krieg zwischen Oesterreich und
Preussen, weil das Reich daran Theil nahm, kostete den Limpurgischen Unterthanen auch manchen
schönen Pfenning.

Indessen hat Limpurg immer von Glück zu sagen, daß es seit dem dreyßigjährigen Krieg keine
grose

grose Kriegsverheerung, und seit dem spanischen Erbfolgekrieg nirgend einige Plünderung hat erfahren dürfen.

In diesem ganzen Jahrhundert weiß auch kein Ort von sehr verderblichen Feuersbrünsten.

Miswachs, Hagel und Viehseuchen haben das Ländchen zuweilen betroffen.

Sonderlich war der Winter von 1739. bis 1740. empfindlich, vornemlich in seinen Folgen, für die Viehzucht, als einen Hauptnahrungszweig der Einwohner. Da der Frühling sehr rauh war, so war im Brachmonat noch kaum etwas weniges für das Vieh gewachsen, der Centner Heu stieg auf 1 fl. 36 kr. und war dafür mit Mühe zu haben. Da im Spätjahr sehr bald wieder Frost einfiel, so konnte die zweyte Heu- oder die Ohmd-Ernte nicht wohl vollbracht werden. Viel nahm das anlaufende Gewässer, manches blieb ganz ungenüzt, was eingebracht wurde, war schlechtes Gut, dem man die darauf folgende Viehseuche zuschrieb.

Die Theurung in der ersten Hälfte des Jahrs 1771. war ziemlich drückend für Limpurg. Wenige Gegenden Deutschlands mögen sie so sehr empfunden haben, wie diese Grafschaft, und in derselben wenige Orte so, wie Gaildorf. Theils war es Miswachs des vorigen Jahrs, theils und wohl vornemlich, die Sperre der umliegenden Gebiete, was schnell einen kläglichen Mangel der Lebensmittel, besonders des Getraides verursachte, dem kein öffentliches Magazin, dergleichen nicht vorhanden war, keine herrschaftlichen noch Vorräthe der Privatpersonen abzuhelfen vermochten. Man hatte sich der so schnell steigenden Noth nicht versehen. Noch im Merzen wurde ein

Viertel

Viertel Kern zu Schwäb. Hall um 4. fl. 30. kr. vers
kauft, und am 20. des folgenden Monats im Limpurgischen schon um 7. fl. 30. kr. Dies war ein
zehenmal höherer Preis, als er nach Herolds Bemerkung (in seiner Chronick, wo die Getraidpreise
öfters angemerkt zu finden sind,) im Jahr 1529. also
242. Jahre vorher bey ebenfalls unerhörter Theurung gestanden war. *) Acker = und Wiesen = Kräuter wurden häufig und begierig von geringen Leuten
aufgesucht, und mit etwas Milch zu eßbaren Gerichten zubereitet. **) Ohngefähr tausend Menschen wurden durch Mangel und den Gedanken an die Zukunft
bewogen, an eine Auswanderung zu gedenken, die
jedoch noch unterblieb. Denn da im Maymonat bey
der fröhlichern Aussicht auf die nächste Erndte, und
nach der erwarteten Ankunft reichbeladner Fruchtschiffe hie und da in Deutschland, die durch den
polnischen Ueberfluß die Noth unsers deutschen Vaterlandes milderten, nach und nach die Sperren
wieder eingestellt wurden, und die Erndte selbst die
Kornpreise wieder stark herabsezte, so kehrte auch
Muth und Freude wieder zurück.

Es haben es aber auch die Landesregierungen,
so bald und so gut es nach den Umständen nur immer seyn konnte, an allerley Vorkehrungen nicht
fehlen lassen. Auch in andern Rücksichten ist manches zur Vermehrung des Wohlstandes des Landes
und der Unterthanen gethan worden. Die Landschafts = Kassen hatten in den schweren Zeiten, um
die

---

*) Vier Schäze oder 4/3 Viertel Häll. Kern galten damals 1 fl.

**) Als: Saurampfer, Wegwarten, Sauohren, Waldäpfelein, Schlüsselblumenkraut, Gänsblümlenskraut, Schmalz
blumenkraut.

Gesch. Limp. 2. Bd. G

die wenig bemittelten unter den Unterthanen nicht
zu Grunde zu richten, Geld aufnehmen müſſen;
man war auf die Bezahlung der Schulden, ſo bald
es die Zeitumſtände verſtatteten, bedacht, und in
theils Landesantheilen haben nun dieſe Kaſſen Aktiv-
Kapitalien und baaren Vorrath, aus welchem Unglückliche nach Erkenntnis der Umſtände zuweilen
Unterſtüzung erhalten. Man hat in allen Theilen
der Landesverwaltung Ordnung einzuführen geſucht.
Die Anſtalten zu Verhütung und Löſchung der Feuers-
brünſte waren erſt jüngſthin in der Herrſchaft Gaildorf ein Gegenſtand obrigkeitlich- väterlicher Sorg-
falt. Seit dreyſig Jahren ſind nach einander vier
Marktflecken entſtanden, Sulzbach, Gſchwend,
Oberroth, Seifertshofen, indem jeder dieſer Flecken
zu drey Jahrmärkten berechtiget wurde, wodurch
theils der Nahrungsſtand dieſer Orte gebeſſert, theils
dem Viehhandel, woran dem Ländchen ſo viel gelegen iſt, mehr aufgeholfen wurde.

Was für Religion und Sittlichkeit gethan wurde, wird der folgende Abſchnitt erzählen.

## Zwey und zwanzigſter Abſchnitt.
### Kirchliche Merkwürdigkeiten.

Durch die Konvention vom Jahr 1690. zwiſchen
dem Haus Gaildorf und Speckfeld litte auch
die bisherige Kirchenverfaſſung einige Aenderung.
Da jedem der hohen Theile in ſeinem alten oder
neuen Landesantheil alle, auch die geiſtlichen Rechte,

über-

überlaſſen blieben, ſo kamen nun mehrere, bisher
Gaildorfiſche Pfarreyen, nämlich Welzheim, Sulzbach, Eſchach, Ober- und Unter- Gröningen, und
die Gaildorfiſche Stadt- Parochie zur Hälfte, in ſo
weit ſie nun ſontheimiſch war, unter das Oberſont-
heimer Konſiſtorium und die dortige Inſpektion oder
Superintendentur. Sie hatten auch, Gaildorf ausgenommen, wo man ſich noch an die alte hielt, von
nun an die Speckfelder Kirchenordnung zu befolgen.
Die Gaildorfiſche Kirchen- Inſpektion war alſo nur
noch auf die vier Pfarreyen: Oberroth, Viechberg,
Münſter und Eutendorf eingeſchränkt.

Dem Stadtpfarrer zu Gaildorf entgieng dadurch
auch ſeine bisherige Beyhülfe. Denn der Pfarrer
zu Münſter, der bisher ſein Diakon geweſen war,
wurde nun durch die Theilung ausſchließlich Lim-
purg- Gaildorfiſcher Pfarrer, beſorgte als ſolcher
ſeine Parochie, und half nur bey Kommunionen in
der Stadt adminiſtriren, ob er ſchon ſeine alte Wohnung in der Stadt behielt. So bliebs bis 1710.
da durch den Stadtpfarrer Apin darauf angetragen
wurde, ihm den bisherigen Präceptor als Kaplan
oder Gehülfen beyzufügen. Er trat etwas von ſeiner Beſoldung an denſelben ab, und mehr anderes
ſchöpfte man ſonſt, und ſo wurde die eingegangne
Stadtkaplaney auf andre Weiſe wieder hergeſtellt.
Die Einweihung des neuen Kaplans Georg Schmids
geſchahe den 19. October, am 18. Sonnt. Trinitatis.

In der ganzen Sontheimer Diöces, und alſo
auch in den neuerdings dazu gekommenen Parochien
wurde um dieſe Zeit eine Kirchencenſur eingeführt,
und zu dem Ende eine Kirchencenſurordnung bekannt gemacht. Sie wurde mehrentheils, wie man
gleich

gleich auf dem Titel findet, aus den Gothaischen
und Hohenlohischen Projekten ausgezogen. Sie ist
jedoch zu weitläuftig, als daß ich ihren Inhalt hier
ausziehen dürfte. Nur ein und anders daraus.
Der Pfarrer soll dabey den Anfang mit einem Gebet machen, eben so den Beschluß, und zu beydem
ist ein beyläufiges Formular eingerückt. Eine bestimmte Zeit ist nicht vorgeschrieben, nur heißt es:
öfters. Die Beysizer des Kirchengerichts sollen in
jeder Parochie von dem Pfarrer vorgeschlagen, vom
Konsistorio gewählt und bestättiget werden. Der
ordentliche Beysiz der Beamten wird nicht geordnet,
doch ists ihnen verstattet, wenn sie wollen, beyzu-
wohnen, und sich im Protokoll zu ersehen, welches
etwa der Pfarrer führen und verwahren soll. Der
Endzweck des Kirchengerichts soll seyn, erstlich, daß
sich die Beysizer unter einander selbst erbauen, und
wahrnehmen, damit nicht an ihnen oder ihren Haushaltungen etwas ärgerlich und sträfliches seye, das
sie nicht zu bessern begehrten, und also ein Blin-
der dem andern den Weg weise, darnach sollen sie
zuvörderst nach Beybehaltung der reinen Lehre, auf
die Pflanz- und Erhaltung christlicher Disciplin ꝛc.
sehen. Hierauf werden die Sachen insonderheit
specificirt, welche vor dieses Gericht gehören. Es
sollen in jedem Dorf oder Weiler 1. 2. oder 3. Personen bestellt werden, deren jede über eine gewisse
Zahl von Haushaltungen die Aufsicht führe, geringe
Fehler selbst mündlich bestrafe, und andre anzeige.
Wie dieses Aufseheramt geführt werden soll, wird
nun weitläuftig und sorgfältig bestimmt, den In-
spektoren zu ihrer Aufmunterung, Schuz und Gnade zugesichert, auch daß ihrer bey ihren Leichpredig-
ten mit besondern Ehren gedacht werden soll. Der
Superintendent soll auf die Erhaltung dieses Kir-
chen-

chengerichts befonders bedacht feyn, wenigftens des
Jahrs einmal in jedem Kirchfpiel nachfehen, fich
das Protofoll vorweifen laffen, auch der Kirchencenfur etwa felbft beywohnen. Man erfiehet übrigens aus diefer Verordnung bald im Anfang, daß
dem gedruckten Kirchen-Mandat der Herrfchaft Sontheim *) fchlecht nachgelebt worden, und daß man die-
fen Mangel durch diefe Kirchencenfur-Anftalt zu er-
gänzen hofte. Wie ergiebig fie hiezu gewefen, und
wie lang fie gedauert habe, fann ich aus Mangel der
Nachrichten nicht beftimmen.

Um einen Begriff von einem folchen Kirchen-
mandat zu geben, fehe man hier den furzen Inhalt
desjenigen, welches für das Städtlein Gaildorf,
aus der Oberfontheimer und aus der Gaildorfer
Kanzley den 18. März 1707. ausgieng, dergleichen
aber auch nachher für den Wurmbrandifchen Antheil
im J. 1734. befannt gemacht wurde. Es wird
nach einem furzen Eingang, worinn beflagt wird,
daß grofe Unwiffenheit und allerley Unordnungen
eingeriffen feyen, daher die ältern chriftlöblichen, aber
faft unterdrückten und in Vergeß geftellten Verordnungen hiemit wieder zu ihren vorigen Würden gebracht werden follten, 1. verordnet, daß Alte und
Junge fowohl die Sonn-Feft-und Feyertags-Pre-
digten bey unnachläßiger Strafe, als auch die Frey-
tags-Predigten, (unter welchen man fämtlich, Sonntags aber den ganzen Tag aller werktäglichen Haus-
und Feldarbeiten fich enthalten foll,) wie nicht weniger die Betftunden fleißig befuchen, fich zwifchen
allen folchen Predigten weder im Städtlein noch im
Feld bey irgend einem Gefchäft, auch nicht in ihren

G 3 eig-

*) Datum Oberfontheim, im Jun. 1695. Es wird darinn fchon
einer Kirchencenfur Meldung gethan, und verordnet, daß es
alljährlich am Oftermontag verlefen werden follte.

eignen Häusern bey 1 Pf. 5 ß. oder nach der Sa:
chen Beschaffenheit noch höherer Strafe, von den
dazu geordneten Gerichtspersonen antreffen lassen sol:
len, ohne ihr Draussenbleiben hinlänglich rechtferti:
gen zu können. Alle junge Leute bis nach zurück:
gelegten 25. Jahren sollen die Katechisationen besu:
chen, bey 5. ß. Strafe. Alle, die zum h. Abend:
mal gehen wollen, sollen sich bey der eingeführten
Vorbereitung einfinden. Schlecht unterrichtete Er:
wachsene des Jahrs etwa ein oder andermal beym
Pfarrherrn sich einstellen, um Rechenschaft von ih:
rem Glauben zu geben. Eltern und Pfleger ihre
Kinder fleisig zu Schulen anhalten, und nicht eher
zurücknehmen, bis der Pfarrherr nach angestellter
Prüfung, im Christenthum, Lesen und Schreiben,
sie dazu für tüchtig genug erklärt habe. 2. Das
verruchte und verdammte Laster des Fluchens, Got:
teslästerns und gottlosen Betheuer: und Anwünschens
wird Grosen und Kleinen ernstlich untersagt. Kin:
derzärtler, welche dergleichen von ihren Kindern lei:
den, sollen um 1. fl. und mehr oder weniger, nach
Gestalt der Sachen; gestraft werden. Auf Ehehal:
ten soll in diesem Punkt auch gute Aufsicht geführt
werden. Und weil beym Zechen und Spielen das
Fluchen am allermeisten im Schwang gehe, so soll
bey Strafe 5. fl. 5. ß. eines jeden Hausmanns, das
Spielen an Werk: und bey Strafe 10. fl. 5. ß. an
Sonn: und Feyertagen verboten, den Wirthen auch
bey Strafe 5. fl. auferlegt seyn, die Flucher den
Beamten anzuzeigen. Es sollen auch Aufseher be:
stellt werden, welche die Flucher an andern Orten,
als den Gasthäusern, anzuzeigen haben. 3. An
Sonn: und Feyertagen soll in den Wirthshäusern
gar nicht gezecht werden, bey Strafe 2. fl. für den
Zecher, zu aller Zeit soll überflüssiges Trinken mit

'1. fl.

1. fl. beftraft werden, Wirthe, die das Sonntags-
Gebot übertretten, 2. fl. Strafe zahlen. 4. Das
schädliche Weinführen des jungen ledigen Gesinds,
soll bey Straf des Gesellen um 3. der Dirne um
2. der konnivirenden Eltern, Hausherrn und Wirthe um 6. fl. verboten seyn, Tanzen an gewissen
Tagen, jedoch mit Vorwissen hoher Herrschaften,
und an jenen Tagen nur Nachmittags von 1. bis
5. Uhr gestattet werden, und niemand Tanzens wegen in benachbarte Orte laufen. Uebertretter haben
ohne einigen Nachlaß 2. Pf. 5. ß. Strafe zu zahlen. 5. Ladensteigen und nächtliches Zusammenschlie-
fen junger Leute wird mit 10. und 5. fl. Strafe
verbotten. Mitwissenden Eltern und Hausleuten 10.
und 20. fl. Strafe angesezt. 6. Der Wucher überhaupt, und insonderheit mit Kirchenstühlen soll auch
mit Ernst bestraft werden. 7. Pfarrer sowohl als
Beamte fleißige Aufsicht tragen, und alle 1. oder 2. Monate hierüber zu hochgräflichen Kanzleyen berichten.

Um eben diese Zeit, eigentlich im J. 1709.
wurde die christevangelische Firmung, wie sie der
Stadtpfarrer Apin zu Gaildorf nennt, oder die noch
sogenannte Konfirmation in der Herrschaft Gaildorf
eingeführt. Vermög dieser Anordnung sollten Kinder, nachdem sie genugsamen Unterricht empfangen,
ehe sie zum heiligen Abendmal gelassen würden, am
Palmsonntag vorher, Nachmittags, öffentlich der
Gemeine vorgestellt, ihre Einsicht in die Glaubens-
Wahrheiten geprüft, sie mit Auflegung der Hände
eingesegnet, und zu ihrem Versprechen, in dem Be-
kenntnis der evangelischen Lehre und in der wahren
Gottseligkeit bis an ihr Ende zu beharren, Gnade
von Gott erbetten, dabey auch eine Erweckungsrede
gehalten werden, welches alles bey der Konfirmation noch beobachtet wird.

Eine

Eine besondere Vorbereitung, auf den Mitt-
woch vor jedesmaliger Haltung des h. Abendmals,
die in einer kurzen, der Absicht gemäsen Rede, ge-
meiniglich über eine biblische Stelle, einer kurzen
Katechisation und einem besondern Gebet bestehet,
wurde zu Obersontheim, und in den übrigen zu dieser Dióces gehörigen Pfarreyen im J. 1695. eingeführt, zu Gaildorf aber erst 1698. Da um diese
Zeit die Gaildorfische Superintendenten-Succession
einige Unterbrechung litt, vielleicht auch sonst Be-
denklichkeiten im Weg waren, so wurde diese Vorbereitung nicht sogleich auch in den Gaildorfischen
Landpfarreyen gewöhnlich. Man findet, daß im J.
1713. im Monat Julius, dieselbe zwar zu Oberroth und zu Eutendorf, aber nicht zu Viechberg und
Münster üblich gewesen, daß aber in einer Konsi-
storial-Session, welcher die sämtlichen Gaildorfischen
Geistlichen anwohnten, beschlossen wurde, sie in diesen leztern Kirchen auch einzuführen, wobey man
doch für gut fand, wenn ein Feyertag in der Woche einfiele, sie an demselben gleich nach der Früh-
predigt zu halten.

Die Verbesserung der Stadt- und Landschulen
wurde ebenfalls eifrig betrieben. Zu dem Ende wurde den 12. Jan. 1699. für die Stadtschule zu Gaildorf, eine neu aufgeszte Schulordnung auf hoher
Herrschaften Special-Befehl ziemlich weitläuftig bekannt gemacht. Es finden sich darinnen recht viele
schöne Vorschriften. Man siehet aber auch daraus,
daß die üble Gewohnheit, Kinder nach Wohlgefal-
len ganz aus der Schule zu nehmen, ehe sie dazu
einigermasen reif wären, ja sie in die Beicht zu führen, ehe sie öffentlich dazu für tüchtig erklärt worden, bis jezt fortgedauert habe. Die Stelle ist hier
son-

sonderlich auffallend: Sollen die Eltern kein Kind
für sich zur Beicht gehen lassen, sondern es etliche
Wochen zuvor zu dem Stadtpfarrer führen, und in
sein Haus bringen, damit ers vorhero examiniren,
und bedörfenden Falls besser und genugsam infor;
miren könne, und sich nicht erst in der Beicht lang
und vergeblich mit demselben aufhalten müsse.

Für die Limpurg=Sontheimischen Schulen gieng
unterm 16. Nov. 1702. eine neue Schulordnung aus,
die ihrem Inhalt nach der schon angeführten Gail;
dorfischen Schulordnung meistentheils gleichförmig ist.
Ich will zuerst nur die Rubricken der Kapitel dar;
aus mittheilen. 1. Vom Endzweck christlicher Schu;
len. 2. Von den Lehrern in den Schulen in der
Residenz und auf dem Lande. 3. Von den Schul;
kindern und ihren Eltern. 4. Von der Lehrart,
deren sich die Schularbeiter nach Möglichkeit beflei;
sigen sollen. 5. Von der Aufsicht über das Schul;
wesen. In Ansehung der Lehrart findet man dar;
inn recht schöne und bestimmte Vorschriften. Man
erkannte schon den grosen Nuzen des Zusammen;
unterrichtens, und der Versinnlichung der Lehrge;
genstände. Das A B C sollte sich auf einer Tafel
in der Schule befinden, und die Kinder, die es
noch nicht ganz inne haben, alle zumal oder klas;
senweise vor dieselbe geführt werden. Die Buch;
stabirenden werden auch klassenweise geübt. Die
Lesenden desgleichen. Vor allem soll man die Ab;
säze bey Zeiten in Acht zu nehmen lehren, und et;
was innehalten lassen, weil es die Sache zu ver;
stehen überaus viel thue, welches auch beym Aus;
wendiglernen wohl zu beobachten seye. Durchaus
müsse jede Gattung im Lernen zusammengethan wer;
den, damit nicht einer mit dem andern versäumt

G 5                                    oder

oder überdrüssig gemacht werde. Das Rechnen, weil noch zur Zeit wenig Kinder dazu tüchtig, möge etwa privatim gelehrt werden. Die Schreibenden werden auch in Klassen getheilt, und jeder Klasse gleiche Vorschriften gemacht. Auch die Ordnung der vorzuzeichnenden Buchstaben wird angegeben. Alles, was die Kinder lesen, hören oder auswendig lernen, soll der Schuldiener, so weit sich sein Verstand erstrecke, kurz und einfältig erklären, und dabey eine kurze Zueignung auf die Kinder machen, weil das gelesene, oder gelernte schon halb verlohren seye, wenn man den Verstand und die Anwendung desselben nicht gleich mitbegreife.

Wahrscheinlich schrieb sich das Bestimmte dieser vorgeschriebnen Methode von den Hallischen Waisenhaus=Schulanstalten her, wie die schwesterlichen Lineamente verrathen. Und Johann Müller, der eifrige Superintendent zu Obersontheim, welcher ohne Zweifel bey dieser Vorschrift die Feder geführt hat, stund mit Halle und Franken in enger Bekanntschaft.

Man wird sich aus der Speckfelder Kirchenordnung erinnern, daß dort im Kap. von Schulen, schon gewünscht worden, daß auch auf den Dörfern, wie in den Residenzen, die Schulen das ganze Jahr hindurch möchten gehalten werden. Durch diese neue Schulordnung wurde auch hierinn ein weiterer Vorschritt gethan, und die Sommerschulen in Sulzbach und Welzheim wirklich angeordnet. In den übrigen Landpfarreyen läßt man es bey 2. Winterquartalen bleiben.

Zu Gaildorf aber wurden, vornemlich dieser Sommerschulen wegen, den 11. Jul. 1713. die

zu

zu dieser Herrschaft gehörigen Geistlichen zu einer
Konsistorial = Session zusammenberufen, und darinn
ausgemacht: daß Mitwochs und Freytags, Vormit=
tags 3. Stunden, von 8. bis 11. Uhr, und Nach=
mittags zwey dergleichen von 12. bis 2. Uhr, Sonn=
tags nach der Kinderlehr aber 1. und Freytags nach
der nachmittägigen Betstunde 2. Stunden dazu be=
stimmt, und alle Knaben bis zum 15. die Mägdlein
bis zum 14. Jahr zu kommen angehalten werden
sollten. Schulgeld sollten die Eltern halb so viel,
als im Winter, nämlich fürs Quartal 6. Kreuzer,
ohne Nachlaß, wenn auch die Kinder nicht erschei=
nen sollten, entrichten, und amtlich dazu angehalten
werden. Da die Gaildorfische Superintendentur noch
über 30. Jahre bestund, so wurde die Aufrechthal=
tung der Sommer = Schulanstalt zwar immer bezielt,
sie gieng aber endlich doch wieder ein, weil eines
Theils die Viehzucht, welche einen Hauptnahrungs=
zweig der Limpurgischen Landleute ausmacht, und
das mit derselben verbundne Viehhüten durch die
Sommermonate sehr im Weg stehen mußte, andern
Theils wohl auch das geordnete Schulgeld als eine
Beschwerde angesehen ward.

Im J. 1771. wurde für den Limpurg = Wurm=
brandischen Antheil die Sommerschulanstalt aufs neue
errichtet, und, damit desto weniger Hindernisse ent=
gegen stehen möchten, dazu des Sonn = und Feyer=
tags 1. Stunde von 12. bis 1. Uhr, Mitwochs und
Freytags 2. Stunden Vormittags von 8. bis 10.
Uhr, und so viele Nachmittags geordnet, von Nie=
mand aber einiges Sommerschulgeld gefordert, son=
dern die Schulmeister, damit sie doch auch durch
einigen baaren Vortheil mehr ermuntert werden moch=
ten, auf andre Weise zufrieden gestellt. Als die
durch=

durchlauchtigſten Prinzeſſinnen von Sachſen-Gotha-
Roda ihre Hälfte an dieſem Wurmbrandiſchen Landesantheil verkauften, ſo wurde dem Kaufs-Inſtru-
ment eine beſondre Stelle einverleibt, die Aufrecht-
haltung der Sommerſchule betreffend, welche auch
des Herrn Käuſers herzogliche Durchlaucht gnädigſt
zuſagten, und vornemlich zu deren Behuf ſamt der
hochfürſtlich-Leiningiſchen Mitherrſchaft im J. 1781.
die vorgeſchlagene Kirchencenſur-Anſtalt gnädigſt ge-
nehmigten und beſtättigten.

Auch im Limpurg-Solms-Aſſenheimiſchen Antheil wurden ſeit einigen Jahren die Sommerſchulen
wieder in einigen Gang gebracht.

Die Beſchaffenheit der Kirchenzucht, ſonderlich
im Anfang dieſes Zeitraums, kann man ſich aus
dem, was von der alten Limpurg-Sontheimiſchen
Kirchencenſur und von den Kirchenmandaten aus-
zugsweiſe beygebracht worden, leicht vorſtellen. Es
iſt nicht zu läugnen, daß ſie bey aller herzlichen Nei-
gung der Landesherrſchaft, welche zugleich unverkenn-
bar iſt, ihre Unterthanen, ſo viel möglich, durch
Güte zur Ordnung und guten Sitten anzuführen,
etwas ſtrenge war. Die Kirchenbuße wurde inſonderheit für Uebertretter des ſechsten Gebots geſchärft.
Im Jahr 1729. mußte ein ſolcher zu Eutendorf,
um mit der Kirche wieder ausgeſöhnt zu werden,
während des ganzen Gottesdienſtes knien, und eine
brennende Kerze in der Hand halten. Im Jahr
1732. aber mußten zwey Perſonen dieſer Art ihre
Ausſöhnung knieend und mit ausgezogenen Schu-
hen eben daſelbſt, bey der Kirchenbußhandlung ſuchen. Wenn man aber bedenkt, welche Rohigkeit unterm gemeinen Volk in vorigen Zeiten, beſonders während des dreyßigjährigen Kriegs, wovon man in dieſer
Ge-

Geschichte auch Beyspiele gesehen hat, herrschte, oder aufs neue einrieß, bedenkt, daß, um die Freyheit unschädlich zu ertragen, und einer liberalern Behandlung fähig zu seyn, schlechterdings der Volksbarbarey erst das Genick einigermasen gebrochen, und die Volkserkenntnis zu einiger Höhe gestiegen seyn muß, so wird man neben dem guten Endzweck die in jener Beziehung unumgängliche Nothwendigkeit einer strengern Kirchenzucht, als man etwa heut zu Tag zu sehen gewohnt ist, nicht verkennen. Da man überdieß zugleich auf andre Weise ernstlich bemühet war, Verstand und Herzen des gemeinen Volks mehr zu bessern und aufzuklären, hiezu den öffentlichen Unterricht zweckmäsiger und wirksamer zu machen, und die Kirchencensur eben nicht zum Strafen, sondern zum Gängeln des Volks da war, so mildert dieses gar sehr die Idee von jener züchtigenden Kirchengewalt. In neuern Zeiten hat die väterliche Zucht mehr von mütterlicher Schonung angenommen, und konnte es auch wohl, da doch im Ganzen die öffentlichen Sitten gegen die vorige Zeiten gewonnen hatten. Es wurde auch im Wurmbrandischen Antheil die öffentliche Kirchenbuse, weil sie in ihrer bisherigen Gestalt der alten apostolischen Kirchenbuse zu wenig ähnlich, und bey mancherley unrichtigen Nebenideen des Volks nicht mehr nützlich und rathsam genug schien, im Jahr 1772. abgestellt, und in eine Privatadmonition verwandelt, wobey der Seelsorger mit dem Gefallenen nach Beschaffenheit und Bedürfnis seines Herzens gründlich durchreden, und ihn zu wahrer Sinnesänderung ermahnen soll. Das herrschaftliche Dekret, welches übrigens die ältern Verordnungen gegen die Uebertretungen des sechsten Gebots bestättigt, und jährlich am ersten Bußtag zu verlesen ist, ist datirt

Roda

Roda den 3. Sept. 1772. und Dürkheim den 25. Sept. 1772.

Die Limpurgische Superintendenten-Folge blieb nicht ununterbrochen. Der jüngere Johann Heinrich Calisius, welcher seinem Vater gleiches Namens als Gaildorfischer Stadtpfarrer im J. 1698. folgte, hatte keine Inspektion zu verwalten. Diese wurde zu Gaildorf erst im J. 1708. wieder hergestellt, und dem Stadtpfarrer Johann Friedr. Apin übertragen. Sieben und zwanzig Jahre lang war im Gaildorfischen auch keine Kirche visitirt worden, *) wie eben dieser Apin bey der ersten Visitation angemerkt hat, die im erst angezeigten Jahr wiederum zu Oberroth, Viechberg, Münster, Eutendorf vorgenommen worden, und zwar von beyder Gaildorfischen Herrschaften Räthen und dem Inspektor. Im folgenden Jahr wurde auch zu Gschwend, wo zwar noch keine Kirche, der Herrschaft aber alle Kirchenrechte zuständig waren, visitirt, und bey dieser Handlung in der Amtsbehausung die ledigen Leute examinirt, und das Kirchenmandat verlesen. Die beyden Geistlichen zu Frickenhofen und Kirchen-Kirnberg, zu deren Kirchen sich die meisten Gschwender Amtsangehörigen damals hielten, wurden auch dazu eingeladen. Die bey diesen Kirchenvisitationen bemerkten Mängel betrafen vornemlich die vernachläßigte Sonntagsfeyer, die Kinderlehrversäumnis, und die grose Abhaltung der Jugend vom öffentlichen Unterricht durchs Viehhüten, welche man dadurch einigermasen zu heben suchte, daß verordnet wurde, es sollte dabey entweder abgewechselt, oder zeitlich eingefahren werden. Dergleichen Visitatio-
nen

―――――

*) Die unruhvollen kriegerischen Zeiten mochten hauptsächlich mit daran Schuld haben.

nen sollten in allen Kirchen der Herrschaft Gaildorf, wie auch zu Gschwend, von 3. zu 3. Jahren gehalten werden, welches auch mit geringer Unterbrechung bis zum Abzug des lezten Gaildorfischen Inspektors, Johann Christoph Majers im J. 1737. fortwährte. Die Landschulen wurden jedoch jährlich visitirt, und zu Kirchenvisitationen jezgedachter Herr Majer von Nördlingen aus, wo er das Superintendenten=Amt bekleidete, noch in die Herrschaft ausserordentlicher Weise berufen, weil die Inspektors=Stelle zu Gaildorf nicht wieder ersezt, sondern die Pfarreyen unter die unmittelbare Aufsicht der Konsistorial=Kanzleyen gezogen wurden.

Im Sontheimischen sollten die Kirchenvisitationen nach der Speckfeldischen Kirchenordnung zwar jährlich durch hiezu deputirte Visitatores, geist= und weltlichen Standes fortgeführt werden, sie wurden aber zulezt nach Gelegenheit der Umstände auch nur zu gewissen Zeiten vorgenommen, und als Herr Eberhard Vollrath Müller mit seinem Tod im J. 1773. die Sontheimische Superintendenten=Reihe auch beschlos, so wurden die Pfarreyen der Sontheimer Diöces gleichfalls unmittelbar der dortigen Konsistorial=Kanzley untergeordnet, bis sie im folgenden Jahr durch die Landestheilung mitvertheilt wurden.

Wie dies geschah, zeigt folgende Vorstellung:
1.) Limpurg=Sontheim=Schmiedelfeld:
   a. Sulzbach, Patronat und Episcopat.
   b. Geifertshofen, Episcopat. Das Patronat ist von Alters her dem Ritterstift Komburg zuständig.
   c. Oberfischach. — Das Episcopat, doch nur in einem eingeschränkten Verstand genommen,

men, wird, als zu diesem Landesantheil ge=
hörig, angesprochen, und der dortige Pfar=
rer ist in dieser Rücksicht auch im J. 1782.
erstmals in den Wirtembergischen Addreß=
Kalender gesezt worden. Mehr davon wird
beym Antheil Limpurg=Sontheim=Michel=
bach bemerkt werden. Das Patronat ge=
hört der fürstlichen Probstey Ellwangen.

2.) Limpurg=Sontheim=Gröningen:

a. Eschach, Patronat und Episcopat.

b. Ober= und Unter=Gröningen, Patronat und
Episcopat.

3.) Limpurg=Sontheim=Obersontheim:

a. Obersontheim, Patronat und Episcopat.
Die Diakonus=Stelle ist eingegangen.

b. Mittelfischach, Episcopat.

4.) Limpurg=Sontheim=Gaildorf:

a. Gaildorf a. Stadtpfarrer, und b. Kaplan.
Patronat und Episcopat, in beyden Stel=
len zur Hälfte. Die Besezung der erledig=
ten Stellen geschahe bisher zwischen den
den Gaildorfischen und Sontheimischen Herr=
schaften, wechselweise.

b. Adelmannsfelden, Patronat und Episcopat.

5.) Limpurg=Sontheim=Michelbach:

a. Michelbach, Patronat und Episcopat.

b. Mittelfischach, Patronat.

c. Oberfischach, — Episcopat. Denn lezteres
spricht Limpurg=Michelbach billig auch an,
ob es schon deswegen mit der fürstlichen
Probstey

Probſtey Ellwangen einen Rechtsſtreit ge=
habt, aber auch gewonnen hat. *)

Die Pfarreyen Sulzbach und Geifertshofen ſind,
nachdem ſie mit dem ganzen Landesantheil, wozu ſie
gehören, im J. 1781. an das hochfürſtliche Haus
Wirtemberg gekommen, zu der Backnanger Diöces
geſchlagen worden, und werden auch von daher jähr=
lich viſitirt, ſo wie ſie zugleich an die Wirtember=
giſchen Kirchenverordnungen gewieſen ſind.

Die Limpurg=Gröningiſch= oder Limpurg= Bar=
tenſteiniſchen Kirchen, zu Eſchach, Ober= und Un=
ter= Gröningen wurden im Jul. 1786. auf landes=
herrſchaftlichen Befehl durch den Herrn Prediger
Hirſch in Heilbronn, als Hohenlohe= Bartenſteini=
ſchen Oberſuperintendenten erſtmals viſitirt, und dem
Vernehmen nach ſollen dergleichen Kirchenviſitatio=
nen von Zeit zu Zeit wiederholet werden.

Zu Gſchwend war bis ins Jahr 1759. weder
Kirche noch Pfarrer, obſchon Kirchenviſitationen, wie
ſchon vorgekommen, daſelbſt gehalten worden, und
eine Schule da war, für deren Aufnahme Sorge
getragen wurde. Doch war eine Gſchwender Kirche
ſchon in vorigen Zeiten oft der Gegenſtand frommer
Wünſche,

---

*) Die Probſtey Ellwangen wollte zu Oberfiſchach das Recht des
Trauerläuters haben, welches aber Limpurg= Michelbach kei=
neswegs zugeſtund. Darüber kam es zum Proceß beym
Reichshofrath, aber der Entſcheid war wider Ellwangen. Bey
der Landestheilung wurde Limpurg= Michelbach vermög eigner
kommiſſariſcher Immiſſions= Patente in den Beſiz von Ober=
fiſchach, nebſt allen darauf haftenden Regalien, landesherrli=
chen Rechten und Gerechtſamen in eccleſiaſticis & politicis
eingewieſen; das Jus confirmandi & inſtallandi novum pa=
ſtorem aber zur Gleichſtellung der gräflich Limpurg= Schmidel=
feldiſchen Landesherrſchaft zugetheilt.

Wünſche, und die Frau Gräfin von Wurmbrand ſtiftete inſonderheit ein Kapital von 1000. fl. deren Zinſe zu einer künftigen Gſchwender Pfarrbeſoldung angewendet werden ſollten. Weil man aber nicht gleich Rath zum Kirchenbau und zu den übrigen Bedürfniſſen wußte, ſo wurde jener jährliche Kapital-Zins unterdeſſen dem Schulmeiſter zum Genuß eingeräumt; mit der Bedingung, dafür zu Ausbreitung und Vermehrung chriſtlicher Erkenntnis an Sonn- und Feyertagen Betſtunden zu halten. Endlich im J. 1758. erbot ſich die Gemeine ſelbſt, den Kirchenbau auf ihre Koſten zu beſtreiten, auch etwas zur Pfarrbeſoldung beyzutragen, machte auch auf herrſchaftliche Bewilligung noch in dieſem Jahr mit den Anſtalten den Anfang, und am 9. Sept. als am 9. Sonnt. nach Trinitatis wurde die Kirche ſchon eingeweiht, und zugleich der geweſene Kandidat Karl Wilhelm Gebhard als Pfarrer dahin geſezt. Der Pfarrer an dieſer Kirche iſt der einzige privativ Limpurg-Wurmbrandiſche Geiſtliche.

Die nächſte nach dieſer, und bis daher die neueſte neuaufgerichtete Limpurgiſche Pfarrey iſt die katholiſche zu Unter-Gröningen, welche aber auch die Veranlaſſung zu einer neuen evangeliſchen Kirche daſelbſt wurde. Es hatte nämlich die Untergröninger Gemeine die dortige Schloßkirche ſeit 1609. zu ihrem Gottesdienſt inne gehabt, dieſelbe aber ihrer Durchlauchtigſten Fürſtin Sophia Charlotta Dorothea Wilhelmina Friderika von Hohenlohe-Waldenburg-Bartenſtein, welche ſeit 7. Sept. 1776. ihr Hoflager hieher verlegt hatte, zu ihrem und ihres zahlreichen Hofs Privatgottesdienſt, weil Sie der katholiſchen Religion zugethan waren, willig abgetreten, und dagegen die gnädige Verſicherung erhalten,

ten, daß ihr eine andre Kirche von eben derselben Gröse auf fürstliche Kosten erbauet werden sollte. Dies geschah im folgenden Jahr, und am 2. Ad= vents= Sonntag wurde diese neue Kirche eingewei= het. Weil sich nun in der Folge mehrere Personen, die sich zur katholischen Religion bekennen, an die= sem Ort anbauten, so entstund daraus, nachdem der Hof der Frau Fürstin nach ihrem Hintritt aus ein= ander gegangen war, eine neue katholische Gemei= ne, die einzige ihrer Art im Limpurgischen, wenn man die zu Hausen im Roththal nicht rechnen woll= te, welche zwar innerhalb der Limpurgischen Grän= zen ist, und an einem Ort, der vormals in die Lim= purgische Kirche zu Oberroth gepfarrt war, aber doch nicht aus Limpurgischen, sondern Ritterstift= Kom= burgischen Unterthanen besteht. Sie formirte sich zu End des vorigen Jahrhunderts.

Der öffentliche Lehrvortrag auf dem Lehrstuhl und in Schriften, erscheint gegen den vorigen Zeit= raum in sehr veränderter Gestalt. Eine reinere Sprache, weniger Kunst, mehr schriftmäsige Sim= plicität, weniger Polemick, mehr gesalbte Schrift= auslegung, und herzandringende Ermahnung. Zwar stößt man noch im Anfang dieses Jahrhunderts zu= weilen auf etwas, das den Kanzel= Künsteleyen vo= riger Zeit nahe kommt, wie wenn z. E. Apin durch seine ganze, auch nachher gedruckte Ordinations= und Präsentations= Rede, auf den neuen Kaplan Schmid zu Gaildorf, aus Sir. 39, 23. die Alle= gorie vom Schmid mit seinem Ambos und Ham= mer hindurch führt, aber sonst war sein Vortrag doch erbaulich; und ließt man ein Blatt von Jo= hann Müller, Sup. in Sontheim, oder von Joh. Christoph Majer, Inspektor in Gaildorf, so glaubt man

man den Lehrer vor sich zu sehen, der in der schlecht
und rechten Herzenssprache, mit der ungeschminkten
Mine der Redlichkeit, nichts will, als unsre Her=
zen für den Herrn, der sie mehr, als alle andre,
verdient. Jener war ein Freund und Korrespon=
dent, dieser ein Zögling August Hermann Frankens
in Halle. Der jüngere Calisius zu Gaildorf, ein
Zeitgenoße Johann Müllers bey seinem ersten Lim=
purgischen Auftritt, legte seinen gottseligen Eifer
auch durch verschiedne kleine Schriften an den Tag,
wodurch er den einreisenden Lastern zu begegnen
suchte. Er gab einen biblischen Katechismus her=
aus, der Jugend den Limp. Landes=Katechismus
verständlicher und nuzbarer zu machen, und viele
geistliche Lieder, davon eins: Wie lieblich ist es doch ꝛc.
im Limp. Gesangbuch eingerückt ist. So ernstlich
er aber wider die Laster kämpfte, und so zart sein
Gewissen in seiner Amtsführung war, so erklärte
er sich doch, in einem nachher gedruckten Brief,
v. 14. Dec. 1703. in Ansehung der damaligen hef=
tigen Streitigkeiten zwischen sogenannten Orthodoxen
und Heterdoxen ziemlich friedfertig. Hier ist eine
kurz zusammengezogene Stelle daraus: „wenn ich
den höchst verderbten Zustand der jüdischen Kir=
che zur Zeit Christi bedenke, wie alle Apostel Chi=
liasten gewesen, den Artikel vom Leiden, Sterben
und Auferstehen Christi nicht geglaubt, bis er ihnen
in die Hände gegeben worden, wie sich auch nach
Ausgießung des heil. Geistes noch eine Partikular=
Gnade, die sich auf die Juden allein erstreckte, zu
seyn vermeint, und also in diesem Stück gut kalvi=
nisch gewesen; wann ich die irrigen Meinungen der
Kirchenväter betrachte; daß die Koncilien, auch die
ökumenischen, alle, und sogar auch), nach Lutheri
Meinung, das erste zu Jerusalem, sich verstoßen
und

und irrige Lehren behauptet; daß die griechische Kir=
che, die Albigenser, Waldenser, Böhmischen Brü=
der, Hussiten in vielen grossen Irrthümern gesteckt,
und doch unsre Theologi auf selbige sich berufen,
wann man fragt; wo die Kirche vor Luthero gewe=
sen? Wann ich durchgehe das Verzeichnis der Wahr=
heits=Zeugen, und sehe, wie tief auch der berühmte
Wikleff Huß, Hieronymus von Prag, die mystischen
Theologi, sonderlich der von Luthero so hoch be=
lobte Taulerus, und von jedermann so hoch beliebte
Thomas a Kempis, ja Lutherus selbsten im Anfang
im Pabstthum gelegen; ja wann ich endlich die in=
nerlichen Zwistigkeiten unsrer Theologen — erwäge;
so bin ich völlig überzeugt, daß Gott den Glauben
und die Wiedergeburth neben manchem (quorun=
dam judicio) grosen Irrthum erhalten, ja einen
zu einem herrlichen Werkzeug seiner Gnade heiligen
könne, ob er schon nicht zu völliger Erkenntniß aller
Wahrheiten kommen ist. Daher so hoch theuer ich
die Reinigkeit der Lehre schäze, so sehr bedaure,
wenn man gleich auf verbannen, aus Brüderschaft,
Kirchen und ihren Diensten ausschliesen — aus=
fällt.„ Ein antikes Toleranz=Stück, welches ich
auch nur als ein solches hier aufführe.

So tolerant aber die angeführten Limpurgischen
Theologen waren, so war man es doch auswärts
nicht überall gegen sie. Die neue Obersontheimer
Waisenhausanstalt mochte vornemlich dazu Gelegen=
heit gegeben haben. Der rechtschaffene Sup. Joh.
Müller wurde im J. 1694. gleich bey seinem Auf=
zug über das Elend der Armen gerührt, deren sich
gleich am ersten Tag, bey damaliger harten Theu=
rung etliche hundert vor seiner Thüre einfanden.
Er theilte ihnen sogleich die Hälfte seines mitge=

H 3 brachten

brachten Vorraths an gebackenem Brod mit, redete
aber auch öffentlich von der Pflicht christlicher Ob=
rigkeit gegen die Armen. Dadurch wurde auch die
Landesherrschaft bewogen, eine wöchentliche Kollekte
anstellen zu lassen, die Müller an einheimische und
fremde Arme austheilte. Aber er war hiemit nicht
zufrieden, sondern suchte auch den armen Kindern
zu helfen, daß sie nicht an Leib und Seele verdür=
ben. Er wurde durch Frankens erste historische Nach=
richt von Verpflegung der Armen zu Glaucha vom
J. 1697. hiezu noch mehr erweckt, nahm sogleich ein
armes Mädchen von der Strasse auf, und an seinen
Tisch, und im J. 1700. hatte er schon ein Waisen=
haus gebaut, und 4. Wittwen und 8. Kinder drin=
nen. Das Haus wurde ihm bald zu klein, und er
baute von 1705. bis 1708. ein gröseres, in wel=
ches er mit etlich und zwanzig armen Kindern ein=
zog, denen er einen Studiosum zum Aufseher, und
einen Schulmeister bestellte, dem die Herrschaft zu
seiner bessern Subsistenz auch die Mößnerey zulegte.
Die milden Gaben flosen in und auser Lands so
reichlich zu diesem Hause, daß man Kapitalien aus=
leihen konnte, und die Hallischen Waisenhaus=Arz=
neyen, die man in billigem Preis erhielt und wieder
verkaufte, gaben auch ein Bächlein dazu ab. In
diesem Hause nun wurden des Tags zwey Betstun=
den gehalten, auch wohl des Tags über ein Lied
gesungen, bey der Arbeit, und überhaupt darauf ge=
sehen, daß nichts böses darinnen vorgehen möchte.
Alte und Junge auser dem Hause nahmen an diesen
Uebungen Theil. Darüber gab es mancherley Re=
den, und man besorgte sich eines neuen Glaubens,
es entstunden Lästerung und groses Aufsehen daraus,
wie Müller dieses alles selber berichtet. Indessen
wuchs die Zahl der Kinder doch bis auf 40. welche
aber

aber auch in neuern Zeiten nach und nach bis auf
10. oder 12. fanf. Bey der Landestheilung blieb
das Haus gemeinschaftlich, und dem gemeinschaftli=
chen Archivrath ist die Oberaufsicht darüber aufge=
tragen.

Da von dem Obersontheimer Waisenhaus die
Rede ist, so seze ich ihr sogleich eine andre milde
Stiftung zur Seite, das dortige Spital. Es hat
einen doppelten Stifter, Schenk Wilhelm, den äl=
tern, † 1450. und Schenk Erasmus, den Verkäu=
fer des Schlosses Limpurg. Da das von Sch. Wil=
helm in dem Flecken Unter=Limpurg eigentlich ge=
stiftete Spital mitverkauft ward, so baute Erasmus
in Obersontheim ein andres Spitalgebäude, und wur=
de sein zweyter Stifter. Es wurde auch bis auf die
Lineal=Landestheilung 1772. von der Herrschaft jähr=
lich eine Naturalverpflegung dazu abgegeben, dann
aber ein gewisses Kapital dafür ausgeworfen. Es
erhält gegenwärtig neben einem Spitalmeister, einer
Köchin und einer Magd, 12. Pfründer. Der Orts=
beamte führt die Rechnung als Spitalverwalter, und
der Archivrath ist Oberaufseher. Das Spital selbst
ist zwischen sämtlich hohen Linien auch gemeinschaft=
lich geblieben.

Ein Witwen= und Waisen=Kasten für die Hin=
terlassenen verstorbener Geistlichen im Hohenlohischen,
Limpurgischen und Hällischen sollte 1701. errichtet
werden, es ist aber beym Vorschlag geblieben. *)

Die neueste sehr ansehnliche milde Stiftung ist
von der jeztregierenden Frau Fürstin zu Leiningen
und Gräfin zu Limpurg=Gaildorf, Christina Wilhel=
mina Ludovika Durchlaucht, vermög der Stiftungs=

$\mathfrak{H}$ 4                                          urkunde,

*) Wibel Th. 1. S. 665.

urkunde, Mainz, den 23. Febr. 1788. Nach der‐
selben sollen die Zinsen von dem in zehen tausend
Gulden bestehenden Stiftungs‐Kapital, nach dem
tödlichen Hintritt Ihro Durchlaucht, an die Armen,
Nothleidenden und Bedrängten Ihres Landesan‐
theils jährlich ausgetheilet werden. Gewiß, ein schö‐
nes Mittel, noch nach dem Tode in der Welt fort‐
zuleben, und seine Wohlthätigkeit selbst im Grabe
nicht beschränken zu lassen.

Nun noch einige einzelne Merkwürdigkeiten.
Im Jahr 1717. wurde ein Jubelfest zum Anden‐
ken der Reformation, 1730. aber ein andres zum
Andenken der Uebergabe der Augsburgischen Konfes‐
sion gefeyert. An beyden wurde ein besonderes Ge‐
bet abgelesen, und an dem leztern zu Gaildorf der
Schuljugend ein gedrucktes Jubelbüchlein ausgetheilt,
auch die A. Konfeßion daselbst und auf dem Land
unter die Leute gebracht; das ganze Jahr hindurch
auch öffentlich darüber geprediget.

Im J. 1732. am 12. März kamen auch 14.
Salzburgische Emigranten, denen bald nachher noch
einige folgten, zu Gaildorf an. Sie wurden freund‐
lich empfangen, in die Kirche geführt, zu ihrer Be‐
lehrung und Erweckung eine Predigt, und den fol‐
genden Tag noch eine Rede gehalten. Bey der
Prüfung fand man die meisten an Erkenntnis schwach,
doch redlich. Sie wurden reichlich begabt, blieben
bis in den August, und giengen in diesem Monat mit
vielen andern nach Preussen.

Im J. 1730. wurde eine Türkin, Namens
Fatimah, welche nebst ihrem Mann, einem Marque‐
tenter, von Bethlehem gebürtig, im Krieg gefangen
war, und sich geraume Zeit in Obersontheim aufge‐
halten,

halten, auch ziemlich anhänglich an ihre alte Religion bezeugt hatte, noch kurz vor ihrem Tode von dem dortigen Sup. Reinhard getauft, wie sie selbst verlangte.

Aber eine noch merkwürdigere Weibsperson war Margaretha Wellerin, von Birkenlohe gebürtig, zu Obersontheim. Sie wurde zuweilen von einem ganz ausserordentlichen Schlaf befallen, der 10. Tage und länger ununterbrochen fortwährte, und wovon sie niemand erwecken konnte. Denn sie erkaltete, und würde als ein Todter behandelt worden seyn, hätte man ihren Schlaf aus öfterer Erfahrung nicht gekannt. Im Sept. 1702. fieng sie gar an, zuweilen stumm zu seyn, welches ein Vorzeichen des bald folgenden Schlafs war, der sie überfiel, wo sie gieng und stund, auf öffentlichen Wegen, an Wassern und dergleichen unbequemen Orten. Wenn sie wieder aufwachte, hatte sie in ihrer Entzückung allerley Dinge gesehen, und wußte sonderlich viel von den künftigen Schicksalen des Landes zu reden. Da sie einen stillen Wandel liebte, so fand sie unterm Volk viel Kredit, und man hieß sie gemeinhin die Sontheimische Prophetin, oder auch die Siebenschläferin. Allein kaum hatte man angefangen, ihr die Essentia dulcis zu gebrauchen, so verlohr sich Schlaf und Propheten-Gabe. Sie fuhr im Gebrauch jener Arzney fort, und ward im folgenden Jahr von aller Beschwerde frey. *) So verdächtig aber dieser Vorgang ihren Prophetenberuf machte, so nützlich war er dem Sontheimer Waisenhaus, welches nun desto mehr der Hällischen Arzneyen verdebitirte.

H 5 Ein

*) Richters Erkenntnis des Menschen rc. S. 805. Müllers erweckter Glaub. S. 48.

Ein limpurgisches Gesangbuch, dergleichen man vorher nicht gehabt, weil man sich zum öffentlichen Kirchengesang in den meisten Kirchen des Schwäb. Hällischen bediente, wurde 1759. zu Obersontheim zusammengelesen, erstmals zu Wertheim 1762. und nachmals zu Schwäbisch-Hall 1769. und 1780. gedruckt. Neuere oder neuveränderte Lieder hat man darinn nicht zu suchen. Die ganze Anzahl der Lieder erstreckt sich auch nur auf 390.

---

## Drey und zwanzigster Abschnitt.
### Neueste Verfassung.

In Gaildorf waren so bald zwey partikulare Regierungs-Kanzleyen nöthig, als die Wurmbrand- und Solmsische Theilung zu Stand kam. Beyde zusammen, in so fern sie gemeinschaftliche Sachen zu behandlen haben, machen die zur Grafschaft Limpurg-Gaildorf verordnete gemeinschaftliche Regierungs- und Konsistorial-Kanzley aus.

Als die Sontheimische Theilung erfolgte, so blieb nur ein gemeinschaftlicher Archivrath für das dortige gemeinschaftliche Archiv und andre Angelegenheiten. Jeder der 5. Limpurg-Sontheimischen Landestheile erforderte nun eine besondre Einrichtung. Es entstund nun zu Gaildorf eine neue Regierungs- und Konsistorial-Kanzley für den Antheil Limpurg-Sontheim-Gaildorf, oder Limpurg-Pückler, eine dergleichen zu Obersontheim für den Antheil Limpurg-Sontheim-Obersontheim, und eben daselbst auch besons

sonders für den Antheil Limpurg-Sontheim-Michelbach. In Schmiedelfeld und in Gröningen sind
keine Kanzleyen; die Sachen aber, die sich zu
amtlichen Berichten an gnädigste Herrschaften eignen, finden dadurch doch ihre Erledigung. Die
wirklich im Land bestehenden Kanzleyen sind mit den
erforderlichen Subalternen versehen.

In gewissen Fällen werden auch wohl Geistliche
zu Konsistorial-Sessionen gezogen, oder ein Gutachten von ihnen erfordert. Die zu Sulzbach und Geifertshofen stehen unter dem herzoglichen Konsistorio
zu Stuttgard.

Das ganze Land ist in so viele Aemter getheilt,
als Theile sind, und jedem stehet ein besondrer Amtmann vor, mit oder ohne einen höhern Charakter.
Für das gemeinschaftliche Stadtamt Gaildorf sind 3.
besondre Stadtamtmänner verordnet, weil so viele
besondre Herrschaften daran Theil haben. Die folgende Topographie wird dieses alles noch genauer
bestimmen.

Die Kammersachen sind theils mit den Amtsver-
waltungen verknüpft, theils besondern Kammeräthen
und Subalternen anvertraut.

Für die Forstsachen ist in jedem Antheil ein
Forstmeister oder Oberförster angestellt, deren jeder
einige Subalternen hat. Der Oberförster zu Schmiedelfeld stehet unter dem Oberforstamt Reichenberg.

Obschon das Land keine Landstände hat, so hat
doch jeder Landesantheil seine besondre Kriegs- und
Landschafts-Kasse, in welche jeder Unterthan, der
liegende Güter besizt, nach einem gewissen Fuß beyzutragen hat, und woraus die Reichs- und Kreis-
Prä-

Prästanda und andre gemeine Landes= Ausgaben be=
stritten werden. Diese Kassen= Bedienung ist gemei=
niglich mit noch einer andern in jedem Landesantheil
in einer Person vereinigt. Bis 1750. hatte Wurm=
brand und Solms einen gemeinschaftlichen Landschafts=
Kassier, seit diesem Jahr jeder dieser beyden Lan=
desantheile einen besondern.

Marsch= Kommissariens= und Quartiersachen
werden von den Landschafts= Kassieren besorgt. In
Ansehung der Einquartierungen fremder durchziehen=
der Truppen ist das Ländchen in gewisse Stationen
getheilt. Die zu jeder gehörigen Ortschaften haben in
solchen Fällen gemeinschaftlich beyzutragen.

Den Inbegrif jedes Amts wird die folgende To=
pographie vor Augen legen; den Inbegrif der einzel=
nen Pfarreyen oder Kirchspiele, mit einigen Neben=
bestimmungen, wird diese Tabelle zeigen:

## I. Gaildorf.

1. Geistliche: 1. Stadtpfarrer, und 1. Kaplan.

2. Patronat, zur Hälfte Limpurg= Gaildorf= Wurm=
brand= und Solmsisch gemeinschaftlich, zur
Hälfte Limpurg= Sontheim= Gaildorf, oder
Limpurg= Pücklerisch, alternativ.

3. Episcopat, in eben derselben Maase zwischen die=
sen Herrschaften gemeinschaftlich.

4. Kirchen: 1. Stadtkirche und 1. kleine offne Got=
tesackerkirche.

5. Kirchspielsorte: 1. Die Stadt Gaildorf, und
ausser derselben 2. ein Vitriol= und Alaun=
Bergwerk, 3. ein Armenhaus, 4. Rudels=
mühle.

6. Schul=

6. Schuldiener: 1. Práceptor, in der Person des
Kaplans, und 1. Kantor und Organist, deren
jeder eine besondre Schulklasse besorgt.

7. Seelenzahl: 1148. ohne Fremde und auswärts
gebürtige Domesticken.

## II. Eutendorf.

1. Ein Pfarrer.

2. Patronat, Limpurg = Gaildorf = Wurmbrand = und
Solmsisch, gemeinschaftlich.

3. Episcopat, desgleichen.

4. Kirchen: 1. zu Eutendorf, 1. zu Gros = Altdorf.

5. Kirchspielsorte: 1. Eutendorf, 2. Gros = Altdorf,
nebst a. der Mahl = und Sägmühle, b. Loh=
häuslein oder Schleifrain. 3. Klein = Altdorf.
4. Steigenhaus. 5. Schweizerhalten. 6. Roth=
hof. 7. Winzenweiler, welches Komburgisch
ist, und keine evangelische Einwohner mehr
hat.

6. Schuldiener: Einer zu Eutendorf.

7. Seelenzahl: 655, ohne Winzenweiler.

## III. Münster.

1. Ein Pfarrer, zu Gaildorf wohnhaft.

2. Patronat: Limpurg = Gaildorf = Wurmbrand = und
Solmsisch, gemeinschaftlich.

3. Episcopat: desgleichen.

4. Kirchen: 1. zu Münster.

5. Kirchspielsorte : 1. Münster. 2. die Münsterer
Mühle. 3. Unterroth, nebst der nicht weit
davon

davon liegenden Oelmühle. 4. **Reippersberg.**
5. **Schönberg.** 6. **Bröckingen.** 7. **Kieselberg.**

6. Schuldiener: Einer zu Münster.

7. Seelenzahl: 815.

### IV. Oberroth.

1. Ein Pfarrer.

2. Patronat, Wirtembergisch.

3. Episcopat: Limpurg-Gaildorf-Wurmbrand- und Solmsisch, gemeinschaftlich.

4. Kirchen: 1. zu Oberroth.

5. Kirchspielsorte: 1. Oberroth. 2. Brennhof. 3. Konhalden. 4. Glashofen. 5. Hammerschmidten. 6. Marbächle. 7. Marhördt, sämtlich Solmsisch. 8. Ofenberg. 9. Wisenbach, Wirtembergisch. 10. Völklinswald, Wurmbrandisch. Folgende Filialorte sind mit auswärtigen Herrschaften miscirt: 11. Ebersberg. 12. Hohnartsweiler. 13. Kornberg. 14. Obermühlen. 15. Stiershof. 16. Wolfenbrück. 17. Hausen im Roththal. *)

6. Schuldiener: 1. zu Oberroth, 1. Winterschulmeister zu Marhördt.

7. Seelenzahl: 1332.

### V. Viechberg.

1. Ein Pfarrer.

2. Patronat, Wirtembergisch.

3. Episcopat: Limpurg-Gaildorf-Wurmbrand- und Solmsisch, gemeinschaftlich.

4. Kir-

---

*) Hat sich aber seit 100. Jahren getrennt, und zu einer besondern katholischen Gemeine formirt, ist sonst Komburgisch.

4. Kirchen: 1. zu Viechberg, 1. zu Mittelroth.

5. Kirchspielsorte: 1. Viechberg. 2. Mittelroth. 3. Kornmühle. 4. Stöckenhof und Sägmühle. 5. Dappach. 6. Buschhof, sämtlich Solmsisch. 7. Hohnkling. 8. Aichenkirnberg. 9. Breitenfeld. 10. Gehrhof. 11. Erlenhof. 12. Michelbach. 13. Kleehaus, sämtlich Wurmbrandisch.

6. Schuldiener: 1. zu Viechberg, 1. zu Mittelroth.

7. Seelenzahl: nach pfarramtlicher Angabe überhaupt 1100. bis 1200. folglich beyläufig 1150.

Anm. Es gehören auch zu dem Limpurg-Solms-Assenheimischen Antheil noch die besoldeten Schulmeister, (1.) zu Hagkling, und (1.) zu Hütten. Diese Orte kommen weiter unten vor.

### VI. Gschwend.

1. Ein Pfarrer.

2. Patronat: privativ Limpurg-Wurmbrandisch.

3. Episcopat: desgleichen.

4. Kirchen: 1. zu Gschwend.

5. Kirchspielsorte: 1. Gschwend, samt dazu gehörigem a. Strasenhaus, b. Buchhöfle, c. Sägmühle am Zwiselsee. 2. Schlechtbach. 3. Raubengehren. 4. Hohreut, samt dem Haltenhausle. 5. Schmidbugel. 6. Birkhof. 7. Humberg. 8. Hetschenhof. 9. Stixenhof. 10. Dinglesmad. 11. Brandhof. 12. Lämmershof. 13. Seewiese. 14. Neumühle. 15. Wildgarten. 16. Hollenhöfle. 17. Ein Haus im Waldhaus oder Strassenwald, auch Steineforst genannt. Beyde leztere sind Solmsisch.

6. Schul-

6. Schuldiener: 1. zu Gschwend.

7. Seelenzahl: 767.

### VII. Sulzbach.

1. Ein Pfarrer, mit dem Charakter als Hofprediger zu Schmidelfeld.

2. Patronat: Limpurg-Sontheim-Schmidelfeldisch, und in dieser Rücksicht Wirtembergisch.

3. Episcopat: desgleichen.

4. Kirchen: 1. zu Sulzbach, 2. eine, nämlich die die Schloßkirche, zu Schmidelfeld, 3. eine auf dem Heerberg, 4. eine zu Laufen am Kocher.

5. Kirchspielsorte: 1. Sulzbach am Kocher. 2. Schloß Schmidelfeld. 3. Kohlwald. 4. Vogelhöfle. 5. Stöckenhöfle. 6. Gantenwald. 7. Säghalden. 8. Hägelishöflein. 9. Mühlenberg. 10. Frankenraite. 11. Hohenberg. 12. Uhlbach. 13. Engelshöflein. 14. Neuhorlachen. 15. Brünsterhof. 16. Altschmidelfeld. 17. Wolkenstein oder Schaafhof. 18. Nestelberg. 19. Heerberg. 20. Laufen am Kocher. 21. Wimbach. 22. Krasperg. 23. Knollenberg, oder Schockenhof. 24. Weiler. 25. Eisenschmidten. 26. Braunhof. 27. Egelsbach. 28. Eichenrain. 29. Deutschenhof. 30. Hohhalden, samtlich auch zum Limpurg-Schmidelfeldischen Antheil gehörig. 31. Bayerhöflein oder Vordernestelberg, zum Limpurg-Pücklerischen Antheil gehörig. 32. Haslach. 33. Kutschenhof. 34. Grauhöflein. 35. Aexenhöflein. 36. Falschengehren. 37. Schönbronn. 38. Forst. 39. Wengen. Diese 8. leztern gehören zum Lim-

Limpurg-Gröningischen Antheil, 40. Geras
bronn, Lauten und Stöckhäusle, haben sich,
als katholisch, getrennt, und gehen Gastweise
nach Zell, sind sonst Ellwangisch.

6. Schuldiener: 1. zu Sulzbach, und 1. auf dem
Heerberg.

7. Seelenzahl, 1373.

## VIII. Geifertshofen.

1. Ein Pfarrer.

2. Patronat, Ritterstift Komburgisch.

3. Episcopat: Limpurg-Sontheim-Schmidelfeldisch,
und in dieser Rücksicht Wirtembergisch.

4. Kirchen: 1. zu Geifertshofen.

5. Kirchspielsorte: 1. Geifertshofen. 2. Immersberg. 3. Trögelsberg. 4. Imberg. 5. Wurzelhof. 6. Weisenhof. 7. Leipersberg.

6. Schuldiener: 1. zu Geifertshofen.

7. Seelenzahl: 420.

## IX. Eschach.

1. Ein Pfarrer.

2. Patronat: Limpurg-Sontheim-Gröningisch, und
in dieser Rücksicht Hohenlohe-Bartensteinisch.

3. Episcopat: desgleichen.

4. Kirchen: 1. zu Eschach.

5. Kirchspielsorte: 1. Eschach. 2. Holzhausen. 3. Fell-
bach. 4. Helpertshofen. 5. Kemnaden. 6. Seifertshofen. 7. Ottenried. 8. Mittelbrunn. 9.
Birkenloh. 10. Rübgarten. 11. Waldmannshofen. 12. Gehrhöfle. 13. Spittelhöfle. 14. Wil-

denhöfle. 15. Oechsenhöfle. 16. Gözenmühle.
17. Kellershof. 18. Scheelhöfle. 19. Dietenhof. 20. Batschenhöfle. 21. Heilberg. 22. Der
Billingshaltenhof, welcher sonst ein Herrschafthof gewesen, und hieher pfarrte, ist im Jahr
1779. an einen katholischen Bauren verkauft,
und zugleich zur katholischen Schloßkirche in
Untergröningen gezogen worden.

6. Schuldiener: 1. zu Eschach, 1. zu Mittelbrunn.

7. Seelenzahl: beyläufig 1145.

## X. Gröningen.

1. Ein Pfarrer, zu Obergröningen wohnhaft.

2. Patronat: Limpurg-Sontheim-Gröningisch, und
   in dieser Rücksicht Hohenlohe-Bartensteinisch.

3. Episcopat: desgleichen.

4. Kirchen: 1. zu Obergröningen, und 1. zu Untergröningen.

5. Kirchspielsorte: 1. Obergröningen. 2. Untergröningen. 3. Algishofen. 4. Fach. 5. Röthel-
   berg. 6. Gschwendhof. 7. Wegstetten. 8. Eckenberg.

6. Schuldiener: 1. zu Obergröningen, und 1. zu
   Untergröningen.

7. Seelenzahl: 800.

## XI. Katholische Schloßkirche zu Unter-gröningen.

1. Geistliche: 2. Väter vom Orden des h. Franz,
   Kapuziner.

2. Kirche: die erwähnte Schloßkirche.

3. Dazu

3. Dazu halten sich die Katholicken zu Untergrönin=
gen, und der Billingshaltenhof.

4. Schuldiener: 1. zu Untergröningen.

5. Seelenzahl: etwa 100.

### XII. Obersontheim.

1. Ein Pfarrer.

2. Patronat: Limpurg = Sontheim = Obersontheimisch.

3. Episcopat: desgleichen.

4. Kirche: 1. zu Obersontheim.

5. Kirchspielsorte: 1. Obersontheim. 2. Markerts=
hofen, welches zu dem Brandenburg = Onolz=
bachischen Verwalteramt Goldbach gehört.

6. Schuldiener: 1. Kantor, und der Schulmeister
im Waisenhaus.

7. Seelenzahl: 1200.

### XIII. Mittelfischach.

1. Ein Pfarrer.

2. Patronat: Limpurg = Sontheim = Michelbach.

3. Episcopat: Limpurg = Sontheim = Obersontheim.

4. Kirchen: 1. zu Mittelfischach.

5. Kirchspielsorte: 1. Mittelfischach. 2. Unterfischach.
3. Engelhofen. 4. Weiler.

6. Schuldiener: 1. zu Mittelfischach.

7. Seelenzahl: 670.

Davon sind 529. Limpurg = Sontheim = Ober=
heimisch, 122. Limpurg = Sontheim = Gaildor=
fisch, und 19. Ritterstift = Komburgisch. Zwey
dem Ritterstift unterthänige Haushaltungen zu

J 2                              Engel=

Engelhofen haben sich getrennt, und besuchen, als katholisch, den Gottesdienst zu Steinbach.

## XIV. Michelbach.

1. Ein Pfarrer.

2. Patronat: Limpurg = Sontheim = Michelbachisch.

3. Episcopat: desgleichen.

4. Kirche: 1. zu Michelbach.

5. Kirchspielsorte: 1. Michelbach. 2. Geschlachten= oder Schlechten=Brözingen. 3. Rauhen=Brö= zingen. 4. Hirschfelden. 5. Buchhorn. 6. Steinbrück. 7. Hagenhof. In den Orten n. 2. 3. 4. sind auch katholische, Ritterstift Komburgische Unterthanen, die sich getrennt haben, und zur Kirche in Steinbach halten.

6. Schuldiener: 1. zu Michelbach.

7. Seelenzahl: beyläufig 648.

## XV. Oberfischach.

1. Ein Pfarrer.

2. Patronat: Ellwangisch.

3. Episcopat: wie im vorigen Abschnitt gemeldet.

4. Kirchen: 1. zu Oberfischach.

5. Kirchspielsorte: 1. Oberfischach. 2. Rappoltsho= fen. 3. Herlebach. 4. Der Benzenhof. 5. Die Blutenmühle. 6. Die alte und neue Wasenmeisterey.

6. Schuldiener: 1. zu Oberfischach.

7. Seelenzahl: 463. Evangelische, und 82. Katho= lische, Ritterstift = Komburgische Unterthanen, welche

welche sich zum Gottesdienst in Steinbach halten.

## XVI. Adelmannsfelden.

1. Ein Pfarrer.

2. Patronat: Limpurg - Sontheim - Gaildorf - oder Pücklerisch.

3. Episcopat: desgleichen.

4. Kirchen: 1. zu Adelmannsfelden.

5. Kirchspielsorte: 1. Adelmannsfelden. 2. Ottenhof. 3. Vorderwald. 4. Mittelwald. 5. Hinterwald. 6. Rehmen. 7. Spazenhof. 8. Hochbronn. 9. Haid. 10. Stöcken, kath. 11. Eichhornhäusle. 12. Windenhof. 13. Bieler, vermischt. 14. Steinenbühl, verm. 15. Meder. 16. Kuderberg. 17. Zimmerberg. 18. Neumühle. 19. Hintenbügelberg, verm. 20. Höfen. 21. Eisenschmidte. 22. Wildenhof. 23. Lutstrut. 24. Altenweiher. 25. Schleifhäusle. 26. Pommertsweiler, verm. 27. Mezelgehren. 28. Papiermühle. 29. Burkhardsmühle. 30. Hütten. 31. Geißert. An diesen beyden leztern Orten, was da evangelisch, gehet gastweise nach Adelmannsfelden.

6. Schuldiener: 1. zu Adelmannsfelden.

7. Seelenzahl: wird beyläufig auf 1500. geschäzt.

Es haben aber auch verschiedne Limpurgische Ortschaften, die es ganz oder nur zum Theil sind, ihren Gottesdienst in auswärtigen Kirchen zu suchen. Dergleichen sind folgende:

J 3                    1. In

### 1.

### In die Wirtembergische Kirche zu Oppelspohn gehen:

Die Limpurg - Pücklerischen Unterthanen zu Lindenthal und Unter - Schlechtbach,

zusammen 310. Seelen.

### 2.

### In die Wirtembergische Kirche zu Welzheim gehen:

Die Limpurg - Pücklerischen Unterthanen in den Ortschaften: 1. Breitenfürst. 2. Birkichhof. 3. Gebenweiler. 4. Haghof. 5. Hagmühl. 6. Haldenhof. 7. Haselhof. 8. Hellershof. 9. Hein-
lenshof. 10. Heinlensmühl. 11. Hüttenbühl.
12. Kraithöfle. 13. Schenkhöfle. 14. Schmidhöfle. 15. Thierbad. 16. Thanhöfle. 17. Wahlheim,

zusammen 471. Seelen.

### 3.

### In die Kirche zu Alfdorf, einem Freyherrlich von Holzischen Flecken, gehen:

Die Wurmbrandischen Unterthanen zu 1. Kapf,
2. Vordersteineberg, und 3. Nardenheim,

zusammen 165. Seelen.

Die Limpurg - Pücklerischen Unterthanen zu Helbis,

zusammen 26. Seelen.

Der Solmsische Deschenhof, 8. Seelen.

4. In

#### 4.

**In die Wirtembergische Kirche zu Frickenhofen gehen:**

Wurmbrandische Unterthanen zu Frickenhofen selbst,
zusammen 18. Seelen.

Limpurg-Pücklerische Unterthanen zu 1. Rupertshofen. 2. Höneck. 3. Donolzbronn. 4. Steinenbach. 5. Striethof. 6. Hinterlinthel. 7. Rappenhof. 8. Mezlenshof,
zusammen 228. Seelen.

Das Wurmbrandische Jägerhaus zu Rupertshofen,
6. Seelen.

Limpurg-Sontheim-Schmidelfeldische Unterthanen
im langen Haus auf dem Mezlenshof,
zusammen 15. Seelen.

#### 5.

**In die Wirtembergische Kirche zu Kirchen-
Kirnberg gehen:**

Die Solmsischen Unterthanen in den Ortschaften:
1. Altersperg. 2. Krämershof. 3. Krämersberg. 4. Brandhof. 5. Sturmhof. 6. Haags-
hof. 7. Har- oder Horlachen. 8. Neumühl.
9. Gläserhof. 10. Schierhof. 11. Pritschenhof.
12. Pfeiferhof. 13. Hasenhof. 14. Strassenwald. 15. Wasserhof. 16. Hagkling. 17. Drehershof. 18. Seelach. 19. Hugenhof. 20.
Hundsperg,
zusammen 624. Seelen.

6. In

### 6.

In die Wirtembergische Kirche zu Oetendorf
gehen:

Die Wurmbrandische Unterthanen zu 1. Oetendorf.
2. Niederndorf. 3. Spöck. 4. Hägenau,
zusammen 190. Seelen.

### 7.

In die Hallische Kirche zu Westheim gehen:

Die Solms = Assenheimischen Unterthanen zu Fran=
kenberg, 58. Seelen.

### 8.

In die Hohenlohische Kirche zu Mainhard
gehen:

Die Solmsischen Unterthanen zu Hütten;
zusammen 120. Seelen.

### 9.

In die Hallische Kirche zu Sulzdorf, ein Obersont=
heimer Unterthan zu Sulzdorf, mit 5. Seelen.
ein dergleichen zu Eschenau    =    5. ——

### 10.

Berechnet man nun die Seelenzahl der sämtlichen
Limpurgischen Pfarreyen, so kommt eine Sum=
me heraus von    =    =    14186.
Der Limpurgischen Unterthanen in auswär=
tigen Pfarreyen sind    =    2249.

# Zweyte Hauptabtheilung.

## Beschreibung
## der einzelnen Landes-Antheile
### an der
## Grafschaft Limpurg
### und
### aller.dazu gehörigen Ortschaften.

Wie sich nach und nach durch verschiedene Theilungen des Hauses Limpurg, in den Jahren 1441. 1690. 1707. 1772. und 1774. aus dem ihm zugehörigen Land in der Kochergegend, sieben jezt meistentheils von einander abgesonderte Landes-Antheile gebildet haben, ist in der ersten Hauptabtheilung ausgeführt. Die genauere Beschreibung derselben, und der zu jedem gehörigen Ortschaften, mit ihren historischen Merkwürdigkeiten, soll jezt folgen.

Da die Gaildorfische Regenten-Linie die ältere, und der Ort Gaildorf ohngefähr der Mittelpunkt des ganzen Landes ist, woraus man bey einer Beschreibung am schicklichsten ausgeht, so macht die Beschreibung der zwischen 3. verschiednen Landes-Herrschaften gemeinschaftlichen kleinen Stadt Gaildorf, als welche zu ¼. dem Limpurg-Gaildorf-Solms-Assenheimischen, zu ¼. dem Limpurg-Gaildorf-Wurmbrandischen, und zur Hälfte dem Limpurg-Sontheim-Gaildorfischen Antheile zugehört, den Anfang. Ihr folgt die des Wurmbrandischen und des Solms-Assenheimischen Antheils, deren jener die Gaildorfische Stadtmarkung auf allen Seiten umgiebt, dieser aber derselben größtentheils westwärts liegt, das unter beyde vertheilte Amt Gschwend ausgenommen, welches von Gaildorf mittagwärts auf dem Gebürge liegt.

Nach dem Alter der fünf gräflich Vollrathischen Erbtöchter, sollen die deren hohen Nachkommen zugetheilten fünf Limpurg-Sontheimischen Landes-

des-

des-Antheile, hierauf in folgender Ordnung beschrieben werden:

1. Limpurg-Sontheim-Schmiedelfeld.
2. Limpurg-Sontheim-Gröningen.
3. Limpurg-Sontheim-Obersontheim.
4. Limpurg-Sontheim-Gaildorf.
5. Limpurg-Sontheim-Michelbach.

Schmiedelfeld liegt den Kocher aufwärts von
Gaildorf keine völlige Meile, Gröningen in eben
diesem Strich nur den Kocher weiter hinauf. Obersontheim, und was dazu gehört, findet sich, wenn
man das Gesicht von Schmiedelfeld mitternachtwärts
richtet. Von da gegen Hall zu zeigt sich Michelbach.
Die ländlichen Ortschaften des Sontheim-Gaildorfischen Antheils müssen freylich zerstreut zusammen
gesucht werden.

Die Herrschaft Speckfeld, im innern Franken,
durfte der Vollständigkeit wegen, in der Beschreibung auch nicht übergangen werden, weil sie doch
seit bald 400. Jahren dem Hause Limpurg zugehört
hat, und noch zugehört.

Nachrichten von ehemaligen Besitzungen der
Schenken und Grafen zu Limpurg, machen den Beschluß dieser genauern Landes- und Orts-Beschrei-
bung.

I. Die

# I.
## Die
# gemeinschaftliche Stadt
# Gaildorf.

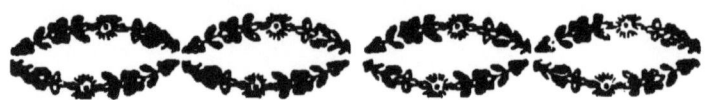

Die gemeinschaftliche Stadt Gaildorf, liegt faſt mitten in der Grafſchaft Limpurg, an dem linken oder mittäglichen Ufer des Kocherfluſſes, über welchen hier eine alte, aber ſtarke ſteinerne Brücke gebauet iſt, die ſchon Jahrhunderte, auch bey den gefährlichſten Eisgängen ausgedauert hat.

Man hat von hier nach Schwäb. Gmünd 6. Stunden Wegs, nach Schorndorf 7. Stunden, nach Murrhard 3. Stunden, nach Schwäb. Hall 3. Stunden, nach Ellwangen 7. Stunden.

Wenn man ſchon hier in einem Thale, zwiſchen Bergen ſich befindet, und keine Trauben-Hügel mehr ſiehet, die ſich den Kocher abwärts erſt bey Schwäb. Hall wieder dem Auge darſtellen, ſo iſt doch die nächſtumliegende Gegend nichts weniger als unangenehm. Das Thal iſt ziemlich weit, und durchaus angebaut, die Wieſen ſtellen dem Auge den ſchönſten und mannichfaltigſten Blumenſchmelz dar, meiſtens zu beyden Seiten des Fluſſes, die Gegenden, welche den Fuß der Berge ausmachen, enthalten Aecker, mit untermiſchten grasreichen Auen, der Anbau hat ſich bis auf die Gipfel der Berge, durch fleißige Menſchenhände unterſtüzt hinaufgewunden, und man ſiehet da noch auf allen Seiten Gras- und Baumgärten, Saaten, Kartoffelländer, Kleeſtücke und dergleichen. Oben auf den entferntern Bergen begränzt ein ſchwarzgrüner Saum von Tannen und Fiechten den Horizont. Gegen Mitternacht iſt dieſer am meiſten offen; und nimmt man ſich die Mühe, einige Berge zu beſteigen, zum Beyſpiel, den Kieſelberg, den Kirkel, ſo hat man gegen das Hälliſche

lische und Hohenlohische Land eine sehr malerische
Aussicht. Aber auch die der Stadt ober = und un=
terhalb des Flusses nahe liegenden Dörfer, mit dem
sich durch das Thal hinkrümmenden Fluß und den
abwechselnden Hügeln gewähren eine anmuthige An=
sicht. Auf der Mitternacht=Seite siehet man, auf
einer sanft ansteigenden Fläche eine Reihe Gärten,
die zum Theil landesherrschaftlich sind, mit unter=
mischten Gebäuden, darauf das Auge gern verweilt.
Von ebendieser Seite, stellt sich auch die kleine
Stadt, mit ihren beyden Schlössern am vortheilhaf=
testen dar.

Der alte Name der Stadt ist Geile, oder Gei=
lendorf, und es ist kaum zu zweifeln, daß er von
dem in alten Zeiten nicht ungewöhnlichen Frauen=
Namen Geilena abstamme. Eine Prophetenmörde=
rin dieses Namens führt die Legende des h. Kilians
an. Eine solche reichte ihm die Märtyrerkrone.
Die Ortsnamen Geilenkirchen, Geilenau sind ganz
verwandter Form.

Die Stadt besteht aus dem eigentlichen Städt=
chen, mit Inbegrif zweyer landesherrschaftlicher
Schlösser, dem Vorstädtchen, einigen Häusern auf
dem sogenannten Graben, und wenigen Häusern bey
dem untern Thor.

Das eigentliche Städtchen besteht in einem
länglichen, aber nicht regelmäßigen Viereck, dessen
eine längere Seite, mitternachtwärts, längst dem
Kocherfluß sich hinstreckt. Es ist mit sehr massiven
Mauren, auf denen man meistens bedeckt umher
gehen kann, und mit einigen Thürnen umgeben,
die theils zu Gefängnissen dienen. Nach der ersten
Anlage hat Gaildorf wohl ein fester Ort seyn sollen.
Die

Die Zwinger-Gräben, worinn man aber jezt einige
artige Gärten siehet, nebst andern Werken von Erde
weiter gegen das Feld hinaus, die jedoch größtentheils längst eingeebnet worden, beweisen es. Thore
hat das eigentliche Städtchen gegenwärtig, nachdem
das dritte gegen Abend längst vermauert worden,
nur zwey grose, das obere und untere Thor genannt,
deren das erstere ins Vorstädtchen, das andere zur
Brücke führt, und 4. gewöhnlich verschlossene Mauer-
thüren oder kleine Einlässe. Ueber dem obern Thor
steht ein starker Thurn, worinn die Fronveste, innerhalb dem untern steinernen Thorgebäude ein Haus,
worinn auch Gefängnisse sind. An der äussern Seite
des untern Thors siehet man das Stadtwappen in
Stein ausgehauen: 3. Schilde, deren oberer rechter das limpurgische Stamm- und Geschlechtswappen,
der linke den limpurgischen Schenken-Becher, der
dritte untere einen Floß (Fach genannt,) mit zweyen
kreuzweise darüber gelegten Treibhacken enthält. *)
An der äussern Seite des obern Thors ist das limpurgische und das Wappen des italienischen Geschlechts
de la Scala, mit der Jahrzahl 1548. auf nassen
Wurf gemahlt zu sehen. Es ist aber mit dem leztern
Anna de la Scala, Gemahlin Schenk Wilhelms von
Limpurg gemeint, die von vielen um dieses Symbols
willen für die Erbauerin der Mauren und Thürne
des Städtchens gehalten werden will. Es ist aber
wahrscheinlich zu ihrer Zeit nur der obere Thorthurn
gebaut oder auch erneuert worden. Denn die Um-
schaffung des Dorfs Gaildorf zu einer Stadt ist, wie
bald wird angeführt werden, um anderthalb Jahrhunderte älter.

Ge-

*) Das Fach erklärt sich als Symbol des Holzflößens selber.
Gesch. Limp. 2. Bd. K

Geraumige Pläße sind im Städtchen auf dem Markt und bey der Kirche. Drey ziemlich gerade Strassen sind die obere, mittlere und untere Gasse, ausser welchen mehrere geringere sind. An öffentlichen Gebäuden sind zu merken:

1. die Stadtkirche, und

2. das Rathhauß.

Vor dem Jahr 1417. war keine Kirche im Ort, sondern dieser pfarrte in die nicht weit entlegene uralte Pfarrkirche zu Münster. In dem jeztgedachten Jahr stifteten, vermög Fundations=Briefs, weil der Ort doch nun schon eine Stadt war, Friedrichs III. Wittwe, Elisabeth von Hohenlohe und ihr ältester mitregierender Sohn Konrad ein: Kapelle in demselben, jedoch noch in gehöriger Unterordnung unter der Mutterkirche Münster, (beneficium Ecclesiasticum simplex Sacerdotale non curatum in Capella Oppidi Gailndorff sub parochia Münster diöcesis Herbipolensis) in das Lob und die Ehre des allmächtigen Gottes, seiner allerglorreichsten Mutter der Jungfrau Mariä, wie auch der Heiligen Fabian Sebastians, Vitus, Georg Panthaleons, Sixtus, Antonius, Valentinus und Wendelinus der Märtyrer und Bekenner, zum Heil ihrer und ihrer Voreltern Seelen; sie verwendeten dahin mit Beystimmung und Autorität des Bischofs Johannes von Wirzburg die Zinsen und Einkünfte der alten Klause (Inclusorii) unter der Burg Limpurg, dessen wahre Patronen sie waren, und welche nach und nach so sehr verringert worden, daß davon die in derselben Klause Gott dienenden Personen nicht mehr bequem leben konnten, sie fügten noch andre neue Einkünfte hinzu, welche mit allen und jeden Gütern derselben Pfründe von

dem

dem vorgemeldeten Bischof Johannes als der Kirchen-
Freyheit theilhaftig erklärt wurden, also daß sie von
allen Steueranforderungen, Einquartierungen, Be-
einträchtigungen, Frohnen und überhaupt von jedem
Joch und Beläftigung irgend einer weltlichen oder
unerlaubten Gewalt befreyt seyn sollten. Im Jahr
1433. wurde diese Kirche von Bischof Johannes von
Wirzburg, auf Anfuchen Konrads des ältern, Friedrichs und Konrads des jüngern der Schenken von
Limpurg, zur Pfarrkirche erhoben, also daß die Pfarre
zu Münster und die Frühmeffe zu Zelle bey der Bühler, die Limpurg beyde als Patron befaß, in dieselbe
verfezt wurden, von welcher Zeit an die Münsterer
Kirche Filial- und Todtenkirche von Gaildorf wurde,
in und bey welcher die Todten der Stadt begraben
wurden.

Die izige Stadtkirche ist nicht die älteste, sondern im Anfang des sechzehenten Jahrhunderts erbauet. Die ehemaligen Meßaltäre sind längst wegge-
than worden, so wie die vorhandenen beweglichen
Heiligen-Bilder, aber im Chor und besonders in den
gemahlten Fenster-Tafeln sind noch wenige Ueber-
bleibfel der antiken Heiligen-Verehrung zu sehen.
Die Kirche ist ein nach alter Art schönes, maffives
und helles Gebäude, das aus einem Chor, und daran gebauten Schiff bestehet, an welches unten der
gleichfalls schöne, ziemlich hohe, und unten mit einer
artigen Halle versehene Thurn gebauet ist. Auf dem
Thurn wohnet einer der Stadtmusikanten als Thürner oder Hochwächter. Vor wenigen Jahren ist der
Thurn mit einem blechernen Dach versehen, und
famt der Kirche mit einem weisen Anstrich erneuert,
in der leztern auch anstatt der hölzernen Decke des
Schiffs, eine moderne Gipsdecke gemacht worden.

Es

Es ist in derselben auch eines der Erbbegräbnisse des Hauses Limpurg. Von dem Gaildorfischen Hauptast ruhen viele Personen hier, auch die lezten männlichen Zweige und die Gräfin von Wurmbrand. Ihnen zum Ehrengedächtnis stehen zum theil auch recht schöne, fast bis an das Chorgewölbe hinaufgebaute, mit wohlgearbeiteten lebensgrosen Bildnissen, vielen Figuren und Wappen versehene Denkmale da, auch kleinere. Auch die Aufschriften verdienen Bemerkung. Da sie zum theil im ächten alten Lapidar Styl abgefaßt sind, so wird man einige derselben hier nicht ungerne lesen.

## I.

### Zur Ehre Schenk Wilhelms, gest. 1552.

Guilielmo Baroni Limpurgico Sacri Romani Imperii Pincernæ hæreditario femper libero cuius cum fingularis fuiffet pietas iuftitia fortitudo & in rebus agendis prudentia cum eloquentia haud vulgari coniuncta, vita perfuncto — Patri optimo Chriftophorus Henricus, Albertus & Johannes filii memoriæ ergo pofuere. Vixit ann. LIII. menf. X. dies XX. mortem obiit IX. Mart. MDLII.

## 2.

### Zur Ehre Schenk Chriftophs II. gest. 1574.

### D. O. M. S.

Illuftri & Generofo Domino Chriftophoro Baroni a Limpurg Sacri Rom. Imp. Pincernæ hæreditario femper libero, purioris doctrinæ ac fidei chriftianæ affertori piiffimo in gubernatione jufto & clementi optimarum virtutum decori eximio in Chrifto pie defuncto Eva coniunx Limpurgica

mater

mater cum tribus filiis moeftifs. memoriæ & gratitudinis ergo coniugi & patri charifs. P. P. Vixit A. XLIII. menf. I. dies XXIII. obiit III. Septembris Anno Salutis MDLXXIIII.

### 3.

Zur Ehre Schenk Heinrichs, geft. 1585.

### D. O. M. S.

Henricus Baro Limpurgicus Sacri Romani Imperii Pincerna hæreditarius femper liber cui erat mens vere pia Auguftanæ Confeffioni addicta candor & fortitudo animi iudicii dexteritas corporis dotes eximiæ vivus fibi & Marthæ coniugi dilectiffimæ Comtiffæ de Caftellanorum comitum ftirpe illuftri, quæ erat pietatis pudicitiæ & reliquarum virtutum ornamentum eximium hoc monumentum fieri curavit. Vixit ille annos ʃo. menfes XI. dies 17. mortem obiit A. 1ʃ8ʃ. Hæc vero annos 63. menfes 3. dies 26. obiit 1607. In beatorum fede ambo beati in Domino æterna pace fruuntur lætam refufcitationem exfpectantes.

### 4.

Zur Ehre Schenk Albrechts, geft. 1619.

Illuftris & generofus Dn. Dn Albertus Baro a Limpurg S. S. Romani Imperii Pincerna hæreditarius femperque liber materno ex utero in lucem prodit A. 1ʃ68. die 2. Oct. pie poftea in fana fidei doctrina liberalibus ftudiis & honeftioribus exercitiis educatus vario ex peregrinationibus & bellorum quæ fequebatur difficultatibus obveniente rerum fuperato difcrimine claves regiminis

cum

cum poteſtate recipit A. 1593. die 27. Martii ætatis vero 25. quas cum laude gerit annis 26. menſib. 7. matrimonio ſibi ſociat genere illuſtrem Dn. Dn. Aemiliam &c. Baroniſſam a Roggendorff Auſtriacam A. 1595. ætatis 27. ultimo Martii, qua cum liberis procreatis tredecim filiis 10. filiabus 3. in pace optimaque animorum concordia degit annis 24. menſib. 7. dieb. 6. lucis uſuram qua annis 51. menſe uno dieb. 4. fruebatur deponit A. 1619. die 6. Novembr.

Das Rathhauß iſt ein altes hölzernes, doch ziemlich geraumiges Gebäude, von dreyen Geſchoſſen auf dem Markte. Der mittlere Theil deſſelben wird an Jahrmärkten zu einem Kaufhauß gebraucht, und der unterſte enthält ein Schlachthauß, nebſt den Behältniſſen für die Feuerſprizen und andre öffentliche Gerätſchaften.

Unter den Privatgebäuden iſt manches anſehnliche, die meiſten aber ſind alt, weil man zum Glücke von groſen Verheerungen durch Feuer nicht viel zu ſagen weiß. Würde aber, welches Gott verhüte! Feuer im Städtchen überhandnehmen, ſo müßte man blos im Einreiſſen Rettung ſuchen, weil die Häuſer ſehr dichte an einander ſtehen, und die Straſen nicht ſonderlich breit ſind. Man iſt aber von Zeit zu Zeit auf Erneurung und Verbeſſerung der vorhandnen Rettungs-Anſtalten bedacht.

Das Straſſenpflaſter iſt gut, und an Waſſer fehlet es auch nicht. Auf dem Markte und auf noch einem andern Plaze ſind ſpringende Waſſer.

Das alte herrſchaftliche Schloß nimmt die nördliche Ecke des Städtchens ein. Es war vermuthlich von ſehr alten Zeiten her eine Burg oder Kemnade, oder

oder gar deren mehrere an diesem Orte, weil in alten
Zeiten nicht nur Edelleute, die sich von Geilndorf
nannten und schrieben, sondern auch andere da wohnten und Güter besasen, wie nachher mit mehrerem
vorkommen wird. Der gegen die Stadt sehende
Theil ist der Aufschrift über dem Schloßportal nach
im Jahr 1482. erbauet worden, der innere Querbau, worinn die schönen Speißsäle sind, einer andern
Aufschrift nach, im Jahr 1660. zur Zeit der vor-
mundschaftlichen Regierung der Gräfin Maria Juliana, gebohrnen Gräfin von Hohenlohe. Der Au-
genschein lehrt, daß die verschiednen Theile weder
nach einem Plan, noch zu einer Zeit gebaut sind, und
es kann ein Theil des Ganzen wohl noch älter seyn,
als das Jahr 1482. Es ist ziemlich weitläuftig,
doch unregelmäßig in der Anlage. Von aussen hat
es seiner tief ausgemauerten Gräben, durch welche es
von der Stadt und den Aussenseiten abgeschnitten ist,
seiner Thürne und Brücken wegen ein etwas festungs-
mäßiges Ansehen. Ein Thor siehet gegen die Stadt,
welches vor sich eine steinerne Brücke und eine hölzerne Aufziehbrücke hat, und eines gegen den Kocherfluß
und das Feld, wozu eine hölzerne Brücke über den
Graben führt. Beyde werden jede Nacht geschlossen.
Es hat einen innern, und einen äussern Schloßhof,
gegen die Feld-Seite, und mehrere Rohrbrunnen,
die gutes Trinkwasser führen. Die herrschaftlichen
Zimmer und Säle sind zwar nicht im neuen Styl,
aber noch immer bewohnbar, und zum theil nach
alter Art schön. Es hat wenigstens von 1482. bis
1734. als dem Todesjahre der Gräfin von Wurmbrand, folglich über dritthalb Jahrhunderte, der Limpurg-Gaildorfischen Linie zum Hauptresidenzschloß
gedient. Im Jahr 1707. ist es zwischen den beyden
gräflichen Schwestern von Solms-Assenheim und
K 4         Wurm-

Wurmbrand abgetheilt worden. Nach dem Tode
der leztern ist keine beständige Hofhaltung darinn ge=
wesen. Im Jahr 1780. haben des jeztregierenden
Herzogs von Wirtemberg Durchlaucht darinn zu über=
nachten geruhet. Das gemeinschaftliche Limpurg=
Gaildorfische, d. i. Solms= und Wurmbrandische
Archiv, die gemeinschaftliche, auch die Solms=Assen=
heim= und Wurmbrandische Particular=Kanzleyen
nebst den dazu gehörigen Registraturen sind noch dar=
inn. Ein Theil ist auch zu Wohnungen herrschaft=
licher Officianten beyder Linien eingerichtet. Im Gra=
ben auf der Morgenseite stehet ein grofes herrschaft=
liches Brauhauß. Ohnweit dem Schlosse sind noch
andre weitläuftige Burg= und Oekonomie=Gebäude,
auch die herrschaftlichen Getraide=Böden, Frucht=
kästen genannt, welche sämtlich unter beyderley Herr=
schaften vertheilt, und besondern zur Verwaltung be=
stellten Personen übergeben sind. Es gehören dazu
beträchtliche Burggüter, an Gärten, Wiesen und
Aeckern. Jeder Herrschaft stehet auch eine Schwei=
zerey zu. Im Sommer wandern diese in die soge=
nannte Schweizerhalden, ohnweit Eutendorf, wo sich
der Sommer=Weide=Plaz befindet.

Das zum Antheil Limpurg=Sontheim=Gaildorf
gehörige, izige gräflich Limpurg=Pücklerische Schloß
ist nicht so weitläuftig, wie das alte, dient aber doch
sehr zur Verschönerung der Stadt und ihrer Ansicht
von der Mitternachtseite. Es stehet in gleicher Linie
mit dem ältern Schloß, nur mehr westwärts, so
daß das untere Thor, die Stadtkirche und Pfarr=
wohnungen dazwischen sind, und mit der einen lan=
gen mitternächtlichen Seite auf der Stadtmauer. An
seiner Stelle stunden vor seiner Erbauung zwey grofe
Häuser, die mit der Hälfte des Städtchens durch die
Kon=

Konvention vom Jahr 1690. an Limpurg-Sontheim
gekommen waren, und dem Limpurg-Sontheimischen
Amtmann zur Wohnung dienten. Durch die Sontheimische Theilung im Jahr 1774. und 1775. wurden sie eine Zugehörde des gräflich Limpurg-Sont-
heim-Pücklerischen Antheils. Das Gebäude war
alt, und weder geräumig, noch anständig genug,
eine Landesherrschaft zu herbergen, und eine Kanzley, eine Kammer- und Amts-Verwaltung aufzu-
nehmen. Im Jahr 1778. wurde daher an dessen
Stelle ein neues ansehnliches Schloßgebäude nach
modernem Geschmack erbauet. Der Hauptmann und
Architekt Fischer in Stuttgard hat den Plan dazu ent-
worfen. Es hat einen schönen Saal, hohe, helle
und angenehme Gemächer, und über den Kocherfluß
eine freye und reizende Aussicht. Archiv, Kanzley,
Kammer und Amtsverwaltung, die zu dem Antheil
Limpurg-Sontheim-Gaildorf gehören, haben hier
ihre Gemächer. Es ist bisher auch der herrschaftliche
Getreide-Vorrath hier aufbewahrt worden.

Das Vorstädtchen liegt der Stadt morgenwärts,
und ist wahrscheinlich erst nach der Stadt angelegt
worden. Es ist weniger regelmäßig gebaut, als diese, hat aber doch auch gute Häuser, aber noch nicht
durchaus gepflasterte Straßen, schließt auch Gärten
in sich, hier sind mehrentheils die Wohnungen der
Feuerarbeiter; übrigens mag es an Anzahl der Häuser und Bevölkerung mit der Stadt im ziemlichen
Gleichgewicht stehen; in Ansehung der bürgerlichen
Rechte ist kein Unterschied.

Die Häuser auf dem Graben schliesen sich ohnweit dem alten Schlosse, gleichsam auf dem Rande
seines Grabens, an das Vorstädtchen an.

K 5                    Bey

Bey dem untern Thore, seitwärts gegen Abend, nahe an dem Kocherfluß, stehet ein gemeinschaftliches der Stadt gehöriges Waschhauß, ein Farbhauß nebst wenigen andern Wohnungen, auch einige Gerbhäuser. Der Kocher wird ihnen bey Ueberschwemmungen zuweilen gefährlich.

Der Gottesacker oder gemeine Begräbnisplaz, Kirchhof genannt, liegt nicht weit von dem Vorstädtchen, morgenwärts, auf dem Wege nach Münster. Es führet aus der Stadt ein gepflasterter Fußpfad dahin. Er macht ein längliches regelmäsiges Viereck, ist mit Quadern ummauert, und hat an seinem obern schmalen Theile eine Art einer langen Halle, die etwas ähnliches von einer Kirche hat. Es ist nemlich an der obern Mauer, und zwar längst derselben ein Dach angebracht, welches einerseits auf der Mauer, andrerseits auf hölzernen Pilastern ruhet, und so auch an beyden längern Mauerseiten eine Strecke herabläuft. Oben in der Mitte stehet unter einem kleinen Thurnspizen eine Kanzel oder Predigtstuhl, längst den Hallen Bänke für Leichenbegleiter. Die Mannspersonen stehen auf einer, die Frauenspersonen auf der andern Seite. Wenn eine Leiche aus der Stadt hieher begleitet ist, so wird sie zu ihrer Grabstätte gebracht, der Leichenredner, das Gesang und die sämtlichen Leichenbegleiter nehmen die ihnen zukommenden Pläze in den Todtenhallen ein. Nach dem Trauergesang beginnt die Rede, die Zuhörer schauen ernst vor sich aus den offenen Hallen auf die Gräberreihen, und alle Todten scheinen dem Prediger der Nichtigkeit aller irdischen und zeitlichen Dinge als Zeugen zur Seite zu stehen. Man muß gestehen, daß eine solche Art von Gräberbetrachtungen, die der Anblick der Gräber so sehr unterstüzt, etwas feyerliches und eindrückdrückliches an sich hat. Bey leichen erwachsener Personen wird gewöhnlich noch eine Leichenpredigt in der Stadtkirche gehalten. Erst im Jahr 1710. wurde aber dieser Kirchhof errichtet, da bis dahin alle Todten aus der Stadt nach Münster zur Begräbniß abgeführt wurden. Bey der Einweihung hielt Stadt- und Oberpfarrer Apin eine Rede über Hoheslied V, 2. die hernach gedruckt wurde. Sie wurde den 12. November gehalten. Das erste Saamkorn, das in diesen Gottesacker fiel, war der Thürner auf dem Stadt- kirchthurn.

Auf einer Seite des Kirchhofs stehet das gräflich Pücklerische Forsthauß, und ein Holz-Magazin, auf der andern das gemeine Dörr- und Brech- Hauß.

Auf der Mitternachtseite des Städtchens, über dem Kocherfluß, in einem Theile des so genannten Herrngartens, ist ein Vitriol-Bergwerk, und eine Vitriol- und Alaun-Hütte. Der vormalige Hof- und Regierungsrath von Aßmuth hat ums Jahr 1760. das Werk auf eigne Kosten anlegen lassen, wobey mancher Bürger bisher Nahrung gefunden hat. Itzt stehet es einer Gesellschaft zu.

Der sogenannte Herrngarten ist ein herrschaftlicher Gras- und Baumgarten. In seiner Mitte ist noch ein besondrer Wurzgarten, bey welchem in einem ausgemauerten kleinen Fischteiche ein ehemals schöner Pavillon stehet, der aber durch die Zeit gelitten hat. Dessen oberer Theil war mit gemahlter Leinwand tapezirt. Man sahe viele sinnbildliche zum theil wohlgemachte Figuren darauf. Z. E. Ein Löwe geht auf seinem Wege daher, ihm will ein bellendes Hündchen den Weg versperren, der Thiere König blickt gleich- gültig

gültig auf die Seite. Ueber ihm las man : Hæc fortibus ultio sola. Ein andres sinnbildliches Gemälde stellte einen Löwen dar, um dessen Hals eine Schlange sich zweymal gewunden hatte, den Kopf reckte sie über den Löwen hinaus, und schien sich mit großer Vorsicht umzusehen. Die Ueberschrift hieß : Nil decentius. Im vorigen Jahrhundert waren sinnbildliche Vorstellungen sehr beliebt.

Auf ebendieser Seite, weiter westwärts, auf einer Höhe, siehet man noch Ueberreste des herrschaftlichen Reuthauses und der Reutbahn. Die Fläche wird izt zu einem Garten genuzt.

In diesem ganzen Strich, einer vom Kocher sanft sich erhebenden, den Einfluß der Sonne wohl genießenden Fläche, sind Gärten, in welchen wohlschmeckendes Gemüse erzeugt wird, auch ein gräflich-Pücklerischer Garten.

Daran stößt das sogenannte Siechenfeld, wo sich ein uraltes Siechenhaus, (Leprosorium) izt gewöhnlich Armenhaus genannt, befindet, worinnen dürftige und elende Personen Obdach und Verpflegung finden. Zwey Lazarethpfleger aus dem Stadtgericht haben die Aufsicht darüber.

Weiter herwärts gegen das Städtchen, am Kocher, ist die gemeine Bleiche, worauf auch das Schießhauß zu finden ist, bey welchem sich die Bürgerschaft alljährlich, um Bartholomäi, im Schießen nach der Scheibe übt. Sie zieht mit einer Fahne und klingendem Spiel dahin, und wieder zurück.

Die Geschichte der Stadt ist kürzlich folgende.

Der Ort war bis zum Jahr 1404. ein Dorf, wie auch der ursprüngliche Name besagt, und wovon sich, wenig-

wenigſtens im dreyzehenten Jahrhundert ein edles
Geſchlecht nannte. Ein Ruckerus de Geilndorff
wird in dem durch Kaiſer Rudolph im Jahr 1280.
inter Waltherum pincernam de Limpurg & Fri-
dericum filium ſuum & homines eorundem ex
una, & Henricum Scultetum & Cives Hallenſes
ex parte altera geſtifteten Friedensvertrag genennet,
und zwar ausdrücklich in einer Connexion, in welcher
er als limpurgiſcher Vaſall erſcheint. Die Stelle
ſagt, daß die Schenken im Uebertrettungsfall ſich
mit ihren Vaſallen unter der Burg limpur, und
darauf auch zu Gemünd und Heilbronn zur leiſtung
ſtellen ſollten. Und gleich darauf heißt es: Iſenhut
Birman, Diethericus de Bilriet, Ruckerus de
Geilndorff, Ruckerus de Schiffau, Ulricus Bicker
hätten dieſes auch mit verſprochen. Noch einer des
Geſchlechts von Geilndorf kommt in einer Urkunde
vom Jahr 1286. über eine Schenkung aus Kloſter
Komburg vor, und zwar in folgender Ordnung, als
Zeuge: Fridericus de Vohenſtein, Johannes de
Bachenſtein, Fridericus de Bielriet, Rabenoldus
de Geilendorf, milites. (Wibels Hohenl. K. Hiſt.
4. Th. Cod. pag. 21.) Es war alſo ein rittermä-
ſiges Geſchlecht, aber nicht von hohem Adel, beſaß
alſo etwa ein altes lehen in dem Dorf Geilendorf,
aber daſſelbe weder ganz, noch mit der hohen Ge-
richtsbarkeit. Es hatten vor und nach dem Jahr
1404. auch andre edle Geſchlechter Häuſer, Güter
und Gefälle hier, die limpurg von ihnen erkauft
hat, als die Philippſen, die Eberweine, die von
Suntheim, die Peterer, die von Morſtein, die Halberge, die Berler, die Rinderbache, aber limpurg
war nichts deſto weniger hoher Eigenthums- und
Gerichtsherr von Gaildorf. Es mag die Gegend
unter die altväterlichen Erbſtücke des Hauſes gehören,
obſchon

obſchon nach Art damaliger Zeiten ſehr viel an edle
Krieger lebensweiſe überlaſſen war, oder auf andre
Weiſe in fremde Hände gerieth, bis es wieder an die
alten Herren zurückkam. In ſehr alten Zeiten war
Gaildorf wenigſtens in dem Amtsbezirke der Kocher=
gaugrafen, und allen Anzeigen nach Limpurg von
einem und ebendemſelben Stamm mit ihnen. Der
Ort lag mitten in dem Jagdbezirk, der Limpurg von
Kaiſer Konrad IV. ſchon im Jahr 1241. zu Lehen
gegeben wurde. Nach einer Urkunde vom Jahr 1374.
beſaß Limpurg nicht nur Gaildorf, und was dazu ge=
hört, ſondern auch inſonderheit eigene Leute, wel=
ches eine alte Burg daſelbſt ziemlich deutlich voraus=
ſezt, die Gerichte daſelbſt, auch den Zehenden.
Durch die Urkunde bewittumbte Schenk Albrecht ſeine
Gemahlin Eliſabeth von Tübingen uff Gailndorff
und allem, was darzu gehöret, daß ſie das nu=
zen und nieſſen ſoll, als lang ſie lebt für ihr
Morgengab und Heimſteuer, es wär dann, daß
ſie ſich veränderte mit einem ehelichen Mann,
ſo möchten es ſeine Erben (er hatte keine Kinder,
aber Bruder und Bruderskinder) löſen von ihr um
zwey tauſend Pfund Heller. So hoch war dem=
nach die Leibrente von Gaildorf und deſſen Zugehö=
rung auf Lebzeit der Eliſabeth angeſchlagen. Schenk
Konrad, Albrechts Bruder, gab ausdrücklich ſeine Ein=
willigung. Dies zeigt genugſam an, daß Gaildorf
zu den alten Erbſtücken des Hauſes gehört haben
müſſe. Die Orte, welche damals zu Gaildorf ent=
weder ganz oder zum theil oder mit groſem und klei=
nem Zehenden gehörten, waren auſſer Gailndorff:
gröſſern und minnern Altorff, Alten=Schmidilſeld,
Brockingen, Büchelberg, Feichtenbronn, Geſchwind,
Geſtöſſeln, Greven=Fiſchach, Kirchberg, Mettelberg,
Michelbach, Münſter, Niedernroth, Niedern=Detten=
dorff,

dorff, Oettendorff, Reippersberg, Scherach, Schönberg, Spöck, Steigerbach, Viechberg, Vischach,
Windau, Zimmerberg.

Erst in dem Jahr 1403. wird des Halsgerichts
zu Gaildorf namentlich als eines Reichslehens in den
Lehen-Briefen gedacht.

Im folgenden Jahr 1404. erlaubte Kaiser Ru-
precht Schenk Friedrichen III. das Dorf Geilndorf
mit Mauren und Gräben zu umfahen, und eine
Stadt daraus zu machen, als dann ihme das nußeste
und bequemste dunket zu seyn, auch alle Jahre zwey
Jahrmärkte zu halten, den ersten auf St. Albanus
Tag, den andern auf des h. Creuzes Tag, als es
erhoben ward. Er gab der neuen Stadt auch kaiserliche Freyheit, unvorsezliche Todtschläger einzu-
nehmen.

Ohne Zweifel ist damals gleich der Anfang mit
Erbauung der Thürne und Mauren gemacht worden,
und woran ihn der Tod hinderte, das haben seine
Wittwe, und sonderlich sein Sohn Konrad der ältere,
der Stammvater der Gaildorfischen Linie, der erst im
Jahr 1482. in einem Alter von 86. Jahren starb,
zu vollenden gesucht. Von dieser Zeit schreiben sich
demnach die bürgerlichen Freyheiten Gaildorfs her.
Die Stadt bekam auch ihr eigenes Sigel, mit ebendemselben Wappen der drey Schilde, wie es schon
beschrieben worden, und der Um-schrift im Rand:
Sigillum communitatis in gailendorff. 1434.

Durch die Theilung vom Jahr 1441. bis dahin
sie gemeinschaftlich blieb, wurde sie eine besondre Zugehörde der drey Gebrüder Gottfrieds, Konrads des
ältern und Konrads des jüngern, Schenken von Limpurg, und da der erste und dritte ohne Erben verstarben,

ben, ein Eigenthum der von Konrad dem ältern ab-
stammenden Gaildorfischen Linie. Als sich diese vom
Jahr 1557. an, zu verschiedenenmalen wieder in
Gaildorf und Schmiedelfeld theilte, blieb die Stadt
immer unter beyden Häusern zu gleichen Theilen gemeinschaftlich. Schmiedelfeld hatte seinen Beamten
hier. Als aber Graf und Schenk Wilhelm Heinrich
im Jahr 1682. seinen Bruder Philipp Albert erbte,
so hob sich auf wenige Jahre die Gemeinschaft, und
Gaildorf hatte nur Einen Herrn. Durch die Konvention von 1690. wurde das halbe Städtchen Sont-
heimisch, und durch die Sontheimische Theilung im
Jahr 1774. Limpurg-Sontheim-Pücklerisch. Durch
den Verkauf der Sachsen-Gotha-Rodaischen Hälfte
an dem Limpurg-Gaildorf-Wurmbrandischen Antheil
im Jahr 1780. ist ein Achtel des Städtchens Wirtembergisch geworden. Ein Achtel stehet der regiren-
den Frau Fürstin zu Leiningen zu, und ein Viertel
den Limpurg-Gaildorf-Solms-Assenheimischen Gemeinschafts-Herrschaften.

An dem Bauern-Aufruhr im 16. Jahrhundert,
mußte das Städtchen wohl wider Willen Theil nehmen. Die aufrührische Bauern machten es im Jahr
1525. zum Sammel-und Waffenplaz. Die Landesherrschaft mußte sich in die Zeit schicken, und nur zu
mildern suchen, was sie nicht zu hindern vermochte.

Im Krieg mit den Schmalkaldischen Bunds-
verwandten war es, wie die Landesherrschaft neutral.
Nur die Heßischen Völker zogen im Jahr 1746. auf
ihrem Zug von Gemünd nach Hall durch dasselbe.

Im dreyßigjährigen Krieg hatte Gaildorf bis auf
das Jahr 1634. von vielem Glücke zu sagen. Denn
bis dahin, obschon rings herum die Kriegsfackel
flamm-

flammte, und man die Laſt der Kriegsſteuern em=
pfand, hatte doch noch kein feindlicher Haufe die
Stadt angefallen. Superintendent Albrecht predig=
te: man ſeye bis dahin im Roſengarten geſeſſen.
Aber nun fielen die Roſen ab, und man fühlte die
Dornen aufs empfindlichſte. Der neunte Auguſt je=
nes Jahrs war ein ſchröcklicher Tag für Gaildorf,
wie für die umliegende Gegend. Es nahete ein raub=
und mordgieriger fliegender Haufe von dem kaiſerli=
chen Heer, welches vor Nördlingen lag. Die Schre=
ckenspoſt von deſſen Annäherung und Grauſamkeiten
kam, ohne Zweifel durch Geflüchtete andrer Orten,
zu Gaildorf früh vor Tag an. Die Einwohner lie=
ſen auf den Straſſen zuſammen, aber kein Freund
wußte dem andern zu rathen. Man eilte fort, ohne
recht zu wiſſen wohin. Man konnte ſich nicht Zeit
nehmen, ſeine Habſeligkeiten zu retten. Wer es
vermochte, rettete ſich nach Hall oder Heilbronn,
weil man doch da vor ſchnellem Ueberfall ſicher war.
Der Feind kam, und plünderte oder verderbte, was
er fand. Keller und Getreideböden waren bald leer.
Die Häuſer wurden verwüſtet. Die Kirchthüren
zerhauen, der Opferſtock zertrümmert, Kanzel und
Altar, die Uhr nicht einmal ausgenommen, beraubt
und verderbt, dem Taufſtein wurden Wunden bey=
gebracht, nicht das geringſte von Communiongerä=
then blieb übrig. Das prächtige Grabmal des vene=
rablen Schenk Albrechts wurde ſehr beſchädigt. Man
kann denken, wie es in Bürgerhäuſern hergegangen.
Die beyden Prediger des Orts kamen erſt am 6.
October, mit Weib und Kindern, von Heilbronn
wieder an. Doch blieb die Gemeine in der Zwiſchen=
zeit nicht ganz ohne Gottesdienſt. Die Pfarrer
Roſchmann in Eſchach, und Berg in Eutendorf,
hatten wechſelsweiſe zu Gaildorf gepredigt.

Dieſem

Diesem vorübergehenden Jammer folgte ein
längerer, Hunger und Pest nach. Diese leztere
währte bis ins Jahr 1637. und fras in diesen vier
Sterbjahren von der Gaildorfischen Pfarrgemeine einen
grosen Theil. Denn die Summe der aufgezeichneten
Todten ist 678. Wenn man nun bedenkt, daß in
diesen Zeiten auch viele verschollen seyn mögen, so
kann man nicht anderst vermuthen, als daß nach
dieser Zeit die Gemeine, zu welcher damals noch die
ganze heutige Parochie Münster gehörte, ziemlich
klein gewesen seyn müsse. Wirklich kommen auch,
in dem Zeitraum von 1651. bis 1660. wo doch der
Krieg völlig geendigt war, und die Menschen sich
schon um etwas wieder gemehrt haben mögen, nach
dem Todten=Register im Durchschnitt nur 18¼. Tode
auf Ein Jahr, welches nach dem Erfahrungssaz,
daß in diesem Lande von 36. Menschen Einer jähr=
lich zu sterben pflegt, nur die mäsige Summe von
666. damals Lebender anzeigt, und folglich nicht ein
Drittheil der izt in den zwey Pfarrgemeinen Gaildorf
und Münster Lebenden.

Im Jahr 1645. starben 64. welches leicht ein
Zehentheil der Lebenden seyn mochte, oder noch mehr.
Es war aber auch ein unruh= und verwüstungsvolles
Kriegs= Hunger= und Theurungsjahr. Die Feinde
jagten sich das ganze Jahr hindurch in der Nähe
herum. Bald waren die Schweden und Franzosen,
bald die Kaiserlichen und Bayern Meister. Turenne,
Rosa, Erzherzog Leopold, Gallas, Mercy, Jean
de Werth waren verschiedenemale in und um Hall,
mit grosen Heerhaufen, sonderlich im Rosengarten.
Diese fortwährenden und so nahen Heerlagerungen
zehrten alle Lebensmittel auf. Im August galt im
Lager der Französisch=Weimarischen Armee Eine
Maas

Maas Wein einen halben Reichsthaler, und 4. bis
6. Pfunde Brod eben so viel. Daher Hungersnoth,
Krankheiten, Sterben, Verödung des Landes und
Entvölkerung.

Der leztern suchte man im Jahr 1680. auch
mit Aufnehmung einer kleinen Juden = Colonie zu
Gaildorf mehr abzuhelfen. Graf Philipp Albert war
ihr Beschüzer, aber nach seinem 1682. erfolgten To=
de, unter der Regierung seines Nachfolgers, hatte
die Colonie keinen Bestand. Nur Ein Schuz = Jude
ist von dieser Zeit hier, welcher im herkömmlichen
Besiz der Lieferung vieler feinen und groben Tücher
ist, die Gaildorf und das umliegende Land verbraucht.
Seine Familie wohnt aber in Braunspach unter Hall,
zu welcher er sich mit seinen Leuten gewöhnlich vor
Eintritt des Sabbaths verfügt, und nach demselben
wieder zurückkehrt.

Im Spanischen Erbfolge = Krieg drang eine franz
zösische Partey, die an vielen Orten schon mit Rau=
ben und Brennen grosen Schaden gethan hatte, bis
in die Nähe von Gaildorf, fand aber bey Unterroth
ihren Untergang. Die Gaildorfischen Bürger sezten
sich derselben so muthig entgegen, und kämpften so
glücklich für Vaterland und Eigenthum, daß Stadt
und Land von der Plünderung gerettet, und die
ganze feindliche Partey, keinen Mann ausgenom=
men, erschlagen wurde. Ein Gaildorfischer Anfüh=
rer wurde aber zuerst durch die Feinde vom Pferd
geschossen, seinen Tod und die verübten Grausam=
keiten zu rächen, gaben die Bürger kein Quartier.

Im Jahr 1713. wurde Gaildorf von König=
lich = Preußischen Truppen besezt. Sie kamen am 9.
December an, zogen aber am 21. Februar des fol=
genden Jahrs wieder ab.

L 2                                              Im

Im Jahr 1741. zog das grose nach Böhmen
bestimmte französische Heer vom 1. bis 3. Sept. durch.
In der Stadt lagen die hohen Befehlshaber, das
Heer lagerte sich in der Nähe, vom Armenhauß bis
auf den Bühl gegen Winzenweiler hin. Auch der
Rückzug traf Gaildorf im Jahr 1743. im Februar,
mit 8. Kolonnen, die in die Bürgerhäuser einquar=
tirt wurden.

Im Jahr 1756. den 18. Februar, Nachts
zwischen 11. und 12. Uhr, erhub sich hier ein Sturm=
wind, welcher bis Morgens 3. Uhr anhielt, und
grosen Schaden an Gebäuden verursachte. Viele
Bäume wurden mit den Wurzeln aus der Erde, und
zum theil mitten entzwey gerissen. Man hat auch
eine starke Erderschütterung dabey bemerkt.

Die Noth der Theurung im Jahr 1771. wurde,
sonderlich im April, wegen Mangel an hinlänglichem
Vorrath, und Sperre der benachbarten Lande, sehr
drückend für die Gaildorfische Bürgerschaft. Zwey
Gerichtsverwandten reißten mit obrigkeitlicher Voll=
macht in den Odenwald und bis über die Tauber,
irgenwo Getreide zu negotiiren, vergeblich. Doch
lies Gott bald darauf Milderung und Hülfe er=
scheinen.

Es befinden sich gegenwärtig im Städtchen drey
Regierungs = und Konsistorial = Kanzleyen, nemlich
die Limpurg = Gaildorf = Wurmbrandische, die Lim=
purg = Gaildorf = Assenheimische und die Limpurg=
Sontheim=Gaildorfische, oder Pücklerische, unter de=
ren jeder ein gewisser Landesbezirk, welcher in der
Folge beschrieben wird, stehet. Für die Sachen,
welche das Städtchen und die Bürgerschaft insbe=
sondre angehen, votiren sie gemeinschaftlich. Die
Wurm=

Wurmbrandische, Affenheimische und Pücklerische
Gemeinschafts-Herrschaften bestellen, jede für sich,
zu ¼. oder ¼. einen Stadtbeamten. Daher sind ihrer gewöhnlich drey. Das Stadtgericht bestehet aus,
zweyen Burgermeistern und zehen andern Beysitzern,
welche zugleich verschiedene bürgerliche Aemter verwalten. Auch hat hier das Wurmbrandische, und
das Limpurg-Sontheim-Gaildorfische Landamt-De-
partement ihre Sitze. Auch ein Wurmbrandischer
Forstmeister und ein Limpurg-Sontheim-Gaildorfi-
scher Oberförster. Zu allen diesen besondern Stellen
gehören mehr oder weniger Subalternen.

An der Stadtkirche stehen zwey Geistliche, ein
Stadtpfarrer und ein Kaplan. Der seztere hatte seit
der Reformations-Zeit auch die Münsterer Kirche
mit Lehre und Sacramenten zu versehen. Duch die
Trennung der Münsterer Kirche von der Parochie
Gaildorf, entgieng dem Stadtpfarrer die bisherige
Beyhülfe; die Pfarrer von Münster halfen nur bey
Communionen administriren. Aber im Jahr 1710.
wurde der bisherige Präceptor der lateinischen Schule
zugleich als Kaplan angestellt. Dergleichen Präcep-
tores findet man selt der Reformations-Zeit. Nur
im jammervollen dreysigjährigen Krieg war einige
Jahre kein Präceptor vorhanden. Der Präceptor
hat die obere Schulklasse, zu welcher auch die lateinischen Schüler gehören, zu versehen, die untere ein
Kantor, welcher zugleich Organist ist, und die Kir-
chenmusik aufzuführen hat.

Die Nahrung der hiesigen Bürgerschaft beruhet auf allerley bürgerlichen Gewerben, und zugleich
auf dem Feldbau und der Viehzucht. Die meisten
Bürger haben einige Feldgüter, und einige geben
sich ganz damit ab. Unter ihre Freyheiten gehört,

L 3                                                           daß

daß die geschloßnen Burgersgüter nur ein geringes Handlohn geben, und die Stadtmarkung von dem kleinen Zehenden gegen eine geringe Geldabgabe ganz befreyt ist.

Der Nahrungsstand der Stadt im Jahr 1789. lässet sich einigermassen aus folgender Gewerbliste ersehen:

| | |
|---|---|
| Apothecker | 1. |
| Barbierer und Chirurgen | 4. |
| Becker | 8. |
| Bierbrauer | 2. |
| Buchbinder | 1. |
| Büchsenmacher | 1. |
| Canditor und Spezereyhändler | 1. |
| Caminfeger | 1. |
| Drechsler oder Dreher | 1. |
| Färber | 2. |
| Glaser | 3. |
| Handelsleute | 3. |
| Hafner oder Töpfer | 3. |
| Hutmacher | 2. |
| Kübler oder Büttner | 1. |
| Küfer oder Faßbinder | 3. |
| Maurer | 7. |
| Metzger (Fleischer) | 8. |
| Nagelschmide | 4. |
| Posamentirer | 2. |
| Rothgerber | 4. |
| Sattler | 2. |
| Schlosser | 4. |
| Schneider | 18. |
| Schmide | 3. |
| Schreiner | 3. |
| Schuhmacher | 18. |

Seiler

| | | | | | |
|---|---|---|---|---|---|
| Seiler | : | : | , | : | 4. |
| Steinhauer und Modelstecher | | | , | | 1. |
| Strumpfstricker | : | : | : | | 1. |
| Strumpfweber | : | : | : | | 2. |
| Tuchmacher | : | : | , | | 3. |
| Wirthe | , | : | : | : | 9. |

nemlich
7. Schild : und
2. Gassenwirthe.

| | | | | | |
|---|---|---|---|---|---|
| Wagner | : | : | : | , | 3. |
| Weber (Leinen:) | | : | : | : | 13. |
| Weißgerber | : | : | : | | 3. |
| Zeugmacher | : | : | , | | 2. |
| Zimmerleute | : | : | : | | 3. |
| Ziegler | : | : | : | : | 1. |

Es ist aber zu bemerken, daß diese Liste nur eine
beyläufige, nicht eine völlig genaue Idee von dem Zu:
stand der Gewerbe geben kann. Denn einige dieser
gewerbtreibenden Bürger haben mehrere, andre nur
einen, andre gar keinen Gehülfen bey ihrem Gewerbe.
Es sind auch Gewerbe vorhanden, die nur dermalen
nicht eingebürgert sind, als ein Nadler, ein Perücken:
macher. Andre, als Bauern, Fuhrleute und Lehnkut:
scher, Taglöhner und solche, die sich mit unbestimm:
tem Gewerbe oder Kleinhandel abgeben, sind in die
Liste nicht aufgenommen. Die Müller, welche der
Stadt das benöthigte Mehl verschaffen, befinden sich
ober: und unterhalb derselben in der Nähe. Mehrere
Gattungen von Gewerben wären wohl auch hier, wenn
Hall und andere Städte nicht zu nahe wären.

Der sämtlichen Bürger, die Alten miteingerech:
net, sind an 240. Der sämtlichen wirklich anwesen:
den Einwohner, mit Fremden und Dienstbotten,
sind immer über 1200.

Jahr:

Jahrmärkte werden vier gehalten. Wochen=
märkte sind nicht angeordnet.

Von dem Gaildorfischen Stadtamt ist noch an=
zumerken, daß bey demselben auch der Wasserzoll we=
gen geflößter Sägblöcke, und der Thor= und Land=
zoll eingezogen und verrechnet wird.

Unter das Gaildorfische Stadtamt gehören:

1. Die **Oelmühle** am Rothflüßchen, bey Unterroth.
   Es wird hier zu Zeiten auch gewalkt. Unter=
   thanen und Oelmüller sind zwey, welche wö=
   chentlich im Gebrauch der Mühle abwechslen.
   Sie machen mit ihren Familien eine Zahl von
   10. Seelen aus.

2. Das **Armenhaus** oder **Lazareth** auf dem Sie=
   chenfeld, welches oben schon vorgekommen.

3. Die **Rudelsmühle**, bey Klein=Altdorf, nahe
   am Kocher, und an einem von der Höhe herab=
   stürzenden Bach. Vor dem dreyßigjährigen
   Krieg war hier eine Mahlmühle, welche ab=
   gebrannt wurde. In neuern Zeiten ist wie=
   der ein Haus daselbst aufgerichtet, und erst=
   lich zu einer Schleif= nachher Walkmühle ein=
   gerichtet worden.

Das oben auch schon angeführte Vitriol= und
Alaun=Bergwerk in dem sogenannten Herrngarten,
stehet unter Wurmbrandischer Hoheit. Die auswär=
tige Gewerkschaft, welcher es zustehet, sezet gewöhn=
lich zu dessen Betrieb einen Inspector oder Factor
hieher, welcher seine Wohnung in den Hüttenge=
bäuden hat.

## II. Der

# II.

## Der

# Limpurg-Gaildorf-Wurmbrandische Landes-Antheil.

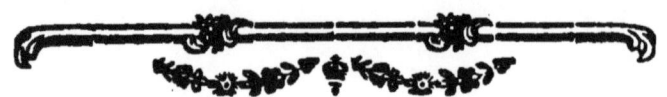

Dieser Landesantheil hat sich durch die schwesterliche Theilung im Jahr 1707. gebildet. Er
heißt daher der Wurmbrandische, weil er damals
der Gräfin von Wurmbrand durchs Loos zufiel, wird
aber zuweilen auch durch die Benennung: Wirtembergisch = und Leiningischer gemeinschaftlicher Antheil,
nach den neuern Besitzern nemlich, bezeichnet.

Er bestehet außer ein Viertel an der Stadt Gaildorf, in dem sogenannten Landamt Gaildorf, und
dem Amt Gschwend, welche aber unter Eine Amts-
verwaltung gezogen sind, die zu Gaildorf ihren Sitz
hat.

## Das Landamt Gaildorf

umgiebt beynahe auf allen Seiten ganz die Markung der Stadt Gaildorf, und hat von derselben den
Namen, so wie es auch ehemals, und schon 1374.
nach der Urkunde, Beweisung der Gräfin Elisabeth
von Tübingen, dazu gehörte, wovon in der Beschreibung der Stadt Gaildorf umständlicher gehandelt
worden.

Seine Gränzen sind gegen Morgen: der Sontheimische und Schmiedelfeldische Antheil; gegen
Mittag: das Amt Gschwend, diesseitigen und Assenheimischen Antheils; gegen Abend: der Assenheimische Antheil und das Wirtembergische Stabspfleg-
amt Westheim; gegen Mitternacht: der Michelba-
chische Antheil.

Der Lage nach hat es verschiedene Berge und
Thäler. Von ersten sind anzumerken: der Miedberg zwischen Unterroth und Reippersberg, wo sich
eine

eine neugemachte Straße von Steinen findet, der Kieselberg, welcher ein Magazin von Kieseln oder Feuersteinen enthält, die Berge um Münster, wo sehr gute Werkstein=Brüche sind, die Berge um Eutendorf, wo man eisenhaltige Steine findet. Man hat auch von allen diesen Bergen vergnügende und immer veränderte Aussichten.

Vom Kocherthal fällt eine Strecke von ohngefähr zwey Stunden Wegs in dieses Amt, vom Roththal, der unterste Theil gegen den Kocher hin.

Der Wieswachs ist in den Thälern vortreflich, zuweilen schaden Ueberschwemmungen. Die Rindviehzucht ist daher sehr ansehnlich und ergiebig für den Landmann. Auch der Getreide=Bau ist nicht verächtlich, doch aber in einigen Gegenden, um des starken lettigen Bodens und der stark abhängigen Halden willen mühsam. Viele Bauern besitzen auch eigne Waldungen, und wissen sich dieselben auf verschiedene Weise durch den Holzhandel zu Nuz zu machen.

Die Landstraße von Hall nach Schwäbisch=Gmünd und Schorndorf, läuft mitternacht = und mittagwärts von Gaildorf durch dieses Amt. Sie ist an einigen Orten, auf eine dauerhafte Weise, mit Steinen gemacht, und das Fuhrwerk dadurch ziemlich erleichtert worden.

Folgende Orte gehören zu diesem Amt.

1. **Eutendorf**, von Gaildorf mitternachtwärts Eine Stunde entlegen, und zwey von Schwäbisch=Hall, an dem westlichen Fuß eines hohen Gebürges, das sich in verschiedenen Krümmungen am rechten Ufer des Kochers aufwärts streckt,

streckt, und an einem Bach, Steppach ge=
nannt, der mitten durch den Ort fließt, und
sich in den Kocher ergießt, zuweilen aber sehr
schnell und stark anschwellt. Der Name des
Orts scheint räthselhaft, wenn man nicht weiß,
daß er ehemals Yttendorf genannt und ge=
schrieben wurde, wahrscheinlich von ei er ehe=
maligen Erbauerin oder Besizerin Ytta. *)

Das obere Dorf, höher am Bach hinauf,
macht einen Theil, und das untere Dorf eine
Strecke weiter herab, den andern Theil dessel=
ben aus. Das obere Dorf faßt die Kirche,
das Pfarrhauß, die Schule, und einige Bauer=
häuser in sich. Die Kirche ist ein altes, maf=
sives, und für seine Absicht wenigstens nicht
unbequemes Gebäude. An der Mittagseite,
und zwar an der westlichen Ecke, oben nahe
am Dache, liest man auf einem Eckstein die
Jahrzahl. 1. 3. 4. 3. in alten Characteren,
daneben die Worte: in. dem. stein. ist. mer.
geschrift. In der Kirche ist, ausser einer höl=
zernen Tafel zum Gedächtnis des ersten hiesigen
evangelischen Predigers, Christoph Sturmkorb,
und einer alten gemahlten Fensterscheibe, wel=
che den edlen Ritter St. Jörg und sein Ritter=
Abentheuer vorstellt, nichts historisch = merk=
würdiges. Der zirkelförmige Rand enthält
die Umschrift: Wandelbar greffin geborne
greffin von hohenloe. Der Kirchhof hat von
der

---

*) Deduction von der Mannschaft. 1714. S. 11. Ytta, Itta,
Vta, Vota, Jutta, Guta, war Ein Name, vornehmem Frauen=
zimmer im mittlern Zeitalter sehr gemein, von einerley Bedeu=
tung mit Clementia oder Benigna. S. Schmids Gesch. der
Deutschen Th. 1. S. 447. und Sattlers hist. Beschr. von Wür=
temb. Th. 1. S. 159. 160.

der Abendseite, wie die meisten aus der alten
Zeit, so ziemlich das Ansehen eines Kastells.
Das Pfarrgut dahier ist mit allen anhangenden
Gerechtigkeiten, samt dem Patronat=Recht,
und den zur Pfarre gehörigen Frucht = und
Wein=Zehenden, auch zwey Gütern zu Gros=
Altorf vom Ritterstift Komburg im Jahr 1669.
an Limpurg verkauft worden.

In dem untern Dorf, welches das obere an
Gröse vielmals übertrift, stund bis noch vor
wenigen Jahren eine grose, meistens von Ei=
chenholz erbauete Kelter, welche aber auf den
Abbruch verkauft wurde. Auch eine Most=
schenke nahe dabey, mit einem Gesundbad,
und einem Brunnen, der aus Kalk= und Gips=
felsen hervorkömmt, und dessen Abfluß im streng=
sten Winter nicht zufriert, sondern vielmehr
raucht. Er wird der Bilner=Bach genennet,
und vereinigt sich unten im Ort mit dem andern
grösern Bach, der vom obern Dorf herabfließt.
Ein Wirthshauß ist auch hier, aber nur weni=
ge Handwerker, weil sich die Einwohner fast
ganz vom Landbau nähren, und wohl. Sie
haben gute Aecker, und vorzügliche Wiesen.
Auch fehlt es in den Gärten und ehemaligen
Weinbergen nicht an guten und fruchtbaren
Obstbäumen. Der Gemeinboden, auf der
Höhe des östlichen Gebürges, ist eine ansehn=
liche Strecke, welche über 700. fränkische Mor=
gen, hübsche Waldung, und darinn viele Ei=
chen in sich faßt. Er ist aber vor wenigen
Jahren unter die Einwohner Eutendorfs, nach
Maasgabe ihrer Gemeinrechte vertheilt worden.
Das Trinkwasser an diesem Orte ist nicht von
vor=

vorzüglicher Beschaffenheit, und führt aus den benachbarten Kalk- und Gipsfelsen vielen Tophus mit sich. An der östlichen Seite des Schnaybergs quillt ein Brunn hervor, der in kurzer Zeit Moos, Gräser und Holz mit einer steinartigen Rinde überziehet.

Die Zahl der Einwohner ist 385. der sämtlichen Pfarrangehörigen 655. Ausser den Ortschaften, die noch dahin zur Kirche gehen, war ehemals auch Haspelhausen, ein Dorf auf der Höhe, und einige Häuser auf dem sogenannten Roggenland, welche sämtlich vor Jahrhunderten abgegangen sind, und Winzenweiler dahin gepfarrt. Der lezte Ort ist Komburgisch, und nach und nach ganz mit Katholicken besezt worden. Er kommt in einer Urkunde vom Ende des eilften Jahrhunderts schon unter dem Namen Winitzenwilare als eine Villa vor. (Wibel. 3. Th. Cod. p. 34.)

Limpurg hat in Eutendorf von den ältesten Zeiten her landesherrliche Hoheitsrechte, sicher wenigstens auf den Komburgischen Lehengütern gehabt. Mit der Veste Buchhorn sind im Jahr 1357. noch mehrere Güter samt vogteylichen Gerechtsamen von den Grafen von Oettingen erkauft worden. (S. Buchhorn im Antheil Michelbach.) Auch hatten vor Zeiten die von Roth und die Halberge Güter hier, die durch Kauf an Limpurg gekommen sind.

Der verderbliche dreysigjährige Krieg hat die Parochie Eutendorf auch manchen Menschen gekostet. In den Jahren 1634. bis 1637. starben, und darunter viele an der Pest, allein

240. In den leztern Kriegsjahren von 1641.
bis 1650. aber nur jährlich 8. Personen. Vor
dem Krieg von 1611. bis 1620. jährlich 17.
daraus läßt sich mit ziemlicher Wahrscheinlichkeit berechnen, daß vor dem Krieg in der Parochie etwa 612. nach 1640. aber kaum 288.
Menschen gelebt haben. Doch hatten die Einwohner einen eignen Zufluchtsort, der ihnen
der alten Ueberlieferung nach bey feindlichen
Einfällen sehr oft Schuz und Rettung gewährt
hat, nemlich einen abgelegenen Ort im dicken
Wald, die Geißklinge genannt, wozu der Zu-
gang nicht so leicht zu finden ist. Sie ver-
bargen sich hier mit ihrem Vieh und aller Haa-
be, ohne einen einigen Menschen im Ort zurück zu lassen.

Südöstlich von Eutendorf, doch an demselben Gebürge findet sich die Schweizerhalde,
oder die Sommerwohnung für die Assenheimische und Würmbrandische Schweizereyen. Es
ist eine Art einer schweizerischen Sennerhütte.
Die dazu gehörigen Weideplätze sind weitläuftig.

Eine Antiquität, die zur Geschichte des Mittelalters zu gehören scheint, findet sich in dem
Wiesenthal mitternachtwärts von Eutendorf,
nemlich ein Ueberrest einer alten Landwehre, in
einem quer das Thal durchschneidenden Graben
und Aufwurf, noch izt der Landgraben genannt,
an welchem ein Ort auch noch der Fäll-Riegel
heißt. Es scheint ein Ueberrest der alten Hallischen Landwehre zu seyn, die vor Zeiten auch,
in einer Entfernung einer Meile von Hall, in
dem Gebiet der Schenken gezogen werden wollte,
aber

aber zu vielen Zwistigkeiten Anlaß gab. (S.
1. Th. 12. Abschnitt.) Ob dieser Landgraben
hier zur Zeit der Schenkin Ytta oder einige
Zeit nachher im funfzehenten Jahrhundert ge=
macht worden, läßt sich nicht bestimmen. Am
Schennberg und seinen beyden steilen Seiten
wird er durch eine Mauer abgelößt, davon die
daran stoffende Gegend noch bey der Mauer
heißt. In gleicher Linie über dem Kocher ist
wieder ein Fällriegel, der nemlich die Strase
sperrte, und weiterhin der Landgraben zu sehen.

Aber noch eine andre Antiquität, deren Ur=
sprung noch räthselhafter scheint, ist in ebendie=
sem Strich, weiter östlich, auf einer Berghöhe
im dicken Wald zu sehen. Eine ziemlich weit=
läuftige Schanze, welche von den Anwohnern
noch die Schanze oder die Schanzlöcher genen=
net wird, ohnweit der Beinhalden. Weiter=
hin ist noch ein einzelnes Stück Erdwall, und
dann kömmt der Streitberg, welcher voll Rui=
nen liegt. In dem ganzen Strich sind mehrere
Bergspizen oder Ecken, welche den Namen
Hörle (Specula) führen.

Ob dies alles im Mittelalter erst gemacht und
wieder ruinirt worden? Ob es zum theil ein
Ueberbleibsel von der Römer Zeit her seye, die
sicher die Gegend eine Zeitlang behauptet ha=
ben? verdiente vielleicht eine nähere Untersu=
chung. Das eine Ende der Linie siehet gegen
das Ellwangische, den Spuren der aus dem
Nordgau sich herziehenden sogenannten Teufels=
mauer entgegen, das andre Ende gegen Main=
hard hin, wo so viele Römerspuren, alte Schan=
zen, und selbst der Anfang einer andern weit

sich erstreckenden Gränzlinie gefunden, und be:
schrieben worden. Doch hier nichts mehr
davon.

2. Gros=Altdorf, ein kleines Dorf, mit einer zu
der Eutendorfer Parochie gehörigen Filial=Kir:
che, liegt nicht weit vom Kocher, eine halbe
Stunde von Gaildorf, und fast gleichweit von
Eutendorf. Die hiesige Kirche ist zwar alt,
hat aber nichts merkwürdiges aufzuweisen. Et:
lichemal wird jährlich darinn geprediget, und am
Catharinen=Tag, vermög einer im Jahr 1731.
von einer hiesigen Einwohnerin Catharina Ko:
chendörferin gemachten Stiftung, nach zuvor
gehaltener Betstunde, Geld an Arme ausge:
theilt. Es war doch ein schöner Gedanke von
der Stifterin, mit der milden Gabe den Armen
auch Trost und Ermahnung austheilen zu las:
sen. Die Kirche hat einen nicht unbeträchtli:
chen Heiligen=Fond.

Ohnweit davon, am Kocher abwärts, liegt
die zum Ort gehörige ansehnliche zum Mahlen
und Sägen eingerichtete Gros=Altdorfer Müh:
le. In dieser Gegend singt die Nachtigall ihr
entzückendes Lied. Der Einwohner im Ort und
in der Markung, die schlechte Steigenhütte
mitgerechnet, sind 141.

Auf einer Anzahl Güter gehöret das Eigen:
thum mit Gült und Handlohn dem Ritterstift
Komburg, die Vogtey und Landesherrlichkeit
aber von den ältesten Zeiten her Limpurg.

3. Schleifrain, nahe am vorgedachten Ort, ein
Haus, das 10. Seelen herberget.

4. Klein=

4. **Klein-Altdorf**, ein kleines Dorf oder Weiler am Kocher heraufwärts, etwas näher gegen Gaildorf. Es zählet 103. Einwohner-Seelen. Eine hölzerne, auf steinernen Fundamenten ruhende Brücke führet hier über den Kocher. Auch hier hat Komburg gültbare Lehengüter, doch in limpurgischer Landes-Hoheit. Im Jahr 1628. starb hier eine Einwohnerin 100. und ein halb Jahr alt. Seitdem findet sich keine so alte aufgezeichnet.

5. **Steigenhaus**, ein einzelnes Haus und Gut, von 9. Einwohnern, auf einer ziemlichen Höhe, an dem steilen Pfad, der von Gaildorf nach Winzenweiler und Obersontheim führt. Man hat von dieser Höhe nach Gaildorf und in die umliegende Gegend eine vergnügende Aussicht.

6. **Rothhof**, ein einzeln stehender Hof am Wege zwischen Winzenweiler und Mittelfischach. Er hat 7. Einwohner-Seelen. Die Gegend ist waldicht.

7. **Münster**, ein grosentheils wohlgebautes Pfarrdorf, von Gaildorf nur eine Viertelstunde morgenwärts gelegen, nicht weit vom Kocher, über welchen eine bedeckte hölzerne Brücke führt. Die Kirche ist alt, und hat noch einige Antiquitäten, an alten religiösen Bildern aus der vorlutherischen Periode. Man siehet auch noch auf dem Kirchendach den alten Todtenwagen, dessen man sich vormals, sonderlich zur Zeit heftiger Seuchen bediente, um die Todten darauf zu ihrer Ruhe zu führen. Es gibt Leute, die von ihm wissen wollen, daß er rumple, wenn eine Seuche einreissen soll. Ehemals

M 2      hat

hat ers freylich gethan, wenn er Todte von der Stadt Gaildorf hieher brachte, als deſſen Einwohner bis 1710. hier begraben wurden. Den Urſprung der hieſigen Pfarrkirche bedeckt das graue Alterthum. Limpurg hat wenigſtens das Patronat derſelben von den älteſten Zeiten her hergebracht, und unterm Jahr 1286. findet man ſchon in einer ſichern Urkunde einen Heinricus de Brunnen plebanus de Munſter, unter andern Edlen der Gegend. *) Auch ein Schenk von Limpurg, Konrad II. hat ſich im 14. Jahrhundert eine Zeitlang mit dieſer Pfründe belehnen laſſen.

Biſchof Johann von Wirzburg, auch des Geſchlechts von Brunne, verſetzte im Jahr 1433. die Parochie Münſter in das Städtlein Gaildorf, und von dieſer Zeit an war alſo die Münſterer Kirche eigentlich Filial-Kirche, bis ſie im Jahr 1694. im Monat Merz, von der Gaildorfer Kirche ganz getrennet wurde. Der Diakon des Städtchens hieß zwar auch vor dieſer Zeit Pfarrer zu Münſter, und verrichtete in hieſiger Kirche Parochial-Handlungen, aber von dieſer Zeit an wurde erſt ein eignes Kirchenbuch für die Münſterer Parochie angefangen, da vorher die Gebohrnen, Geſtorbnen und Kopulirten in das Gaildorfiſche miteingetragen wurden. Der Münſterer Geiſtliche wohnt jedoch noch in Gaildorf. Daß die Zahl der Münſterer Pfarrkinder, nach kurz vorübergegangenem dreyſigjährigen Krieg ſehr klein geweſen ſeyn müſſe, iſt ſchon bey Gaildorf gelegenheitlich erinnert und erwieſen worden. Izt

erſtreckt

*) Wibel. IV. Cod. Seite 20.

erstreckt sie sich über neuntehalb hundert. Der
Einwohner in Münster waren im Jahr 1785.
292. Diese nähren sich fast durchgängig vom
Feldbau. Sie haben gute Aecker und Wiesen,
einige auch Hölzungen, welche sie sich auf verschiedne Weise zu Nuz zu machen wissen. Ihren Gemeinboden geniesen sie insgemein.

Auch hier sind Komburgische Lehengüter, die
Oberherrlichkeit aber von den ältesten Zeiten
limpurgisch. Zwar findet man, daß auch ein
Hanß Spieß, ein Hanß Bunning, eine Bea-
trix von Wiesenbrunn hier vor einigen hundert
Jahren etwas besessen, und Limpurg zu kaufen gegeben haben, aber auch ausdrücklich bey
einem solchen Stücke, daß es vormals der Herrschaft Limpurg zu Lehen gegangen.

In den nahe gelegenen Bergen werden sehr
gute Werksteine gebrochen, die sehr fein und
dauerhaft, und an Farbe weißbläulicht sind.

Den Namen hat der Ort wohl von der hiesigen uralten Kirche. Ein etwas ansehnliches
Kirchen-Gebäude hieß vor Alters ein Münster. *)

Eine Strecke von dem Ort, am Kocher auf-
wärts, am rechten Ufer des Flusses, liegt die
Münsterer Mühle, ein schönes zum Mahlen,
Sägen, Walken und Oelpressen eingerichtetes
Werk. Ehemals war dieses schöne Mühlen-

M 3                                    gut

*) Monasterium proprie dicitur cella, in qua unus degit mo-
nachus; sed postea ipsum coenobium sic dictum; imo com-
munis vox fuit habiaculis monachorum & canonicorum re-
gularium. Hinc etiam saepe monasterium sumitur pro ecclesia cathedrali, quae Münster dici solet. Schmidii Lex.
eccles. voce Monasterium.

gut eine unmittelbare herrschaftliche Domäne,
wurde aber im Jahr 1739. als ein Erbzinß-
lehen hingegeben, so daß es jezt zur Wurmbrandischen und Solmsischen Kammer einen
jährlichen Kanon gibt, in Ansehung der Jurisdiction aber unter beyder Herrschaften Kanzleyen
gemeinschaftlich stehet. Die Lage der Mühle
ist auch ganz angenehm.

8. **Kieselberg** oder der **Kieselberger Hof**, liegt süd-
ostwärts von Münster, auf einer Ecke des Kie-
selbergs, dessen Rücken sich bis in die Gegend
von Sulzbach ostwärts hinziehet. Man hat
von hier eine angenehme und weite Aussicht
über das unten liegende, fruchtbare, durchaus
angebaute, durch einen hübschen Strom und
mehrere Bäche bewässerte und mit Ortschaften
besäete Kocherthal, ja bis in das Hällische und
Hohenlohische Land. Es waren daher von langen
Zeiten her hier immer eine oder mehrere kleine
Kanonen, um damit bey Feuersbrünsten eine
Losung geben zu können. Es war ehmals ein
Herrenhof, oder eine unmittelbare herrschaftliche Domäne. Es waren auch Zimmer für
Herrschaften vorhanden, wenn sie auf Tage
oder Stunden reine Bergluft hier athmen und
der schönen Aussicht genießen wollten. Jezt ist
der Hof mit 2. Unterthanen besezt; und zählt
15. Seelen.

9. **Bröckingen**, noch weiter aufwärts am rechten
Ufer des Kochers, ein Dorf mit einem Wirthshaus. Die Wiesen, ob sie schon zuweilen von
Ueberschwemmungen leiden, sind in dieser Gegend vortreflich. Man will daher dafür halten, daß hier die beste Viehzucht im Lande seyn
möge.

möge. Einwohner = Seelen ſind 182. hier.
Nicht weit davon iſt eine hölzerne Brücke über
den Kocher.

Dieſer Ort gehörte ſchon im Jahr 1374.
mit ſeinem Zehenden und einigen Gütern zum
Limpurgiſchen Amt Gaildorf. Es haiten aber
auch einige adeliche Geſchlechter Beſizungen
hier, die zum theil als ungültbare, freye Gü=
ter beſchrieben werden. 3. E. die von Sun=
then 1384. von Bachenſtein 1477. von
Münken 1488. ein Vorſtner 1535. die ihre
Güter aber in den angeführten Jahren an
Limpurg überlaſſen haben.

10. Schönberg, ein Dorf in eben dieſer Gegend,
aber auf der andern linken Seite des Kochers,
nicht weit vom Ufer entfernt. Der Steigers=
bach kommt bey dem Ort aus einem langen
engen Thälchen hervor, und treibt hier eine
Mühle, unter dem Ort vereinigt er ſich mit
dem Kocher.

Schönberg kommt ſchon unter ben Limpur=
giſchen Gütern vor, die 1374. der Gräfin Eli=
ſabeth angewieſen worden. Im Jahr 1453.
hat ein Ulrich von Rechberg hier ein Gütlein
beſeſſen, das aber nachher auch an Limpurg
kam. Im Jahr 1547. hat Hanß Konrad
Ritter von Hürnheim zu Wöllſtein (der
lezte Ort liegt bey Abtsgemünd,) in Wech=
ſels und Tauſchweiß gegen andre eigenthümli=
che Güter an Schenk Wilhelmen Herrn zu Lim=
purg, übergeben und zugeſtellt, ſeine vogteyli=
che Ober = und Gerechtigkeit, ſo er auf dem
Heiligen zu Schönberg, dem Pfarrlehen und

Kir=

Kirchengütern daselbst gehabt, samt dem Kir-
chensaz, auch zwey Unterthanen, und mehrere
Zinßleute; allermaſſen er dieſelben von ſeinen
Voreltern ererbt und bisher inngehabt.

Die Kirche iſt vor ein paar hundert Jahren
eingegangen, der Plaz aber, wo ſie geſtanden,
noch wohl kennbar.

Die Einwohner nähren ſich wohl; ſie beſizen zum theil beträchtliche Waldungen. Ihre
Anzahl iſt 68.

11. **Unterroth**, vor Zeiten **Niedern-Roth**, liegt
weiter gegen Abend, an dem Rothfluß, welcher hier eine Mahl-Oel-Walk- und Säg-
Mühle treibet, und ſich eine Strecke unter dem
Ort mit dem Kocher vereinigt. Limpurg hat
von den älteſten Zeiten hier die Landeshoheit
beſeſſen, der Zehende kommt 1374. urkundlich
als Limpurgiſch vor. Komburg hat lehenleute hier. Alte edle Geſchlechter, die ehemals
hier oder auf der Markung etwas beſeſſen haben, ſind die von **Wöllſtein**, von **Michel-
feld**, die im **Steinhauß**, Burger zu Gmünd,
und die Herren zu Rechberg. Ihre Beſizungen kamen längſt an Limpurg. Unterroth
hatte ehmals auch Weingärten. Heutiges
Tags iſt die Viehzucht anſehnlich, auch die
Nuzungen der Privat-Wälder. Die Einwohner-Seelen ſind 202.

Bey dem Ort iſt im ſpaniſchen Erbfolge-
Krieg ein Haufen Mordbrenner erſchlagen
worden.

Ueber die Roth gehet nicht ferne von dem
Ort eine fahrbare ſteinerne Brücke, über den

Kocher

Kocher ein Steeg für Fußgänger. Die Strase von Gaildorf nach Gmünd, nach Schorndorf, und Stuttgard, führet durch den Ort. Gleich hinter demselben erhebt sich mittagwärts der Miedberg, wo sich eine mit Steinen neu gemachte Strase, und an derselben ein Haus befindet, wo die Fremden ein geringes Weggeld zu entrichten haben.

12. Reippersberg, ein kleines Dorf oder Weiler, auf der Höhe, wenn man den Miedberg zurückgelegt hat. Die Einwohner haben weitläuftige und gute Güter, zum theil auch beträchtliche Waldungen; daher sie zum theil auch recht gut stehen. Sie machen eine Anzahl von 56. Seelen aus.

Die Spiesen, Bürger zu Hall, und die von Adelmann waren ehemals hier begütert. Limpurg besaß aber im Jahr 1374. nebst andern schon den Zehenden.

So bald man hier auf die Höhe kommt, so bemerkt man, daß sich die Beschaffenheit des Bodens ändert. Hier und auf allen Bergen Limpurgs von ohngefähr gleicher Höhe ist Sandboden, bald mehr, bald weniger mit andern Erdarten vermischt. Daher diese Höhe nicht unbequem die erste Gebürgsstufe heissen wird. Kommt man noch höher, so verläßt uns der Sand wieder, und der Boden ist mehrentheils ein gelber Letten. Dies mag die zweyte Gebürgsstufe heissen. Diese Eintheilung ist von Nuzen. Es läßt sich die Lage der Ortschaften in Ansehung der Höhe und einigermasen die Beschaffenheit des umliegenden Erdreichs mit zwey Worten bestimmen.

M 5　　　　13. Hohn-

13. **Hohnkling**, ein kleines Dorf oder Weiler, auf derselben Berghöhe, nur weiter abendwärts, war eine Zugehörde der bald anzuführenden Burg Röthenberg, und ist mit derselben erworben worden. Den hiesigen Zehenden erhielt Limpurg von dem Kloster Murrhard 1563. durch Vertrag. Die Einwohner besitzen etwas Waldung, und der Flachs geräth hier gut. Die Seelen-Zahl beläuft sich auf 129.

Eine mit Assenheim noch gemeinschaftliche Jagdscheuer, wo ehemals das ganze Jagdgeräthe aufbehalten wurde, stehet bey dem Ort.

An dem einen Ende der Markung, gegen Gschwend hin, liegt ein Stück Boden, der **Wildgarten** genannt. Hier war vor Zeiten ein herrschaftlicher Thiergarten, mit einigen Wohnungen, Brunnen und kleinen Teichen. Es ist jetzt ein zur Kammer gehöriges Unterthanengut. Der Besitzer hat auch die Wirthschaftsgerechtigkeit. Die Gaildorfische Strase nach Gschwend, und andern Orten, führt daran vorbey.

Von Reippersberg bis hieher ist eine ziemlich gerdumige Ebene. Man nennt sie den **Rusmaden**. Im Jahr 1741. hat ein Theil des französischen Heers hier kampirt. Ein groser Theil des Hohnklinger Gemeinbodens liegt auf derselben. Dieser ist im Jahr 1786. unter die Einwohner auf ihr Verlangen vertheilt worden. Es stehet auch ein Unterthanenhaus darauf.

Von hier morgenwärts bis gegen Sulzbach und Weiler ist eine Strecke an einander hängender

gender Waldungen, davon der große Mezlins=
wald einen Theil ausmacht. Der Strich be=
trägt in der Länge zwey und in der Breite we=
nigstens eine Stunde, an einigen Orten mehr.

14. Eine gute Strecke unter Hohnkling und Reip=
persberg, auf einer Mittelroth gegen über be=
findlichen Gebürgs=Ecke lag die alte Burg
Röthenberg. Sie soll nach alten Chronick=
Nachrichten auch Hohenroth genennt worden
seyn. Jezt ist nur noch ein Thurn davon
übrig, der gewöhnlich der Röthers=Thurn,
so wie der Berg der Thurnberg genennt wird.

Im Jahr 1338. besaß diese Burg mit ih=
rer Zugehörung ein Albrecht Haug von Ros=
senstein, (vermuthlich von jenem Rösenstein
benennt, welches bey dem Städtchen Heubach
liegt, und im Jahr 1377. von Kaiser Karl IV.
an Graf Eberharden von Wirtemberg verpfän=
det worden.) Er verkaufte in jenem Jahr
seine Burg Röthenberg „mit allen den Gü=
thern und Nuzen, die dazu gehören, an Wäl=
den, an Holz, an Felde, an Wiesen, an Aekern,
an Wasser, an Vogtey und an eigenen Leuten,
die zu der Vestin gehören, gesucht und unge=
sucht, in allem Recht und Gewohnheit, unge=
fährlichen; Als er Haug dieselbe Burg und
Güther bis dahin gehabt und genossen, für
recht freyes und lediges Eigen,„ an Schenk
Albrecht von Limpurg, um 1400. Pfund Hel=
ler. Vielleicht war dieser Albrecht Haug von
Rossenstein der lezte seines Geschlechts, daher
vielleicht auch seine Stammburg dem Reich
heimgefallen.

Mit

Mit der Burg Röthenberg bekam nun Lim=
purg auch eine dazu gehörige Herrschaft, die
in Gütern und Rechten in der nächst umliegen=
den Gegend bestund. Allein die Burg selbst
hatte in dem Städtekrieg, zur Zeit Kaiser Wen=
zels, wie man in alten Chronicken findet, das
traurige Schicksal, von den Völkern der ver=
bündeten Städte verbrannt zu werden. Es
soll Rauberey aus der Burg getrieben worden
seyn, welche auf diese Weise an ihr gestraft
wurde. Ob sie von derselben Zeit an wüste ge=
legen, oder von neuem aufgebauet, und zum
zweytenmal abgebrannt worden, kann aus
Mangel der Nachrichten nicht berichtet werden.

Im Jahr 1406. wurde diese Burg, nebst
Cransperg, welches bey der Herrschaft Schmie=
delfeld zu finden seyn wird, mit ihren Zugehö=
ruugen der Churpfalz zu Lehen gemacht, uf
Söhne und Töchter zu leyhen. Denn die
Veste Geilenau, in dem Reichsstadt=Roten=
burgischen Gebiet, welche der Pfalz zu Lehen
gieng, wurde in jenem Jahr, von ihren da=
maligen Besizern, dem edlen Herrn Johann
zu Hohenlohe=Speckfeld, und seinem Schwa=
ger Schenk Friedrich, der mit in Gemeinschaft
saß, an die Stadt Rotenburg verkauft, und
zwar von Pfalz vorher geeignet, dem Lehen=
haus aber dafür, in vorgedachter Maase, die
Burgen Röthenberg und Cransperg zu Lehen
aufgetragen. Dies ist die Geschichte der Burg
aus dem Mittelalter.

Die Lage der Burg war ganz artig, und
schon die Natur machte sie zur Vertheidigung
sehr geschickt. Denn die ausspringende Berg=
ecke,

ecfe, auf der fie lag, bildete auf dreyen Seiten
um fie einen natürlichen, ziemlich fteilen Wall;
nur die Abendfeite erlaubte eine bequeme Annäherung von der Gebürgs-Höhe.  Die Burg
beftund eigentlich aus dreyen Theilen, welche
von einander abgefondert, ohne Zweifel ehemals durch Brücken verbunden, und von Morgen gegen Abend hinter einander angelegt waren.  Es find fämtlich Vierecke.  Das mittel-
fte, wo vermuthlich das Hauptgebäude war,
ift beyläufig 134. Werkfchuhe bis an den Graben lang, und 92. dergleichen breit.  Der
Graben noch etlich und dreyßig Schuhe tief.
Der Vorhof gegen Morgen hat eine Länge von
76. gemeinen Schritten, der gegen Abend von
56. dergleichen.  Jeder hat auch noch feinen
eigenen Graben.  Gebäude find auffer verfchüt-
teten Gewölbern im mittelften Viereck und einem
merkwürdigen Thurn in ebendemfelben, nahe
an der Abendfeite, nicht mehr vorhanden.

Diefer Thurn ift viereckt, jede äuffere Seite
deffelben hält 33. Nürnbergifche Werk-Schuhe,
jede innere 14. denn die Mauer ift 9½. Schuhe dick.  Er ift ganz von feinen und aufs fefte-
fte verbundenen Quaderfteinen aufgeführt, hat
fchon Jahrhunderte kein Dach mehr, und trozt
immer dem Zahn der Zeit.  Auf feiner Höhe
trägt er einen jungen Wald, weil die nahe fte-
henden hohen Tannen Samen auf ihn ausge-
fäet haben.  Er mag noch gegen 100. Schuhe
hoch feyn.  An feiner Morgenfeite, aber in
ziemlicher Höhe, hatte er feinen Eingang.  An
der Mittagfeite eine, durch Gewaltfamkeit er-
weiterte Spalte oder Schießfcharte, durch welche

che man izt, wenn man auf einer Leiter bis
dahin gestiegen ist, in das Innere des Thurns
kommen kann. Noch siehet man an den Steinen, sonderlich auf der Mitternachtseite, in
der Höhe Spuren von Brand, wodurch die
Steine von aussen etwas gelitten haben.

Innwendig ist bis zu einer gewissen Höhe
Schutt. Das merkwürdigste aber sind gewisse
Zeichen oder Buchstaben, die einzeln auf den
Steinen jeder Steinlage vorkommen, und zwar
mehrentheils häufig, doch in keiner gewissen
Ordnung. *) Es sind der Figur nach folgende
neune:

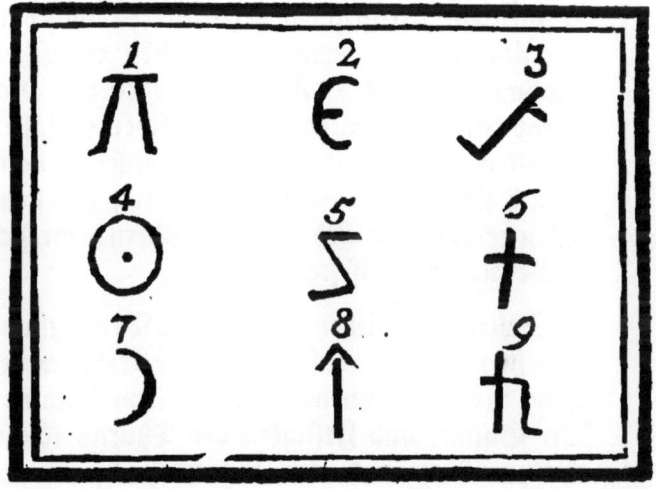

Die

*) In Hanselmanns antiquarischem Werk, 2. Th. Seite 66. und
67. ist dieser Thurn schon beschrieben worden, jedoch nicht voll-
ständig und genau genug. Auch die Charactere sind dort nicht
recht nach ihrer eigentlichen Gestalt kopirt worden. In der
bey jenem Werk befindlichen Charte, welche den alten Limitem
Romanum vorstellt, hat die Burg Rothenberg auch eine ganz
unrichtige Lage erhalten.

Die Figuren unter n. 4. 8. und 9. sind die seltensten, die übrigen desto häufiger. Doch muß auch dies bemerkt werden, daß nicht alle und jede Steine diese Zeichen aufweisen. Vielleicht, daß sie alle dergleichen haben, bey einigen aber die bezeichnete Fläche einwärts eingemauert ist. Und dies ist um so mehr wahrscheinlich, da man findet, daß es den Werkleuten nicht darauf ankam, einige der angeführten Zeichen auch umgekehrt einzumauern. Aussen an dem Thurn findet man die Charactere nicht.

Aber zu welcher Klasse bekannter Buchstaben mögen sie gehören? Einige sind griechischen, die meisten hetrucischen Characteren vollkommen ähnlich, wie man sie auf alten römischen Grabmalen findet. Die bey Oehringen ausgegrabnen Fragmenten von römischen Gefässen enthalten einige Zeichen, die den unsrigen ganz ähnlich sind, *) und niemand kann zweiflen, daß jene von den Römern herrühren, die sich in Germanien festsezten.

Sollte man hiebey nicht auf die Vermuthung gerathen dürfen, daß Römer die Erbauer des alten Röther=Thurns gewesen seyn könnten? Die Bauart und Festigkeit des Thurns könnte ohnhin leicht auf jene Vermuthung führen, zumal wenn man weiß, daß die Römer kaum zwey Stunden davon, zu Murrhard, festen Fuß

---

*) Hanselmann, l. c. Seite 191. sqq. und Tab. XIV. Ein in Deutschland seltenes Werkchen: Admiranda Antiquitatum Herculanensium von Ant. Franc. Gorio, kann hiebey dienen. Nur Vergleichung der hier und dort vorkommenden Figuren ist nöthig, um der Vermuthung des gleichen hetrucischen Ursprungs günstig zu werden.

Fuß gehabt haben. Es stund daselbst nach
sichern Steinschriften, die man bey Herrn Satt:
ler und andern finden kann, eine Cohors in
Besazung, es befand sich ein Tribunus ( Hor.
Flor. Victori us) da, dergleichen in einer gan:
zen Legion zu den Zeiten der Kaiser 6. waren;
es war auch ein Tempel da, der von einem Tribun
wieder von Grund aus erbauet wurde. Alles
dieses wird hier nicht als Hülfs: Hypothese an:
genommen, sondern ist längst durch gefundene
Denkmale auſſer Zweifel geſezt. Murrhard
war alſo ein ganz anſehnlicher römiſcher Beſa:
zungsplaz, ſo wie die ganze Gegend mittag:
wärts angebaut. Sollte man denſelben nicht
auch von der Kocherſeite her, zumal in der Nä:
he der ſtreitbaren Katten, durch vorgelegte Po:
ſten zu ſichern geſucht haben? Dazu taugte
unſre Burg vortreflich, ſie beherrſchte und
ſchlos den Eingang des Roththals.

So lang indeſſen ſchon die Römer und die
Ritter des Mittelalters, dieſen Thurn verlaſſen
haben mögen, ſo iſt er doch, nach dem Glau:
ben der benachbarten Landleute, noch immer
bewohnt, von einem unſichtbaren Herrn aus
dem Geiſterreich. Er heißt der Thurnjäger.
Man hört ihn bey ſeiner nächtlichen Jagdluſt
ſchreyen, die Hunde anfriſchen, dieſe bellen,
und dergleichen.

In ebendieſer Gegend, weiter abendwärts,
auch auf einer Bergſpize, welche gegen die
Roth hereinſiehet, iſt ein andrer alter Burgſtall. Man weiß keinen Namen mehr davon.
Er heißt das Schlößle oder alte Schlößle,
und der Berg der Staufenberg. Er liegt etwa
eine

eine Viertelstunde mitternachtwärts von Aichen=
kirnberg, ist ganz mit Wald bewachsen, und
gehört zum Solms=Assenheimischen Antheil.
Das noch so genannte Schlößle ist ein grofes
Rondel, das etwa 50. gemeine Schritte im
Durchschnitt hat. Es kann ehemals auch Ecken
gehabt haben. Rings herum siehet man noch
einen Graben, gegen Abend einen sehr steilen
und felsigen Bergabhang. Der Plaz ist ganz
übermoost. Wo ehemals Ritter haußten,
pfeift nun der Sturmwind durch hohe Buchen
und Tannen. In den unterirrdischen Klüften
haben Füchse ihr Wesen. Von einem unsicht=
baren Bewohner oder Jäger wissen aber hier
die Benachbarten nichts.

15. **Aichen=Kirnberg,** mittagwärts von dem eben=
beschriebenen Schlößle, und abendwärts von
Hohnkling, auf gleicher sandigen Gebürgshöhe.
Es sind hier 6. Bauern. Der umliegende
Boden ist fruchtbar, und nähret die Einwoh=
ner wohl. Diese benüzen auch ihr Weiler=
Wasser zur Wiesen=Verbesserung, so daß nichts
vom Dünger verlohren geht. Ein Sägmähle
haben sie, bey der Neumühle.

Dieses Weiler ist größtentheils mit der Burg
Röthenberg an Limpurg gekommen. Konrad
und Wilhelm von Roth besasen auch ein Le=
hen hier und ein Zwölftheil des Zehenden. Sie
verkauften es im Jahr 1367. auch an Limpurg.

In neuern Zeiten haben sich auf der Aichen=
Kirnberger Markung, auf dem sogenannten
Breitenfeld einige neue Unterthanen angebaut.
Sie wohnen in 6. Häusern, und machen mit

den Einwohnern Aichen-Kirnbergs 90. Seelen aus.

Nordwärts in kleiner Entfernung von dem
Ort läuft eine hölzerne Chaussee vorbey, worauf ein Theil des von dem Hallischen Korn-
markt ins Wirtembergische gehenden Getraides
verführt wird. Seinen Namen hat der Ort
ohne Zweifel von den in der Gegend gerne wach-
senden Eichen, zum Unterschied des benachbarten Kirchen-Kirnbergs.

16. **Neumühle.** Dies kleine nächst an der Affen-
heimischen Neumühle, nicht weit von dem erstbeschriebenen Orte, liegende Oertchen bestehet
nur aus 3. Wohnhäusern, und gegenwärtig
aus 28. Seelen. Es ist auf herrschaftlichem
Kammergut erbauet. Nur wenige geringe
Grundstücke gehören dazu.

17. **Seewiese**, nicht weit davon, bestehet nur in
zweyen an einander gebauten Wohnungen, und
so vielen Unterthanen, welche mit ihren Familien 6. Seelen ausmachen, und ein geringes Grundstück besizen.

18. **Michelbach**, gewöhnlich **Michelbächle** genannt, liegt in einem besondern, mit dem
Roththal zusammenhängenden Thälchen, das
ein Bach bewässert. Ein wohlgebautes und
wohl begütertes kleines Dorf, welches 54. Einwohner-Seelen zählet.

Es gehörte schon im Jahr 1374. wenigstens
zum theil zum Amt Gaildorf. Es hatten aber
auch ehmals der Abt zu Murrhard, und
Edle, als die von Enßlingen und von Zürl-
bach Güter hier; die leztern genosen sie als

lehen

lehen von Limpurg. Längst sind sie wieder ganz
limpurgisch geworden.

19. **Kleehauß** bey Michelbächle, oder die zur Herrschaft Gaildorf gehörige Fallmeisterey, begreift
7. Seelen.

20. **Erlenhof**, liegt auf einer Höhe, erster Ge-
bürgs-Stufe, hinter Michelbach. Es sind
auch Komburgische Unterthanen hier. Die hieher gehörigen machen 24. Seelen aus.

Dieser Hof ist alt, gieng aber ehemals ein,
und wurde um die Mitte des 16. Jahrhunderts
wieder neu erbaut.

21. **Gehrhof**, nicht weit von dem vorigen, begreift
23. Seelen. Dieser Hof wurde im Anfang
des 17. Jahrhunderts neu erbaut.

22. **Völklenswald**, ein mittelmäsiges Hofgütchen
in derselbigen Gegend, ist noch in neueren Zeiten aus einem ausgereuteten Stücke Wald entstanden. Es sind nur 4. Seelen darauf.

23. **Hägenau**, in der Kocherrevier, ein kleines Dorf
oder Weiler, von 42. Einwohner-Seelen.
Greth von Memmingen, geb. von Oettendorf verkaufte 1407. und der Hospital zu
Hall 1502. hier etwas an Limpurg.

Der Gemeinboden ist vor wenigen Jahren
getheilt worden.

24. **Spöck**, ein Dorf, in kleiner Entfernung mitternachtwärts, mit einem Wirthshaus, von
128. Einwohner-Seelen.

Zwey Güter zu Spöck gehörten schon im
Jahr 1374. zu dem Amt Gaildorf. Schon

N 2

ange-

angeführte Greth von Oettendorf, die Le-
cher, die Berler von Tullau, die Senften,
der Hospital zu Hall, und der Abt zu Komburg verkauften theils, theils vertauschten sie
ihre hiesige Besizungen vor langen Jahren an
Limpurg. Auch hier ist der Gemeinboden getheilt.

25. **Oetendorf** oder **Oettendorf,** ein beträchtliches
Kirchdorf, noch weiter nördlich, am Kocher.
Limpurg besizt hier nur 9. Einwohner-Seelen,
weil die übrigen Wirtembergisch, und der Klo-
ster-Murrhardischen Stabspfleg Westheim zu-
gehörig sind; aber alternativ mit Wirtemberg,
und also zur Hälfte die hohe Gerichtbarkeit,
und ein Drittel der niedern Vogtey und des
Umgeldes. Die hiesige Pfarrkirche wird durch
den jeweiligen Pfarrer zu Westheim besorgt.
Es ist hier ein Wirthshaus, eine Mahl- und
Sägmühle, eine Ziegelhütte, und eine vor wenigen Jahren erbaute steinerne Brücke über
den Kocher. Die Einwohner stehen grosentheils gut, und besizen auch sehr beträchtlichen
Gemeinboden, davon durch die vor kurzem zu
Stand gekommene Theilung, einem Gemein-
recht 15. Morgen an Waldungen und Wiesen
zugefallen sind.

Schon im Jahr 1374. wurde die Gräfin
Elisabeth von Tübingen, als Schenkische Gemahlin, auf den Genuß eines Guts hieselbst
verwiesen. Im Jahr 1407. verkaufte Greth
von Oettendorf, Frizen von Memmingen
ehel. Hausfrau, und 1413. eine Elßbeth Le-
cherin noch etwas an Limpurg. Aus dem Crusius (Annal. P. 3. l. 6. c. 6.) ersiehet man,
daß

daß Friz von Nenningen bey Hohenrechberg
( so heißt es dort, ) und Greth von Othendorf
( so ebendort, ) viel von ihren Gütern verkauft
haben, vermuthlich, weil sie keine Kinder hat=
ten. Greth von Oettendorf scheint die lezte ih=
res Stamms gewesen zu seyn. Das Geschlecht
hatte ein Schloß hier, an dessen Plaz im Jahr
1453. nach alten Nachrichten die Kirche er=
bauet worden.

Die Kochergaugrafen waren in dieser Ge=
gend, als ihrem angewiesenen Bezirk, von den
ältesten Zeiten her stark begütert. Sie sollen
nach Widmann und Crusius im Jahr 1378.
ausgestorben seyn, und ihr Schloß auf dem
Berg zu Westheim gehabt haben. Der lezte
soll auch dem Kloster Murrhard die Pfarre Ko=
chen=Westheim samt dem Gerichtshof und Gü=
tern daselbst, wie auch alle zu den Pfarren
Westheim und Ottendorf gehörige Zehenden
im Rosengarten geschenkt haben. (Crus. Annal. P. 2. l. 1. c. 13.) Zu beklagen ist, daß
Georg Widmanns ausführliche Nachrichten von
den Kochergaugrafen, die sich geschrieben im
Kloster Murrhard befanden, daselbst im Jahr
1525. in die Hände der aufrührischen Bauern
gerathen, und unter denselben ihren Unter=
gang gefunden haben. Doch scheint es, der
Zweig der Kochergaugrafen in Westheim müs=
se noch früher erloschen seyn, weil man so
gar wenig von ihnen in Schriften und Ur=
kunden findet.

Daß übrigens der Ort Oetendorf nicht da=
her seinen Namen habe, weil er ehemals einige
Zeit öde oder unbewohnt gestanden, sondern

von

von dem bekannten alten Manns-Namen Otto,
erhellet aus dem vorigen.

26. Niederndorf, vor Alters Niedern = Oetten=
dorf, liegt eine kleine Strecke, den Fluß ab=
wärts. Es ist ein kleines Dorf, welches auß=
fer den Wirtembergischen Einwohnern, 11.
hieher unterthänige Seelen enthält. Bey dem
Ort führet ein hölzerner Steeg üben den Ko=
cher.

Schon 1374. wurde der Schenkischen Ge=
mahlin, Gräfin Elisabeth von Tübingen hier
ein Gut zur Nuznießung angewiesen, daher es
auch wohl in einem alten Gültbuch der Schenk
Elßen Lehen heißt. Der Ort gehörte von
Alters her in das Gericht gen Oetendorf.

## Alte längst abgegangene Orte

finden sich mehrere in dem Amt Gaildorf. Nur aus
der öfters angeführten Bew=isung der Gräfin Elisa=
beth von Tübingen uff Gailndorff und allem, das
darzu gehöret, vom Jahr 1374. ergibt sich, daß
in diesem Bezirk manche Orte befindlich waren, um
die man sich heutiges Tages vergeblich umsehen wür=
de. Es kommen darinn vor:

1. Gestößeln. Dieser Ort lag in der Gegend
von Gschwend, nordostwärts, wo noch der
Stößelbrunn und Stößelwald seinen Na=
men erhält, und von seiner Lage zeugt.

2. Kirchberg, lag kaum eine Viertelstunde von
Gschwend nordwärts, wo noch der jetzt mit
Wald bewachsene Berg dieses Namens, auf
dem=

demſelben Trümmer von deu ehemaligen Gebäuden, auch in der ganzen Gegend weit und
breit Spuren des ehemaligen Anbaues zu
finden ſind.

3. **Steigersbach.** Dieſer Ort muß in der Vertiefung gelegen ſeyn, welche der Steigersbach
macht, der ſich aus der Gegend von Gſchwend
gegen Schönberg hingbziehet.

4. **Scherach**, lag in dem waldigen Strich, gegen den Mezlenswald hin. Der Name hängt
daſelbſt noch der Gegend an.

5. **Mettelberg**, wird bey Reippersberg befindlich geweſen ſeyn.

Es kommen in angezeigter Urkunde noch
ferner vor:

6. **Zimmerberg.** 7. **Büchelberg.** 8. **Windau.**
9. **Grevenfiſchach.** 10. **Feichtenbronn.**
Die Lage dieſer Orte iſt zweifelhafter.

11. **Haſpelhauſen**, ein altes abgegangenes Dorf
auf der Höhe zwiſchen Eutendorf und Mit-
telfiſchach.

12. Ein **Jägerhaus** auf dem **Rockenland**, auf
derſelben Höhe. Noch im Jahr 1619. wurde
ein Forſtknecht uffm Rockenland, zu Eutendorf begraben. Trümmer von Gebäuden findet man noch.

## Das Wurmbrandiſche Amt Gſchwend.

Dieſes Amt, ſo wie es von Alters her beſtanden
hat, und noch vor der im Jahr 1707. geſchehenen
Vertheilung betrachtet, gränzt gegen Mitternacht an
das

das Wurmbrandische Landamt Gaildorf, und das
Assenheimische Amt Oberroth, auf den übrigen Sei=
ten hauptsächlich an das Wirtembergische, zum theil
aber auch das Reichsstadt = Gmündische, Barons
Holzische und Limpurg = Sontheim = Gaildorfische oder
Limpurg=Pücklerische Gebiet. Es ist vor Zeiten durch
besondre Vögte verwaltet worden, die in Gschwend
wohnten, von welchem Ort auch das ganze Amt be=
nennet worden. Im Jahr 1707. wurde es zwi=
schen Wurmbrand und Assenheim vertheilt, also daß
die östliche Hälfte zu jenem, die westliche zu diesem
Antheil geschlagen wurde. Das Wurmbrandische
Amt Gschwend bekam nachher einen Vogts = oder
Amtsverweser, darauf einen Amtsschuldheisen, der
aber dem Landamt Gaildorf untergeben wurde, so
daß also dieses Amt Gschwend, mit jenem Land=
amt, wirklich vereinigt ist.

Hier ist fast durchaus Sandland, welchem aber
die Einwohner mit Kies oder Mergel zu Hülfe kom=
men, wodurch sie den Ertrag ihrer Güter um vie=
les erhöhet haben. Es liegt, unsrer gemachten Ein=
theilung nach, grosentheils auf der ersten oder nie=
drigern Gebürgsstufe, wo wir in gleicher Höhe über=
all Sandboden antreffen. Einige Orte liegen höher,
auf der zweyten Gebürgsstufe, und haben fruchtba=
rern, zwar auch noch mit etwas Sand untermisch=
ten, doch mehrentheils lettigen Boden, von weiß=
gelblicher Farbe.

Dinkel und Weizen wird gebaut, aber in ge=
ringer Menge, Roggen und Haber häufig, und bey=
de sind vorzüglich. Gerste und Hirsen gerathen wohl,
jeder Hausvater pflegt etwas von beyden Sorten zu
bauen. Der Flachsbau ist in groser Achtung, da
ein Theil des Wohlstandes der oberländischen Lands
leuse

leute darauf beruhet, und der Boden vorzüglich dazu geschickt ist. Es wird größtentheils rheinischer
Leinsamen ausgesäet, ob er wohl oft sehr theuer erkauft werden muß, da auch bey gleichem äusserlichen
Ansehen das Product von demselben, jenes von ein-
heimischem Samen an Güte zu übertreffen pflegt.
Der inländische Leinsamen wird meistentheils den
Oelmüllern überlassen. Der Ueberfluß an Flachs
gehet hauptsächlich auf die Flachsmärkte zu Gmünd,
Welzheim und Gaildorf, oder wird von Fremden in
der Gegend aufgekauft, die auch viel von dem Ab-
werf ausser Lands' bringen. Das meiste des leztern,
nebst einigem Flachs, wird jedoch im Oberland selbst
versponnen, und macht einen Hauptgegenstand der
weiblichen Industrie den ganzen Winter hindurch
aus. Flächsenes Tuch und allerley Zwilg, gebleicht
und roh, wird im Frühjahr und Sommer dem Händ-
ler gegeben. Hanf wird wenig gebaut, kaum zur
Nothdurft. Erdbirnen oder Kartoffeln werden in
grofer Menge erzeugt, und sind den größten Theil
des Jahrs hindurch ein tägliches Nahrungsmittel
der Einwohner, werden auch häufig dem Rindvieh,
sonderlich Kühen, mit geschnittenem Futter, vorge-
legt. Die Wiesen sind im Sandland, wie natürlich, etwas mager, wo sie nicht durch Düngung
verbessert worden sind. Kleestücke siehet man zwar
zerstreut auf den Aeckern, aber meistens von geringer Beträchtlichkeit. Doch pflegt er wohl fortzu-
kommen, und würde bey vermehrtem Bau, welcher
verstattete, auch etwas ergiebiges zu Kleeheu zu dör-
ren, dem Oberländer sehr zu statten kommen, welcher ohnehin aus den futterreichen Roth- und Ko-
cher-Thälern jährlich einiges Heu und Ohmet zu
erkaufen pflegt. Aber grofe Bauern verlassen sich
darauf, daß sie nach Belieben Aecker in Wiesen

N 5

uns

umschaffen können, und kleine sprechen: daß der
Kleebau zu viel Dung erfordre, welchen sie auf die
Aecker nöthig hätten.

Dennoch ist der Viehstand auch in diesem Amt
ansehnlich, und man findet manche Bauern, die
20. und mehr Stücke Rindvieh zu halten pflegen.
Sind Gras und Weide nicht so fett, wie in den
Thälern, so verfüttern sie desto mehr Haber. Das
junge Vieh pflegt aber im Wachsthum, gegen das
in den Thälern, etwas zurück zu bleiben. Schaafe
hält man wenige.

Fluren trift man in diesem ganzen Amt nicht
an, jeder baut sein Land nach seinem Belieben.
Daher findet man Gärten, Aecker, Wiesen, Weiden, Wälder unter einander. Ursprünglich waren
in dieser Gegend lauter grose Höfe, mehrentheils
100. und mehrere Fränkische Morgen gros, dergleichen noch vorhanden, die meisten aber vor längerer
oder kürzerer Zeit in mehrere Güter zerstückt sind.

Weil die Leute zwischen Wäldern sizen, einige
derselben auch eigene Waldungen haben, so verfertigt man viele geschnittene Holzwaare, Pfäle, und
allerley Handwerksholz. Es gehet diese Holzwaare
theils nach Gmünd, theils in die benachbarten Wirtembergischen Städte. Das Königsbronner Eisen-
werk hat schon viele Kohlen aus diesem Amt bezogen. Salin, (Potasche) Harz, Pech, Kienrus
oder Russchwärze wird auch bereitet.

Da viele Familien auf den einzelnen Höfen und
Weilern, ausser an Kirch- und Markt-Tagen, nicht
grosen Umgang haben, so trift man in Vergleichung
mit benachbarten Gegenden, wo die Menschen ge-
drängter zusammen wohnen, noch mehr von alter
Tracht

Tracht und Sitte an. Aber es ist ein ehrlicher, emsiger und grosentheils auch sparsamer Schlag von Menschen, meistens von gesunder Gesichtsfarbe und gutem Wuchs. Selten findet sich unter den Eingebohrnen ein Verunstalteter oder Krüppelhafter. An den meisten Orten ist das Trinkwasser vorzüglich rein, und die Luft gesund, doch wegen der hohen Lage und der überhin streichenden Winde öfters um ein gut Theil kühler, als in den Thälern. An den Werk = oder Wochen = Tagen schämt sich auch der begütertste Landmann nicht, in schlechtem Zwilg zu erscheinen, an Sonn = und Fest = Tagen hat er sein schwarz tuchenes Kleid, mit weissen metallenen Knöpfen und meistens rothem Unterfutter, ein rothes Leible oder Brustgewand, auch mit hellen Knöpfen, und gelbe oder schwarze lederne Beinkleider, die um die Knopflöcher und Taschen grün und roth ausgenähet zu werden pflegen, worauf jedoch nicht alle bestehen. Die Weibspersonen pflegen sich schwarz zu tragen. Eine Haube von Krepp, oder schwarz und weisem Kotton, jedoch mit Spizen, und zwar schwarzen, besezt, ein Leibchen von Kotton oder anderm buntfarbigen Zeug, worüber bey kaltem Wetter oder an Regentagen ein andres Leibgewand mit Ermeln, das aber nicht ganz an die Hüften reicht, angezogen wird, und ein geringer Rock von Wollen = oder Leinen = Zeug, machen die Alletags = Kleidung aus. Zum Sonn = und Festtags = Puz wird eine seidne Haube, und eine schwarze tüchene oder zeugene Kleidung erfordert. Unverheurathete Töchter tragen zum Puz hellfarbige tüchene Schnürbrüste, und dergleichen zeugene Röcke, die beyde zuweilen mit silbernen oder unächten goldenen Borten besezt sind. Sie lassen auch die Haarzöpfe, mit herabhangenden langen seidenen Bändern flottiren.

Das

Das Gschwender Amt ist noch waldig, war es aber ehemals noch viel mehr. Daher es an wilden Thieren nicht gefehlt hat. Es war eine Zeit, da sonderlich die Wölfe in dieser Gegend häufig und reissend waren. *) Die Stellen ehemaliger Wolfs= gruben, wo sich mancher Räuber dieser Art selbst fangen mußte, zeiget man noch.

Die mehreren Glashütten, die noch im vorigen Jahrhundert in diesem Amt vorhanden waren, ha= ben ihren Antheil daran, daß die Waldungen dün= ner wurden. Die nach dem dreysigjährigen Krieg, in welchem die Menschen selten und die Orte abge= brannt wurden, sich nach und nach wieder mehrende Volksmenge hat auch dazu geholfen.

Noch im Jahr 1737. waren in dem Wurm= brandischen Amt Gschwend nicht mehr, als 349. Ein= wohner=Seelen, ohne Dienstboten, mit denselben 414. Der jezige Bevölkerungsstand wird mit dem in jenem Jahr, bey den einzelnen Amtsorten, wenn sie nicht dazu zu neu sind, verglichen werden.

### Amtsorte sind:

1. Gschwend, zwey Stunden mittagwärts von Gaildorf, vier von Gmünd, fünfe von Schorn= dorf, auf dem Wege von dem ersten nach den beyden lezten Orten, ist ein alter Ort, und kommt schon unterm Jahr 1374. in der, bey Gaildorf angeführten, Beweisung der Schen= kischen Gemahlin Elisabeth, gebohrnen Gräfin von Tübingen, mit seinem grosen und kleinen limpurgischen Zehenden vor. Damals gehörte also Gschwend zu dem Amt Gaildorf. So alt aber

---

*) Crusius hat Anecdoten davon. Annal. P. 3. L. 9. c. 9.

aber der Ort ist, so bekam er erst im Jahr
1759. eine Pfarrkirche, und 1762. die Ge=
rechtigkeit zu zweyen Jahrmärkten, zu welchen
1776. noch der dritte kam. Diese Jahrmärkte
werden des Viehhandels wegen gewöhnlich
stark besucht. Das Kloster Adelberg hat einige
Lehengüter hier. Alle hohe und niedere Obrig=
keit war aber von den ältesten Zeiten her Lim=
purgisch. Der Ort kommt unterm Jahr 1434.
als gerichtbar gen Seelach vor, hat auch die=
sem Amt nach und nach seinen Namen mitge=
theilt, und der Name des Seelacher Amts ver=
altete. Es war ein herrschaftliches Amthaus
hier, auch ein herrschaftlicher Fohlenhof, der
aber längst eingegangen. Das dazu gehörige
Gut ist Unterthanen überlassen worden.

Ein Badhaus war ehmals auch hier. Man
soll den Weiler=Brunnen, eine starke, aber
viel Schwefel führende Quelle, deren Abfluß
auch im strengsten Winter nicht zufriert, son=
dern raucht, dabey gebraucht haben. Es gibt
aber auch vorzüglich reines Wasser im Ort.

Im dreysigjährigen Krieg war der Ort, nach
alter Ueberlieferung oft ganz leer, und der
Einwohner Aufenthalt ein finstrer abgelegener
Wald. Im Jahr 1715. waren 96. Menschen
hier, 1737. 158. Einwohner und 23. Dienst=
boten, im Jahr 1788. in Gschwend und den
dazu gehörigen nahgelegenen Häusern, 458.
Einwohner, ohne die fremden Dienstboten.

Der Nahrungsstand der Einwohner beruhet
auf dem Feldbau, der Viehzucht und dem Ge=
werbe mit Holz. Man hat die nöthigsten
Hand=

Handwerker für Nahrung, Kleidung und die unentbehrliche Geräthschaft der Landleute, zwey Wirthshäuser, einen Chirurg. Ein Forster und Jäger hat die herrschaftlichen Waldungen und Jagd zu besorgen.

Der dem Kloster Adelberg lehenbare Gemeinboden, ein ehemaliges verlassenes Hofgut, ist im Jahr 1786. unter die Einwohner zum Genuß vertheilt, und seitdem größtentheils angebaut worden, den noch insgemein genossen werdenden Wald ausgenommen. Die Baumzucht macht geringere Fortschritte, und viele Einwohner wollen sich nicht damit abgeben, obschon die ältern Bäume oft reichliche und schmackhafte Früchte tragen. Lebendige Haagen werden immer mehr gepflanzt; man wird aber doch durch die häufigen todten Stangenzäune an Feldern und Gärten alle Augenblicke erinnert, daß man im Holzland ist.

Die umliegende Gegend ist eine Gebürgs-Vertiefung, welche gegen Mittag aufsteigt, und sich gegen Morgen in ein tieferes Thal absenkt. Dahin fliesen auch die aus starken Brunnquellen zusammen, und durch und bey Gschwend vorbeylaufenden Bäche, der Wettenbach, Schlenkenbach und Steinbächle, die nach ihrem Zusammenfluß die Roth ausmachen, welche unter Täferroth sich mit dem Leinfluß vereiniget. An Wasser ist also kein Mangel. Dennoch hat Gschwend keine Mahl- aber eine Sägmühle. Seen sind nahe am Ort gegen Mitternacht. Zwey derselben sind seit kurzem in Wiesen verwandelt. Straßenhaus und Buchhöfle, zwey einzelne Häuser und

Güt-

Gütchen, liegen auf der Gschwender Markung.

Die hochselige Frau Gräfin Juliana Dorothea Louise von Wurmbrand, hat das Verdienst, den ersten Fond zu einer Pfarrbesol-
dung, mit einem dazu gestifteten Kapital von
1000. Fl. angelegt zu haben. Ihre hohen
Nachkommen haben durch Vermehrung derselben die Subsistenz eines Pfarrers möglich gemacht. Die Kirche, ein regelmäsiges Viereck,
mit einem in Schrauben hängenden Thürnchen
mitten auf dem Dache, haben die Pfarrkinder
aus ihren Mitteln erbauet. Die Anzahl derselben belief sich zu Ende des Jahr 1788.
auf 766.

Woher ist der Name Gschwend zu leiten?
Man trift auch ein Gschwend im Oesterreichi-
schen Kreis, Land ob der Ens, ein Fürstlich-
Auerspergisches Schloß und Herrschaft an, und
sicher ist, daß ehemals Wenden daherum wohnten. Vielleicht hat der Name dort und hier
von ihnen seinen Ursprung. Wendische oder
Windische Kolonien sind wenigstens in Franken vom siebenten Jahrhundert an viele gewesen, und manche Orte tragen noch ihren Namen, und ein Windau, ein längst abgegangner Ort, lag auch in dieser Gegend.

Die zunächst um Gschwend herum gelegenen Orte; und zwar gegen Morgen:

2. Mühläckerle, ein Haus, nahe an dem Assenhei-
milchen Hasenhof, von Handwerkern bewohnt,
mit zweyen Wohnungen, 10. Seelen, und
wenigem Boden, in neuern Zeiten erbauet.

Ein

Ein hier wohnender Zimmermann hat das Verdienst, die holländischen Getraide-Reinigungs-Mühlen, (Puzmühlen, genannt,) die er in geringem Preise verfertigt, in der Gegend eingeführt zu haben.

3. Schmidbüßel, ein Weiler von einigen zerstreueten Häusern und Gütern. Es stehet eine Sägmühle dabey, welche den Hohenreuter Bauern zugehört. 1737. waren hier nur 8. Seelen, jezt 53.

4. Birk- oder eigentlich Bürkhof, von einer in alten Zeiten hier nach der Ueberlieferung gestandenen Bürk oder Burg also genannt, ein paar Häuser und Güter, in neuern Zeiten angelegt, welche jezt 19. Seelen in sich fassen.

5. Schlechtbach, ehemals auch Hinter-Schlechtbach zum Unterschied eines andern genannt, ein Dörfchen an einem gleichnamigen Bach. Es ist eine katholische Kirche hier, in welcher von dem Geistlichen zu Zimmerbach jährlich ein paarmal Gottesdienst gehalten wird. Sie ist dem Apostel Andreas gewidmet. Einige Einwohner sind Reichsstadt-Gmündische, ein paar Baron-Holzische, nach Alfdorf gehörige Unterthanen. Die zum Amt Gschwend gehörigen Einwohner wohnen in 8. Häusern, und machen jezt eine Zahl von 60. Seelen aus. Im Jahr 1737. waren ihrer 27. und 6. Dienstboten. Die 4. hier ansäßigen Limpurgischen Bauern besizen schöne Waldungen und weitläuftige Güterstücke. Es ist hier Sandboden, pflegt aber durch Kies verbessert zu werden.

Nahe

Nahe an Gschwend, doch auf einem von
Schlechtbachern besessenen Stücke Boden, ist
in neuern Zeiten, ein Haus erbauet, und ein
Unterthan angesezet worden. Es trägt den
Namen Rauengehrn. Die hier wohnende 11.
Seelen sind in der angegebnen Zahl der
Gschwender Einwohner begriffen.

Eine Greth von Finsterloch, Bürgerin zu
Gmünd verkaufte 1395. an Limpurg die Gülten und Vogtey auf vier Gütern zu Schlechtbach, wozu nachher auch das Eigenthum von
andern Besizern kam. Gerichtbar waren die
vier Güter gen Seelach.

### Gegen Mittag:

6. **Hohreut** oder **Hohenreut**, in dem Schlechtbacher Thälchen etwas weiter aufwärts, bestehet aus zweyen Höfen, wozu nicht unbeträchtliche Wälder, Aecker und Wiesen gehören. Sie wurden schon im Jahr 1557. und
zwar aus Schlechtbacher Güterstücken, und einem von der Stadt Gmünd in diesem Jahr
eingewechselten Fall-Gut formirt. Sie be-
griefen 1737. 16. Seelen, und 2. Dienstboten,
jezt 11. ohne die Dienstboten. Die hiesigen
zwey Unterthanen besizen auch eine Sägmühle
im Schmidbügel.

Das **Haldenhäußle**, in neueren Zeiten auf
Hohenreuter Boden erbaut, enthält 1. Unterthanen, und jezt 7. Seelen.

7. **Humberg**, in eben diesem Strich noch weiter
aufwärts, an der Mittagseite des gleichnamigen Berges, ist Kloster-Adelbergisches Lehen,

aber von den ältesten Zeiten her der Limpurgischen Obrigkeit unterworfen. Hier sind zwey nicht geringe Hofgüter, mit 2. Unterthanen besezt. Im Jahr 1737. lebten 18. Menschen, ohne die Dienstboten darauf, jezt 16.

Im Jahr 1732. ist an einem zu diesem Humberg gehörigen Rain ein alter, schwärzlicher, unglasurter, ziemlich geräumiger Topf, voll uralter silberner Heller, in der Erde, zufälliger Weise gefunden worden. Ein weidender Ochs trat mit einem Fuß durch die obere Erdrinde, und so kam der Schaz zu Tage. Die Leute, die nahe dabey auf dem Felde beschäftigt waren, liefen zu, und fanden um das Loch zerstreute Silberstücke. Sie kamen an das Loch, und hoben auch den Topf aus. Er war mit einem modrigen braunen Zeug oben bedeckt. Der Stein, der auch den Lumpen bedeckt hatte, war durch den Ochsentritt verschoben worden. Zwey derselben Heller sind auf der ersten Kupfertafel, bey dem ersten Theil dieses Werkchens nach den Orginalen abgezeichnet zu finden. Es sind dünn geschlagene Silberblechstücke, unförmlich gerundet, das eine von scheinbar älterem Schlag, mehr viereckt, als rund zu nennen. Sie kommen darinn überein, daß auf beyden die eine Seite eine erhabene rechte flache Hand, die andre ein Kreuz darstellt. Die Hand ist ganz ohne Schild oder Rand, und sichtbar von der andern Seite zuerst eingeschlagen; man siehet kaum den Daumen und die Finger ohne eine Handwurzel. Das Kreuz hat vier gespaltene Füsse, ist zwischen diesen Spalten mit Aepfeln besezt, in einem erhabenen viereckten Schild
von

von ungleichen Seiten eingeschlossen, und gleichfalls, wie man deutlich siehet, von der Gegen-
seite eingeschlagen oder eingehämmert. Daher auf jeder Seite Vertiefungen von der gegenseitigen Figur erscheinen. Weder ein Buchstabe noch ein Zahlzeichen ist darauf. Diese
Heller sind also wahrscheinlich viel älter, als
derjenige, dessen Figur Herr Colland in seiner
Erklärung des Hällischen Wappens geliefert hat,
und von den ersten Heller-Schlägen, indem
man sich die Münzkunst des mittlern Zeitalters
wohl nicht einfacher und roher denken kann, als
sie hier erscheint.

Daß die Heller oder Häller, die nach Pfun-
den geschäzt wurden, von der heutigen Reichsstadt Hall den Namen haben, weil sie vermuthlich daselbst am ersten oder häufigsten geschlagen wurden, ist bekannt. Man sezt das Jahr
1228. als dasjenige an, um welches sie am
häufigsten im Umlauf waren. Sie wurden lat.
Hallenses, Haleri und Hælleri genannt, oder
man bezeichnete sie mit dem Ausdruck Hall.
monetæ. Die älteste Meldung der Haller-
Münze ist vielleicht die in dem Oehringischen
Stifts-Fundationsbrief vom Jahr 1037. da
es heißt: dimidiam Villam Halle cum omnibus appendiciis suis, et in Villa Oringo-
we decem talenta illius monete, wo die beyden leztern Worte wahrscheinlich sich auf Villam Halle beziehen.

Daß übrigens unsre Humberger Heller, die
leider bis auf wenige dem Goldschmid zu Theil
wurden, zu den ältesten und raresten gehörten,
beweißt auch ihr feiner Silber-Gehalt. Denn

D 2                                        da

da die Heller inn Anfang des dreyzehnten Jahr=
hunderts von feinem Silber ohne Zufaz ge=
macht wurden, und 1. Pfund Heller folglich
mit 1. Mark Silber einerley war, indem jenes
auch nur 8. Unzen hielt, so war nach der Mit=
te dieses Jahrhunderts das Pfund Heller am
Werth schon bis auf den achten Theil des
vorigen, nemlich 1. Spezies=Thaler herabge=
funken, indem zwar das Gewicht blieb, aber
das Silber fast gänzlich gegen Kupfer ver=
schwand, bis endlich in der Folge das Kupfer
allein überblieb, und Heller ein bezeichnender
Name der kleinsten kupfernen Scheidemünze
wurde, wie denn auch bey den limpurgischen
Aemtern das Pfund Heller heutiges Tages zu
43. kr. berechnet wird, wiewohl in andern Ge=
genden dasselbe theils in höherem theils in ge=
ringerem Verhältnis zu heutigem Golde stehet.

8. Herschenhof, ein einzelner Hof, in dem vorge=
dachten Strich, auf dem östlichen Abhang des
Berges, worauf Seelach stehet, ein gräflich=
Degenfeldisches Lehen, wovon aber nur ein ge=
ringes bestimmtes Handlohn gegeben wird. Es
gehört Waldung dazu, es wächst hier vorzüg=
licher Flachs, schöne Obstbäume umgeben die
Gebäude, und seit 50. Jahren war auch im=
mer ein ansehnlicher Bienenstand hier. Man
zählte auf dem Hof 1737. 6. Einwohner, und
1. Dienstboten, jezt 6. ohne die Dienstboten.

9. Stixenhof, in ältern Zeiten Krettenbach und
Krötenbach genannt und geschrieben, liegt
gegen Südwest von Gschwend, 1. Stunde
Wegs weit. Es sind hier 2. Siebenzehner=
Unterthanen, von welcher Art Leute weiter un=

ten

ten besonders gehandelt wird. Ihr Wohlstand
stüzt sich vornemlich auf Holzgewerb, Flachsbau
und Viehzucht. Im Jahr 1737. waren hier
9. Einwohner, und 6. Dienstboten, jezt sinds
20. Einwohner, ohne die Dienstboten.

### Gegen Abend von Gschwend.

10. **Dinglesmad**, 3. Häuser und eben so viele Unterthanen, welche sich zugleich vom Feldbau und
Handwerkern nähren, an dem südlichen Abhang
des Hagberges , eine Viertelstunde von
Gschwend. 1737. standen diese Häuser noch
nicht, sie enthalten jezt 25. Menschen.

11. **Brandhof**, eine Strecke weiter gegen Abend,
ein Haus und Gütchen, mit 9. Einwohnern.
Es ist in neuern Zeiten erbaut.

### Gegen Nordwest von Gschwend.

12. **Lämmerhof**, ein Hofgütchen mit zwey andern
Häusern, am nördlichen Abhang des Gebürgs,
das einen Fortsaz vom Steineforst macht, in
einer etwas rauhen und steinigen Revier. Im
Jahr 1737. stund das Lämmerhöfle schon, und
ernährte damals 6. Menschen. Jezt sind 15.
darauf.

13. In dem übrigen Würtembergischen, und zum
Oberamt Lorch gehörigen Pfarrdorf Frickenhofen, welches von Gschwend morgenwärts 1.
Stunde liegt, hat Limpurg von alten Zeiten her
sicher wenigstens von 1450. Unterthanen, mit
aller hohen und niedern Obrigkeit gehabt. Es waren ihrer im Jahr 1737. 13.Seelen, jezt sinds 18.

Die Frickenhöfer Bauern sind meistens mit
Waldungen und Feldgütern wohl versehen.

O 3                        Fricken-

Frickenhofen liegt auf dem mitternächtlichen
Vorgebürge des etliche Stunden von da sich
fortziehenden, ziemlich breiten, ebenen, settigen
und fruchtbaren Bergrückens, auf der zweyten
limpurgischen Gebürgsstufe. Es ist vielleicht
ehemals Hohenstaufisch gewesen. Dem Kloster
Lorch ist der Besiz des Orts, neben andern
Besizungen, im Jahr 1505. von Kaiser Maximilian zu Augspurg bestättiget worden. Bis
hieher erstreckte sich ehemals der Sprengel des
Bischofs von Augspurg, und der hiesige Pfarrer hatte den Titel eines Rectors. Man siehet
dieses aus einer Präsentation eines neuen Rectors, von dem Abt zu Lorch, an den Bischof zu
Augspurg vom Jahr 1488. Damals resignir-
te Herr Georg Muck, und der ehrbare und be-
scheidene Johann Leonis kam an seine Stelle.
Crusius Annal. P. 3. L 9. c. 10. und 1.

14. Südwärts von Gschwend steigt das Gebürge
ebenfalls bis zur zweyten Stufe auf, wo sich
Lettenboden findet, und streckt sich in Gestalt
eines Bergrückens gegen die Lein hin. Hier
finden sich 3. zum Amt Gschwend gehörige
Weiler. Das erste ist Nardenheim. Es sind
hier fünf Bauerhäuser und eben so viel Bauers-
güter. Im Jahr 1737. waren hier 28. Einwohner, und 5. Dienstboten, jezt 39. ohne die
Dienstboten. Darunter sind Siebenzehner drey,
deren Güter dem Kloster Lorch lehenbar sind.
Es sind aber auch Güter hier, davon Limpurg
das Eigenthum besizet, so wie es von den ältesten Zeiten her Gerichtsherr des Orts war.
Feldbau und Viehzucht sind hier vorzüglich.
Den Zehenden hat Limpurg im Jahr 1572. von

Lorch

lorch durch Vertrag erhalten. Der älteste
Namen des Orts ist Nartenhayn. Es war
hier ehemals eine, vermuthlich dem Kloster lorch
zugehörige Kapelle. Religiose Bilder von der=
selben waren bey Menschengedenken noch vor=
handen. Hier ist auch noch auf einer Scheune,
ein halbes Strohdach, aber nur als eine zur
Seltenheit gewordene Antiquität zu sehen.

15. Vorderstelneberg, ein Weiler in einer frucht=
baren lage, etwas weiter südwärts. Die hiesi=
gen limpurgischen Unterthanen machen jezt 66.
Seelen zusammen aus, 1737. waren ihrer 32.
und 12. Dienstboten. Siebenzehner sind hier
sechs. Ein Hanß von Yberg und Agnes von
Rennhingen, seine ehel. Hausfrau verkauften
1436. hier ein Gut an limpurg, das doch schon
von Alters her gerichtbar gen Seelach war.

16. Kapf, ein Weiler, das gute Güter hat, am süd=
lichen Kap des Gebürges gegen die lein zu. Es
ist 1. Siebenzehner Gut hier, und jezt 60. Ein=
wohner=Seelen. Im Jahr 1737. zählte man
deren 27. welche 6. Dienstboten hatten.

### Abgegangene Orte.

In einem lehenbrief Kaiser Sigmunds vom
Jahr 1434. kommen einige Orte vor, die in das Hals=
gericht gen Seylach gehören, als: Lutesweyler,
Niemandsmühlen, Cartenthall, Cromühl, Beu=
tenmühl, Thalheim, welche jezt niemand in die=
ser Gegend findet. Vielleicht aber haben einige
derselben ihre Namen geändert.

D 4                    Von

## Von den Siebenzehnern im Amte Gſchwend.

Die ſo genannten Siebenzehner im Amte
Gſchwend ſind die Beſizer von ſiebenzehen alten
Gütern, deren doch einige in neuern Zeiten unter
mehrere Inhaber vertheilt worden. Sie liegen an
mehreren Orten zerſtreuet, alle aber in dem Gerichtsbezirk der uralten Seelacher Gerichts-Stätte. Zwey
dergleichen ſind zu Seelach, drey zu Altersberg, im
Solms-Aſſenheimiſchen Antheil, zwey im Stixenhof,
drey zu Nardenheim, eines zu Kapf, ſechs zu (Vor-
der-) Steineberg, im Wurmbrandiſchen Antheil des
Amtes Gſchwend.

Dieſe ſiebenzehen Güterbeſizer ſind ſämtlich Klo-
ſter-lorchiſche Lehenleute, eben ſo unwiderſprechlich
aber der Limpurgiſchen Gerichtbarkeit unterworfen, ſo
wie ſie auch Limpurg Erbhuldigung leiſten, und geloben:

» auch ſonſten alles andre zu thun und zu laſſen, als getreuen gehorſamen Unterthanen gegen ihre Herrſchaft zu thun gebühret, und
wohl anſtehet. »

Desgleichen geloben ſie:

» dem Kloſter Lorch und von deſſelben wegen
der Herrſchaft Wirtemberg als des Kloſters
Landesfürſten, Kaſtenvogt und Erbſchirmherrn,
gehorſam, getreu und hold zu ſeyn, und insgemein alles das zu thun und zu laſſen, was
getreuen Lehenleuten zu thun und zu laſſen gebühret und eignet. »

Wie der im Jahr 1592. zwiſchen Herzog
Ludwig zu Wirtemberg und Johann, Herrn zu Limpurg.

purg, des h. R. R. Erbschenk und Semperfreyen
errichtete Vertrag wörtlich besagt. Sie genießen
noch einige Freyheiten, z. E. Wein zu schenken, wovon sie doch an Limpurg Umgeld zu zahlen haben, sie
werden im Wirtembergischen, in Ansehung des Zolls,
nicht wie Fremde, behandelt u. d. g. Aber ihr ehemaliger Zustand soll doch herrlicher gewesen seyn.

Auf einer ansehnlichen Höhe, auf welcher man
einen grosen Theil des so genannten Welzheimer Wal-
des übersehen kann, zwischen Seelach und Nardenheim, liegt das von dem erstern Ort benannte Hochgericht, oder die alte Seelacher Gerichts-Stätte.
Eine Reihe wohlbemerkbarer Löcher oder Vertiefungen, worinn die Säulen ehemaliger Galgen und Rä-
der sollen gestanden haben, zeichnen noch izt die erhabene Fläche aus, die niemals angebauet, sondern nur
beweidet wird. Der gemeine Mann der umliegenden Gegend hat viel Ehrfurcht dafür, und glaubet
fest, daß diese Löcher nicht auszufüllen wären, und
Erde und Steine, die etwa hineingeworfen würden,
versänken, wie man aus Erfahrung wisse. Diese
Mirakelkraft des todten Bodens abgerechnet, verdient
jedoch dieser Plaz, als eine alte Stätte der Gerechtigkeit, in diesem ehemals so waldigen, und wohl auch
zuweilen unsichern Landstrich, eine vernünftige Achtung. Warum aber jene Tiefen immer fortdauren,
und nie ausgefüllt werden, davon läßt sich mehr als
Eine Ursache denken, vornemlich wenn man weiß,
daß sie ein Denkmal der alten Siebenzehner-Herr-
lichkeit abgeben, deren sich der Siebenzehner noch
immer gern und mit Würde erinnert. Man hat
davon folgende Tradition. Die Siebenzehner haben hier auf freyem Plaz über Leben und Tod gerichtet, und der jüngste derselben hat das Urtheil

D 5       als

als Nachrichter vollzogen, nach wohl verrichteter
Arbeit aber seine Handschuhe weggeworfen. Also
hats gleichsam nicht Er, sondern der Handschuh
gethan. *)

Die Einbildungskraft hat sich hieraus sieben=
zehen freye Stabshalter geschaffen, die nach eignem
Gefallen in der Vorzeit regiert und gerichtet, und
gleichsam einen eignen Staat gebildet hätten. Der=
gleichen sind diese Landleute wohl schwerlich gewe=
sen, es müßte denn seyn in den trübseligen Zeiten,
da das Reich ohne Haupt war, und die Fürsten
und Herren, in den ewigen Fehdschaften nicht Rath
zu schaffen vermochten. Haben sich damals etwa
17. Eidgenossen aus den nächstgelegenen Orten auf
den Plaz bey Seelach bestellt, und da Gott ge=
lobt, einander wider Gewalt und Unrecht beyzuste=
hen, und die Frevler mit gesammter Hand selbst
zu bestrafen? Haben sie auch ihre Nachbarn ver=
mocht, sich unter ihren Schuz zu begeben, und mit
ihnen zu halten? Wer weiß das? Im Stand der
rohen Natur hätte eine gerichtliche Obrigkeit so ent=
stehen können.

Hat aber Limpurg, welches in den ältesten
Zeiten in dieser Gegend Besizungen, ja gar an der
Rems und die Burg Stauffen selbst hatte, in der
Folgezeit, da der Strom wieder in seine Ufer ge=
tretten war, diese Landleute auch wieder eingeschränkt,
auch um größerer Autorität willen sich sein Halsge=
richt

*) Dies war auch sonst kundbare alte Sitte. Die Schöppen
brachten bey den sehr alten Criminal = Gerichten die Sentenz
selbst zur Vollziehung, und das Amt eines Scharfrichters war
gar nicht entehrend. Man sehe darüber nur das sehr gelesene
Buch Schmids Gesch. der Deutschen 3. Th. S. 201. In der
Wirzburgischen Stadt Röttingen war vor Alters der gleiche
Gebrauch. S. Wibels IV. Th. Seite 109.

richt zu Seelach namentlich vom Kaiser bestättigen
laſſen, ſo iſt dies wieder ganz ſo, wie es der gewöhnliche Lauf der Dinge mit ſich bringt. Die
Siebenzehner haben dann als Schöppen, ſo wie
vielleicht vorher oder ſo lang ſie Gericht hielten, im
Namen ihrer Landesherrſchaft und unter dem Vor-
ſiz eines von derſelben beſtellten Oberrichters, ihr
Gericht gehalten. Dies kann ſeyn, wir wiſſen aber
davon gar nichts gewiſſes mehr, und die Siebenzehner haben gar keine Urkunde, ſondern ſagen, ihre alten Briefe ſeyen durch Brand verloren gegangen.

Gewiß iſt aber, daß in Kaiſer Ruprechts Lehenbrief vom Jahr 1403. über der Schenken Geleit,
Wildbann ꝛc. das Halsgericht zu Seylach uff
dem Wald namentlich vorkommt, da es in der
Aufzählung der limpurgiſchen Halsgerichte zwiſchen
dem zu Sulzbach und zu Welzheim mitten inne
ſtehet. Woraus jedoch die Folgerung, als wenn
Limpurg dies Halsgericht erſt damals vom Kaiſer
und Reich erworben hätte, übereilt wäre. Die ältern kaiſerlichen Lehen - und Beſtättigungs - Briefe
ſind immer kurz und nicht gar umſtändlich und beſtimmt abgefaßt, und faſſen alle die alten Hoheitsrechte, und vermuthlich auch das Halsgericht zu Seelach, in Einer Formel zulezt ſummariſch zuſammen:
alle Rechte, die ihre (der Schenken) Altvordern erworben und hergebracht haben.

Der Bezirk des Halsgerichts war nicht unan-
ſehnlich. Er wird von dieſer Zeit an beſchrieben,
als von der Buch gen Gebenweiler, von da gen
Altersberg, von da gen Gſchwend, von da gen
Stöſſel, Schlechtbach ꝛc. gehend.

Was

Was die Zahl Siebenzehen bey dem Sieben-
zehner-Gericht betrift, so kann sie zwar von zufälli-
gen Umständen entstanden seyn; doch ist auch nicht
unwahrscheinlich, daß nicht Zufall, sondern Wahl
und altdeutsches Herkommen dieselbe bestimmt hat.
Unsre Vorfahren hielten überhaupt viel auf Sieben,
als eine heilige Zahl, und hatten bey ihren Gerichten gern sieben Schöppen, sieben Zeugen. Vielleicht
waren auch hier ursprünglich nur sieben, und es
sind nachher aus gewissen Ursachen noch zehen beygefügt worden.

Weil die Gerichte öffentlich gehalten wurden,
in Gegenwart des versammelten Volks, so wählte
man dazu einen ofnen geräumigen Plaz, und oft
einen Berg, der die Mahl-(oder Mall-d. i. Ge-
richts-) Statt oder der Mahlberg hieß. *) Auch
in dieser Rücksicht war die Seelacher Gerichtsstätte
nach alter Sitte vollkommen bequem. Sie war geräumig genug, um Tausende zu fassen, hoch genug,
um weit und breit gesehen zu werden, konnte leicht
von allen Seiten bestiegen werden, und lag dergestalt innerhalb dem Gerichtsbezirk, daß kein dahin
gerichtbarer Hof oder Weiler allzu weit hatte.

Weil endlich die Sachen damals gewöhnlich
mündlich und kurz, nach schlichtem Verstand und
landesgewohnheit abgeurthelt wurden, so konnten
gar wohl Landleute Schöppen seyn. Jede Volks-
Classe wollte ohnehin nur von ihres Gleichen gerichtet

---

*) Mallus, Mallum, in der Sprache des mittlern Zeitalters,
eine Volks-Versammlung, wobey die wichtigsten Sachen ausgemacht wurden, und Grafen, königliche Missi oder auch andere
Richter präsidirten. Sie durften nicht in Kirchen, auch nicht
in Priester=Wohnungen neben solchen gehalten werden, aber
wohl auf geräumigen freyen Plätzen.

richtet ſeyn. Dies war laut athmender Freyheits=
geiſt, im niedern wie im höhern Adel, in Bauren,
wie in Städtebürgern, wovon die deutſche Geſchich=
te Beyſpiele genug aufſtellt.

Als Gegenbilder zu unſerm Siebenzehner=Ge=
richt, mögen aus Sattlern hier nur ein paar ande=
re Gerichte ſtehen, die einige Aehnlichkeit damit
haben. Das eine iſt das Waldgericht im Amt
Dornſtetten, das zu Aach im einem Höflein (ſo
ſchrieb Sattler,) unter freyen Himmel gehalten,
und nur bey Regenwetter unter ein Dach gezogen
wird, wo zwar der Vogt zu Dornſtetten präſidirt,
aber zwölf Richter aus den gerichtbaren Dörfern
das Gericht ſelbſt ausmachen, doch nur über Erb
und Eigen, und über Güter, die im Waldgericht
liegen, richten können. Das andre, das Gericht
zu Hornberg, welches bis 1534. auch unter freyem
Himmel, und zwar vor der Stadt gehalten wurde.
Die Einwohner, ſezt Sattler hinzu, haben auch
ſonſt von alten deutſchen Gebrächen mehr, als an=
dre Städte und Aemter behalten. Hiſt. Beſchreibung
des Herzogth. Wirtemberg. 1. Th. S. 186. 2. Th.
S. 94. ältere Ausgabe. Es iſt aber gemeine Be=
merkung, daß in Gebürgen und Wäldern alte
Sitten und Gebräuche, ſich der alles verändernden
Zeit am ſpäteſten ergeben. Wenigſtens ſucht man
das ſüſſe Andenken davon ſo lang, als möglich,
zu erhalten.

Zu dem Limpurg-Gaildorf-Wurmbrandischen Landesantheil gehören auch Burg-Güter, deren schon bey der Stadt Gaildorf gedacht worden, ansehnliche Kameral-Waldungen und Jagdgerechtigkeiten, welche ein Forstmeister mit einigen Subalternen zu besorgen hat, das Jägerhaus zu Ruppertshofen, mit 6. Seelen, und einige hundert Leibeigene.

# III.
## Der

# Limpurg - Gaildorf - Solms - Assen-
# heimische Landes - Antheil.

Die Theilung im Jahr 1707. zwischen den beyden Gräfinnen Schwestern von Limpurg-Gaildorf, hat diesem Landesantheil, als welcher der Gräfin Wilhelmina Christina, vermählten von Solms-Assenheim durchs Loos zufiel, Namen, Entstehung und Umfang gegeben. Die nachfolgenden und heutigen Besizer desselben ersiehet man aus der Tabelle, welche das neuere Haus Limpurg darstellt.

Er begreift ausser ¼ an der Stadt Gaildorf, das Amt Oberroth und das Amt Gschwend, so viel nemlich von dem leztern zu diesem Antheil gelegt wurde.

## Das Amt Oberroth,

mit welchem das ehemalige besondre Amt **Viechberg** vereinigt ist, liegt von Gaildorf abendwärts, seinem größten und besten Theile nach längst dem Rothflüßchen. Es gränzt auf seiner Morgen- und Mittagsseite mit dem Wurmbrandischen Antheil, zum Theil auch auf der lezten mit Wirtemberg, mit dem zur Grafschaft Löwenstein gehörigen Amt Sulzbach an der Murr, und gegen Abend und Mitternacht abermals mit Wirtemberg und dem Hallischen Gebiet, auch mit Hohenlohe.

Das Roththal ist die Goldgrube dieses Amts. Die herrlichen, mit ihrem mannichfaltigen Blumenschmelz das Auge vergnügenden, und mit ihrem fetten Gras eine große Menge Rindvieh ernährenden Auen, zu beyden Seiten der Roth, befördern vorzüglich den Wohlstand der Landes-Einwohner. Auch der Ackerbau ist ansehnlich, die Ackerbeete sind zum Theil bis hoch an die Berghalden hinauf gezogen, es wächst

der beste Dinkel, man kennet den Klee-Esper- und
Lucernen-Bau. Die schönen herrschaftlichen und
Kommun-auch Bauern-Waldungen werfen auch etwas ansehnliches ab. Es wird viel so genanntes
Staudenholz auf der Roth in den Kocher, und auf
diesem weiter nach Hall geflößt, und allerley Holzwaaren in das Wirtembergische, (wie der Bauer zu
sagen pflegt, ins Land hinaus) verführt. Auch
verdient sich mancher Bauer mit Getraide-Fuhren,
die von Hall her durchs Land über die Gränze gehen, schönes Geld.

Der Roth-Fluß läuft bey anhaltenden oder
starken Regengüssen, weil sein Bette viele Krümmungen hat, leicht an, und düngt zwar mit seinem
fetten Schlamm die Wiesen, aber verschlemmt auch
zuweilen die reichsten Futtererndten, oder reißt einen Theil derselben gar mit fort. Eben diese Plage
wird auch öfters für die Strase verderblich. Doch
ist der Fußpfad neben der Fahrstrase durch einen
grosen Theil des Thals mit Steinen gepflastert.

Gegen Murrhard hin, ist dieses Thal von dem
Murrthal durch eine Berghöhe geschieden, welche
von Alters her die Schanze genennt wird, und
die Passage von Gaildorf nach Murrhard und weiterhin etwas beschwerlich macht. Oben siehet man
noch Ueberreste von alten Wällen und Gräben.

Es folgen die Amtsorte.

1. **Oberroth,** an dem Rothfluß, in welchen der
durch den Ort fliessende Fronbach läuft, zwey
Stunden abendwärts von Gaildorf, ist der
Amtsitz für dieses und das damit verknüpfte
Gschwender Amt. Der jedesmalige Kammer-
rath und Amtmann hat auch die Forst-und
Jagd-

Jagd: Sachen zu beforgen. Der Flecken iſt
wohlgebauet, und hat gepflaſterte Straſſen,
etwa 60. Bürger, und überhaupt 400. Ein:
wohner. Die meiſten nähren ſich vom Land:
bau, die übrigen von Handwerkern. Zwey
Wirthshäuſer ſind hier, zwey Badſtuben, Eine
Färberey, Eine Mühle, zum Mahlen und
Sägen eingerichtet, und oberhalb des Ort noch
eine Mahlmühle. Der Ort iſt zu dreyen Jahr:
märkten berechtiget. Die ganze Markung iſt an:
gebauet, nachdem im Jahr 1771. auch der
beträchtliche Gemeindboden unter die Einwohner
vertheilt worden. Eine wohlthätige Folge der
vorhergehenden Theurung. Die Vorſehung
empfahl durch das Gefühl des damaligen Man:
gels neue Induſtrie.

Die Kirche nebſt dem Pfarrhof, liegt am
einen Ende des Orts, nicht weit vom Fluß.
Das jezige Kirchengebäude kann nicht das äl:
teſte ſeyn. Ein Stein über einer Kirchenthüre,
der das Limpurgiſche und das altadelich Rothi:
ſche, dazwiſchen aber den über ſie hinaufragen:
den Kloſter: Murrhardiſchen Abtsſtab, in er:
habener Arbeit zeigt, enthält darüber die Jahr:
zahl 1513. Daß nun das jezige Kirchenge:
bäude in dieſem Jahr erbauet worden, iſt um
ſo mehr wahrſcheinlich, da innen an der alten
gemahlten Decke des Schiffes oder Langhauſes
der Kirche neben dem Limpurgiſchen das Wap:
pen eines Biſchofes von Wirzburg aus dem
Hauſe der Edlen von Bibra, zu ſehen iſt, und
der ruhmwürdige Biſchof Laurentius von Bibra,
der denn auch ungezweifelt Ordinarius hier
war, von 1495. bis 1519. die biſchöfliche

P 2        Würde

Würde bekleidete. *) Es war zwar auch Kon=
rad von Bibra 1540. bis 1544. Bischof zu
Wirzburg; aber es ist nicht glaublich, daß die
Decke erst so spät nach der Vollendung des
Hauptbaues gemacht und gemahlt worden, zu=
mal da die h. Jungfrau mit dem Mond unter
ihren Füssen nahe dabey stehet. Das Herzog=
lich=Wirtembergische Wappen, welches an der=
selben Decke, den angeführten Wappen gegen
über gemalt ist, der Murrhardische Abtsstab
und das Wappen der Herren von Roth aussen
über der Thüre, sind auch wohl zu erklären.
Das Kloster Murrhard war von alten Zeiten
her Patron der Pfarre, der Herzog von Wir=
temberg des Klosters Schirmherr und Kasten=
vogt, die von Roth mit Limpurg, wenigstens
auf gewisse Weise Condominial=Herren des Orts.

Man siehet noch mehrere nicht unbedeutende
Antiquitäten in und an der Kirche. Nächst an
der Kirchthüre gegen Morgen stehet ein Ge=
dächtnisstein eines Frizen von Roth, der 1482.
gestorbe ist. Das Wappen desselben hat im
Schild 3. Querbalken, auf dem Helm 2. Büf=
selhörner, die mit eben diesen Querbalken be=
legt sind. In der Kirche sind etliche Denkmale,
theils sehr schön gearbeitet, des Geschlechts der
Senften von Sulburg, die zum uralten Halli=
schen Patriciat und zu dem Geschlecht der Sul=
meister gehörten. Ein Schild mit dem Senf=
tischen Wappen im Chor erhält das Andenken
des

*) Es ist ein gevierter Schild, dessen erstes Feld die fränkischen
Heerivizen, das vierte das bekannte schräg schwebende von Roth
und Silber quadrirte Wirzburgische Fähnlein, das zwey
te und
dritte aber den schwarzen aufrecht stehenden Biber aus dem
Bibraschen Geschlechtswappen enthält.

des Wohledlen und Gestrengen Wolff Jacob
Senfft von Sulburg, gest. 1614. Ein steinernes Monument in der Mauer, ohnweit der
Kanzel, mit dem Senftischen und Meisenbu-
gischen Wappen, welchen zu beyden Seiten
noch mehrere Ahnen-Wappen stehen, hat in
einem Schild die Inschrift:

Montag den 26. Febr. Anno 1627. vor-
mitag zwischen 9. u. 10. Uhr ist in
Got sanft entschlafen die woledel und
tugentreiche Fraw Margreta Senftin v̄.
Sulburg Witib geborne Meisenbugin zu
Ober Rodt deren Got gād.

Das Senftische Wappen hat im Schild einen
von der linken zur rechten Seite herablaufenden
Schrägbalken, auf dem Helm ein springendes
Einhorn.

Ein groser fester Stein auſſen an der Kirche
zeigt keine ganz leserliche Inschrift, aber die
Jahrzahl 1419. und einen Communion-Kelch
in einem dreyeckigten Schild. Wahrscheinlich
zum Gedächtnis des hiesigen Pfarrers Johann
Premmingers, der in jenem Jahr starb. Eine
Brenzische Abkömmlingin, gest. 1598. hat auch
daneben ein Denkmal.

Zwey alte grose Glocken, die eine vom Jahr
1404. die andre vom Jahr 1496. *) laſſen vermuthen, daß vor dem jezigen Kirchengebäude
schon eine alte, nicht kleine Kirche hier gestan-

P 3 . . den

*) Sie ist nach alter Art getauft, und die Umschrift erhält noch
das Andenken an den alten Glocken-Aberglauben. Sie heißt:
Osanna heiß ich in meiner Frauen Namen läut ich Zacharias
Lachamann gos mich 1496.

den habe. Auch der Kirchthurn scheint viel älter zu seyn, als das jezige Kirchengebäude.

Sicher ist der Ort sehr alt. Eine alte Urkunde vom Jahr 855. die Eckhart bekannt gemacht hat, gedenket dessen schon. *) Nach derselben überläßt Abt Hatto zu Fulda dem Grafen Sieghardo de rebus S. Bonifacii in pago Cochingouue in duabus villis, in *Rotaha* nempe et in *Westheim* - - quicquid ibi proprietatis Ecclesia *Fuldensis* habuit. Der h. Bonifaz ist, wie man sehr wohl weiß, Kirchen-Heiliger zu Oberroth. Wie schön stimmt dies mit der alten Eckhartischen Urkunde überein! Dies und der Beysaz des nahe liegenden Westheims, nebst der Nebenbestimmung, daß beyde Villæ in Kochergau gelegen seyen, läßt an kein anders Roth gedenken, als Oberroth. In Mittelroth war nicht Bonifaz, sondern der Ritter Georg Kirchen-Heiliger, Unterroth hat nie eine Kirche gehabt, beyde Orte scheinen auch nicht so alt zu seyn. Graf Sieghard war ohne Zweifel einer der Kochergaugrafen. Da nun diese nach alten Nachrichten dem Kloster Murrhard viele Güter geschenkt haben sollen, insbesondere auch vieles in und um Westheim, so läßt sich vermuthen, daß auf solche Weise auch das ehemalige Eigenthum des h. Bonifaz in Oberroth an jenes Kloster, und in dieser Beziehung an Wirtemberg gekommen.

Das edle Geschlecht von Roth hatte hier und in der benachbarten Gegend, bis in das sechszehnte Jahrhundert Besizungen und eine halbe

*) Eckhart Rer. Francic. T. I. Lib. XXIV. §. 88. Georgii U. N. 1. Band. Seit. 843.

halbe Stunde am Rothfluß weiter aufwärts
sein Stammhauß, eine alte Burg auf einem
über die benachbarten Anhöhen emporragenden
Berg, auch Roth genannt. Man siehet noch
die Spuren der alten Burg, aber keine Ge=
bäude, noch sonst ein Denkmal mehr. Das
Geschlecht ist sehr alt, und soll sich, wenn alten
Chronick = Nachrichten zu trauen ist, in zwey
Aeste getheilt haben, deren der eine das schon
angeführte, der andre aber ein dem Hohenstei=
nischen ähnliches Wappen, mit 3. jedoch um=
gekehrten Fisch=Kegeln, geführt haben. Im Jahr
1304. sollen aus diesem Geschlecht noch ei=
nige Bürger zu Hall gewesen, auch um die=
se Zeit das kaiserliche Stadtschultheisen=Amt
von ihnen verwaltet worden seyn. Man trift
ihrer vom Jahr 1100. an, eine Menge in
Urkunden an. So kommen z. E. Wolpoto,
Craft und Udalricus de Rode schon um die=
se Zeit vor, und zwar unter mehrern Edlen die=
ser Gegend, und zwar insbesondre als Wohl=
thäter des Klosters Gnadenthal, und als Stifts=
Herren in Oehringen, als Klosterbrüder. Ein
Volnandus de Rote war im Jahr 1276. Plebanus in Steinbach, ein Siboto dictus de
Rode im Jahr 1277. Commendator, ver=
muthlich des Johanniter=Ordens. Der lezte
des Geschlechts, nemlich Friz von Roth, soll
nach Widmanns Angabe, im Jahr 1542. im
Türkenzug, zu Ofen in Ungarn, an einer
Krankheit gestorben seyn. *) Allein eines
Caspars von Roth nachgelassene drey Töchter
kommen noch 1550. urkundlich vor, als unter
P 4      Vor=

---

*) S. auch Crusius Annal. P. 2, lib. 7. c. 5.

Vormundschaft stehend. Vielleicht hat Wid=
mann nur im Vornamen geirrt. Er meldet
daneben, was jener an der Roth gehabt, sey
den Herrn von Limpurg, zu Gaildorf wohnend,
als Lehen heimgefallen. Dies kann zum Theil
wahr seyn. Es sind aber viele Güter derer
von Roth zum Theil lang vor dieser Zeit an
Limpurg, auch an Löwenstein, und von dort
wieder an Limpurg verkauft worden. Die Burg
Roth kam wenigstens schon 1367. als ein
Burgstall, zum Theil nebst andern Gütern,
an Limpurg.

Auch die Sturmfeder, und Sieder, besa=
sen im 14. und 15. Jahrhundert einiges hier,
vielleicht durch Heurath oder Erbschaft erwor=
ben, welches aber auch schon damals durch
Kauf an Limpurg kam. Die Senften haben
ohne Zweifel hier auch ein Lehen von Limpurg
gehabt.

Im Jahr 1525. mußte der Ort während
des Bauern = Aufruhrs eine Plünderung von
dem Schwäbischen Bundsvolk erfahren. Im
dreysigjährigen Krieg hatte er auch harte Schick=
sale. Nur im Jahr 1635. starben aus der
Pfarrgemeine 218. Personen; hingegen ist die
Mittelzahl der Verstorbenen in dem zehenjähri=
gen Zeitraum von 1641. bis 1650. auf Ein
Jahr nur etwas über 9. da doch Hunger und
Krankheiten noch nicht rar waren. Die Anzahl
der Pfarr=Angehörigen mag also bey dem wie=
derkehrenden Frieden kaum 300. gewesen seyn.
Jezt sinds 1200. Gewiß ein hübscher Zu=
wachs in 140. Jahren, da sich doch Hausen
seit dieser Zeit getrennt hat.

Vön

Von diesem Ort ist noch etwas anzuführen. Hausen an dem Rothfluß, nur eine Viertelstunde herabwärts von Oberroth, ist Stift-Komburgisch, ein mäßiges Dörfchen. Es gehörte von Alters her als Filial zur Oberrother Kirche. Im Jahr 1670. wurde der erste katholische Einwohner aufgenommen. Nach und nach wurde diese Religion die herrschende, es wurde eine katholische Kapelle erbauet, und im Jahr 1690. waren von 175. Einwohnern nur noch 40. evangelisch, die nach und nach ausstarben. Ein Herr von Ostein hat die jezige schöne massive Kirche erbauen lassen, an welcher über der Haupt-Thüre bey dem Osteinischen Wappen die Jahrzahl 1770. zu sehen ist.

Um den Burgberg Roth gibt es schönen Achat in Menge.

2. **Viechberg** liegt mitten im Roththal, an dem mitternächtlichen Ufer des Flüßchens Roth, eine Stunde von Gaildorf, und eben so weit von Oberroth. Es ist ein gut gebauter Flecken, mit einer Pfarrkirche. Wohnungen sind hier 57. Einwohner-Seelen 369. Die herrlichsten Auen umgeben den Ort, selbst die Berge sind bis auf ihre mit Waldung gekrönten Gipfel angebaut. Esper wird seit geraumen Jahren an den Bergen gepflanzt. Der Gemeinboden ist vertheilt.

Die ihrer Structur nach alte Pfarrkirche, davon aber das Jahr der Erbauung nicht bekannt ist, stehet in einem Kirchhof, der nach alter Art, wie ein Kastell, mit hohen und starken Mauren eingefaßt ist. Auf dem alten

P 5

massi-

maſſiven Thurn findet ſich auch noch eine groſe
alte Büchſe (oder Doppelhacke), dergleichen
vor Alters auf allen Kirchthürnen oder Kirchen
um der häufigen Befehdungen willen geweſen
ſeyn ſollen. Aber die gröſte Antiquität auf dem
Thurn iſt vielleicht die kleine Glocke. Sie
enthält in angegoſſenen ſehr alten Schrift=
characteren die Namen der 4. Evangeliſten und
der Maria, ohne eine Jahrzahl. In der Kir=
che, an der Wand, dem Haupteingang gegen
über, iſt ein artiges Denkmal, das der ehema=
lige Herzoglich = Wirtembergiſche Konſiſtorial=
rath, Probſt und Generalſuperintendent zu Den=
kendorf, Philipp Heinrich Weiſſenſee vor 40.
Jahren hat aufſtellen laſſen. Er war von hier
gebürtig. Er wird als einer der klügſten
Pädagogen ſeiner Zeit beſchrieben, und lies
auch nicht nur Arme überhaupt, ſondern ins=
beſondre die Schule an ſeinem Geburtsort
einen Theil des von Gott ihm geſchenkten
Segens genieſen. Denn da ſein jüngerer
Bruder, Ludwig Jacob Weiſſenſee, Herzoglich=
Mecklenburgiſcher Hof= und Juſtiz=Kanzleyrath,
für Arme und Schule der Viechberger Gemeine
600. Fl. geſtiftet hatte, ſo legte er noch 200. Fl.
bey, und ließ im Jahr 1748. folgende In=
ſchrift auf einer Tafel in der Kirche aufſtellen:

„Pſ. 118. v. 1.
Gott allein die Ehr.

Herr
Ludwig Jacob Weiſſenſee,

Baron Kraſſow. Hgräfl. Ahlefeld. Hfürſtl.
Mecklenburgiſcher Hofmeiſter, Hof= und Ju=
ſtiz=Canzley=Rath zu Schwerin, deß vor
die=

diesem Altar ruhenden 52 jährigen Pfarrers
allhier, Herr M. Johann Jacob Weissensee
und Frauen Regina Böckin von Giengen,
von VIII. Söhnen und III. Töchtern der
VIIde in der Ordnung, mit allen gebohren
allhier zu Fichtberg d. 30. December 1682.
und seelig gestorben unvermählt zu Schwerin
den 1. Dec. 1746. Stiffter von 600. Gulden Capital für Arme und Schule der Evangelischen Gemeinde zu Fichtberg, zum Se-
gensgedächtnus aufgestellt, und mit einer
Donation von 200. Gulden vermehrt, von
dem noch allein übergebliebenen Erstgebohr-
nen Philipp Heinrich Weissensee, Prälaten
zu Blaubeuren A. 1722. Würtemb. Land-
schafftl. Assessor A. 1724. Prälaten zu Hir-
sau und Consistorial-Rath A. 1727. Probst
zu Denkendorff und General - Superin-
tend. A. 1740. allhier gebohren den 6.
Febr. A. 1673. im 44sten Jahr des Vatters. „

Auf dem Denkmal, welches zwar nur von
Holz, aber von guter Arbeit, und durch Joh.
Jac. Ihle von Eßlingen mit Geschmack gemahlt ist, befindet sich zu oberst das schöne
Brustbild des Herrn Kanzleyraths, gleich unter diesem das Weissenseeische Wappen (über
dem Helm ein weisser Schwan, im Schild
eine weisse Seerose im blauen Grunde,) und
zu beyden Seiten der Innschrift zwey sym-
bolische Figuren, rechts die Gerechtigkeit, links
die weise Güte, ein offnes Buch und einen
Becher in den Händen haltend. Der Prälat
Weissensee genes auch noch in der Zeit durch
ein

ein langes ruhmvolles Leben den Lohn edler Stifter; er starb 1767. 94. Jahre alt.

Das Kloster Murrhard hat von Alters her, und wenn die Geschichte richtig erzählt, von seiner Entstehung, hier die Pfarrey zu erseczen gehabt, und Wirtemberg hat dieses Recht bisher ausgeübt. In die Stelle des Bischofs ist bey der Reformation der Landesherr getretten. Das Kloster Murrhard baut auch das Pfarrhaus, hat aber auch Zehenden hier und in der Gegend.

Der Murrhardische Stiftungs-Brief enthält eine Stelle, worinn ausdrücklich vorkommt: als die Zahl der Diener Gottes in Murrhard zugenommen, hat der Stifter (Kaiser Ludwig der Fromme,) ihnen zur Unterhaltung ihres Lebens die drey Pfarreyen Fichberg, Murrhard und Sulzbach (an der Murr) mit ihren Zugehörden gegeben. Vermög dieser Stelle hätte also Viechberg im Jahr 817. schon eine Pfarrkirche gehabt, und die umliegende Gegend wäre unter der Karolinger Botmäsigkeit gewesen. Darinn findet sich wenigstens keine auffallende Unrichtigkeit. Man weiß aus ganz andern Urkunden, die ausser allem Zusammenhang mit dem Kloster Murrhard sind, daß der h. Bonifaz im Jahr 855. und früher Besizungen in Oberroth gehabt hat, wie bey diesem Ort angeführt worden, warum könnte Viechberg, bey so vorzüglicher Güte seines Bodens, um dieselbe Zeit nicht auch schon wohl angebauet, und mit einer Pfarrkirche versehen gewesen seyn? Man weiß, daß in diesem Jahrhundert Kaiser Arnulph Befreyungen in

**Betreff**

Betreff der Hallischen Saline ertheilte, war:
um könnten die Karolingischen Kaiser vor ihm
an andern Orten dieser Gegend nicht Stamm:
oder Krongüter gehabt haben? Ueber andre
Punkte in Ansehung der Aechtheit oder Unächt:
heit jenes Stiftungsbriefs kann man sich hier
nicht verbreiten.

Sonst findet sich, daß verschiedene edle Ge:
schlechter vorzeiten hier Güter gehabt haben,
als von Wöllstein, von Ickingen, von Roth,
selbst die Herren von Weinsperg. Auch hat
der von Rosenstein, mit seiner Burg Rothen:
berg einiges hier an Limpurg überlassen.

Eine Zeitlang war Viechberg auch der
Hauptort eines besondern Amts.

Wahrscheinlich sollte aber der Name des Orts
Sichtberg geschrieben werden, weil wirklich der
Berg, an dessen Fuß derselbe liegt, von den Fich:
ten, mit welchen er von Alters her bewachsen
war, also heißt.

3. Mittelroth, ein Dorf, an dem Roth:Flüßchen,
in dem von demselben benannten Roth:Thal,
stromabwärts, nur eine kleine halbe Stunde
von Viechberg entlegen. Ackerbau und Vieh:
zucht gedeihen hier wohl, obschon die Aecker
grosentheils an Bergen liegen. Man kann
hier auch Esper: und Lucerne:Pflanzungen
sehen. Der Wohnungen sind 36. der Ein:
wohner:Seelen, 216. Das so genannte Oel:
häußle ist hierunter begriffen.

Es ist hier auch eine noch vor der Refor:
mation erbauete, Viechberger Filialkirche, in
welcher

welcher jährlich zu gewissen Zeiten Gottesdienst gehalten wird. Der Altar zeigt in er-
habener Arbeit die Maria, den Ritter S.
Georius und den h. Stephan. An den beyden Thürflügeln, womit das Innere bedeckt
und zugeschlossen werden kann, ist die Märtyrer-
Geschichte der unschuldigen Kindlein mit Wasserfarben gemahlt. Vergoldung und Colorit
sind noch immer frisch und schön.

Die meisten hiesigen Güter sind 1338. mit
der Burg Röthenberg an Limpurg übergeben
worden. Zwey Höfe, die vermals Wirtembergisch waren, wurden 1607. eingewechselt.

4. **Kron-Mühle,** eine Mahl- und Sägmühle, nebst
einem Hofgut, an dem Rothfüßchen, zwischen
Viechberg und Mittelroth. Es sind hier 22.
Einwohner-Seelen. Ehemals auch ein Zugehörde der Burg Röthenberg.

5. **Dauppenbach,** auch **Dappachhalden,** ehmals
**Taubach,** in derselben Gegend, enthält 4.
Wohnungen, mit einigen Feldgütern, und 15.
Seelen. Ein Gut, der Taubach genannt, wird
schon 1338. gefunden.

6. **Stöckenhof,** eigentlich **Stöckschhof,** ein ehemaliger Herrschafthof, am Wege von Viechberg nach Oberroth, ist jezt mit einem Unterthanen besezt, und enthält 10. Seelen.
Schon 1338. wurde er von Walther dem
Haugen von Wellstein erkauft.

7. **Buschhof,** in derselben Gegend, hat 7. Einwohner-Seelen.

8. Die

8. Die Sägmühle oberhalb Viechberg, an der Roth, hat 6. Seelen.

9. Langertshof, ein kleines Gütchen, darauf erst neuerlich ein Unterthan angesezt worden, in der Gegend von Aichen=Kirnberg gelegen, hat 3. Einwohner=Seelen.

Folgende Orte, in der Gegend um Oberroth sind ganz Solms=Assenheimisch:

10. Brennhof, ein Hofgütchen, vor etwa 200. Jahren erbaut, enthält 7. Seelen.

11. Conhalden, ein ehemaliger Hof, jezt mit mehreren Unterthanen besezt, hat 22. Seelen. Die Sölde zum Techsenberg, die dazu gezogen ist, wurde 1367. von Conrad und Wilhelm von Roth erkauft.

12. Glashofen, ein Weiler, hat 81. Seelen. Ehemals hatten das Kloster Murrhard, die Grafen von Löwenstein, und das Geschlecht von Roth Besizungen hier.

13. Hammerschmitten, ein Oertchen von 19. Einwohner=Seelen. Es ist etwa vor 100. Jahren in dem eigenthümlichen Herrschaftwald, Rindsbuch genannt, angelegt worden.

14. Marbächle, auch Morbächlin, auch im vorgenannten Wald. Im Jahr 1557. wurde es noch ein Höfflin genennet; nachher kamen mehrere Gütchen dazu. Jezt sind 29. Seelen hier. Ehemals gehörte die Revier den Herren von Roth.

15. Marhördt, ein Weiler in eben demselben Waldstrich, von 63. Seelen; hieß 1557. noch ein

ein Hoff; und 'gehörte ehemals auch denen von Roth.

Folgende Orte enthalten auch zum Theil aus: herrische Unterthanen:

16. **Ebersperg**, ein Weiler, nahe an dem Burg: stall Roth, hat 139. Einwohnerseelen, darun: ter aber 2. Hohenloh = Bartensteinische aus 11. Seelen bestehende Haushaltungen sind. Es war eine Zugehörde der Burg Roth. Den Einwohnern sind auch die ehemaligen Burg: güter überlassen worden.

17. **Hohnartsweiler**, (Honorteweiler, ehemals auch Wonhartsweyler,) ein Weiler von 133. Seelen, darunter aber 2. Wirtember: gische Haushaltungen von 13. Seelen, und 9. Hällische Haushaltungen mit 40. Seelen be: griffen sind. Im Jahr 1370. verkaufte Graf Albrecht von Löwenstein hier vier Güter an Limpurg, die er von Fritzen von Roth erhan: delt hatte, und 1407. Greth von Oettendorf auch ein Gut.

18. **Kornberg**, ein Weiler von 81. Seelen, darun: ter aber eine Wirtembergische Haushaltung von 7. Seelen, sich befindet. Es ist 1370. von Burkard und Friedrich von Sturmfeder erkauft worden.

19. **Obermühlen**, ein Weiler von 59. Seelen, dar: unter aber 2. Wirtembergische Haushaltun: gen von 12. Seelen begriffen sind. **Ober: mühlen am Reyenberg** gelegen, war ehmals Rothisch, dann löwensteinisch, 1370. wurde es limpurgisch durch Kauf. Auch die Frauen: *Klause*

Klause in Unter-Limpurg besaß ehmals ein Gut hier.

20. Spiershof, hat 44. Einwohner-Seelen, darunter 7. Wirtembergische Haushaltungen, von 28. Seelen.

21. Wolfenbrück, ein Weiler von 84. Seelen, davon 21. in 4. Haushaltungen Wirtemberg angehören. Ein Leonhard Thür von Santzenbach verkaufte 1553. hier an Limpurg seine Gerechtigkeiten auf seinem frey eigen Guth.

22. Frankenberg, ein Weiler, worinn sich 10. Limpurgische Unterthanen befinden, welche 58. Seelen ausmachen.

Ein Gut dahier wurde 1367. von denen von Roth erkauft. Auf vier dem Kloster Murrhard lehenbaren Gütern trugen die Spießen zu Hall, die Vogtey samt anhängigen Vogtgülten von Limpurg zu Lehen; sie ist aber durch Aussterben dieses Geschlechts wieder an die Herrschaft zurückgekommen. Auch hätten die von Holz ehemals ein Lehen hier von Limpnrg.

23. Hütten, ein Dorf, eine halbe Stunde von dem Hohenlohischen Flecken Mainhard. entlegen, wohin es auch gepfarrt ist. Die hieher gehörigen Unterthanen, ausser welchen sich aber auch Wirtembergische hier befinden, machen 31. Haushaltungen und 143. Seelen aus.

So viel Limpurg Theil an diesem Dorfe hat, ist von Burkard und Friedrich von Sturmfeder im Jahr 1370. erkauft worden.

An allen diesen Orten machet das Gewerbe
mit Holz einen grosen der Geschäfte und Nahrung
der Einwohner aus.

24. **Hankertsmühl**, (Heinkardtemühl,) in der-
selben Gegend, ist 1307. von den Gebrüdern
Conrad und Gözen von Roth erkauft worden.
Es sind 8. Seelen hier.

25. **Scherbenmühl**, in gleicher Revier gelegen. In
wie fern diese Mühle zu diesem Landes-Antheil
gerechnet werden möchte, wird sich am besten
aus der Stelle ergeben, welche man hierüber
in der von Limpurg im Jahr 1714. bekannt gemachten Deduction liefet:

„Die hohe und niedere Obrigkeit auf der
Scherbenmühl, heißt es daselbst, stehet dem
hochfürstlichen Hauß Würtemberg zu, Limpurg aber hat gleichwohlen an allen Freveln,
deßgleichen an der Gült, Umbgelt, Weeg-
lößen und Handlohn zwey Drittheile zu geniessen, nachdeme die Rothische Terz, davon
im Vertrag de Anno 1537. gemeldet wird,
dieser Herrschaft mit andern Rothischen Gülten und Gütern incorporirt worden. Sonsten besizet dieser Müller nebst einer Hoffstatt
verschiedene Reuthen - und Wiesenstück im
Wald Scherbenhaw an der Roth, welcher
Wald zum Theil von Hanßen von Roth mit
andern Gütern im Jahr 1410. erkauft,
zum Theil auch von Ihro Fürstl. Durchl.
Herzog Christophen zu Würtemberg Anno
1556. dergestalt eingewechselt worden, daß
solcher fürterhin zu ewigen Zeiten dem Hauß
Limpurg eigenthümlich zugehören und bleiben solle. „

Das

### Das Solms-Assenheimische Amt Geschwend.

Von der Beschaffenheit dieses Amt überhaupt ist schon bey dem Wurmbrandischen Antheil Nachricht gegeben worden. Der Verwaltuung nach ist dieses Amt mit dem Amt Oberroth verknüpft. Es gehören dazu folgende Orte.

1. Seelach, vorzeiten Seylach, (Lach, Loch, Lohe, bezeichnete in der altdeutschen Sprache einen Wald,) ein Oertchen von 4. Unterthanen-Gütern, welche zusammen 36. Seelen enthalten. Es sind hier zwey Siebenzehner. Da dieser Ort, auf der zweyten Gebürgsstufe, nur eine halbe Stunde mittagwärts von Gschweud liegt, so hat er fruchtbarern Boden, als manche andre Orte des Amts. Der Wieswachs ist ziemlich gut, und die Aeker vorzüglich zum Flachsbau tauglich. Die Einwohner besitzen auch Waldungen, und eine Sägmühle, im Grunde, abendwärts. An Wasser ist zuweilen, in dürren Sommern und strengen Wintern, hier Mangel.

Mittagwärts siehet man die alte merkwürdige Richtstatt, die von diesem Ort von Alters her den Namen trug, und von welcher das nöthige schon vorgekommen.

2. Hugenhof, vorzeiten Hubenweyler, hernach Hugenweiler genannt, liegt nur eine kleine Strecke weiter abendwärts, fast auf der gleichen Höhe, enthält 2. Unterthanen-Güter und 20. Einwohner-Seelen. Es ist dies Oertchen im Jahr 1414. von Jacob Mäder, Bürger zu Gemünd, erkauft worden.

Q 2            3. Deschen-

3. **Deſchenhof** oder **Teſchenhof,** ein ziemliches Hof,
gut, das jezt nur 5. Einwohner-Seelen hat,
liegt tiefer, nicht weit von dem Stixenhof.

4. **Hundsberg,** zum Unterſchied eines andern ehe,
mals auch **Hinter-Hundsberg** genannt, liegt
noch mehr abendwärts, eine kleine Stunde von
Gſchwend, auf einem Hügel, von zweyen Bä,
chen umfloſſen, die ſich mitternachtwärts verei,
nigen, an der Fahrſtraſe von Gſchwend nach
Welzheim. Es iſt hier ein Wirthshaus. Der
Einwohner-Seelen ſind 68. Der umliegende
Boden iſt von Natur ſandig, und nicht von be,
ſondrer Ergiebigkeit, iſt aber zum Theil durch
Kies oder Mergel ſehr verbeſſert worden. Die Ein,
wohner beſizen auch Wald, und haben eine Säg,
mühle. Der Gemeinboden iſt vertheilt. Eine Zie,
gelhütte iſt nicht weit von dem Ort erſt im Jahr
1788. erbauet worden. Das Kloſter Adelberg hat
hier Lehengüter, und die ehemalige Kaplaney
Gebenweiler hat vorzeiten dergleichen hier auch
gehabt.

5. **Drehershof,** insgemein **Huzenbecken-Reute** ge,
nannt, ein Gütchen auf einem Hügel, von
Hundsberg mitternachtwärts, iſt in neuern Zeiten
angelegt worden, und hat 4. Einwohner-Seelen.

6. **Brandhof,** ein Oertchen von 51. Einwohner,
Seelen, den vorigen noch mehr abendwärts,
iſt in der Mitte des 16. Jahrhunderts ange,
legt worden. Der Boden iſt ſandig.

7. **Altersberg,** abermal abendwärts, auf der mitter,
nächtlichen Spize eines Berges, zweyter Ge,
bürghöhe, ein Dörſchen von 100. Einwohner,
Seelen, dazu gute Güter, auch Waldungen
ge,

gehören. Es ist hier ein Wirthshaus und Sie-
benzehner sind hier drey. Der Ort war von
Alters her gerichtbar gen Seelach. Hanß von
Yberg und Agnes von Rennhingen, seine ehel.
Hausfrau, verkauften hier 1436. drey Güth-
lein an Limpurg.

8. **Krämershof,** ein Gütchen, worauf 5. Seelen
leben.

9. **Krämersberg,** enthält deren 13. Beyde liegen
in der Nähe von Kirchen-Kirnberg, und sind
neueren Ursprungs.

10. **Horlachen,** (auch **Harlachen,**) ein Weiler oder
Dörfchen von 77. Seelen, in einer sandigen
und steinigen Revier, welche aber die Einwohner durch Fleiß zu verbessern suchen, so daß
der Anbau wirklich zunimmt. Der Gemeinboden ist vertheilt. Es ist hier ein Wirths-und
Becken-Haus, auch Arbeiter, die verschiedene
Geräthschaften von Holz und Stroh verferti-
gen. Man macht hier auch taugliche Feuer-
eimer von Stroh, die innen ausgepicht werden.

Die alte Glashütte, welche noch im vorigen
Jahrhundert stand, ist eingegangen. Es waren
bey einer solchen Hütte ein Hüttmeister, Trink-
glaser, Scheibenmacher, Schürer und andre
Leute angestellt. Das Weiler ist von solchen
Hüttenleuten angelegt worden, so wie der Wald,
Horlachen und Schwarzlachen genannt, durch
die Glashütte nach und nach aufgezehrt wurde.

Auf der Homännischen Charte heißt der Ort
fehlerhaft Haarlocken. Der eigentliche Name
bedeutet wohl einen auf der Höhe oder an ei-

Q 3                                      ner

ner Endspize liegenden Wald, und ist analo-
gisch mit Horburg oder Harburg.

11. Nächst an der Horlachen erhebt sich der Haag-
berg bis zur zweyten Gebürgstufe, der in einer
Krümmung mit dem Steineforst zusammenhängt. Auf und an demselben liegen nun folgende Orte.

Haagklingen, in der erstgedachten Krümmung, kaum eine Viertelstunde von Gschwend.
Hier stund die lezte Gaildorfische Glashütte.
Die Hüttenleute legte gegen Ende des vorigen
Jahrhunderts das Oertchen an, das jezt 85.
Einwohner-Seelen zählt. Der natürliche Boden ist meistens sandig, und da erheben sich
grose Steinknochen aus der Erde. Aber die
Einwohner gewinnen doch durch fleisigen Anbau dem Boden ihre Nahrung ab, ob sie schon
meistentheils nur kleine Gütchen besizen, sie benüzen die Brunnquellen zur Wiesen Wässerung,
und werden durch die natürliche Lage des Orts
zur Baumzucht eingeladen, da er vor dem Nord-
und Westwind geschüzt ist, dagegen den segnen-
den Einfluß der Morgen-und Mittag-Sonne
genießt.

Sonst ist hier die Schule für die disseitigen
Amtsorte, in welcher auch zum Unterricht der
Erwachsenen an Sonn-und Feyertagen, aus
einem guten Buch etwas zu verlesen angeordnet ist.

12. Sturmhof, zwey Häuser, mit wenigem Boden, die 20. Seelen enthalten, auf der östlichen Spize des Haagberges, in neuern Zeiten angelegt.

13. Hin-

13. Hinter demselben der **Haaghof**, ein beträchtliches Gut, das auch schon alt ist, und ehemals eine Zugehörde der Burg Röthenberg war. Es befinden sich hier 9. Seelen.

14. Der **Wasserhof**, auf derselben Höhe, mitternachtwärts, ein Oertchen von 27. Seelen, in neuern Zeiten angelegt.

15. Weiterhin auf derselben Höhe der **Pfeiferhof**, ein Hofgütchen von 13. Einwohner-Seelen.

16. Ferner der **Pritschenhof**, jezt aus 4. besondern Häusern und Gütchen bestehend, worauf 30. Menschen leben. Man siehet auf dieser Höhe zwar noch aus der Erde hervorragende Felsen genug, aber auch Gärten, Wiesen und Aecker daneben, die von dem Fleiß ihrer Anbauer zeugen.

17. Der **Schürhof**, ein Hof von beträchtlichem Umfang und 11. Einwohner-Seelen, liegt in der Tiefe an dem mitternächtlichen Fuß der angezeigten Höhe. Der Klee- und Wicken-Futter-Bau ist bey diesem Hofe vor andern ansehnlich. Hier soll der Schürer der in der Nähe gestandnen Glashütte gewohnt, und davon der Hof seinen Namen haben.

18. Der **Gläserhof**, liegt nahe bei dem erstbeschriebenen, abendwärts. Hier war auch eine Glashütte, davon noch Ueberbleibsel, und der so genannte Hüttgarten vorhanden sind. Auch war eine Ziegelhütte in alten Zeiten hier. Jezt heißt es das Gläserhöflein, und hat 11. Einwohner-Seelen, war aber ehmals größer, ehe die Güter der Pritschenhöfer davon getrennt worden. So wohnen denn doch auf den Plätzen, welche die alten Glashütten von Holz rein gemacht haben, jezt mehr als 200.

Menschen,

Menschen, samt einer beträchtlichen Menge Vieh.

19. Neumühl, eine Mühle, mitternachtwärts von diesen Höfen, in einer engen Klinge, an einem Bach, welcher den Namen des rauhen Sanbachs führt. Es sind hier 10. Seelen.

20. Strasenwald, zwey Häuser, zu deren einem aber nur Feldgüter gehören. Sie enthalten 15. Menschen. Der Strasenwald liegt nahe an Gschwend, mitternachtwärts, an der Gaildorfer Strase. Es sind aber hier noch 3. Wirtembergische Häuser, und darunter ein Wirthshaus. Diese führen den Namen: Steineforst oder Waldhaus.

21. Hasenhof, ein nicht beträchtliches Hofgütchen, eine Viertelstunde von Gschwend, morgenwärts, wo 26. Menschen wohnen.

22. Hollenhöfle, noch um ein gut Theil näher an Gschwend, auf derselben Morgenseite, ein Haus und Gut, worauf 3. Menschen leben; es ist seit 40. Jahren angelegt worden.

#### Anmerkung.

Gebenweiler gehörte bis 1772. zu diesem Amt, wurde aber in diesem Jahr an Limpurg-Sontheim-Gaildorf abgetretten, und wird bey diesem Antheil näher beschrieben werden.

---

Ausser gewissen Burggütern in Gaildorf, deren oben schon gedacht worden, gehören zu diesem Antheil schöne Kameral-Waldungen und Jagdgerechtigkeiten, welche ein jedesmaliger Kammerrath und Amtmann in Oberroth, mit dem ihm untergeordneten Subalternen besorgt. Desgleichen einige hundert Leibeigene.

IV. Der

# IV.
## Der
# Limpurg ⸳ Sontheim ⸳ Schmiedelfeldische Landes ⸳ Antheil.

Dieser Antheil fiel im Jahr 1774. der Enkelin Graf Vollraths zu Limpurg-Sontheim, von seiner ersten Tochter, vermählten Gräfin von Prösing zu, nemlich der hochseligen Frau Gräfin Juliana Francisca Leopoldina Theresia, vermählten Wild- und Rheingräfin zu Grumbach, und wurde von ihren hohen Nachkommen im Jahr 1781. an des regierenden Herrn Herzog Karls zu Wirtemberg hochfürstliche Durchlaucht veräussert, als welche einen Stabsamtmann nach Schmiedelfeld gesezt haben. Die Forstsachen besorgt ein Oberförster, welcher unter dem Oberforstamt Reichenberg stehet. Die Pfarren Sulzbach, und Geifertshofen stehen unter der Superintendentur Backnang.

Die Gränzen dieses Antheils sind gegen Morgen hauptsächlich die Herrschaft Adelmannsfelden und der Gröningische Antheil, gegen Mittag ein Stück des Sontheim-Gaildorfischen Antheils und etwas von dem Wirtembergischen Oberamt Lorch, gegen Abend der Wurmbrandische Antheil, gegen Mitternacht der Obersontheimische.

In Ansehung der Lage begreift er eine Strecke vom Kocherthal, und etwas vom Fischachthal, das übrige ist bergig und waldig. In den Thälern ist vorzüglicher Wieswachs, an den Berghalden aber der Ackerbau etwas mühsam. Doch fehlt es auf der Höhe nicht an geraumigen Ebenen, die zwar etwas sandig, aber doch zum vortheilhaften Anbau von allerley Arten von Feldfrüchten bequem sind.

Die

Die hieher gehörigen Orte sind :

1. **Schmiedelfeld,** ein Schloß, eine kleine Meile morgenwärts von Gaildorf, auf einer Berg= ecke, erster Gebürgsstufe, an der rechten Sei= te des Kochers. Der Plaz war zu Anlage einer Veste nach alter Art gewiß gut ge= wählt, da sie durch drey steile Abhänge von Natur geschüzt war. Von dieser Veste schrieb sich im zwölften und dreyzehenten Jahrhundert eine edle Familie, von welcher aber ungewiß ist, ob sie selbst ein verwandter Zweig des limpurgischen Hauses gewesen, oder zu den Mannen desselben gehört hat. Ein Sigfri= dus de Smidelfeld, kommt vor in einer Ur= kunde K. Friedrichs I. vom Jahr 1172. gleich nach Cunradus princerna et Frater eius Lodwicus, und ein Cunradus de Smideludt in einer Domkapitelisch = Wirzburgischen vom Jahr 1225. und wieder 1229. (Wibel Th. 2. Cod. Seite 32. 38. 41) Schmiedelfeld ist übrigens immer unter die ältesten Limpur= gischen Besizungen gerechnet worden. Es war aber der uralte hier gestandene Thurn, ein Ell= wangisches Lehen, und wurde auch in alten Zei= ten der **Ellwanger Thurn** genennet. Es war ein Mann=und Weiber=lehen, und wie aus Umständen zu vermuthen stehet, dem Stift wohl von Limpurg aufgetragen. Auch ist nicht bekannt, daß jemals andre Güter zu diesem Lehen gehört haben.

Als sich im Jahr 1441. die Besizungen des Hauses Limpurg, durch brüderlichen Vertrag, mehrentheils in zwey Hauptantheile spalteten, so wurde Schmiedelfeld zum Gaildorfischen
Loose

loose gelegt. Als im Jahr 1557. in dem
Gaildorfischen Hause ein neuer Theilungs-Ver-
trag zu Stand kam, so gab das Schloß der
Schmiedelfeldischen Linie und dem ihr zugetheilten Landesantheil seinen Namen, und solchergestalt war es Residenz Schmiedelfeldischer
Regenten, aus dem Hause Gaildorf, bis 1682.
Heinrich, Johann, Karl, Christian Ludwig,
Johann Wilhelm, Wilhelm Heinrich, sämtlich Schenken von Limpurg, residirten und
regierten hier nach einander.

Im Jahr 1690. kam Schmiedelfeld nebst
anderm, durch gütlichen Vertrag mit den
hinterlassenen Töchtern Graf und Schenk Wilhelm Heinrichs zu Limpurg-Gaildorf, an das
Haus Speckfeld und Sontheim, und die Herrschaft Schmiedelfeld nebst Zugehörde wurde
eigentlich als Erbschaft der Gräfin Sophia
Eleonora, Schwester Graf Wilhelm Heinrichs
betrachtet. Sie hat auch im Jahr 1719. das
Schloß Schmiedelfeld von aller Lehnsverbin-
dung mit dem Stift Ellwangen durch Vertrag frey gemacht. Es ist ein den 20. Dec.
1719. datirter Kauf- und Cessions-Brief darüber vorhanden, vermög dessen das Stift der
Gräfin Sophia Eleonora und allen ihren
Nachkommen den vorher lehnbaren Thurn zu
frey aigen überläßt. Im Jahr 1739. wurde
das alte Residenz-Schloß, mit dem uralten,
hohen und starken Thurn, bis auf eine gewisse Höhe abgetragen. Das Schloßgebäude,
welches hierauf auf Kosten der damaligen Limpurg-Sontheimischen Gesammtherrschaften aufgeführt worden, ist ansehnlich und modern.
Es

Es bildet in seiner Form einen rechtwinklich-
ten Hacken, dessen kürzere Seite auf den Flecken Sulzbach herabsiehet, und aus deren
Zimmern man auf das Thal und den Kocherfluß eine recht angenehme, nur durch die nahe
liegenden Berge etwas begränzte Aussicht hat.
Mitten auf dem Dache dieser Seite ist ein
artiges Thürnchen mit einer Schlaguhr. Eine
starke Quadratmauer bildet mit dem Gebäude ein längliches Viereck, und in demselben
einen Hof. Gegen Morgen und Abend sind
schöne aus gehauenen Steinen gemachte Por-
tale, mit dem limpurgischen Wappen. An
dem abendlichen ließt man die Jahrzahl 1581.
und den Namen Schenk Heinrichs. Vor
beyden sind schöne steinerne Brücken, die über
den vermuthlich ehemals noch weit tiefern,
jezt nicht mehr vollständigen Schloßgraben führen. Es ist bey dem Schloß ein Rohrbrunn,
der stets reichliches und sehr reines Wasser
von sich gibt, nicht weit davon kleine Fischteiche im Graben.

An der Seite des Schlosses gegen Mittag
stehet die recht artige, und inwendig kostbare
Schloßkirche, in welchen zu gewissen Zeiten geprediget wird, wegen welcher auch die mehresten
Pfarrer zu Sulzbach den Charakter als Hofprediger gehabt haben, so lang nemlich ein
gräflicher Hof sich hier befand. Die Kirche
wurde, besage der Aufschrift, die sich theils
aussen über dem Kirchenportal, theils innen
in Stein gehauen befindet, und sehr weitläuftig in alten Reimen den Ursprung der Kirche
erzählt, in den Jahren 1594. und 95. von
Schenk

Schenk Johanns Gemahlin, Eleonora, ge=
bohrnen Gräfin von Zimbern, aus ihren ei=
genen Gefällen gestiftet. Die Bildhauer=Ar=
beit an dem äussern Kirchenportal ist beschädigt,
innen aber stehet auch die Stuccaturarbeit,
woraus die Kanzel, die Verzierung an dem
Eingang, die Emporkirchen und die Decke ge=
fertiget ist, recht gut und wohlbehalten aus.
Sie stellet die ganze Passion und andre Fi=
guren in halb erhabner Arbeit dar. Die Decke
zeigt eine Menge gutgemachter Wappen.

Das prächtigste in der ganzen Kirche ist
das herrliche Grabmal Schenk Johanns und
seiner Gemahlin Eleonora, das sich beyde bey
ihren Lebzeiten sezen ließen. Sie hatten keine
Kinder.

Es stehet nächst am Haupteingang, linker
Hand, und ist mit schönen eisernen, vergoldet
und gemahlten Gittern eingefaßt.

Auf dem Fußboden ruhen auf einem Pa=
radebette Schenk Johann und die Gräfin Eleo=
nora, in Lebensgröse, mit betend= gefalteten
Händen, aus einem harten Werkstein gehauen.
Johann ist im Harnisch. Der Helm ruhet
mitten zwischen beyder Füssen. Die Gräfin
ist in einem langen geblumten Kleide. Es
sind zwey ausserordentlich korpulente Figuren,
und schon um deßwillen sehenswürdig, doch
mit geistigen Blicken. Etwas höher an der
Wand, auf einer altarähnlichen Erhöhung,
knien sie beyde, auf Küssen in vorbeschriebe=
ner Gröse und Kleidung, mit den Gesichtern
gegen einander sehend, und die Hände fal=
tend,

tend, Johann rechts, Eleonora links. Diese
Statuen sind samt den Küssen, jede aus
Einem Stücke eines schönen weisgraulichen
Marmors, welcher der Ueberlieferung nach in
hiesiger Gegend gebrochen worden. Auch der
mitten zwischen beyden stehende Helm ist von
demselben Marmor.

Hinter ihnen erhebt sich in zweyen recht
schönen modellirten Säulen, die ein Gebälke,
und darüber einen Aufsaz tragen, das Monument bis an die Kirchendecke. Die Säulen zeigen viele aufgehängte Wappen, nemlich Johanns und Eleonoren Stamm- und Ahnen-
Wappen, die alle kunstmäsig aus schönem weisem,
mit Grau eingesprengtem Alabaster, gearbeitet
sind. Die Säulen sind am Postament auch mit etlichen schönen, bunten Achatstücken in Eyform
eingelegt. In der Mitte sind bis in die Höhe
drey grose Felder. In dem untersten siehet
man Jesum am Kreuz, um dasselbe fünf weibliche
Figuren in klagender Stellung, alles aus schönem weisem Alabaster. In dem mittlern Feld
ist die Auferstehung Christi aus demselben Alabaster vorgestellt. In dem obersten siehet man
nur noch alabasterne Wolken; in denselben
schwebte - aber ehemals ein schönes silbernes
Crucifix, welches nachher, da es hier nicht
sicher genug schien, herabgenommen, und endlich in neuern Zeiten der Kirche mit baarem
Geld vergütet wurde. Einige schöne symboli-
sche Figuren, verschiedene Tugenden in Alabaster vorstellend, sind oben und zu beyden
Seiten angebracht.

Unter

Unter der knieenden Marmar-Statue Johanns liefet man folgende Inschrift:

Anno Dni 1608. den 3. Marty ist der
wolgeborn Herr Herr Johann Herr zu
Limpurg des Hey. Rom. Reichs Erbschenk und Semperfrey aus diesem Leben in Christo seeliglich abgeschieden
Seines Alters 65. Jahr welchem Gott
ein fröliche Aufferstehung verleihen
wolle. Amen.

Unter der Statue Eleonorens gegen über
links:

Anno Dni MDCVI. den 23. Augusti ist
die Wolgeborn Gravin und Fraw Fraw
Eleonora Freyfraw zu Limpurg gebor-
ne Gravin von Zimbern Herrn Schenck
Johannsen Gemahlen in Christo dem
Herrn seeliglich enttschlaffen ihres Al-
ters in dem 51. Jahr Deren Seelen
Gott gnedig sein wolle und ein frölich
Aufferstehung verleyhen. Amen.

Auf dem Monument ist das Jahr 1603.
bemerkt, ohne Zweifel als das Jahr seiner
Vollendung. Der Bildhauer Hans Werner,
aus Nürnberg, hat sich selbst in sizender Stellung
mit Klöpfel und seinem Namen, daneben angebracht. Er verdient auch als ein sehr guter
Künstler in gutem Andenken zu bleiben.

Der Chor-Altar enthält ein hübsches Al-
tar-Blatt, welches die Einsezung des heil.
Abendmals vorstellt. Zwar ist das Costume
am wenigsten beobachtet; alle sizen nach unsrer Sitte, haben nicht israelitische Osterkuchen,

R      sondern

sondern kleine runde Brödchen nach Landes=
art der Gegend vor sich auf dem Tisch, Jo=
hannes liegt recht vertraulich dem Heiland am
Busen, und mit Kopf und Ellnbogen auf
dem Tisch, man trägt Trauben auf, der Hei=
land reicht einem Apostel, der sich ehrerbietig
zu ihm nahet, eine Hostie in den Mund, ge=
rade so wie es heutiges Tages geschiehet;
die Aufwärter sind geistlich gekleidet, wie die
Pfarrer des 16. Jahrhunderts; der Teufel
erscheint sichtbar in greulicher Gestalt neben
dem Judas, bükt sich aber unter den Tisch,
um nicht gesehen zu werden. Das merkwür=
digste auf dem Gemälde ist aber wohl, daß
drey Apostel die Physiognomien dreyer prote=
stantischer Reformatoren tragen. Luther ist
vor allen kenntlich, hat gleich den andern Apo=
steln, einen Heiligen=Schein um das Haupt,
stüzt sich mit dem rechten Arm auf dem Tisch
auf, und sieht nachdenkend aus, als gieng
ihm die Abendmals=Theorie durch den Kopf.
Melanchton, auch mit einem Heiligen=Schein,
sizt neben ihm, mit gerad aus sehendem Blick,
wie wenn er sich mit seiner Philosophie dar=
über beredete. Brenz, der eigenthümliche Re=
formator der Kochergegend, sizt gleich dane=
ben, kehrt aber den Blick von beyden ab, so
wie einer, der gern hören möchte, was andre
sagen, ehe er sich mit seiner Meinung her=
auslassen will. Er ist durch das Gesicht, die
Halskrause und den Heiligen=Schein kennt=
lich. Die beyden Aufwärter mit grosen Hals=
krausen und alt lutherischem Kirchenhabit, sind
vermuthlich ein paar Geistliche aus dem Zeit=
alter der Kirchen=Stiftung, welchen die Grä=
fin

fin durch die Beygesellung zu der apostolischen Gesellschaft auch eine Gunst erzeigen wollte. Unter dem Gemälde stehen die Einsezungsworte des Abendmals. Die Zeichnung der Figuren, und das Kolorit sind, des zweyhundertjährigen Alters ohngeachtet, ausserordentlich schön. Vermuthlich war der Mahler auch ein Nürnberger.

Auch die Orgel sollte diese Kirche, die so mancherley künstliches hat, auszeichnen helfen. Sie ist 1610. gemacht, und das Werk eines Blinden, Conrad Schotts, eines berühmten Mannes, der sich an vielen Orten verewigt hat. Sein Andenken erhalten die Reimen:

Conradus Schott, der nichts gesicht,
Diß Orgelwerk hat zugericht,
Die Hände mußten die Augen seyn.
Gott sey Lob, Preiß und Ehr allein.

In dieser Kirche haben noch viele Personen aus dem Limpurg-Schmiedelfeldischen Hause ihre Ruhestätten gefunden, als: Karl mit seiner Gemahlin Maria Gräfin von Castell, Christian Ludwig mit seiner Gemahlin Susanna von Polheim, Johann Wilhelm mit seiner Gemahlin Maria Juliana, Gräfin von Hohenlohe, und vieren seiner Kinder. Nur Karl hat aber noch ein Denkmal erhalten, das doch dem Schenk Johanns und seiner Gemahlin an Gröse und Schönheit nicht gleicht.

In den Zeiten, da Schmiedelfeld Residenz einer Limpurgischen Linie war, befand sich auch eine besondere Regierungs- und Konsistorial-Kanzley hier. Im Jahr 1775. diente das

Schloß

Schloß der Frau Gräfin Jul. Franc. Leop.
Theresia von Grumbach einige Monate zum
Sommeraufenthalt. Jezt ist es unbewohnt,
bis auf einen Aufseher oder sogenannten Bau=
meister.

Ausser dem Schloß ist das Amthaus, das
Forsthaus, die Wohnung des Pächters über
die weitläuftigen Burggüter, und mehrere
Oekonomie=Gebäude. Der hiesigen Einwoh=
ner=Seelen sind 42.

Der ganze Schloßberg wird zur Oekonomie
benüzt. Auf seiner Spize ist ein artiger Gar=
ten. Hinter dem Amthaus schöne Anlagen von
Esper und Lucerne, in dieser Revier noch die
einzigen. Noch weiterhin eine neue Holzplan=
tage. .

2. Mühlenberg, ein herrschaftlicher Hof, auf einem
dem Schmiedelfelder Schloßberg ostwärts ge=
gen über gelegnen Berg. Die hier wohnen=
den Seelen kommen unter der Summe der
Sulzbacher Einwohner vor.

3. Eichenrain, ein andrer herrschaftlicher Hof, auf
einem Berg ostwärts nächst dem Mühlenberg.
Der hiesigen Seelen sind 11.

Auf beyden Höfen sind Beständer oder Päch=
ter. Die zu beyden gehörige Güter machen
zusammen 481¼ Fränkische Morgen aus.

4. Sulzbach, mit dem Beynamen am Kocher, wel=
cher mittagwärts in kleiner Entfernung von dem
Ort vorbeyfließt, ein Flecken, welcher im Jahr
1761. zu 2. Jahrmärkten berechtiget wurde, zu
welchen 1775. noch der dritte kam. Er liegt
unter

unter dem Schmiedelfelder Schloßberge, west=
wärts der länge nach, in einem engen Thäl=
chen. Der Eisbach fließt durch dasselbe und
den Ort, und unterhalb demselben in den Ko=
cher. Mehrere kleine Bäche stürzen in und bey
dem Orte von den nahen Bergen herab. In
dem Eisbach findet man Stücke von Achat und
versteinertem Holze in Menge, die derselbe aus
den nahen Bergen losreißt. Diese Berge
enthalten viele Kalk= und Gips=Felsen, daher
die Brunnquellen kein besonders reines Wasser
führen. An ihren Abhängen sind Aeker, deren
Bau aber mühsam ist. Die Wiesen in den
Thälern, und vorzüglich am Kocher, haben
nahrhaftes und settes Futter. Daher fast jeder
Einwohner sich mit der Viehzucht abgibt, das
eigentliche Akergeschäfte aber nur für diejenigen
ist, welche 2. bis 3. Paar Ochsen vor den Pflug
spannen können. Es sind hier 3. Wirthshäu=
ser, ein Chirurg, ein Handelsmann, allerley
Handwerker, besonders auch Holzarbeiter, oder
solche, welche allerley Arten von hölzernen Ge=
säßen, Werkzeugen und Geräthschaften ver=
fertigen; am Kocher nahe an dem Orte, liegt
eine schöne Mahl= und Säg=Mühle. Aller Ein=
wohner=Seelen, mit Inbegrif Mühlenbergs
sind 510.

An öffentlichen Gebäuden finden sich die Kir=
che und das Rathhauß. Die Kirche ist im
Jahr 1754. neu erbaut worden, ein massives,
geräumiges und helles Gebäude. *) Das Rath=

R 3                                    haus

*) Der alte Thurn blieb stehen. In demselben sind zwey alte
Steine, der eine mit der Zahl CIɔIL (verm. 1049.), der andre
mit der Zahl CIɔCCV (verm. 1205.) bezeichnet.

haus iſt alt. Es enthält auch die Schule und
Schulwohnung.

Das hiſtoriſch-diplomatiſche Alter dieſes kleinen Fleckens reicht höher hinauf, als vieler
Städte. Schon unter dem Jahr 1024. findet man den Ort, der damals Klein-Sulzbach
hieß, in einer Urkunde Kaiſer Heinrichs, des
zweyten, den Wald Virngrund betreffend,
und der ganze Inhalt beweißt, daß kein andres
Sulzbach, als das am Kocher gemeint ſey. *)

Im Jahr 1330. kommt Sulzbach als Hohenlohiſch vor, in einem Theilungs-Brief, worinn
Lutz von Hohenlohe und deſſen Bruder
Albrecht, nachheriger Biſchof zu Wirzburg,
die Beſitzungen der Hohenlohe-Uffenheimi-
ſchen Linie unter ſich theilten, zwar nicht namentlich, doch unter der Zugehörde der Veſte
Speckfeld, unter welche ſie zu Folge einer
andren Urkunde gehörte. Mit dem Abſterben
des edeln Johanns von Hohenlohe, als lezten
männlichen Zweigs der Hohenlohe-Uffenheim-
und

*) In dieſer hie und da gedruckt vorkommenden Urkunde werden
die Termini der Sylvæ Viragrunda dictæ ad Elwacenſe coenobium pertinentis angegeben. Von dieſer Gränzbeſchreibung
gehört vornemlich folgendes hieher: de Hochtann minori ad
Eſchelbach deorſum in Bilerna, de Bilerna ſurſum in Nuenbrechtsbach, de Nuenbrechtsbach ſurſum in Sulzbach Par-
vum, de Sulzbach parvo deorſum usque ad Kochina, deinde
ſurſum usque in Hütlinga. Wer nur einige Localkenntnis dieſer Gegend hat, ſiehet hier, unſer Sulzbach nach ſeiner Lage genau beſtimmt. Man muß ſich indeſſen hüten, daß man nicht daraus
ſchließe, als ob der Pagus Virngrund bis hieher nach Sulzbach mit
der Waldung gleichen Namens, ſich erſtreckt habe. Die Urkunde ſagt
ausdrücklich, daß ein Theil der Sylvæ Francorum legibus
ſubiacet in pagis Müllngo et Kogengo. Das leztere wird vornemlich dieſen Strich betreffen. Es müſſen auch in Anſehung
der Eigenthums-Rechte in der Folge große Veränderungen vorge-
gangen ſeyn, wie zum Theil aus der folgenden genauern Orts-
Beſchreibung ſelbſt erhellet.

und Speckfeldischen Linie kam Sulzbach, als freyes Eigenthum, an dessen Erben, Schenk Friedrich und Graf Leonhard von Castell, und wurde gemeinschaftlich von diesen beyden Häusern besessen, von 1414. bis 1445. da die Castellische Hälfte durch Kauf auch vollends an Limpurg kam. Nachher blieb der Ort immer limpurgisch, und hatte mit dem Schloß Schmiedelfeld einen und denselben Herrn.

Bey der geänderten Religions-Verfassung im 16. Jahrhundert bekam der hiesige Geistliche, auch die vormalige Pfarrkirche zu Laufsen, die Kirche auf dem Heerberg, und nachher die Schloßkirche zu Schmiedelfeld mit zu versehen, so wie es noch ist.

Im dreyßigjährigen Krieg, im Jahr 1634. am 9. August wurde der Ort, so wie die ganze Gegend, von kaiserlichen Völkern, sonderlich Kroaten, überfallen, welche an wehrlosen Personen, die ihnen nicht entrinnen konnten, große Grausamkeiten verübten. Die Sulzbacher Einwohner hatten, samt ihrem Vieh, einen Zufluchtsort im Komburger Wald, welcher noch der Verhack heißt. Nachher rafte die Pest viele Menschen hinweg.

Von 1675. bis 1684. war doch die Mittelzahl der jährlich Verstorbenen schon wieder 18 $\frac{1}{2}$, und größer, als vor dem Krieg. Es lebten also, dem Canon zu Folge, daß auf 36. Lebende eine jährliche Leiche zu rechnen seyn möchte, zu jener Zeit in der ganzen Pfarrey, etwa 666. Menschen. Im Jahr 1718. in der Charwoche, zählte man 924. am neuen Jahr 1782. 1313. Pfarrangehörige. Es hat sich

R 4       also

also hier die Seelenzahl der Einwohner nur in einem hundertjährigen Zeitraum verdoppeln können. Es ergibt sich aber auch aus Vergleichung zehenjähriger neuerer Todtenliſten mit den neueſten ganz zuverläßigen Bevölkerungs-Tabellen, daß in dieſer Pfarrey von 30½ lebenden Einer geſtorben iſt. Dieſe Sterblichkeit, warum ſie ſo groß, und um ¼ gröſer, als diejenige in vielen andern limpurgiſchen Gegenden iſt, verdiente vielleicht eine eigene Unterſuchung.

Von einem Herrn Philipp Heinrich Caliſius, Freyherrn von Caliſch, der Röm. Kaiſ. Maj. wirklichen Obriſten und Commendanten unter dem Prinz Beveriſchen Regiment zu Fuß, welcher den 29. Sept. 1722. verſtorben iſt, werden hier jährlich, an ſeinem Namenstag, (Phil. u. Jac.) zu Folge ſeines Vermächtniſſes, die Zinßen von 100. Fl. Kapital, an die Armen ausgetheilt. Er war ein Sohn eines hieſigen Geiſtlichen, Johann Heinrich Caliſius, und ſoll in ſeiner Jugend von den hieſigen Einwohnern aus den Fluthen des Kochers errettet worden ſeyn.

Oberhalb Sulzbach führt eine bedeckte Brücke über den Kocher.

Ein Hochgericht ſtund vorzeiten auf einer Auhöhe gegen Mittag, und ein Landgraben, der noch dieſen Namen führt, wird gegen den Kieſelberg hin gefunden. Unbekannt iſt, wann, und wozu der leztere aufgeworfen worden.

5. **Brünſterhof,** auf einem Berg, abendwärts ¼ Stunde von Sulzbach, hat 5. Seelen. Dieſes Gut iſt 1701. auf einer Sulzbacher Viehweide

weide angelegt worden. Nicht weit davon befindet sich ein alter tiefer Schacht. Unbekannt
ist, wann und in welcher Absicht derselbe niedergesenkt worden.

6. Alt = oder Alten = Schmiedelfeld, ein Dörfchen,
nicht weit vom linken Ufer des Kochers, eine
starke halbe Stunde von Sulzbach, enthält 4.
ganze Höfe und 2. Söldengüter, Einwohner-
Seelen 66. Zwey Güter sind hier mit der
Veste Cransperg im Jahr 1357. erworben worden. Die andern, wenigstens zum Theil, sind
nachher angelegt worden. Es sind hier von
langen Zeiten her unverhältnismäßig viele
Simple. Das Wasser, welches die Einwohner trinken, ist sehr unrein. Im Jahr 1374.
gehörte der grose und kleine Zehende zum Amt
Gaildorf, und wurde unter andern Stücken der
Gräfin Elisabeth, geb. von Tübingen, zum
Genuß angewiesen. Das Fahrhöflein wurde
im Jahr 1710. von dem hiesigen Gemeindboden getrennt und mit einem Unterthanen besezt,
wird aber jezt, unter dem Namen der Kuhreu-
te, von der Gemeine insgemein, wieder zur
Weide benüzt.

7. Wolkenstein oder Schaafhof, (den leztern Namen hat er von seinem Erbauer,) liegt hinter
dem eben beschriebenen Ort, auf dem Berge.
Das Gut ist nicht lange vor dem Jahr 1500.
angelegt worden, hat 10. Seelen.

8. Nestelberg, (Nestelhof) ein Gut auf dem gleichnamigen Berg, halbe Stunde von Sulzbach,
mittagwärts, ist im Jahr 1698. auf einer herrschaftlichen Viehweide angelegt worden, hat 5.

R 5                                      Seelen.

Seelen. Bey diesem Hof ist der Nestel-
wald, und in diesem der Anfang der herrschaftlichen Schlittenbahn für das Floßholz, welches
jährlich im Winter zum Floßsee bey der Ebne
geliefert wird.

9. Weiler, ein kleines Dörfchen oder Weiler, von
dem Nestelberg nicht weit entfernt, etwas ostwärts, der alten zerstörten Veste Cransberg gegen über, zu welcher es ehemals als eine Villa
gehört hat. Mit jener Veste wurden hier im
Jahr 1357. 12. Güter erkauft, die aber nachher in 3. Höfe zusammengezogen worden. Den
Zehenden hat Schenk Friedrich 1414. von einem gewissen Christian Kochenser zu Hall, und
dem Kloster Murrhard erkauft. Die Einwohner machen 26. Seelen aus; sie haben weitläuftige Güter, zwar etwas sandig, doch fruchtbar, und vorzüglich schöne Waldungen.

10. Krasperg, ein Oertchen, nicht weit von Weiler,
morgenwärts. Es sind hier jezt ein ganzer,
und zwey halbe Höfe, und 24. Seelen.

Im Jahr 1380. erkaufte Frau Ytta von
Weinsperg, mit der Burg und dem Amt Adelmannsfelden, von Dechant und Konvent des
Gotteshauses Ellwangen, hier fünf Lehen, in
3. Gütern bestehend, die nachher in 1. Hofgut
zusammengezogen, und endlich wieder getrennt
worden. Nicht weit von dem Orte werden
gute Mühlsteine gebrochen.

11. Knollenberg, auch Schockenhof genannt, an
der Spize der Berghöhe, worauf die beyden
erstbeschriebenen Orte liegen, morgenwärts. Es
sind hier zwey Unterthanen und 15. Seelen.
Beyde

Beyde Güter sind in der ersten Hälfte des
16. Jahrhunderts angelegt worden.

12. Wimbach, ein Gut an dem Bach gleiches
Namens, der sich oberhalb Lauffen in den Kocher auf dessen linken Ufer ergießt, in einem
engen Thälchen. Es hat 10. Einwohnerseelen,
und ist im Anfang des 17. Jahrhunderts angelegt worden.

13. Lauffen, mit dem Beynamen am Kocher, ein
Dorf, eine gute halbe Stunde oberhalb Sulzbach, am mitternächtlichen Ufer des Kochers
berganwärts gelegen. Es ist hier eine alte Kirche,
und darinn ein Altar, auf welchem der h. Bar-
tholomäus zu sehen ist, seine eigne Haut, zur
Anzeige seines Märtyrer-Todes unter dem Arm
tragend. Man findet unter dem Jahr 1397.
einen Pfaff Hanß Pfarrer zu Lauffen. Es
mag aber schon mehrere Jahrhunderte vorher
hier eine Kirche gewesen seyn.

Mit der Veste Cransperg wurden hier 13.
Güter im Jahr 1357. erkauft, wovon aber
fünfe nur dahin vogtbar waren, deren Eigen-
schaft, mit dem hiesigen Kirchensaz, 1410. und
1414. von Christian Kochenser und dem Kloster Murrhard auch erkauft wurde. Nachher
sind noch mehrere neue Güter auf eigenthümlichen Boden angelegt worden.

Die Mahlmühle, welche bey Lauffen an dem
gegenseitigen Ufer des Kochers liegt, trägt von
Alters her den Namen Windenbach- und
Windmühle. Sie ist im Jahr 1380. von
Ellwangen erkauft worden.

Der

Der ſämtlichen Einwohner-Seelen zu Lauffen und in der Windmühle ſind 164.

14. Cransperg, (vor Alters auch Cranchs - und
Cranichs-Berg,) iſt ein alter Burgſtall, auf
einem Berge zwiſchen ebengedachtem Lauffen
und Sulzbach. Der Kocher umfließt den Berg
gegen Morgen, Mittag und Abend. Nur gegen Mitternacht hängt er durch einen ſchmalen
Bergrücken mit den übrigen Bergen zuſammen.
Die Lage war daher zu einer alten Veſte überaus vortheilhaft. Noch ſtehet das Untertheil
eines alten vierecktcn Thurns. Die Burg be-
ſtund aus zweyen Theilen, wie man noch an
den vorhandnen Gräben ſiehet.

Sie wurde, ſamt der Veſte Buchhorn, und
den zu beyden gehörigen Gütern, im Jahr
1357. durch Schenk Konrad, von Ludwig und
Friedrich, Gebrüdern, auch Ludwig dem jüngern,
Grafen zu Oettingen und Landgrafen im Elſaß,
um 4000. Pfund Heller erkauft. Aber ſo
wie ſie beyde, noch in ebendieſem Jahrhundert, im Städtekrieg, wie ſchon bey der Burg
Röthenberg bemerkt worden, zerſtört wurden,
ſo wurde auch die Veſte Cransperg mit Röthenberg, im Jahr 1406. dem Churhauß von der
Pfalz lehenbar gemacht.

15. Heerberg, mitternächtlich von der Veſte Crans-
ſperg auf derſelben Höhe, da wo ſie ſich an die
übrigen Gebürgshöhen anſchließt. Es iſt hier
eine alte Kirche, in welcher zu gewiſſen Zeiten
Gottesdienſt gehalten wird, ein Wirthshaus,
ein Schulhaus, ein paar andre Häuſer, und überhaupt 30. Seelen. Das noch ſtehende Kirchengebäude iſt zu Folge der über dem Haupt-
ein-

eingang eingehauenen Jahrzahl im Jahr 1400. erbauet. Es stehet dahin, ob vorher eine Kirche hier gewesen. Sie hatte viele Altäre, zwey angebaute Kapellen, und ein wunderthätiges Marienbild. Aus alten Stiftungen und Opfern ist ein Kirchenfond entstanden, der noch bestehet, aber ehemals viel beträchtlicher gewesen seyn muß. Wahrscheinlich hat eine besondre Begebenheit, die man nicht mehr weiß, dieser Kirche und der Wallfahrt zu ihrem Heiligthum den Ursprung gegeben. Noch im Jahr 1610. wurde die Heerberger Brüderschaft und Wallfarth verboten. Das Vertrauen zu dem Muttergottes-Bild brachte aber bis in neuere Zeiten noch zuweilen Opfer ein. Seit geraumer Zeit ist jenes nicht mehr aufgestellt.

Die hiesigen Güter gehören theils zur Veste Cransperg, theils zu dem hiesigen Heiligen. Den Namen des Orts wollen einige daher führen, daß das mit Belagerung der Vestung beschäftigte Heer hier gestanden habe; andre vermuthen, vielleicht mit mehr Grund, daß der Berg von alten Zeiten her ein Hörberg, (Warte, Specula,) gewesen, welches auch daher Wahrscheinlichkeit gewinnt, weil man auf demselben das Thal auf und abwärts viel besser beobachten kann, als auf dem Cransberg selber.

16. Deutschenhof, (Erdgschlaif- oder Deutschhöflein) in mäßiger Entfernung von dem Heersberg, mitternachtswärts, noch etwas höher gelegen, ein Hof, der jetzt 15. Seelen enthält. Er ist im Jahr 1545. auf eigenthümlichem Grund angelegt worden.

17. Eisen-

17. Eisenschmidte, (Eisenmühle,) liegt am mittäglichen Fuß des Cransberges, unten am Kocher. Hier war von Alters her eine Mühle, die Mühle zur Werben bey Cransperg genannt. Sie wurde durch Schenk Friedrich vom Kloster Murrhard und Christian Kochenser in den Jahren 1410. und 1414. erkauft. Nachgehends wurde ein Eisenhammer hier angerichtet; nach dem Amts-Lagerbuch war aber im Jahr 1613. schon wieder eine Mahlmühle an dessen Stelle. Im Jahr 1719. wurde sie aufs neue zu einer Eisenschmidte eingerichtet, und von einem gewissen Jhle, Obervogt in Donzdorf besessen; hierauf waren eine Zeitlang herrschaftliche Pächter darauf, bis im Jahr 1757. das Werk eingerissen, und das Gut mit 2. Unterthanen besezt wurde. Seelen sind jezt 24. hier.

18. Braunhof, am Heerberg, gegen Sulzbach hin, nordwestlich gelegen, gehörte von Alters her, zum Amt Cransperg, enthält 6. Seelen, und hat seinen Namen von einem ehemaligen Besizer.

19. Egelsbach, ist ein altes Gütchen, welches in den Jahren 1397. und 1414. von Heintz Mühlenberg und Pfaff Hauß von Lauffen ꝛc. Limpurg vogtbar gemacht, und käuflich überlassen wurde. Hier wohnt der Fallmeister für die Herrschaften Schmiedelfeld und Gröningen. Seelen sind hier 22.

20. Neuhorlachen, ein einzelnes Haus und Gut, welches in neuern Zeiten aus ausgereutetem Wald entstanden, eine Stunde von Sulzbach ostwärts,

oſtwärts, bey Hohenberg. Es ſind hier 11. Seelen.

21. **Engelsburg,** (**Engelshöfle,**) ein Gut, nächſt bey dem vorigen, auch in neuern Zeiten angelegt, hat 15. Seelen.

22. **Hohenberg,** eine Stunde von Sulzbach, oſtwärts, iſt ein hoher Berg, auf welchem noch Ueberbleibſel einer ehemaligen Burg zu ſehen ſind, von welcher man aber keine beſondre Nachrichten hat. Der Berg iſt gleichſam auf eine erhabene Fläche aufgeſezt, und erhebt ſich bis zur Höhe der zweyten limpurgiſchen Gebürgsſtufe, daher man auch hier den gelben Boden findet, wie auf dieſer. Die Ausſicht in die Ferne, ſonderlich gegen Franken hinein, iſt vortreflich. Es ſind jezt hier 4. halbe Höfe, nebſt Nebenwohnungen, und 40. Einwohnerſeelen. Zwey Lehengüter wurden hier ſchon im Jahr 1380. von Ellwangen an Limpurg käuflich überlaſſen.

23. **Uhlbach,** eine Viertelſtunde von Hohenberg weiter nach Norden, ein Gut zwiſchen dichten Waldungen, mit 17. Einwohner-Seelen.

Schon 1380. erkaufte Schenk Konrads Wittwe Ytta von Ellwangen hier ein Lehengut. Schenk Friedrich 1410. und 1414. vom Kloſter Murrhard und Chriſt. Kochenſer den Zehenden. Und Schenk Albrecht 1482. von Friedrich von Roth, noch ein Gut mit Waldungen.

24. **Rohlwald,** mit Inbegrif des **Vogel-** und des **Stockenhöfleins,** etwas mitternächtlich vom Schloß Schmiedelfeld, und 1. Stunde von Sulzbach gelegen, begreift eine hohe ſandige Fläche von ohnge-

ohngefähr 1. Stunde im Umfang, worauf
einzelne Höfe, Söldengüter und Häuser zerstreut liegen, und 99. Seelen wohnen. Ein
Theil der Einwohner verfertiget allerley Arten
hölzerner Werkzeuge und Geräthschaften, wozu sie das Holz in der Nähe haben.

Diese zerstreuten Wohnungen und Güter
sind seit dem Jahr 1568. nach und nach aus
ausgereuteten Pläzen im so genannten Kohlwald entstanden.

25. Hägelenshöfle, ein Oertchen von 16. Seelen,
eine Viertelstunde vom Mühlenberg, am Wege
nach Hohenberg, ist noch nicht alt.

26. Frankenreute, eine halbe Stunde von Sulzbach,
am mittäglichen Abhang des Mühlenberges,
ein Gütchen, worauf 5. Seelen leben. Ist in
neuern Zeiten angelegt.

27. Gantenwald, 1½ Stunde von Sulzbach etwas nordlich, ein Gütchen, das nur 3. Einwohner-Seelen hat. Es bestehet schon seit
der Mitte des 16. Jahrhunderts.

28. Seeghalden, in gleicher Entfernung von Sulzbach, nahe an dem vorigen, am Klingenbach,
der in den Bühlerfluß läuft, hat 22. Seelen.
Drey Gütchen sind hier ebenfalls in der Mitte
des 16. Jahrhunderts angelegt worden.

29. Hochhalden, ein Oertchen von 14. Seelen, oberhalb Lauffen, vor nicht vielen Jahren angelegt.

30. Mezlens- oder Steinhöfle, (insgemein das
lange Haus genannt,) ist ein Gut, worauf sich
2. Unterthanen, und 14. Seelen befinden, im
so genannten Mezlenswald, nicht weit von dem
gröseren Mezlenshof, welcher zum Antheil Lim-

purg-

purg = Sontheim = Gaildorf gehört, ist auch eine
neue Anlage.

31. **Rübgarten,** lauffen gegen über auf dem Berg,
ein Dörschen von 45. Seelen. Hier wurden im
Jahr 1380. durch Frau Ytta von Weinsperg,
6. Lehngüter von Ellwangen erkauft, und im
Jahr 1557. durch die Schenken Christoph und.
Heinrich ein Gut von der Stadt Gmünd eins
getauscht.

32. **Heilberg,** nicht weit von dem vorigen, gegen
Morgen, ein Gut, worauf jezt 5. Seelen leben,
ist im Jahr 1701. auf Weide = und Reute=
plätzen angelegt worden.

33. **Schölhof,** unterhalb Ottenried gelegen, ein Gut
von 6. Einwohner = Seelen, eine Anlage, die
noch nicht gar alt ist.

34. **Kellershof,** ein Gut, nächst dem vorigen, nm
das Jahr 1613. neu angelegt, worauf 6.
Seelen wohnen.

35. **Geifertshofen,** eine kleine Meile von Sulzbach
entlegen, nordwärts, in dem Winkel, welchen
die Fischach und die Bühler machen, welche
bey dem Ellwangischen Ort Kotsbühl, nicht
weit davon zusammen kommen, ein Pfarrdorf.
Die hiesige Pfarrey, zu welcher einige nahge=
legene kleine Orte gehören, ist alt, das jezige
Kirchengebäude im Jahr 1626. erbauet, zu
Folge der daran stehenden Inschrift:

„Ao. Dñi. 1626. den 24. Aprilis, Ist an
diesem Ort die Kirch mit viel andern Ge=
bawen Jämmerlich abgebrannt und auff
verordnung der Hochwohllöblichen Herrschaft
Limpurg Gott zu Ehren u. fortpflanzung

seines heiligen Reinen Worts, One Uffzug wiederum erbauet worden. „

Die Kirche hat einen ansehnlichen Heiligen= oder Kirchen=Fond, in Ansehung deſſen mit dem Ritterſtift Komburg, als Collatoren der hieſigen Pfarrey in den Jahren 1559. 1568. und 1577. Receſſe errichtet wurden. Die Kir= chenregiſter nehmen hier mit dem Jahr 1559. ihren Anfang, welches eine Seltenheit iſt, da die alten Kirchenbücher in andern Limpurgiſchen Pfarreyen meiſtens im dreyßigjährigen Krieg verlohren gegangen. Die erſte Handſchrift darin= nen iſt von Johann Georg Büſchler, der wohl auch der erſte evangeliſche Pfarrer hier war.

Die Einwohner nähren ſich von Ackerbau und Viehzucht, größtentheils wohl, wie ſie denn vorzüglich gute Wieſen haben. Es iſt auch ein Wirthshaus hier. Wirkliche Unterthanen zählte man im Jahr 1774. hier 37. in 40. Wohn= häuſern. Sie machen jezt zuſammen 271. See= len aus.

Daß der Ort alt ſey, beweißt eine Schenkung eines Adelberts von Bielried ans Kloſter Komburg, vom Jahr 1078. *) werinn es heißt: in *Giſelbrehtshouen* quicquid habuit. Daher rühren wohl die noch vorhandne hieſigen Kom= burgiſchen Lehenleute. Die Vogtey auf 19. hieſigen Gütern war im Jahr 1419. noch Weinspergiſch, und wurde in dieſem Jahr, ſamt Badſtube und Hirtenſtab Gerichten, Ta= ſernen und Hölzern, als frey eigen, käuflich an Limpurg überlaſſen. In den Jahren 1541. und 1578.

*) S. Auszug der Tradition in Uffenh. Nebenſt. 9. Stück. Seite 1148.

1578. wurben auch einige andre Güter als
frey eigen, von Hall und Ellwangen eingewech=
felt. Nachher sind auf eigenthümlichem Grund
und Boden mehrere Unterthanen=Häuser er=
bauet worden. Der Ortsname kommt wohl
von dem altdeutschen Mannsnamen Geisel=
brecht, aus welchem durch Verkürzung der
jezige Name entstund.

In der Nähe von Geisertshofen liegen
noch folgende Orte:

36. **Wiesenhof,** hat 9. Einwohner=Seelen.

37. **Wurzelhof,** hat 23. Seelen. Er ist im Jahr
    1578. von Stift Ellwangen, als freyes Ei=
    genthum eingewechselt worden. Nachher wur=
    den mehrere Unterthanen darauf angesezt.

38. **Immberg,** wurde auch im Jahr 1578. von
    Ellwangen eingewechselt, und hat nur 5. Seelen.

39. **Immersberg,** (oder Nimmersberg,) hat 43.
    Seelen. Hier waren von Alters her 2. Höfe,
    deren einer dem Heiligen zu Mittelfischach
    lehenbar, der andre im Jahr 1442. Hanßen
    von Thalheim zuständig war, von demselben
    aber in diesem Jahr an Limpurg verkauft wurde.

40. **Trägelsberg,** hat 42. Seelen. Man findet,
    daß hier um das Jahr 1500. zwey Güter,
    und 1562. ein drittes, auf eigenthümlich=Lim=
    purgischen Reutenstücken angelegt worden.

### Anmerkung.

Die Orte unter Nro. 35. bis 39. haben
bis zum Jahr 1774. zum Amt Oberfontheim
gehört, und sind durch die damals zu Stand
gekom=

gekommene Obersontheimer Landestheilung zu
dem Antheil Limpurg-Sontheim-Schmiedelfeld
gelegt worden. Es hat aber dagegen das
ehemalige Amt Schmiedelfeld auch einige Orte
an andre Landesantheile abgegeben, wie bey denselben genauer wird bemerkt werden.

41. Der Alt-Berg ist ein längst abgegangner Ort,
in diesem Landes-Antheil, und zwar auf der
mittäglichen Seite des Kochers am Hopfenbach. Dieser Berg, welcher noch heutiges
Tags den alten Namen trägt, aber nun mit
Holz bewachsen ist, wird nur durch eine Klinge
oder tiefe Schlucht von dem Nestelberg geschieden. Die auf demselben ehmals befindliche Weilerstatt wurde im Jahr 1404. durch
Frau Ytten, Schenk Konrads Witwe, von
Konrad Veickhen von Velben und seinem Schwager, Konrad Wißhar, Burger zu Murrhard
erkauft. S. Limpurg. Deduction v. Jahr 1714.
S. 48. Es ist aber daselbst irrig angegeben,
daß unter dieser Weilerstatt Alt-Berg, die von
derselben eine gute Strecke entfernte Weilerstatt Sulzbach zu verstehen sey. Denn der
Beysaz am Hopfenbach, der nicht bey Sulzbach, sondern auf dem jenseitigen Kocher-Ufer,
unter dem Alten-Berg und bey Alten-Schmie-
delfeld zu finden ist, zeigt die eigentliche Lage
deutlich genug an.

Zu diesem Antheil gehören auch schöne Herr-
schaft-Waldungen und Jagdgerechtigkeiten, und
ausser desselben Bezirk Zehenden und andre Gefälle.

V. Der

# V.

## Der

# Limpurg - Sontheim - Gröningische Landes - Antheil.

V.

Dieser Landes=Antheil ist im Jahr 1774. durch die Sontheimische Theilung dem hochfürstlich Hohenlohe=Bartensteinischen Loos zugefallen, weil die hochseelige Frau Fürstin Maria Friedrica Sophia Charlotta, von Hohenlohe=Bartenstein, eine Tochter der zweyten Vollrathischen Erbtochter Christina Magdalena Juliana, vermählten Landgräfin von Hessen=Homburg war. Derselben im Jahr 1777. am 2. May erfolgter Tod, sezte Ihro Durchlaucht den regierenden Fürsten von Hohenlohe=Bartenstein, Herrn Ludwig Carl Philipp Leopold, als ältesten Herrn Sohn, in den Besiz des Antheils.

Es gränzt derselbe gegen Morgen: theils mit dem Ellwangischen Gebiet, theils mit einigen ritter=schaftlichen Orten, gegen Mittag, vornemlich mit ei=nem Theile des Herzogthums Wirtemberg, gegen Abend, theils mit ebendemselben, theils mit dem Lim=purg=Sontheim=Gaildorfischen und mit dem Schmie=delfeldischen Antheil, gegen Mitternacht: theils mit der Herrschaft Adelmannsfelden, theils auch wieder mit dem Ellwangischen Gebiet.

In Ansehung der Lage bestehet er aus Thälern, Bergen und Ebenen. Er begreift einen Theil des Kocherthales, und Höhen von der ersten und zweyen Gebürgsstufe. Daher auch der Boden verschieden ist, aber nirgend unfruchtbar. Es gibt schönen Wies=wachs, einträgliche Getraide=Felder, und vorzügliche Waldungen.

Ein Rath und Amtmann, und ein Forstmeister, die beyde in Untergröningen wohnen, besorgen die Amts= und die Forst= und Jagdsachen, in wichtigern

Fällen

Fällen wird an die Fürstliche Regierung zu Barten=
stein Bericht erstattet. Die Geistlichen stehen unter
dem Fürstlichen Konsistorium.

Es gehören zu diesem Antheil folgende Orte:

1. Schloß Gröningen, und der Flecken Unter=
Gröningen, welcher theils ober=theils unter=
halb dem Schloß liegt, auf einem Bergab=
hang, welchen der Kocher umfließt, gegen
welchen er sich von Mittag herabsenkt, zwey
kleine Meilen von Gaildorf, den Kocher auf=
wärts. Das Schloß, so wie es jezt ist, ist
sehenswürdig, und hat eine angenehme Lage.
Es bestehet aus einem Hauptgebäude und
zwey Flügeln. Die äussere Seite des Haupt=
gebäudes siehet gegen Morgen. Man hat son=
derlich von dieser Seite eine vergnügende länd=
liche Aussicht, nur wegen der Berge keinen wei=
ten Horizont. Aber sonderlich der Kocher, der
unten an dem steilen Schloßberge wegfließt,
macht die Gegend romantisch schön. Das Schloß
war ehedem ein völliges Kastell von 4. Sei=
ten. Die hochseelige Frau Fürstin hat das Ge=
bäude gegen Abend wegbrechen lassen, und da=
durch aus den innern Zimmern die Aussicht
in das Feld geöfnet, die Wohnung auch ge=
sunder gemacht. Da Sie hier ihre lezten Tage
zu leben gedachte, so hat sie das Schloßgebäude
modern und bequem einrichten, auch völlig
meubliren lassen, und zu diesem Behuf eine
schöne Summe aufgewendet. Sie hat es auch
am 7. September des Jahrs 1776. mit einem
zahlreichen Hofstaat wirklich bezogen, und bis
an ihren Tod bewohnt.

Die

Die Zeit der erſten Erbauung und die älteſte
Geſchichte der Burg iſt unbekannt. Limpurg
hat ſie durch Kauf erworben. Schenk Friedrich erkaufte ſie 1410. von Wilhelm von Rechberg, wie
Fröſchlin bezeuget. Man findet ſie aber 26. Jahre
nachher in den Händen der Herren von Yberg.
Schenk Konrad, der ältere, mit ſeinen Brüdern, erkaufte wieder im Jahr 1436. die
eine Hälfte derſelben, ſamt dem dabey gelegenen Dorf, ferner Algeshofen, Fach, Rötzen-
berg, Ottenrieth, Steinberg, Altersberg, mit
Vogteyen, Gerichten, Zwingen und Bännen ꝛc.
von Hannſen von Yberg und Agnes von
Menzingen, ſeiner Ehewürthin. Im Jahr
1439. erkaufte ebenderſelbe mit ſeinen Brüdern Gottfried und Konrad dem jüngern, auch
die andre Hälfte, ſamt dabey gelegnem Dorf,
und einigen Gütern zu Dinkbühl, Geſchwend
(Hof), Kühnhard, Bühlingshalden, von Ans-
helmen von Yberg und Yten von Königs-
eck, ſeiner ehelichen Hausfrau. Hanß Sträſ-
ſer, und Anna Sträſſerin, Georgen von Hork-
heim eheliche Haußfrau, ſaſſen aber einige
Zeit mit ihnen in Gemeinſchaft.

Bey den nachfolgenden Vertheilungen blieb
Gröningen ſamt dem dazu gehörigen Amt,
dem Hauſe Gaildorf. Zuweilen war es der
Siz eines Herrn von dieſem Hauſe, wie Schenk
Johanns, der 1544. unverheyrathet ſtarb. Im
Jahr 1570. wurde das Schloß einem andern
Johann zum Aufenthalt beſtimmt. In folgen-
den Zeiten hielten ſich die Gaildorfiſchen Herren
zuweilen der Jagd wegen einige Zeit hier auf.
Immer wohnte hier der Amtmann, ſo wie noch.

S 5                                    Mit

Mit dem Jahr 1690. wurde das Schloß und
Amt Sontheimisch, und blieb eine gemeinschaft
liche Besitzung dieses Hauses, bis es im Jahr
1774. ausschließlich Hohenlohe-Bartensteinisch
wurde.

Im Hauptgebäude befindet sich eine Kirche,
oder Schloßkapelle, die schon alt, und eben nicht
groß, aber schön ist, nachdem sonderlich die hoch
seelige Frau Fürstin dieselbe hat erneuren und
verschönern lassen. Das Gewölbe wird durch
eine doppelte Reihe schöner Säulen unterstüzt.
Fenster sind zwar nur auf der Morgenseite, er
leuchten aber die Kirche hinlänglich. Der Haupt
altar ist von künstlichem Marmor geschmackvoll
gebaut. Das Altarblatt, in Wirzburg gemalt,
stellt den h. Erzengel Michael vor, wie er ein
paar böse Geister unter die Füße tritt. Zu
beyden Seiten stehen die zwey Statuen der bey
den Apostel Petri und Pauli, von weißem künst
lichen Marmor. Zur rechten Seite desselben
siehet man noch einen kleinen Altar, mit der
Statue des h. Anton von Padua, dem auch
einige wächserne Opfer zur Seite hängen. Die
hochseelige Frau Fürstin ruhet in dieser Kirche
an der Abendseite, und hat in der Wand ein
einfaches doch artiges Denkmal, mit folgender
Inschrift:

Sub hoc lapide quiefcit
Lapis angularis et Fundamentum
Avitæ Religionis Catholicæ
In hoc Sacello aulico reftauratæ
quam
In Se Ipfa reformavit
Præclaris virtutibus exornavit

In

In aliis quoque propagavit
Sereniſſima Princeps
ac
Domina Domina
Sophia Friderica
Nata Landgravia de Haſſia - Homburgia
Princeps Vidua
Caroli Philippi Franciſci
S. R. I. Principis ab Hohenlohe et
Waldenburg - Bartenſtein etc. etc.
Imperialis Cameræ Supremi Judicis
Cuius Oſſa quieſcunt Wezlariæ
Regnans Comitiſſa et ſemper Libera
de Limpurg - Sontheim - Gröningen
Domina in Oberbronn etc.
Quatuor Filiorum Principum
Mater feliciſſima
Subditorum Amor et Spes feliciſſima
Afflictorum Patrona Liberaliſſima
Nata XVIII. Februarii
MDCCXIV.
Denata II. Maii
MDCCLXXVII.
Aeternum Victura.

Zwey Väter Kapuziner, die auch im Schloß
wohnen, beſorgen in dieſer Schloßkapelle ſeit
dem Jahr 1781. den Gottesdienſt. Vorher
waren nach einander zwey Ciſtercienſer da.
Auſſer ihnen iſt noch ein Schulhalter und Kir;
chendiener hier angeſtellt. Die hieſige neue ka;
tholiſche Gemeine, die ſich zu dieſer Kirche
hält, wird jetzt auf 150. Köpfe gerechnet, und
der Büßlingshaldenhof als ein dazu gehöriges
Filial angeſehen, nachdem er im Jahr 1779.
mit

mit einem katholischen Unterthanen besezt
worden.

Der Flecken Untergröningen ist theils von
alter, theils neuer Anlage. Der ältere Theil
desselben liegt unter dem Schloß, gegen den
Kocherfluß hin, und wird schon im Kaufbrief von
1436. ein Dorf genennet, welches aber vielleicht
nicht stark war. Hier ist auch die neue evangelische
Kirche, welche im Jahr 1777. auf Fürstliche Kosten erbauet wurde. Es ist ein längliches Viereck,
von guten Werksteinen artig erbaut, mit einem
hölzernen Thürnchen, worinn 2. Glocken hängen.
Die Geschichte davon ist folgende: Seit dem
Jahr 1609. wenigstens hatte die Untergröninger
evangelische Pfarrgemeine die Schloßkirche zum
gottesdienstlichen Gebrauche weislich inngehabt,
und ausser derselben hier keine andre Kirche.
Die Frau Fürstin wünschte die Schloßkirche für
sich und ihren zahlreichen Hofstaat, zum Pri-
vatgottesdienst allein zu haben, und daß die
Gemeine eine andre Kirche dafür annehmen
möchte, die Sie derselben in Flecken, auf eigene
Kosten, und von dem nemlichen Umfang und
Größe, zum ewigen Eigenthum, nebst Verab-
folgung der Glocken und allen Kirchengeräth-
schaften, wollte erbauen lassen. Die Gemeine
nahm das Fürstliche Anerbieten von der wirklich huldvollen Fürstin an. Der Plaz, worauf
das herrschaftliche Rathhaus stand, schien der
bequemste zu der neuen Kirche, dieses wurde
abgebrochen, und schon in der Mitte des Monats Aprils im Jahr 1777. der Grund zu dem
neuen Kirchengebäude gelegt. Zwar gieng die gü-
tige Fürstin aus der Zeit, da das Bauwesen kaum
begunte,

begunte, aber durch die fortwährende Unter=
stüzung des durchlauchtigen Regierungs=Nach=
folgers, kam das Gebäude, samt der innern
Einrichtung, nichts desto weniger in kurzer Zeit
zu Stande, so daß es noch in demselben Jahr,
und zwar am zweyten Advents=Sonntag einge=
weihet werden konnte. Es wird hier gewöhn=
lich, und zwar von Alters her, durch den Pfar=
rer zu Obergröningen, der sich daher einen
Pfarrer zu Ober=und Unter=Gröningen nennt,
jeden dritten Sonntag der Vor= und Nach=
mittagsgottesdienst gehalten; zuweilen geschie=
het es abwechslend einen Sonntag hier, den
andern zu Obergröningen. Es ist auch für die
hiesige Schule ein eigener Schulmeister hier,
der zugleich die Stelle eines Gegenschreibers
versieht, und ehemals der einzige Schullehrer
in der Pfarrey war, bis auch in Obergröningen
einer angestellt worden.

Es ist in dem untern und ältern Theil des
Fleckens ein Wirths= und Brau=Haus, ein
Chirurg, und die nöthigsten Handwerker. Die
Nahrung der meisten Einwohner aber beruhet
auf dem Feldbau. Eine schöne Mahl= und
Sägmühle liegt morgenwärts, am Kocher, über
welchen gegen Mitternacht auch eine bedeckte
Brücke gebaut ist.

Die neue Anlage ziehet sich vom Schloß, ge=
gen Mittag hin, berganwärts, und wird mei=
stens von katholischen Religionsgenossen be=
wohnt. Hier wird die Baumwollenspinnerey
ziemlich stark getrieben; das Garn gehet aber
meistentheils wieder roh außer der Herrschaft.
Auf

Auf dem sogenannten Buck, weiter aufwärts,
siehet man auch noch einige neue Häuser.

Im Jahr 1767. wurden zu Untergröningen
313. Seelen gezählt. Seit dieser Zeit ist,
sonderlich durch die neue Kolonie, die Zahl der
Einwohner um die Hälfte höher gestiegen. S.
über die Volksmenge der Gröninger Pfarrey
weiter unten eine besondre Anmerkung.

Die umliegende Gegend ist fruchtbar, und
gewährt viele Veränderung der Aussicht. Das
Thal ist um den Flecken breit genug, um Gär=
ten und Wiesen·Raum zu lassen, verengt sich
aber ober= und unterhalb. An der steilen ge=
gen den Kocher abhängenden Morgenseite sind
gute Gärten mit Obstbäumen. Der Klee ge=
räth wohl, wird aber so wenig, als andre künst=
liche Futterkräuter, häufig gebaut.

2. Bühlingshaldenhof. Er ist im Jahr 1439. mit
andern von Anßhelm von Yberg erkauft, und
bis zum Jahr 1779. als ein Herrschafts=Hof
benützt, in diesem Jahr aber mit einem Unter=
thanen besezt worden. Er liegt in mäßiger Ent=
fernung von Untergröningen, mittäglich. Die
darauf lebenden Seelen sind unter der Zahl der
oben angegebnen, zu der katholischen Schloß=
Kapelle gehörigen.

3. Dinkbühl, ist zu gleicher Zeit und auf glei=
che Weise erworben worden, und war auch
ein herrschaftlicher Hof, bis er vor wenigen
Jahren mit 2. Unterthanen besezt wurde. Im
Jahr 1767. waren 6. Seelen hier. Nicht
weit von dem Oertchen, findet man einen gro=
ßen runden Stein auf dem freyen Felde lie=
gen,

gen, welchem man den Namen des Teufels-
steins beylegt. Ob er ehemals zu einem besondern, z. E. Opfer-Gebrauch gedient habe,
ist ungewiß.

4. Eschach, ein Flecken mit einer alten Pfarrkirche,
zu welcher viele umliegende Orte gehören, liegt
1. Stunde von Untergröningen südwärts, 4.
Stunden von Gaildorf, drey Stunden von
Schwäbisch-Gmünd, auf einer hohen Fläche,
zwenter Gebürgsstufe. Diese Fläche fängt bey
Frickenhofen und Mittelbrunn an, nnd erstreckt
sich mehrere Stunden in die Länge gegen Morgen und Mittag, ist eigentlich ein hoher Bergrücken, aber von sehr ungleicher Breite, der sich
auch gegen allerley gröfere und kleinere Thäler
absenkt. Ein solches Thälchen bildet auch der
Reißenbach, und in und zu beyden Seiten des Thälchens ist Eschach gebaut. Die Gebäude sind meistens gut, aber zum Theil auch
noch mit Schindeln bedeckt. Das Kirchengebäude muß wenigstens schon vor dem Jahr
1496. erbauet seyn; der Thurn ist sicher noch
älter, und man findet an demselben Kennzeichen,
daß eine ältere Kirche, die aber niedriger war,
als die jezige, an ihm angebauet war. Ein alter,
aber schöner Hochaltar im Chor, fällt noch immer gut in die Augen. Die Vergoldungen und
die Gemälde, obwohl mit Wasserfarben, an den
beyden Flügelthürnen, mit welchen der Altar
geschlossen werden kann, sind sehenswerth. Man
siehet in dem Innern aus guter Bildhauer-Ar-
beit, die Jungfrau Maria, und zu beyden Seiten
derselben den Täufer und den Evangelisten Johannes. Unter der erstern stehen die Worte:

Maria

Maria mater dei miſerere mel, mit der Jahr=
zahl 1896. Zwey Wappenſchilde an dem Rü=
cken des hohen Aufſazes, deren einer eine Pflug=
ſchaar, der andre eine Egge zeigt, deuten ohne
Zweifel an, daß die Bauerſchaft dieſen Altar
auf ihre Koſten hat bauen laſſen. Ein paar
andre ſchöne Aufſäze, wahrſcheinlich von ehe=
maligen Mießaltären, ſiehet man zu beyden Sei=
ten des Chors in der Höhe befeſtigt. Sie ſind
auch aus dem Zeitalter des Hochaltars, und
verdienten aufbehalten zu werden. Ein Sacra=
menthäuschen im Chor erinnert auch an alte
Zeiten. Der Kirchhof, mit alten ziemlich hohen
Mauern eingefaßt, läßt ohnehin hier ein ſehr
altes gottesdienſtliches Weſen vermuthen.

Die Einwohnerſchaft beſtehet meiſtens aus
Bauersleuten, die auch gute Fruchtfelder beſizen.
Es wächſet daher viel Getraide, auch viel Flachs
in der Gegend, und die Wieſen können eine an=
ſehnliche Menge Vieh erhalten. Es wird hier
vorzüglich gutes Bier gebrauet, braunes und
weiſes, das auch verſendet wird. Es ſind hier
3. Wirthe, 1. Chirurg, 1. Färber, 2. Becker,
worunter einer ein Fruchthändler, und ver=
ſchiedene andre Handwerker. An dem vor=
gemeldeten Bach, der weiter unterwärts den
Namen des Gözenbachs erhält, liegt auch eine
Mühle.

Man findet, daß Limpurg im Jahr 1492.
die Vogtey auf einem hieſigen Gut gehabt,
29. andre Güter aber erſt in den Jahren
1580. — 1586. von Melcher Veiten von
Rechberg, zu Hohen=Rechberg, Maria Mag=
dalena von Rechberg, deſſen Ehewürthin, auch
Amalia

Amalia von Rechberg, gebohrner Adelmännin von Adelmannsfelden, Ulrichs von Rechberg Wittwe, hier erkauft hat.

Unter die noch ältern Besizer des Orts gehören das Haus Dettingen im Jahr 1359. ein Konrad im Steinhaus, Bürger zu Gmünd im Jahr 1366. Unter der Limpurgischen Herrschaft ist der Ort um etwas gewachsen, so daß man im Jahr 1774. 40. wirkliche Unterthanen, und 39. Unterthanen=Häuser zählte. Jezt sind 391. Seelen hier, worunter die 7. in der Gözenmühle befindliche mitbegriffen sind.

Die hiesige Pfarrey begreift Unterthanen= Seelen von 4. verschiedenen Herrschaften nemlich:

| | |
|---|---|
| Limpurg = Gröningische — | 548. |
| Limpurg=Sontheim Gaildorfische | 541. |
| Limpurg = Schmiedelfeldische — | 62. |
| Wirtembergische — — | 180. |
| zusammen | 1331. |

Zu den Merkwürdigkeiten der umliegenden Gegend gehört: daß eine Viertelstunde unterhalb des Orts, nicht weit von dem Gözenbach, eine Höle, das Gözenloch genannt, zu sehen ist, worinn ehemals ein heidnischer Göz soll verehrt worden seyn; ferner, daß sich zuweilen grose versteinerte Schnecken finden lassen, und daß seit Menschen=Gedenken ein so genanntes Regenbogenschüsselein von Gold, (eine Hohlmünze,) im Gewicht beyläufig einem Dukaten gleich, gefunden worden. Das

T leztere

leztere führt auf die Vermuthung, daß die
Gegend schon viele Jahrhunderte bewohnt
seyn müsse. Eschach machte ehedem, nebst
anderm, ein besonders Amt aus.

5. Die Gözenmühle, liegt am Gözenbach, welcher
in die Lein fließt, eine Strecke unter Eschach,
hieß sonst auch die Untere Mühle bey Eschach.
Sie ist mit Eschach von Rechberg erkauft
worden.

6. Göckingen, (Göggingen,) ein dem größten
Theile nach Wirtembergisches, ins Oberamt
Lorch gehöriges, und nach Täferroth gepfarr=
tes Dorf, enthält nur 3. zu der Herrschaft
Gröningen gehörige Unterthanen=Seelen. Um
das Jahr 1612. wurde eine hiesige Limpurgi=
sche Zehend=Scheune zu einem Unterthanen=
Gut zugerichtet. Es ist hier eine Kapelle,
zur Täferrother Pfarrkirche gehörig. Das Klo=
ster Lorch ließ sich unter andern auch diesen
Ort von Kaiser Max bestättigen. S. Crusius.

7. Holzhausen, ein Dorf, nicht weit von Eschach
morgenwärts liegend, enthielt im Jahr 1774.
15. Unterthanen, und jezt überhaupt 105.
Seelen, die hieher gehören. Wirtemberg hat
7. Seelen hier. Die übrigen alle von den
38. Gemeinds=Männern gehören der Reichs=
stadt Gmünd zu, welche sich als katholisch zu
der Kirche in Leinzell halten. Das Wirths=
haus, mit einer Braustatt, ist Limpurg=
Gröningisch, gleichwie die Ziegelhütte.

Limpurg erkaufte hier von Rechberg im Jahr
1371. sechs, und 1410. wieder zwey Güter,
im Jahr 1514. von Georg von Wohenstein
ein

ein Fallgut nebſt drey Lehenſtücken, und im
Jahr 1607. wurden nebſt andern vielen Gütern und Zehenden, auch zwen Güter hier,
von dem Hauſe Wirtemberg eingewechſelt.

Das Dorf iſt wohl gebauet, und liegt auf
einem ebenen, ſehr fruchtbaren Landſtrich.

8. **Remnathen,** (der Name iſt ohne Zweifel aus dem
lateiniſchen Caminatæ ſc. ædes entſtanden,
wie man ehmals ein anſehnliches Haus oder
Schloß nannte, dergleichen urſprünglich hier
geweſen ſeyn mag,) liegt von Eſchach abendwärts, in kleiner Entfernung. Es waren hier
im Jahr 1774. drey Unterthanen in 4. Wohn-
häuſern, und überhaupt 26. hieher gehörige
Seelen. Strohdächer ſind hier noch nicht ſelten worden, aber auch Stroh nicht. Die
umliegende Gegend iſt fruchtbar. Es ſind hier
auch Reichsſtadt Gmündiſche Unterthanen, ka-
tholiſcher Religion, und auſſer dieſen 14. Seelen, die Wirtemberg angehören.

Ein Heinrich Wenger machte hier im Jahr
1489. ein Gut, das er vom Spital zu Gmünd
erkauft hatte, als frey eigen, Limpurg vogtbar, welches 1510. auch mit einem andern
geſchah. Ein Beiswenger trug 1588. ſein
vogtbares Gut Limpurg auch zu einem rechten
Erblehen auf.

9. **Obergröningen,** eine Stunde von Untergrönin-
gen, mittagwärts, ein Pfarrdorf, wo der
Pfarrer zu Ober-und Untergröningen wohnt.
Die hieſige Kirche hat zu Folge einer an dem
Fuße eines ſteinernen Behältniſſes im Chor
eingehauenen Jahrzahl, im Jahr 1427. ſchon

T 2                                    ge-

gestanden, und ist in der Ehre des h. Nicos
laus geweihet. Die größte Glocke zeigt das
Jahr ihrer Geburt und Taufe mit der Zahl
1492. Sie heißt Osanna, und ist von dem
bekannten Lachaman gegossen. Die Schule
war von Alters her in Unter-Gröningen, wohin die Kinder aus der ganzen Pfarrey, selbst
aus dem Pfarrort, zum Unterricht kommen
mußten. In neuern Zeiten ist aber auch hier
ein Schullehrer aufgestellt worden. Es ist
hier ein Wirthshaus, und bey demselben auch
ein Brauhaus. Unterthanen zählte man im
Jahr 1774. hier 19. Seelen, im Jahr 1767.
136.

Sie nähren sich vom Feldbau und der Viehzucht meistens wohl, da die umliegenden Felder
fruchtbar sind.

Mit dem Kauf der Burg Gröningen kam
auch das Dorf Obergröningen, welches damals
in 10. Höfen bestand, nebst der Pfarrgerecht-
same und dem Kirchensaz an Limpurg. Nachher sind die Güter mit mehreren Unterthanen besezt worden.

Im dreyßigjährigen Krieg haben die Einwohner viel gelitten, und sich oft in dem Weg-
stetter oder so genannten Kohlwald, in einem
Verhack, samt Vieh und aller Habschaft aufhalten müssen. Manche wurden auch bey dem
feindlichen Einfall im Jahr 1634. gewaltsam
getödtet, viele rieß die Pest hinweg. Von
1641. bis 1650. kommen im Durchschnitt nur
6. Leichen auf Ein Jahr, welches kaum ein
paar hundert Einwohner in der ganzen Pfarrey vermuthen läßt. Ueber 100. Jahre nachher

her im Jahr 1767. zählte man in der ganzen Pfarrey 628. Seelen, im Jahr 1786. waren ihrer 797. und nach der Vermehrung in den drey leztern Jahren, auch durch auswärtigen Zuwachs, werden jezt völlig 900. Gröninger Pfarrangehörige gerechnet.

### Anmerkung.

Da der Bevölkerungsstand der einzelnen Gröningischen Pfarrey-Orte, als: Obergröningen, Untergröningen, Buchhof, Subhaus, Schlauchhof, Fach, Algishofen, Wahlenhalden, Röthenberg, Gschwendhof, Wegstetten, Eckenberg, nur vom Jahr 1767. im Detail völlig bestimmt angegeben werden kann, so müssen demnach zu der Total-Summe jener Bevölkerung, 272. Seelen, als Zuwachs in den leztern 22. Jahren hinzu gerechnet werden, um die ganze Summe der jezigen Bevölkerung zu haben.

10. Buchhof, nicht weit von Obergröningen abendwärts, hat im Jahr 1767. 5. Einwohner-Seelen gehabt.

11. Subhaus, morgenwärts, hatte in jenem Jahr 9. Seelen.

12. Schlauchhof, von Obergröningen abwärts dem Kocher zu, hatte im Jahr 1767. 5. Seelen.

13. Batschenhöfle, ist in neuern Zeiten auf der Eschacher Markung angelegt worden. Man zählt jezt 7. Seelen daselbst.

14. Hirnbüschhöfle, (auch Hurrenhöfle genannt,) in der Nähe von Eschach, hat dermalen fünf Einwohner-Seelen.

T 3          15. Oech-

15. Oechſenhof, auch in der Eſchacher Gegend, wird jetzt von 14. Einwohner-Seelen bewohnt. Er iſt im Jahr 1710. angelegt worden.

* Dieſer Ort muß mit dem Aexenhöfle, welcher weiter unten vorkommt, nicht verwechſelt werden.

16. Fach, ein Weiler, am Kocher, eine Stunde oberhalb Untergröningen. Es waren hier im Jahr 1774. drey Unterthanen, im Jahr 1767. 33. Seelen. Limpurg hat hier ein Gut, das nachher vertheilt worden, mit der Burg Gröningen erkauft, und 1557. ein andres von der Stadt Gmünd erwechſelt.

17. Algishofen, weiter abwärts, nicht weit von dem mitternächtlichen Ufer des Kochers, hat ſamt

18. Wahlenhalden, welches zuweilen dazu gerechnet wird, im Jahr 1774. acht Unterthanen gehabt. Im Jahr 1767. hatte Algishofen 42. und Wahlenhalden 7. Seelen. Der Ort iſt auch mit der Burg Gröningen an Limpurg gekommen. Nahe dabey ſoll ein altes Schloß, Namens Eulenburg, geſtanden ſeyn, wovon wenigſtens noch der Burgſtall zeuget.

19. Röthenberg, (insgemein Rödelberg genannt,) ein Hof, etwas mehr nordlich, hatte 1774. nur Einen Unterthanen. Er hat immer mit der Burg Gröningen Einen Herrn gehabt. Im Jahr 1767. waren 20. Seelen hier.

20. Gſchwendhof, (insgemein Oede Gſchwendter Hof genannt,) weiter gegen Abend, kam 1439. von Anshelm von Yberg käuflich an Limpurg, hier iſt auch nur Ein Unterthan; im

im Jahr 1767. waren der Einwohner über:
haupt 15.

21. Wegſtetten, insgemein Rappen = Kohlwald
genannt, in ebendieſer Gegend, iſt kin Oert:
chen, wo 1774. drey Unterthanen waren, und
1767. 28. Seelen.

Das erſte Gut iſt im Jahr 1557. auf Reu:
tenſtücken hier angelegt worden. Es ſoll aber
vor Alters gar ein Städtchen hier geſtanden
haben, Namens Raab, wovon man auch den
Namen des Rappen Kohlwalds ableitet. Um:
ſtändliche Nachrichten fehlen.

22. Wengen, ein Dörfchen von 13. Unterthanen,
am mittäglichen Ufer des Kochers, faſt gleich:
weit von Untergröningen und Lauffen entlegen.
Jezt macht die Einwohnerſchaft 116. Seelen
aus. Im Jahr 1414. kam der Zehende von
dem Kloſter Murrhard und Chriſtian Kochenſer,
und 1586. bey dem Eſchacher Kauf, auch drey=
zehen Unterthanen = Güter, hier käuflich an
Limpurg.

23. Eckenberg, ein Gütchen, das in neuern Zeiten an=
gelegt worden, ¼ Stunde oberhalb Wengen am
Berg, hat im Jahr 1767. 9. Einwohner:
Seelen gehabt.

24. Schönbronn, auf der Höhe, Wengen gegen
über, auf der mitternächtlichen Seite des Ko:
chers. Jezt wohnen 9. Seelen hier.

Der Hof wurde 1380. von Ellwangen er=
kauft, und der Zehende auf demſelben 1414.
vom Kloſter Murrhard.

25. Falſchengehren, hinter Schönbronn mitternächt:
lich, ein Hofgütchen, worauf 11. Seelen ſind,
iſt in der Mitte des 16. Jahrhunderts neu
angelegt worden.

T 4                 26. Haſ:

26. **Haslach**, hinter dem Aichenrain, mitternächtlich. Hier sind zwey Unterthanen-Güter, und 18. Seelen.

Die Vogtey wurde hier 1380. von Ellwangen, das Eigenthumsrecht 1414. vom Kloster Murrhard durch Kauf erworben. Die Herrschaft nützte die Güter lange Zeit als Domäne.

27. **Rutschenhof**, ein Unterthanengut von 6. Seelen, wurde aus Haslacher Güterstücken gezogen.

28. **Aexenhöfle**, ein Gütchen von 11. Seelen, nicht weit von Haslach.

29. **Grauhöfle**, ein Gut von 9. Einwohner-Seelen, wurde 1709. auf ehemaligen Weidepläzen angelegt, nördlich von Haslach.

30. **Forst**, ein einzelnes Häuschen, ohne Feldgüter, wird von 5. Seelen bewohnt.

### Anmerkung.

Die Orte unter Nro. 24. — 29. haben bis zum Jahr 1774. zum Amt Schmiedelfeld gehört, und sind durch die Sontheimische Landestheilung zu dem Antheil Limpurg-Sontheim-Gröningen gekommen, dagegen dieser an den Antheil Limpurg-Sontheim-Gaildorf einige Orte abgeben mußte, wie in der Beschreibung des leztern zu finden seyn wird.

---

Bey diesem Antheil sind noch folgende Zugehörden anzumerken: ansehnliche Kameralwaldungen, woraus zum Theil auch Lieferungen zur Hallischen Saline auf dem Kocher, und eben dergleichen nach Abtsgemünd zu den Ellwangischen Eisenwerken geschehen, viele Zehenden und andre Gefälle auffer dem Herrschaft-Bezirk.

VI. Der

# VI.

## Der

# Limpurg = Sontheim = Obersonthelmi=
# sche Landes = Antheil.

Dieser Landes-Antheil fiel in der Theilung im Jahr 1774. den hohen Nachkommen der dritten Erbtochter Graf Vollraths, Amöna Sophia Friederica, vermählten Gräfin von Löwenstein Wertheim, oder dem Wertheimischen Loose zu. Die nachherigen und heutigen Besitzer desselben, mit Bestimmung ihrer Quota, sind aus der tabellarischen Vorstellung des neueren Hauses Limpurg (s. oben 20. Abschn.) ersichtlich.

Die Ortschaften dieses Antheils liegen den übrigen nordöstlich, und ziemlich nahe beysammen. Sie werden gegen Morgen hauptsächlich von den Ellwangischen Stiftslanden, gegen Mitternacht von dem Fürstenthum Anspach und dem Reichs-Stadt-Hallischen Gebiet, gegen Abend, von dem Michelbacher, und gegen Mittag, von dem Schmiedelfelder Antheil begränzt.

Hier sind nicht hohe Gebürge, wie in den andern Landesgegenden. Fruchtbare Hügel und Thäler wechseln mit einander ab, und um Obersontheim ist eine schöne, grosentheils ebene Fläche. Der Fruchtbau ist nicht gering, und die Auen, sonderlich um die Flüße und Bäche, liefern viel und gutes Futter, daher die Rindviehzucht einen vorzüglichen Nahrungszweig der Unterthanen ausmacht, und etwas nahmhaftes abwirft. Die Bühler und die Fischach bewässern diese Gegend. Die gemeine Mundart der Landleute hat vieles mit der benachbarten Anspachischen und Hallischen gemein. In der Kleidung lieben die Mannspersonen vornemlich die braune Farbe.

Zur Regierung dieses Antheils und zur Verwaltung der Einkünfte sind eine Regierungs- und
Kon-

Konſiſtorial-Kanzley, eine Amtirung, ein Forſtamt, ſämtlich zu Oberſontheim, verordnet.

Die Ortſchaften, die dazu gehören, ſind folgende:

1. Ober-Sontheim, an dem Bühler-Fluß, drey Stunden von Gaildorf, und ebenſo viele von Hall, ein artiger, wohlgebauter und gut ge-pflaſterter Marktflecken, der lange Zeit auch ei-nem Zweig des Hauſes Limpurg zum Reſidenz-ort gedient hat. Die nächſt umher liegende Gegend iſt mehrentheils eben und anmuthig; nur zu beyden Seiten des Bühlerfluſſes ſenkt ſich die Gegend; in dieſe Vertiefung iſt der Ort hingebauet, der länge nach an dem mittäg-lichen Ufer der Bühler, es fehlt um denſelben nicht an guten Obſt- und Gemüs-Gärten; Burgunderrüben, gemeinen und ewigen Klee ſiehet man auch hin und her wohl gedeihen.

Das an dem weſtlichen Ende des Orts ſtehen-de Reſidenz-Schloß der Schenken und Grafen von Limpurg, Speckfelder und Sontheimer Linie, iſt ganz maſſiv gebaut. Es beſtehet aus zweyen durch einen Querbau vereinigten hohen Gebäu-den, die ziemlich viel Raum, hohe, gute und ſchöne Zimmer, und im untern Theile hohe und helle Gewölbe haben. Auſſer dem innern Hof zwiſchen jenen Gebäuden, iſt noch ein ge-räumiger Vorhof vorhanden, in deſſen Mitte eine Fontäne, und im Umfang gute Wohn-und Wirthſchafts-Gebäude ſind. Maſſve Mau-ren, Rondele und ein tiefer Graben umgeben das Schloß, das gegen Abend und Morgen Thore und Aufziehbrücken hat.

Nach-

Nachdem Schenk Erasmus im Jahr 1541.
sein Schloß Limpurg an die Reichsstadt Hall
verkauft hatte, so wählte er Obersontheim zum
Aufenthalt, und sieng sogleich im folgenden
Jahr, nach Fröschlin, diesen Schloßbau an. An
dem Hauptgebäude stehet das Jahr 1543. mit
seinem und seiner Gemahlin, gebohrnen Gräfin
von Lodron, Wappen. Erst sein Sohn und
Nachfolger Schenk Friedrich aber hat den
Schloßbau ganz vollführt, oder nach Fröschlins
Ausdruck, die neue übel verwahrte Kemnate
mit groben Mauren und Thürnen versehen, und
wie ein Herrenhaus seyn soll, gebaut. Zwey
Jahrhunderte residirten gräfliche Personen aus
dem Hause Sontheim hier. Seit dem Todes-
jahr der Landgräfin von Hessen-Homburg aber,
1746. ist keine beständige Hofhaltung hier gewesen. Die Haupt- und Unter-Abtheilung
der Speckfeld- und Sontheimschen Lande wurde hier vollbracht, in den Jahren 1771. bis
1775. Das in Gemeinschaft gebliebene Archiv,
worüber ein gemeinschaftlicher Archiv-Rath
bestellt ist, wird im untern Theil des Hauptge-
bäudes, in schönen, hellen, geräumigen, trocke-
nen und festen Gewölben verwahrt, und hat
eine gute Einrichtung. Etwas höher als das
Schloß, liegt der herrschaftliche Garten und
ein massiv gebautes Reuthaus.

Nicht weit von dem Schloß, gegen Morgen, ist ein schöner Marktplaz, der auf seiner
Morgenseite die Kirche, auf der mitternächtlichen das Rathhaus hat. Das ansehnliche
Kirchengebäude, samt dem Thurn, hat Schenk
Friedrich, besage einer Aufschrift von 11. April
1585.

1585. bis zum September 1586. aufführen
lassen. Er legte selbst den Grundstein, und
lies neben einer Tafel von Messing und Zinn,
mit eingegrabener Schrift, auch zwey Gläser,
in deren einem rother Wein von Neustadt an
der Hart, im andern weiser Bacharacher war,
in die Hölung hinein stellen. Die Sacristey
und die Orgel stifteten seine Herren Söhne
im Jahr 1618. Schenk Friedrich fand auch
in dieser Kirche 1596. seine Ruhestätte, und
hat ein schönes Grabmal. Ausser ihm ruhen
noch eine Menge Leichname seiner Nachkommen hier.

Vor Erbauung dieser Kirche war nur eine
kleine, dem h. Cyriak geweihete, Frühmeßkir-
che, auf dem Marktplaz, die nach derselben,
als überflüßig abgebrochen wurde. Die Mutterkirche von Obersontheim war ehemals die
Untersontheimer, wohin auch bis zum Jahr
1656. noch Todte zur Beerdigung von hier
gebracht wurden, obschon der hiesige schöne
Kirchhof, oder Begräbnisplaz, der an dem
östlichen Ende des Orts ist, schon im Jahr
1618. angelegt worden. Der erste hiesige
evangelische Geistliche war Johannes Pädianus
(Kinderer), und kam im Jahr 1561. hieher.
Im Jahr 1578. erwechselte Schenk Friedrich
den Kirchensaz und andre kirchliche Rechte
von Ellwangen. Nachher stunden immer zwey
Geistliche an dieser Kirche, deren ersterer zugleich Superintendent über die benachbarten
Sontheimischen Kirchen, und Hofprediger der
Ortsherrschaft war. Seit 1772. ist nur Ein
Geistlicher hier. Von auswärts ist nur
Marktts-

Markertshofen, ein zum Anspach'schen Verwalteramt Goldbach gehöriges Weiler, hier ein-
gepfarrt. Die sämtlichen Pfarrangehörigen werden auf 1200. stark angegeben.

Die mitternächtliche Seite des Marktplazes
schließt das Rathhaus, ein gutes Gebäude.

Die Geschichte des hiesigen Hospitals oder
Spitals ist folgende. Schenk Wilhelm, der
ältere, Domherr der Stifter zu Strasburg,
Bamberg und Wirzburg († 1450.) war
eigentlich nach seinem Testament der Stifter
des Spitals zu Limpurg unterm Berg, und
verordnete deswegen zu Executoren des Testaments und Treuhändern, seinen Vetter Schenk
Wilhelm, Dechant des Domstifts zu Wirzburg,
und einige andre graduirte Personen. Diese
machten aber erst Freytags nach purificationis
Mariæ 1475. den Stiftungs-Brief, welcher
enthält:

„Herr Schenk Wilhelm habe in seinem Testament befohlen, daß, weil er Zeit seines Lebens vorbeträchtlich Gott dem Allmächtigen,
Unserm Schöpfer und Erlöser, der hochge-
lobten Jungfrau Maria seiner Geberin, der
heil. und unzertheilten Trinität und allem
himmlischen Heer zu Lob und Ehren,
den Hochgebohrnen und Wohlgebohrnen seinen Aeltern, auch Vater und Mutter, Bruder und Schwester und seiner Seel zu Heil
und Trost, armen, kranken und nothdürfti-
tigen Menschen zu Ufenthaltung, fürgenom-
men, und in seinem Testament klarlich und l.
geordnet und gesezt, nach seinem Abgang von
seiner gelassen Hab, was der über sein Ge-

schaffe

schäfft überbleiben würde, einen Spital unter
und bey dem Schloß Limpurg uszurichten,
sie ewig Geld und Zinns und andre Nuzung
von solcher seiner verlassen und übriger Hab
darzu kaufen und wenden sollen, dadurch und
davon etlich arme und nothdürftige Menschen
Enthaltung der Heerberg und Lagers auch
ziml. Speiß und andrer Nothdürftigkeit zu
Ende ihrer Tage, so viel davon die Jahrs
Nuzung nach ziml. Dingen des Jahrs durch
Fürsehung der Obern zu enthalten, ohne
Abbruch erreichen mag ꝛc. „

Die Testaments ⸗ Erecutoren erkauften auch
wirklich viele Güter und Unterthanen so wohl in
Obersontheim, als an andern Orten. Es wur⸗
de auch damals das schöne, weitläuftige und
massive Hospitalgebäude zu Unter⸗Limpurg, das
heutiges Tages ein Gasthof ist, aber seine erste
Bestimmung noch in einer Aufschrift zeigt, er⸗
bauet, und von Schenk Wilhelm dem jüngern,
und dem Spitalmeister nachher noch verschiede⸗
nes zu demselben erworben. Als aber Schenk
Erasmus im Jahr 1541. das Schloß Limpurg
samt Zugehörde, und unter solcher auch das
Spitalgebäude an die Reichsstadt Hall verkauf⸗
te, behielt er die Spitalgüter zurück, und ließ
dagegen in Obersontheim ein Haus zum Spital
zurichten, eine gewisse Anzahl Pfründer darinn
verpflegen, und dazu Holz, Frucht, Heu, Stroh
und anderes von Herrschafts wegen jährlich ab⸗
reichen, welches auch von seinen Regierungs⸗
Nachfolgern fortgesezt wurde. Was aber für
die Aufnahme eines Pfründers bezahlt, oder
sonst dahin geschenkt wurde, wurde zu Kapi⸗

tal

tal ausgeliehen, und zum Besten des Spitals
verrechnet. In den erstern Jahren nach der
Versezung war das Kapital gering, kaum 1.
bis 200. Gulden, 1598. aber schon 4482.
Fl. Allein im Jahr 1772. bey der Lineal-
Landes-Theilung wurde die herrschaftliche Naturalverpflegung des Spitals aufgehoben, und
statt dessen demselben ein gewisses Kapital
ausgeworfen. Das Spital selbst aber blieb
unter den sämtlichen hohen Linien gemeinschaftlich. Sie vergeben die Stellen nach der Reihe.
Der gemeinschaftliche Archivarius hat die Oberaufsicht über die Stiftung, und revidirt die
Rechnung, der Ortsbeamte führt diese, als
Spitalverwalter. Ein Spitalmeister, nebst
Köchin und Magd, besorgt die dermalen vorhandenen 12. Pfründer.

Von der Entstehung des hiesigen Waisenhauses ist schon in der ersten Hauptabtheilung
(22. Abschn.) Nachricht gegeben worden. Es
wird hier der Ort seyn, einige Umstände noch
genauer anzugeben. Der Hofprediger und
Superintendent Müller legte den ersten Grund
zu einer Waisenhaus-Einrichtung, wozu er
aus der Nähe und Ferne nach und nach ansehnliche milde Beyträge erhielt. Aber auch
die Landesherrschaft unterstüzte das menschen-
freundliche Werk auf allerley Weise. Sie
schenkte zuerst eine Hofstatt und einen Garten
dazu, auch Holz zum ersten, wiewohl kleinen
Bau, der in den Jahren 1699. und 1700.
zu Stand kam. Sonderlich nahm sich auch
die mildthätige Gräfin Sophia Eleonora dieser Anstalt an, und ihr Gemahl, Graf Voll-

rath versahe sie den 14. April 1703. mit einer
Waisenhaus-Ordnung, und begabte sie mit
einigen Freyheiten. Alle Handwerker, auch
Handel und Wandel, dürfen darinn, so weit
es zum Besten des Hauses gereicht, frey getrieben werden; die Kinder dürfen in der Pfarrey
jährlich Allmosen sammlen, so wie auch in andern die Geistliche für sie collectiren; von jedem
Heiligen im Lande soll jährlich 2. Fl. bengc-
steuert werden, und die Obersontheimer Mößnerey ist dem Hause dergestalt einverleibet, daß
der Mößner hier auch den kleineren Kindern
der Bürger Unterricht ertheilen muß. Die
Anstalt gewann einen so guten Fortgang, daß
man auf einen grösern Bau dachte, der im
Jahr 1705. 58. Nürnbergische Werkschuhe
lang, und 42. breit aufgerichtet, noch in demselben Jahr von etlich und zwanzig Kindern
bezogen, im folgenden fortgesezt, aber im Jahr
1707. durch den französischen Einfall gehindert,
und erst 1708. vollendet, und den 15. May
am Sophien-Tage feyerlich eingeweihet wurde. Durch Beyträge, sonderlich aus dem Holländischen und Dänischen unterstüzt, konnte
das Haus in der Folge Kapitalien ausleihen
und Güter ankaufen, auch die Anzahl der Pfleg-
linge bis auf 40. vermehren. Graf Vollrath
bestättigte die Anstalt noch den 6. Merz 1713.
und die Gräfin Sophia Eleonora bedachte sie
auch noch in ihrem Testament. Aber die Einkünfte verminderten sich nachher wieder, so daß
der Waisen jezt gewöhnlich nur 10. bis 12.
sind. Diese Anstalt blieb bey der Landestheilung
auch gemeinschaftlich, und stehet, wie das Spital, unter der Oberaufsicht des Archivarius.

Die

Die wirklich steuerbaren hiesigen Bürger und
Unterthanen machten im Jahr 1774. 142.
Köpfe aus, die sämtlichen Einwohner belaufen
sich auf 1100. Es sind hier allerley bürgerliche Gewerbe, 2. Mühlen, 1. Ziegelhütte, 1.
Apotheke, etliche Wirthshäuser. Gegen die
vorigen Zeiten will man aber mehr Ab- als Zu-
nahme in den Gewerben bemerken. Doch hat
sich der Landbau durch Vertheilung der bürgerlichen Gemein-Güter erweitert, und gute lei-
nen-und baumwollene Zeuge werden hier auch
verfertigt, aber nicht in beträchtlicher Menge.
Jahrmärkte werden jährlich drey gehalten.

Obersontheim ist wohl ein sehr alter Ort,
aber Limpurg hat, so viel man weiß, erst im
Jahr 1475. Antheil daran erhalten. Damals
wurde das alte hiesige Schloß, mit dem Vorhof und Graben, nebst Gütern und Hölzern,
zum Schloß gehörig, auch sieben Gütern im
Dorf, von Georg von Crailsheim zu Schönbronn, als frey eigen, niemanden anders vogtbar oder gerichtbar erkauft. Mit und unter
dem Verkauf des Schlosses Limpurg 1541. erwechselte Schenk Erasmus unter andern hier
auch zehen Güter von der Stadt Hall. Ausser
den gemeldeten, hatten auch die Berler, die
von Stetten, die von Vellberg, die Herren
von Rechberg, die von Geißberg, die Marggrafen von Brandenburg und das Stift Ellwangen Besitzungen und Gerechtsame zu Obersontheim, welche aber noch vor Ausgang des
16. Jahrhunderts alle an Limpurg kamen.

Im

Im 14. Jahrhundert lebte ein adeliches Geschlecht, das sich von diesem Orte benannte. Man kennet einen Kraft und einen Walther von Suntheim. Unter die Unglücksfälle, die den Ort betrafen, gehöret vornemlich eine dreymalige Plünderung, durch kaiserliche, schwedische und französische Kriegsvölker, während des dreysigjährigen Kriegs. Im Jahr 1645. zu Ende Septembers wurde eine schwedische Partey von 400. Mann, hier von einer bayrischen geschlagen.

2. **Mittel-Fischach,** vorzeiten auch St. Johannsen Vischach, ein Pfarrdorf, an der Fischach, eine kleine Stunde von Obersontheim abendwärts, an der Gaildorfer Straße. Schon 1319. findet man einen Conrad von Vohenstein als hiesigen Rector oder Pfarrer. Die hiesige Pfarre samt anhängenden Gerechtigkeiten hat Limpurg von Hohenlohe, 1482. gegen die Pfarre Münster bey Creglingen eingewechselt. Es hatten auch ehmals Ellwangen, Hall, die von Suntheim, Bachenstein und Vellberg Güter hier, von denen sie Limpurg erwarb. Wieswachs und folglich auch Viehzucht sind hier, wie in dem ganzen Fischach-Thal, vorzüglich. Der hiesigen Einwohner sind 244. Daß und wie in neueren Zeiten auch in dieser Pfarrey die Volksmenge zugenommen habe, ist daraus abzunehmen, daß man im Jahr 1751. 545. Pfarrkinder, im Jahr 1782. 670. derselben zählte, drey katholische Ritterstift-Komburgische Haushaltungen nicht dazu gerechnet.

3. **Unter-Fischach,** ein Dorf, eine kleine halbe Stunde, weiter hinab an der Fischach. Die

meisten

meisten hiesigen Güter sind nach und nach,
durch Kauf und Wechsel, von Ellwangen,
Hall, und denen von Vellberg an Limpurg
gekommen. Es sind hier 247. Einwohner:
Seelen.

4. Weiler, ¼ Stunde mittagwärts von dem vori:
gen Ort, ein Dörfchen oder Weiler, worinn
19. Ritterstift: Komburgische, und 38. Lim:
purg: Sontheimische Einwohner: Seelen sich
befinden. Die hieher gehörige Güter sind
ehemals theils von der Stadt Hall, theils von
der Gaildorfischen Linie erworben worden.

5. Leippersberg, ein Dörfchen von 3. Unterthanen,
überhaupt 154 Einwohner-Seelen, auf einem
Hügel in der Nähe der Bühler und Fischach.
Limpurg erwechselte es 1562. von der Stadt
Hall, den Zehenden 1578. von Ellwangen.

6. Beutenmühle, eine Mühle an der Fischach, ¼
Stunde oberhalb Mittelfischach, wurde im
Jahr 1578. von dem Stift Ellwangen er:
worben. Hier sind 6. Einwohner:Seelen. Mit
Vergnügen siehet man nahe dabey, die vor:
hin unfruchtbaren und kaum hie und da mit
etwas Heide bewachsenen, Mergelkies: Hügel,
mit Esper und Luccrnen besäet, die sehr wohl
gedeihen.

Die zu den Herrschaften Sontheim und
Michelbach gemeinschaftlich gehörige Wasen:
meisterey ist nur eine kleine Strecke aufwärts,
und kommt mit seinen Einwohner: Seelen
unten bey dem Antheil Michelbach besonders
vor.

U 3                7. Ein

7. Ein Unterthan in dem Hallischen Dorfe Eschenau, im Amte Vellberg, und

8. Ein dergleichen zu Sulzdorf, sonst auch Hallischen Gebiets, und zwar des Amtes Schlicht, deren Familien zusammen mit 10. Seelen, in Anschlag kommen.

Die beträchtlichen Schloßgüter, herrschaftlichen Waldungen und Jagdgerechtigkeiten, auch allerley Gefälle ausser dem Umfang dieses Antheils, sind noch als Zugehörden desselben zu bemerken.

### Note.

Das Obersontheimer Amt hat bey der Landestheilung an die Antheile Schmiedelseld, Sontheim-Gaildorf und Michelbach verschiedene Ortschaften abgegeben, welche in der Beschreibung derselben bemerkt sind.

VII. Der

# VII.

## Der

# Limpurg - Sontheim - Gaildorfische Landes - Antheil.

Dieser Landesantheil heißt der Limburg-Sont-heim-Gaildorfische von der Stadt Gaildorf, deren eine Hälfte im Jahr 1690. an das Haus Sont-heim abgetretten, und nun zu diesem Antheil mitge-legt wurde. Er fiel in der Sontheimischen Theilung im Jahr 1774. dem Schönburg-Welz-Pücklerischen Loose zu.

Seit der Zeit, da Gaildorf zur Hälfte Sont-heimisch wurde, war ein Sontheimischer Beamter in Gaildorf, welcher auch das so genannte Oberämtle, oder die Besizungen, die dem Haus von dem ehema-ligen Amt Welzheim, als allodial, noch übrig geblie-ben waren, unter seiner Amtsverwaltung hatte. Sie liegen in der Gegend von Welzheim, und werden da-her auch noch mit dem Namen des Amtes Welzheim benennet.

Durch die Sontheimische Theilung kamen noch vie-le andere Orte und Einkünfte, von andern Aemtern dazu, und wurden zu einem besondern Landesantheil förmirt. So wie nun dieselben in verschiedenen Gegenden des Landes liegen, so ist auch dieser Landesantheil wenig zusammenhängend. Die Lage der einzelnen Orte wird, bey der genauern Beschreibung derselben an-gegeben werden.

Lindenthal und Unterschlechtbach haben Wein-bau, in allen übrigen Orten ist Feldbau und Vieh-zucht die Hauptnahrung der Einwohner, wozu noch, sonderlich in der Gegend um Welzheim, das Ge-werbe mit Holzwaaren kommt.

Es ist für diesen Antheil eine besondre Regie-rungs-Kanzley, ein Kassteramt, ein Stadtamt, für

U 5       die

die hieher gehörige Hälfte der gemeinschaftlichen Stadt Gaildorf nemlich, ein Landamt, für die Landorte, und ein Forstamt zu Gaildorf.

Die zu diesem Antheil gehörigen Orte sind:

1. Die Stadt Gaildorf zur Hälfte, welche schon oben in einem besondern Abschnitt beschrieben worden.

Es wird hier nur zur leichterer Uebersicht der Bevölkerung dieses Landesantheils bemerkt, daß

1. Die herrschaftliche Limpurg-Sontheim-Gailborf-Pücklerische Particular-Dienerschaft — — — 67.

2. Die herrschaftliche mit Wurmbrand und Solms-Assenheim gemeinschaftliche Dienerschaft, zur diesseitigen Hälfte 23.

3. Die Hälfte der gemeinschaftlichen Bürgerschaft zu Gaildorf — 434. Seelen ausmache.

2. Engelhofen, ein Dörfchen, zwischen Gaildorf und Obersontheim, eine kleine halbe Stunde von Mittelfischach gelegen, in einer ziemlich fruchtbaren Gegend. Es besassen hier ehemals Ellwangen, die Stadt Hall, das Haus Limpurg-Gaildorf, Rechberg und Hohenlohe-Langenburg Güter. Sie sind aber nach und nach, ausgenommen 2. Ritterstift-Komburgische Haushaltungen, alle an das Haus Limpurg-Sontheim gekommen. Im Jahr 1774. waren 17. Unterthanen hier; jezt wird der Ort von 122. Seelen bewohnt, die hieher gehören.

Anm.

Anm. Dieser Ort gehörte bis zur Ober:
sontheimer Landestheilung zu dem Amt Sont:
heim.

3. Seifertshofen, auf der hohen Ebene, zwenter
Gebürgsstufe, nordöstlich 1½ Meile von Gail:
dorf gelegen, in einer fruchtbaren und auge:
nehmen Gegend. Der Ort ist zu zwenen Jahr:
märkten berechtiget, hat 2. Wirthshäuser, 1.
Ziegelhütte, 11. Unterthanen, und überhaupt jezt
98. Einwohner: Seelen. Es wird hier vor:
züglichs braunes und weises Bier gebraut.
Man siehet in dieser hohen Gegend zwar hie
und da etwas Kleebau, er liefert aber samt den
Wiesen dem Vieh sein Bedürfnis nicht ganz.
Wenigstens werden jährlich für Heu und Ohmed
grose Summen ins Kocherthal bezahlt. Die
R. Stadt Gmünd besaß hier bis 1557. einige
Güter, die aber Limpurg gegen andre Güter,
als frenes Eigenthum eingewechselt hat.

4. Mittelbronn, ein Dorf, auf ebenderselben hohen
Ebene, mehr abendwärts. Es sind hier auf:
ser den hieher gehörigen auch Wirtembergische
und R. Stadt Gmündische Unterthanen, und
insbesondre dermalen 150. hieher gehörige, und
51. Wirtembergische Einwohner: Seelen, 3.
Wirthshäuser, und ausser den Bauersleuten
einige Handwerker. Auch eine evangelische
Schule, in welcher gegenseitige Toleranz geübt
wird, indem auch die katholischen Kinder darinn
Unterricht suchen und erhalten.

Ein Hanß Pfeiffer verkaufte hier im Jahr
1420. und ein Jörg Huber von Giengen 1516.
ihre eigenthümliche Güter an Limpurg. Von
audern

andern findet man, daß sie ihre Güter Limpurg vogteylich gemacht haben.

Im Jahr 1597. wurde hier ein Steinkohs lens Bergwerk eröfnet, welches neben der zu gleich errichteten Schwefels und Vitriols Hütte in dem nahen Frickenhofen, einige Jahre bes stund. Die Steinkohlen wurden sehr gut bes funden, und in Schorndorf unter Aufsicht eines Verwalters ein Magazin derselben angelegt. Allein es scheint das Werk wenige Jahre bes standen zu haben, woran vornemlich die damas ligen äusserst niedrigen Holzpreise in dieser Ges gend, und der kostbare Transport der Kohlen in entferntere, mögen Schuld gehabt haben. Am 1. Nov. des Jahrs 1784. wurden auf Kosten und Betrieb einer Gewerkschaft, auf limpurgischem Boden, aufs neue nach Steins kohlen gegraben, nachher auch ein Schacht bey der limpurgischen Zehendscheune niedergesenkt, und was man von Steinkohlen zu Tag brach= te, hatte den Beyfall der Feuerarbeiter. Man fand auch Schwefelkies, Achat und eine Art Jaspis. Aber die Arbeit blieb nach einiger Zeit auch wieder liegen. Vielleicht kommt für dies ses Bergwerk doch noch eine glückliche Zeitperis ode. Vielleicht erheben sich mit der Zeit an demselben die limpurgischen längst verfallenen Glashütten wieder.

5. Rappenhof, (eigentlich Erkerts= oder Merkerts= hof,) liegt abendwärts von Mittelbronn, viel niedriger als jener Ort. Er hat Anfangs dies ses Jahrhunderts schon bestanden, und jezt 7. Einwohner=Seelen. Der Boden gehörte eh= mals nach Mittelbronn. Die Einwohner vers

sichern,

ſichern, daß ſich hier und in dem benachbarten Jooſenhof, niemals Sperlinge ſehen laſſen, weder im Sommer, noch im Winter.

6. Wildenhöfle, in der Gegend von Höneck, etwas höher gelegen, iſt 1706. angelegt worden, hat jezt 11. Einwohner-Seelen.

7. Spittelhöfle, nicht weit von jenem, iſt noch
neuer, hat 13. Einwohner-Seelen.

8. Mezlinshof, liegt nordweſtwärts von Mittelbronn,
iſt mit der Veſte Cransperg erworben worden.
Der Hof iſt ganz mit Waldung umgeben,
und hat jezt 18. Einwohner-Seelen.

9. Bayerhöfle, (auch Vorderneſtelberg genannt,)
liegt nahe an der Spize des Neſtelbergs, gegen Sulzbach hin, iſt noch nicht alt, und hat
14. Seelen.

10. Ettenried, liegt zwiſchen Mittelbronn und Seifertshofen. Der Ort wurde im Jahr 1436.
mit der Burg Gröningen erworben. Er wird
von 91. Seelen bewohnt.

11. Thonolzbronn (Donolzbronn, insgemein Do-
naiprung genannt,) iſt im Jahr 1371. von
Adelheid von Rechberg, Albrecht des Haucken
Wittib, durch Schenk Konrad erkauft worden.
Der Ort liegt, mittagwärts 4. Stunden von Gaildorf, auf der ſchon beſchriebenen ſchönen Ebene,
zweiter Gebürgsſtufe. Die größte hieſige Merk-
würdigkeit iſt die alte, von Alters her dem
Kloſter Lorch angehörige Kirche. Der Beſiz
derſelben wurde dem Kloſter im Jahr 1501.
von Pabſt Alexander beſtättiget, wie Cruſius
berichtet. Ueber ihrem Eingang lieſt man:
mileſimo quinquageſim. Ob es wirklich 1050.
oder

oder 1500. bedeuten soll, wäre die Frage.
Die Mönche haben in Aufschriften zuweilen
grobe Fehler gemacht. Wenn aber hier der
Buchstabe gelten soll, wie man doch vermu=
then mag, so wäre diese Kirche 52. Jahre
älter, als das Kloster Lorch selbst, welchem sie
einverleibet wurde. Jetzt wird jeden dritten
Sonntag, auch alle Feyertage, durch den
Geistlichen von Frickenhofen in dieser Kirche
der Vor= und Nachmittags=Gottesdienst ge=
halten, so wie alle Hochzeit= und Leichenpredig=
ten von den nahgelegnen Orten. Das hiesige
Wirthshaus ist Limpurgisch. Die ganze Ein=
wohnerschaft bestehet aus 68. Seelen, davon
43. Limpurg, die übrigen Wirtemberg ange=
hören.

Ganz nahe um Thonolzbronn liegen die
drey folgenden Orte.

12. **Steinebach**, (Steinenbach). Im Jahr 1414.
hat eine gewisse Adelheid Wickhin zu Velben
gesessen, welche Schenk Friedrichs Eigenfrau
und Gotts=Lehen war, diesem hier ein Gut,
und ein anderes zu Velben, zur Versöhnung
unterthänig gemacht, weil sie samt ihrem Sohn
ihres Leibherrn Gebote oft übersahren haben,
und sonderlich der Sohn sich ohne Schenk
Friedrichs Willen, Wissen und Verhängnus
zur priesterlichen Ordnung weihen lassen. Hier
sehen wir ein Beyspiel von vornehmen Leib=
eigenen, die freye Güter besasen, ob sie schon
über ihren Leib nicht Herren waren. Jetzt
sind hier 4. Limpurgische Unterthanen, und 27.
Limpurgische Einwohnerseelen. 24. sind Wir=
tembergisch).

13. **Helpertes**

13. **Helpertshofen,,** wurde im Jahr 1410. mit der so genannten Waibelhueb von Wilhelm von Rechberg zu Gröningen, als Eigenthum erkauft. Es sind hier 2. limpurgische Unterthanen, die dermalen zusammen 4. Seelen ausmachen, die übrigen 16. sind Wirtembergisch.

Anm. Die Waibelhueb, ein Amt, vielleicht so genannt, weil ihm ehemals ein Waibel vorstund, begrief theils Eigenthum, theils Lehen, welche leztere nach Aussterben des limp. Mannsstamms an das Lehenhaus Wirtemberg heimfielen, und zum Oberamt Welzheim geschlagen wurden.

14. **Vellbach,** (insgemein Velben genannt,) ist theils im Jahr 1410. mit der Waibelhueb erkauft, theils von der Stadt Gmünd eingewechselt worden. Jezt sind in allem 79. Seelen hier, davon 21. limpurgisch, die übrigen Wirtembergisch sind.

### Anmerkung.

Die sämtlichen von N. 3. bis 14. angeführten und beschriebenen Orte sind durch die Sontheimer Landes-Theilung, von dem Amt Schmiedelfeld, zu diesem Antheil gekommen.

15. **Rupertshofen,** kaum eine Viertelstunde von Tonolzbronn, mittäglich, ist theils mit der Waibelhueb, theils schon vorher von Ellwangen, und nachher von Wirtemberg, so wie der grose Zehenden, an Limpurg gekommen. Jezt sind 61. limpurg-Sontheim-Gaildorfische, 7. limpurg-Wurmbrandische (in dem Wurmbrandischen Jägerhaus), und 60. Wirtembergische Seelen

Seelen hier. Die hiesige alte Kapelle wurde
dem Kloster Lorch, nach Crusius im Jahr
1501. von P. Alexander bestattiget. Der hiesi=
ge Schulmeister hat wöchentliche Betstunden
darinn zu halten. Es sind 2. Wirthshäuser hier,
ein Chirurg. Die umliegende Gegend ist eben,
und fruchtbar an Getraide. Es wird auch viel
Flachs gebaut. Die hohen Berge oder schwä=
bischen Voralpen, hinter der Stadt Gmünd,
die sich dem Auge meistens blau darstellen, hat
man hier auf dem freyen Felde immer vor Au=
gen. Man siehet deutlich, daß man hier auf
der Vortreppe jener Alpen sich befindet. Man
findet hier unter der fruchtbaren lettigen Ober=
fläche überall eine Kalkschichte, und darinnen
eine erstaunliche Menge von petrifizirten Schne=
cken, sonderlich auch Ammonshörner von selt=
ner Größe, aber die Landleute schäzen sie nicht,
und gewöhnlich werden sie nur zu Kalk gebrannt.
Es ist wahrscheinlich, daß die Fluthbank, unter
der Oberfläche der hohen Ebene, sich so weit
erstrett, als diese selbst.

16. **Striethof,** nicht weit davon, ein Hofgütchen,
worauf 2. Unterthanen, überhaupt 16. Seelen
wohnen.

17. **Höneck,** (insgemein **Hönig** genannt,) ein um
den Fuß einer Bergecke herum gebauter Ort,
unterhalb Rupertshofen gegen Abend, nahe
an der Roth, von 109. Einwohnern, davon
Limpurg 36. die übrigen Wirtemberg angehören.
Etwas erkaufte Limpurg hier schon 1410. mit
der Waibelhueb, in der Folge auch einige
Güter von Gmünd und Rechberg.

18. **Birken=**

18. Birkenlohe, (insgemein Birkenlooch oder Birkenlauch genannt,) eine gute Stunde von Gschwend, südöstlich, bey dem Zusammenfluß des Schlechtbachs und der Roth. Es sind hier 1. Mahl-und 2. Sägmühlen. Die Feldgüter haben meistens zu viel Sand, doch wird Roggen, Haber, Flachs, Erdbirn, mit Nuzen gebaut. Mehrere Einwohner besizen auch Waldungen. Ein beträchtlicher herrschaftlicher See (Fischteich) ist nach der Landestheilung den Einwohnern überlassen worden, welche Wiesen darinn angelegt haben. Der Ort ist im Jahr 1586. mit Eschach, von Rechberg erkauft worden. Versteinerungen finden sich auch hier im Sand, aber nur von Holzstücken. Die Einwohnerschaft des Orts belauft sich dermalen auf 120. Seelen.

19. Lindenhof, ist eine neue Anlage, kaum ein paar Jahre alt, auf einem vorhin nach Birkenlohe gehörigen Feldgut, ostwärts. Es sind hier zwey Unterthanen, überhaupt dermalen 5. Seelen.

20. Dietenhof, etwas östlich von Birkenlohe auf der Berghöhe, wurde mit dem vorgedachten Ort erkauft, ist mit 4. Unterthanen besezt, überhaupt von 28. Seelen bewohnt.

21. Hinterlinthal, (insgemein Hinterlinthel genannt,) wurde theils mit der Waibelhueb, theils nachher von Gmünd erkauft. Jenes fiel als Lehen wieder an Wirtemberg, das leztere ist Limpurgisches Eigenthum. Der Ort liegt auf dem Wege von Gschwend nach Gmünd 1½ Stunde von dem erstern Ort, auf einer schmalen von Mitternacht gegen Mittag sich hinstreckenden

Höhe zweyter Gebürgsstufe. Hier sind zwey
Limpurgische Unterthanen, deren Familie in 16.
Seelen bestehen. Die ganze Einwohnerschaft
des Orts begreift 121. Seelen.

### Anmerkung.

Die Orte von N. 15. — 21. sind durch
die leztere Landestheilung, diesem Antheil von
dem Amt Gröningen zugelegt worden, ausser
N. 19. welches erst nachher entstanden.

22. **Gebenweiler,** liegt, wie alle folgende Orte in
der Welzheim umkreisenden Gegend, und insbesondre auf der Höhe ohnweit Kaisersbach.
Es ist ein sehr alter Ort, und kommt schon in
einer Schenkungs-Urkunde Adelberts von Bielrieth ans Kloster Komburg v. Jahr 1078. unter dem Namen Gebenesvvilare vor. (Uffenh.
Nebenst. 1. Band, Seite 1148.) Sonst findet
man, daß Limpurg von alten Zeiten her die Vogtey, das Kloster Lorch aber das Handlohn und
starke Gülten auf den hiesigen Gütern gehabt.
Beyde besezten auch wechselweise die ehmals
vorhandene, hiesige alte Kapelle mit einem Kaplan. Als nun um das Jahr 1488. ein solcher
Kaplan seine Schuldigkeit nicht that, ersuchte
der Abt zu Lorch Schenk Albrecht, denselben
durch Zwangsmittel dazu anzuhalten, damit die
armen Einwohner, und die Seelen, von welchen
diese Kaplaney hergekommen, der gebührenden
Hülfe und Fürbitte bey Gott nicht beraubt würden. (Crusius Annal. P. 3. l. 9. c. 1.) Durch
die schwesterliche Theilung zu Gaildorf im Jahr
1707. wurde der Ort Solms-Assenheimisch,
1772. aber an Sontheim als Aequivalent überlassen,

laſſen, 1774. dieſem Antheil zugelegt. Er liegt in einer fruchtbaren Gegend, und hat jezt 99. Einwohner-Seelen.

23. **Breitenfürſt**, ohnweit Welzheim mittagwärts, ein Ort von 127. limpurgiſchen Einwohner-ſeelen, auſſer welchen nur noch 3. lorchiſche Amtsuntergebene mit ihren Familien hier ſind. Er iſt im Jahr 1478. und 1489. von Eber-hard und Wilhelm von Uhrbach durch Schenk Albrecht erkauft worden.

24. **Thierbad**, bey Welzheim morgenwärts, ein Oert-chen, von 16. Seelen, an dem Leinflüßchen. Es iſt 1487. und 1489. von einer Meyeri-ſchen und Maureriſchen Familie erkauft wor-den. Damals war ſchon ein Geſund-Bad hier. Im erſten Viertel des 17. Jahrhunderts war es in gutem Ruf, und bekam 1627. von Schenk Karl, eine beſondre Ordnung und Freyheiten. Damals waren hier ein ſo ge-nanntes Herrenhaus, ein Badhaus, ein Wirths-haus, Alleen und andre Spaziergänge, wovon aber nichts mehr übrig iſt, als der Brunn, deſſen Waſſer etwas bläulich ſiehet, und et-was Schwefel, Bitterſalz und Alaun mit ſich führen ſoll. Es ſoll auch beſonders bey Con-tracturen und vorgeblichen Faſcinationen gute Hülfe geſchaft haben. Johannes Remmelin, Phyſicus und Medicinä Doctor in Schorn-dorf, hat 2. Abhandlungen davon geſchrieben: Ferinæ Welzheimenſes und Obſervationes Ferinarum Welzheimenſium Effectus, wel-che 1619. und 1628. zu Augſpurg gedruckt erſchienen, aber ſehr ſelten worden ſind.

25. Die

25. Die Thanhöfe, nahe bey Welzheim, enthalten 20. Seelen.

26. Birkach = (Birkichs) Hof, hat 8. Seelen.

27. Haghof, wurde 1483. von Wilhelm von Urbach erkauft, hat jezt 17. Seelen.

28. Hagmühle, wurde 1478. mit Breitenfürst erkauft, enthält 8. Seelen.

29. Haldenhof, wurde aus dem Haghof gezogen, hat 5. Seelen.

30. Haselhof, ist eben so entstanden, hat 15. Seelen.

31. Schenkhöfle, hat 6. Seelen.

32. Schmidhöfle, hat 6. Seelen.

33. Die zwey Mezelhöfe, zwischen Welzheim und Lorch, von 15. Einwohner=Seelen.

34. Heldis, ein Weiler, worinn Wirtembergische und zu den Oberämtern Lorch, Schorndorf und Welzheim gehörige Unterthanen; insonderheit aber 26. Limpurgische Einwohner=Seelen. Der Limpurgische Antheil gehört zu der eigenthümlichen Waibelhueb.

35. Hüttenbühl, ein Weiler, von 51. Einwohner=Seelen.

36. Wahlheim, ein Weiler von 31. Seelen.

37. Kreut = (oder Gereut=) Hof, wo 6. Seelen leben.

38. Heinles = (Hainles=) Mühle, nahe an der Straße von Gschwend nach Welzheim, eine Mühle

Mühle von etlichen zusammenlaufenden kleinen Bächen getrieben. Sie enthält 15. Seelen, und ist 1557. von der Stadt Gmünd erwechselt worden.

39. Heinleshof, hat 11. Seelen.

40. Hellershof, vor Alters Ludels= und auch wohl Lutz=Weiler, an der Strase, die von Gschwend nach Welzheim und Lorch führt, ist auch 1557. von Gmünd erwechselt worden. Es sind hier 21. Seelen.

41. Das neue Wirthshaus, nahe am Hellershofe, an der Strase auf halbem Wege zwischen Gschwend und Welzheim, ist vor wenigen Jahren erbaut worden. Es wohnen hier 7. Seelen. Die oberländischen Unterthanen pflegen jährlich einmal bey diesem Wirthshaus im Gebrauch des Feuergewehrs geübt zu werden.

42. Unter=Schlechtbach, ein Dorf, in einem Thale, das die Wieslauf bewässert, und das mit dem Rems=Thal zusammenhängt. Die Hälfte dieses Orts ist Wirtembergisch, und gehört in das Oberamt Schorndorf. Limpurgische Unterthanen sind hier 35. die mit ihren Familien 167. Seelen ausmachen. Hier ist Weinwachs. Der Limpurgische Antheil an diesem Orte ist 1478. von Eberhard von Urbach erkauft worden.

43. Lindenthal, etwas weiter gegen Abend, ein ganz Limpurgischer Ort, von 36. Unterthanen oder Bürgern, und überhaupt 143. Einwohner=Seelen. Auch hier wächset Wein. Der deutsche Held Ritter Sebastian Schertlein war

X 3

eine

eine kurze Zeit Besitzer dieses Orts; im Jahr 1531. verkaufte er ihn an Limpurg. Die Hälfte des Orts hatte schon seine Mutter besessen.

### Note.

Die von N. 23. bis 43. angeführten Ortschaften machen das Limpurgisch gebliebene, in Allodial-Stücken bestehende, Amt Welzheim aus, welches jezt 820. Einwohners Seelen begreift.

Auch bey diesem Antheil sind beträchtliche Kameral-Waldungen, ein ansehnlicher Jagdbezirk, Zehenden und andre Gefälle, ausser den Gränzen des Antheils.

VIII. Der

# VIII.

## Der

# Limpurg - Sontheim - Michelbachische Landes - Antheil.

Dieſer Antheil an den Limpurg-Sontheimiſchen
Landen fiel bey der Landestheilung im Jahr
1774. dem Gräflich-Limpurg-Erbach-Wertheimi-
ſchen Looſe zu. Die hohen Beſizer deſſelben findet
man in dem 20. Abſchnitt der erſten Hauptabtheilung.

Die Gränzen dieſes Antheils, dasjenige ausgenommen, was davon in der Herrſchaft Speckfeld
liegt, ſind gegen Morgen hauptſächlich der Limpurg-
Sontheim-Oberſontheimiſche Antheil und das Reichs-
ſtadt-Halliſche Gebiet, welches denſelben auch auf
der Mitternacht-Seite begränzt, ſamt einem Theile
der Ritterſtift-Komburgiſchen Beſizungen; gegen
Abend hat es den Kocherfluß, und an demſelben
Komburg, Hall und Wirtemberg zu Nachbarn, gegen Mittag aber das Limpurg-Gaildorf-Wurm-
brandiſche.

Dieſe Landesgegend iſt ihrer Natur nach gröſſ-
tentheils gebürgig und waldig; gegen Hall hin iſt
etwas ebenes Land, ſo wie auch hie und da auf
den Rücken der Berge. In der Tiefe iſt ſo ge-
nannter ſchwerer Boden, auf der Höhe der Berge
findet man Sandland. Nirgend aber iſt ein un-
fruchtbarer Strich, der nicht benüzt werden könnte.
Es giebt gute Getraide-Felder, vortrefliche Wieſen,
die Berge ſind mit Hölzern bedeckt, in welchen ſich
ſonderlich eine Menge Eichen findet, die in einigen
Limpurgiſchen Gegenden ſelten zu werden anfangen.
Nach der Stadt Hall wird viel Brennholz auf der
Axe gebracht, woran die Bauren Fracht verdienen.
Es werden groſe Ochſen gezogen, und zum Theil
gemäſtet auſſer Land verkauft.

X 5                    Die

Die zu diesem Antheil gehörigen Regierungs-
und Konsistorial-Kanzley-Personen wohnen in Ober-
Sontheim; in Michelbach aber der Beamte, der zugleich die Forst- und Jagdsachen zu besorgen hat.

Von der Herrschaft Speckfeld, in dem innern
Franken, ist diesem Antheil noch der halbe Flecken
Gollhofen zugetheilt worden, welcher in der Be-
schreibung jener Herrschaft unten vorkommen wird.

Von dem Zustand des Amtes Michelbach insonderheit, in Hinsicht auf Bevölkerung, Gewerbsarten,
insbesondre den vorhandnen Viehstand, gibt ein Ta-
bellarischer Zusammentrag über die im Jahr 1787.
in dem Amt Limpurg-Michelbach befindlich ge-
wesene Volksmenge, wie auch deren gegenwärtigen Viehestand, welcher am Schluß des Jahrs
abgefaßt, und der Landesherrschaft von Seite des
Amts eingesendet wurde, sehr genauen Bericht.

Folgende Angaben sind aus demselben getreu gezogen.

Die ganze Volksmenge im Amt beläuft sich auf
579. männliche, 568. weibliche, zusammen 1147.
Einwohner-Seelen.

Davon gehörten 66. Personen zu der herrschaftlichen Dienerschaft, mit Ausschluß der Kanzleyper-
sonen, aber mit Einschluß des damaligen Hofbeständers
auf dem herrschaftlichen Benzenhof.

Unter der wirklich ansäßigen Unterthanenschaft
waren 61. Handwerker, 38. ganze Bauren, (die ganze Baurenhöfe besitzen,) 19. Halb-Bauren, (die halbe Höfe besitzen,) 54. Söldner, (die etwas geringere,
so genannte Söldengüter besitzen,) 48. Häußler, (die
neben einem Wohnhaus etwa nur einen Garten oder
sonst

sonst ein Gut-Stück, auch wohl gar keins dergleichen
besizen). Diese Unterthanenschaft machte überhaupt
821. Seelen aus. Davon waren Ehemänner und
Wittwer 145. Ehefrauen und Wittwen 145. männliche Kinder 217. weibliche Kinder 194. Dienstboten
männlichen Geschlechts 69. weiblichen Geschlechts 51.

Die Schuzverwandten und Hausgenossen, (die
weder Häuser noch liegende Güter besizen,) und die
Ausgedinger, (die von einem Leibgeding leben,) machten samt ihren Familien 260. Personen zusammen
aus. Darunter waren 10. Handwerker, 21. Taglöhner. Der hausgenößischen Personen waren insonderheit 128. nemlich 26. Männer, 34. Frauen, 28.
männliche Kinder, 38. weibliche Kinder, 1. männlicher und 1. weiblicher Dienstbote. Der Ausgedinger-
Personen waren 132. nemlich 30. Männer, 44.
Frauen, 31. männliche und 26. weibliche Kinder, 1.
weiblicher Dienstbote.

Von den 71. Handwerkern und Professionisten,
in allen Ortschaften des Amts, waren Becker 3.
Chirurgen 1. Hafner 2. Kübler 2. Nagelschmidte 1.
Maurer 3. Müller 2. Schneider 10. Schmidte 2.
Schreiner 2. Schuhmacher 6. Wagner 4. Weber 27.
wovon aber einige die meiste Zeit des Jahrs hindurch
mit dem Landbau sich beschäftigen, und nur vornemlich in den Wintertagen weben oder durch Gesellen
weben lassen, Ziegler 2. Zimmerleute 4.

Der Viehestand des ganzen Amtes belief sich
überhaupt auf 14. Pferde, 1111. Stücke Rindviehe,
1422. Stücke Schmalviehe, und 1024. Stücke Federviehe. Insbesondre waren vorhanden Pferde 13.
Fohlen 1. Starke Ochsen 262. Große Stiere 161.
Kleine Stiere 200. Kühe 265. Kalben 81. Kälber
142.

142. Böcke und Ziegen 118. Schweine 139. Schaafe 1165. Hüner 745. Gänse 279.

Rechnet man die zu diesem Landesantheil gehörige Hälfte des Orts Gollhofen, und dessen halbe Einwohnerschaft mit 306. Seelen hieher, so hat man die Totalsumme der Limpurg-Sontheim-Michelbachischen Einwohner-Seelen, 1453.

Die Ortschaften des Amtes Michelbach sind:

1. Michelbach, mit dem Beynamen an der Bilz, welches der Name einer gegen Mittag nahe liegenden Höhe ist, ein Flecken, 1. Stunde von Hall, 2. Stunden von Gaildorf, an der Strase von Gaildorf nach Hall. Er ist von Abend gegen Morgen in die Länge gebaut. An dem westlichen Ende stehet das Schloß, welches in den Jahren 1618. bis 1622. massiv erbauet worden. Es bestehet aus einem grosen Hauptgebäude, welches vor sich gegen Mittag einen länglich viereckten geräumigen Hof hat, der ganz mit etwas niedrigern Gebäuden eingeschlossen ist. In diesem Schloß ist der Amts-Siz. An dem östlichen Ende des Orts ist die Kirche. Es muß von alten Zeiten her hier eine Pfarrkirche gewesen seyn. Denn man findet schon bey dem Jahr 1347. einen hiesigen Pfarrer, Namens Seyfried. (Wibels H. K. u. R. H. I. S. 164.) Aus einer Urkunde vom Jahr 1417. ersieht man, daß der h. Martin Kirchenpatron gewesen. Der Kirchensaz war Hohenlohisch, wurde aber im Jahr 1541. durch Schenk Erasmus gegen gleiche Gerechtigkeit zu Gailenkirchen und Braunspach, die er mit Hohenlohe wechselsweise zu üben hatte, eingewechselt. Es

**gab**

gab ein Mann hiezu Gelegenheit, der hier nicht mit
Stillschweigen übergangen werden kann, Lorenz
Reichlin, der seit 1497. hier Pfarrer war,
und sicher 1540. noch lebte. Denn in diesem
Jahr hatte er mit der Limpurgischen Orts-Herr-
schaft Zehénd-Strittigkeiten, die einen Vertrag
mit Hohenlohe, und hernach den angeführten
Tausch zur Folge hatten. Dieser Mann ist
auch um deswillen merkwürdig, weil er als ein
katholischer Priester noch vor den Zeiten, da
der evangelisch-lutherische Lehrbegrif in dieser
Gegend obrigkeitlich geduldet oder eingeführt
wurde, im Ehestand lebte. Er ist, ohne Zweifel auf seine eigne Veranstaltung, in der Kirche, auf nassen Wurf gemahlt zu sehen, mit
seiner Ehefrau, 7. Söhnen und 4. Töchtern.
Er ist im Meßgewande, sie knieen alle, in der
auf allen alten Epitaphien gewöhnlichen Atti-
túde, mit gefalteten Händen, das Gesicht gegen
ein über ihnen stehendes Marienbild gerichtet. Ein
fliegender Zettel drückt ihre Verehrung gegen die
h. Jungfrau mit den Worten aus: Ora pro nobis
benta virgo Maria. Es stehet die Jahrzahl 1517.
dabey, und ein Wappenschild, worinn ein Fleischer-
Beil zu sehen ist. Man weiß nicht gewiß, ob
dieser Reichlin den evangelischen Lehrbegrif angenommen und gelehrt habe. Bey dem Fröschlin heißt er noch um das Jahr 1540. Meßpriester, und zwar ein unruhiger Meßpriester, und
sein Epitaphium scheint zu bezeugen, daß er
wenigstens in grosser Verehrung der Jungfrau
Maria gelebet habe. Daß er indessen doch
wirklich verehelicht gewesen, ist wahrscheinlich,
und das bleibende Daseyn jenes Epitaphiums
scheint es zu verbürgen. Die Sache ist auch

so aufferordentlich nicht. Büsching macht unter andern, in der Beschreibung der Eidgenoß-
senschaft bey der Stadt Mellingen, einen solchen beweibten katholischen Priester nahmhaft,
nemlich den Vater Heinrich Bullingers, von
welchem es dort heißt, daß er vor der Reformation in Mellingen Pfarrer und Dechant gewesen, und im Ehestand gelebet habe. Ein
gleichzeitiges Beyspiel aus der Nähe hat Wibel
aufbehalten. Ein gewisser Ewald Reuß wurde 1518. in Pfützingen Pfarrer, bekam aber
Erlaubnis, noch drey Jahre Studierens halber
abwesend zu seyn; bey seiner Wiederkunft that
er Meß und Heiligendienst ab, und verehlichte
sich. Er kam ins Gefängnis nach Bartenstein,
wo er 1526. zwar wieder los kam, aber auf die
Pfarre Verzicht thun mußte. Im Verzichts-
brief bekennet er unter andern, daß er sich nicht
daran habe sättigen lassen, das Amt der heil.
Messe abzuthun, sondern auch sich in den ehelichen Stand begeben, ob es wohl im Bisthum Wirzburg, auch der Herrschaft Hohenlohe
noch zur Zeit nicht geduldet worden. Hier
konnten aber Lokalursachen seyn, warum Reich-
lins eheliches Leben seines Priesterthums ohngeachtet geduldet wurde. Er ward vielleicht durch
die Landleute selbst geschüzt, die einen allgemeinen Hang zur Religionsveränderung hatten.
So viel zur Erläuterung des alten Gemäldes,
das wenigstens hier eine Anzeige verdiente. Man
weiß, daß das Langhaus des jezigen Kirchen-
Gebäudes im Jahr 1492. erbauet worden, weil
sich diese Jahrzahl an demselben in Stein gehauen befindet. Es ist aber nachher 1587.
und 1599. noch verbessert und erweitert worden.

Die

Die dißherrschaftlichen Parochial-Angehöri-
gen der hiesigen Pfarrkirche belaufen sich auf
738. Im Jahr 1751. zählte man deren
600. Hierunter sind aber die in der Pfarrey
befindlichen katholischen Ritter-Stift-Komburgi-
schen Unterthanen nicht begriffen, deren im
Jahr 1751. 17. Haushaltungen gezählt wurden, auch eine in Hirschfelden befindliche evangelische Haushaltung, Komburgischer Herrschaft nicht.

Die sämtliche hiesige Einwohnerschaft macht
843. Seelen aus. Davon gehören zur herrschaftlichen Dienerschaft 33. zur Unterthanenschaft 231. zur Hausgenossen- und Ausding-
gerschaft 79. Man zählet darunter 30. Handwerker und Professionisten, 5. ganze Bauren,
6. Halbbauren, 8. Söldner, 27. Häußler.

Ihr sämtlicher Viehstand betrug 2. Pferde,
229. Stücke Rindviehe, 320. Stücke Schmalviehe, 261. Stücke Federviehe.

Im Jahr 1380. besaß das Gotteshaus
Ellwangen hier Güter, verkaufte sie aber in
diesem Jahr an Konrad von Rinderbach, Bürger zu Hall, und dieser sofort an Limpurg.
So besaßen auch andre hallische Edelbürger,
als die Ysenhüte, die Eberharden und die
Stetten, selbst die Stadt Hall hier einiges,
welches in der Folge limpurgisch wurde.

Von einem alten hiesigen Hochgericht zeuget noch der Plaz. In der Nähe des Orts
brechen gute Werksteine, die sonderlich im Feuer
über die Maße dauerhaft sind.

2. Hagen-

2. Hagenhof, liegt nordwärts in geringer Entfernung von Michelbach, war ehmals eine herrschaftliche Viehweide, wurde aber 1550. zu einem Hofgut gemacht. Der hiesige Unterthan wird für einen Söldner gerechnet. Seine Familie besteht in 6. Seelen. Sein Viehestand beträgt 10. Stücke Rindvieh, 17. Stücke Schmalvieh, 6. Stücke Federvieh.

3. Ostwärts von Michelbach, eine kleine halbe Stunde, auf der sandigen Höhe, liegt das so genannte Kohlhäu, welches vielleicht daher seinen Namen hat, weil in diesem Hau ehmals viele Kohlen gebrannt wurden. Es scheint, hier seye das Kohlhofen zu suchen, welches im Jahr 1541. ein nach Michelbach gepfarrter Ort gewesen seyn soll, wie Wibel berichtet. Es muß aber nachher verödet seyn. Das jezt da stehende Wohn- und Scheunen-Gebäude ist erst in neueren Zeiten dahin gesezt worden. Jezt wohnt der im Michelbacher Forst angestellte Jäger da. Seine Familie begreift 9. Personen. Der Viehstand 8. Stücke Rindvieh, 2. Schweine, 5. Stücke Federvieh.

Von hier an bis nahe an Oberfischach ist ein ebener sandiger Bergrücken, mit Wald bewachsen. Auf demselben findet man die älteste limpurgische Holzpflanzung durch Saamen. Hier wuchsen, so viel man weiß, die ersten limpurgischen Lerchenbäume auf, die nun auch in andern Försten gezogen werden. Die Pflanzung nahm vom Jahr 1757. ihren Anfang.

4. Buchborn. Unter diesem Namen werden 6. zerstreute ländliche Wohnungen begriffen, zu

welc

welchen nun ganz neuerlich ein Haus an dem
Gaildorfer Wege gekommen ist, auf einer
mittagwärts von Michelbach liegenden benachbarten Berghöhe. Es sind hier überhaupt 59.
Seelen, davon 34. zu den Familien der hier
wohnenden 6. Unterthanen, die für Söldner
gerechnet werden, 25. den Hausgenossen und
Ausdingern angehören. Deren Viehestand
beträgt 50. Stücke Rindvieh, 80. Stücke
Schmalviehe, 30. Stücke Federviehe.

Auf einer nordwestlichen Ecke des Bergs,
auf drey Seiten steil, lag vorzeiten eine Burg,
die Buchhorn hieß, und dem ganzen Berg
und allem, was dazu gehört, bis jezt ihren Namen ließ. Sie hatte eine angenehmere Lage, als
man wohl vermuthet, wenn man den Burgstall
nie bestiegen hat. Auf der Morgen-und Mittag-
Seite siehet man zwar mehrentheils nur auf
waldige Reviere hin, aber gegen Abend und
Mitternacht ist die Aussicht auf den so genannten Rosengarten und einen Theil des
Hohenlohischen, Hallischen und Komburgischen,
auch Limpurgischen Gebiete desto schöner, und
waren die alten Thürne nur mäßig hoch, so
mußte man gegen Mitternacht hin weit spä-
hen können. Sie konnte mit ihrer Zwillings-
Schwester, der alten Burg Westheim, die
ihr gegen über lag, so daß sie nur das hier
enge Kocherthälchen trennte, die Gegend auf-
und abwärts leicht beherrschen, und wahrscheinlich sind beyde in dieser Absicht angelegt
worden. Eine alte Hallische Chronick sagt,
daß hier ein alter heidnischer Thurn gestanden
seye. Gewißer ist, daß sie im Jahr 1357. den

Grafen von Oettingen zugehört hat, und mit
Cransperg in demselben Jahr an Limpurg ver=
kauft wurde. Nicht viele Jahre darnach, im
Städtekrieg, soll diese Burg eingeäschert wor=
den seyn. Die Chroniken geben die Zeit der
Regierung K.Wenzels an, und auch den Um=
stand, daß die Burg, weil Räuberey daraus
getrieben worden, hätte zerstört werden sollen,
die Burgwächter aber, so bald sie die Anstal=
ten des Zugs in Hall erfahren, sie selbst an=
gezündet, und sich davon gemacht hätten. Bis
zum Jahr 1535. wurden die Burggüter in
Pacht hingegeben, von dieser Zeit an aber,
nach und nach die vorhandnen Unterthanen=
Güter angelegt. Einer dieser Unterthanen ist
in die Ruinen gelagert, und heißt noch der
Schloßbauer. Die Burg hatte ein Gebiet.
Es soll auch vor Alters, wie Westheim, den
Kochergaugrafen zugehört haben; und dies
kann wohl seyn.

Die südliche Spize des Bergs heißt noch
die Schanze. Gegen Morgen unten am Berg
läuft der Madelbach, in einem engen Thal,
durch welches sich eine der Straßen von Gail=
dorf nach Hall zieht. Die Verbesserung die=
ser Straße ist schon viele Jahre gewünscht
worden; sie hat aber ihre Schwierigkeiten.

5. Hirschfelden, ein Dorf nahe am Kocher, west=
wärts von Buchhorn, eine ehemalige Zuge=
hörde der Burg. Es sind hier 2. Komburgi=
sche Unterthanen=Haushaltungen, davon die
eine katholisch, die andre evangelisch ist. Einige
andre Güter sind dem Ritterstift nur lehen=
bar.

bar. Die Limpurgischen Unterthanen machen
109. die Hausgenossen und Ausdinger 19.
folglich alle zusammen 128. Seelen aus. Darunter waren insonderheit 8. Handwerker, 5. ganze, 3. Halb-Bauren, 7. Söldner, 5. Häußler.
Ihr Viehstand bestund in 168. Stücken Rindviehe, 212. Stücken Schmalviehe, 137. Stücken Federviehe.

Die hier befindliche Mühle war ehmals
eine herrschaftliche Domäne, ist aber nun auch
mit einem Unterthanen besezt. Die alte hiesige Kirche oder Kapelle zu St. Ulrich ist längst
abgebrochen worden. Haller Chronicken geben an, daß hier auch ein adelicher Siz gewesen seye; nicht unglaublich ein Burg-und
Burghut-Lehen. Eine Zügelhütte ist noch
hier.

6. Steinbrück, liegt nur ¼ Stunde von Michelbach, mitternachtwärts an der Hall.schen Straße.
Unterhalb einer steinernen Brücke, welche hier
über ein Bachwasser führt, steht eine Mühle,
seitwärts ein Wirths-und Becken-Haus. Jene
wurde schon 1538. dieses 1617. erbauet. Hier
wohnen zusammen nur 4. Personen. Man
fand hier bey Untersuchung des Viehestands
4. Stücke Rindvieh, 1. Ziege, 4. Stücke
Federvieh.

7. Geschlachten- (auch wohl Schlechten-) Brezingen, ein Dorf, ½ Stunde von Michelbach,
westwärts von der Hallischen Strase. Es sind
hier auch Komburgische catholische Untertha-
nen-Familien; 1751. waren ihrer 11. Haus-

Y 2 .haltun-

haltungen. Andre sonst dißherrschaftliche Güter sind dem Ritterstifte lehenbar. . Der hieher gehörigen Einwohner-Seelen sind 76. Davon gehören 64. zu der Unterthanenschaft,
12. zu den Hausgenossen und Ausgedingern.
Es sind darunter 2. Handwerker, 6. ganze
Bauren, 5. Söldner. Ihr Viehstand betrug
2. Pferde, 110. Stücke Rindviehe, worunter
47. grose Ochsen, 130. Stücke Schmalviehe,
107. Stück Federviehe.

Was hier limpurgisch ist, war ehmals eine
Zugehörde der Veste Buchhorn. Die hiesigen Katholicken besuchen den Gottesdienst in
Steinbach oder Komburg, woher zuweilen
auch ein Geistlicher kommt, hier Katechisationen zu halten. Sie werden aber von Michelbach, wie alle in der Pfarrey befindliche
Komburger Unterthanen, als Pfarrkinder angesehen.

8. Rauen-Brezingen, ein Dorf, dem vorigen gegen über, ostwärts, das durch seinen etwas
rauhern oder weniger ergiebigen Boden von
jenem unterschieden seyn soll. Es hat aber
doch auch fruchtbare Feldgüter. Hier sind
auch einige katholische Komburger-Unterthanen-
Familien; fünfe waren ihrer 1751. Andre
Güter sind dem Stifte lehenbar. Der limpurgischen Einwohner-Seelen sind 113. nemlich 78. die zu den Unterthanen, 35. die zu
den Hausgenossen und Ausgedingern gehören.
Darunter waren 7. Handwerker, 4. ganze
Bauren, 2. Halbbauren, 8. Söldner, 5. Häußler. Ihr Viehestand betrug 113. Stücke
Rind-

Rindvieh, 146. Stücke Schmalvieh, 110. Stücke Federvieh.

 Limpurg erwarb seine Besitzung mit Buchhorn, 1. Gut nachher von Hall. Im Jahr 1037. war auch das Stift zu Oehringen hier angesessen, wie in dem gegen über liegenden Orte. Der Stiftungsbrief hat davon folgende klare Stelle: in duabus villis, que ambo dicuntur Brezzingen due hobe et dimidia.

9. **Oberfischach**, ein Kirch- und Pfarrdorf, auf halbem Wege von Michelbach nach Obersontheim, und von jedem Orte 1. Stunde entlegen. Hier senkt sich die sandige Höhe, die man von Michelbach bis hieher antrift, und man findet wieder lettigen und kalkartigen Boden, wie in dem ganzen Strich, welchen die Fischach bewässert. Dieses kleine Flüßchen kommt hinter Oberfischach aus dem Wald hervor, und fließt durch den Ort. Es sind hier etliche Komburgische Unterthanen-Güter, und mehrere dergleichen Lehen-Güter. Limpurgische Einwohner-Seelen sind 187. vorhanden, davon 6. zur geistlichen Dienerschaft, 143. zur Unterthanenschaft, 38. zu den Hausgenossen und Ausgedingern gehören. Darunter sind 14. Handwerker, 8. ganze Bauren, 4. Halbbauren, 8. Söldner, 7. Häußler. Ihr Viehstand bestund in 4. Pferden, 171. Stücken Rindvieh, 218. Stücken Schmalvieh, 194. Stücken Federvieh. Der Ort hat gute ländliche Gebäude, auch ein Wirthshaus.

Die

Die hiesige Kirche ist alt, wurde aber im
dreyßigjährigen Kriege von einer kaiserlichen
Partey durch Brand beschädigt, nachher wie=
der hergestellt. Sie hat erweißlich wenigstens
vom Jahr 1585. an, evangelische Lehrer ge=
habt. Alle Limpurgische Unterthanen in dem
Bezirk der Pfarrey, auch die Bewohner eines
Komburgischen Unterthanenguts zu Oberfischach,
zweyer dergleichen zu Rappoltshofen, und
dreyer Ellwangischen Güter ebendaselbst, be=
kennen sich noch zu dieser Lehre, uud machen
zusammen 463. Seelen aus; 82 aber sind der=
malen katholische auf lauter Komburgischen Un=
terthanengütern in der Pfarrey vorhanden.
Sie sind allmählig zu dieser Anzahl angewach=
sen; in Rappoltshofen ist ein katholischer Schul=
halter, und in Herlebach werden sonntägliche
Katechisationen gehalten, durch einen Kombur=
ger Geistlichen, der deswegen hieher kommt.
Sonst sind diese Leute zum Gottesdienst in
Steinbach gewiesen. Limpurg erkaufte hier
1431. ein Gut von einem Prokurator der Brü=
derschaft zu St. Catharein in Hall; Schenk
Erasmus 1546. eines von Schenk Wilhelm
zu Gaildorf.

10. Herlebach, (Hörlebach), ein kleines Dorf, oder
Weiler, ½ Stunde nordwärts von Oberfischach.
Außer einigen Komburgischen Unterthanen,
sind hier 130. Limpurgische Einwohner=Seelen,
davon 100. zu der Unterthanenschaft, 30. zu
den Hausgenossen und Ausgedingern gehören.
Darunter sind 3. Handwerker, 4. ganze Bau=
ren, 4. Halbbauren, 7. Söldner, 1. Häußler.
Ihr Viehstand betrug 3. Pferde, 129. Stücke
Rind=

Rindvieh, 175. Stücke Schmalvieh, 104.
Stücke Federvieh. Auch hier hat Limpurg vom
Jahr 1420. an, nach und nach verschiedene
ausherrische Güter erkauft, als von den Nyp=
pergen und Stetten, Bürgern zu Hall, von
dem vorgedachten Prokurator der St. Catha=
rein=Brüderschaft, von der Stadt Hall und
von Vellberg.

11. **Rappoltshofen**, (insgemein **Rappelshofen**),
ein kleines Dorf oder Weiler, südwärts nur
$\frac{1}{4}$ Stunde von Oberfischach. Ausser den Ell=
wangischen und Komburgischen Unterthanen,
sind hier limpurgisch 74. Seelen, nemlich 53.
die zu der Unterthanenschaft, und 21. die zu
den Hausgenossen und Ausgedingern gehören.
Darunter waren 2. Handwerker, 6. ganze
Bauren, 4. Söldner, 1. Häußler. Ihr Vieh=
stand begrief 90. Stücke Rindvieh, 131. Stü=
cke Schmalvieh, 93. Stücke Federvieh.

Ein Walther von Suntheim besaß noch
1349. ein Gut, und ein Kraft von Suntheim,
Mönch zu Komburg, noch 1380. zwey Güter
hier. Sie sind aber, wie andre, die einem
von Thalheim und der Stadt Hall angehör=
ten, nachher limpurgisch worden. Im Jahr
1546. hat Schenk Erasmus auch zwey hiesi=
ge Güter von Schenk Wilhelm zu Gaildorf
erkauft.

12. **Benzenhof**, ein einzelnes schönes Hofgut, ober=
halb Rappoltshofen, welches mit wohlgebau=
ten Oekonomie=Gebäuden besezt ist, und über
216. fränkische Morgen in sich begreift. Es
war

Y 4

war ein herrschaftlicher Hof, welcher bis zu
Petri Cathedra 1789. verpachtet war, im September des vorhergehenden Jahres aber an
2. Kammer-Unterthanen, unter bestimmten
jährlichen Abgaben, und mit Vorbehalt des
Zehenden verkauft wurde. Unter dem Hofbe-
ständer waren 10. Menschen hier.  Dessen
Viehstand bestund in 1. Pferd, 12. Ochsen
und Stieren, 6. kleinen Stieren, 6. Kühen,
3. Kalben, 6. Kälbern, 2. Schweinen, 47.
Schaafen, 16. Stücken Federvieh.

Schenk Erasmus erkaufte diesen Hof im Jahr
1543. von gewissen Mollischen Erben um 850.
Gulden. Er war aber dem Stifte Komburg
mit Gült und Handlohn verwandt, wovon
ihn der Schenk durch einen Ersaz von gleichem
Werthe im folgenden Jahre frey machte. Jezt
ist der Hof unter obgedachten Bedingungen um
11,600. Gulden verkauft.

13. Das Fallhaus auf dem Reschbühl, oberhalb
der Beutenmühle, ist schon bey dem Antheil
Limpurg-Sonheim-Obersontheim bemerkt worden.  Des hiesigen Scharfrichters Familie
begrief 8. Personen; dessen Viehstand 2.
Pferde, 4. Stücke Rindvieh, 5. Stücke Federvieh.

14. Zur Geographie des mittlern Zeitalters gehört
folgendes :

Im Wald oberhalb Michelbach, dem Fischach-
thal zu, lag nach Wiedemanns Anzeige, die
Crusius seinen Annalen einverleibt hat, (P. 2.
l. 8.

l. 8. c. 3.) ein altes festes Schloß, mit Na=
men **Entzsewe.** Es benannte sich davon ein
edles Geschlecht, das man aber nicht mit den
alten Herrn von **Endsee** verwechseln muß, die
ihr Castrum bey Rothenburg an der Tauber
gehabt haben. (Uffenh. Nebenst. 9. Stück. S.
1167. und 4. St. S. 222.) Man weiß, daß
ein Konrad von **Entsew,** oder **Entsewe** im
Jahr 1215. Abbt zu Komburg gewesen; wie
aber das Schloß **Entsewe** zubrochen wur=
de, sagt eine alte Haller Chronick, will nie=
mand davon wissen.

15. Um der Nachbarschaft willen verdient noch der,
zwar auf Komburgischem Boden liegende,
**Einkorn** bemerkt zu werden. Dieser ziem=
lich hohe Berg erhebt sich in der Nähe von
Michelbach, ostwärts hinter Rauen=Brezin=
gen. Er ist mit einer Wallfahrts=Kirche zu
den 14. Nothhelfern besezt, welche weit ge=
sehen wird, und den Wandrern zu einem Zei=
chen dienen kann. Man hat hier eine unge=
mein schöne Aussicht in die umliegenden Ge=
genden.

Das zu dem Amte Michelbach schöne Waldun=
gen gehören, ist oben schon gesagt worden. Auch
der Jagd=Bezirk ist ansehnlich. Einige Gefällen
auffer den Gränzen des Amts gehören auch hieher.

Y 5　　　　Note.

### Note.

Die Ortschaften unter Nro. 9. 10. 11. 13. sind durch die lezte Landestheilung zu dem Amt Michelbach von dem Amt Sontheim gekommen. Die übrigen machten vor derselben das Amt Michelbach aus.

IX.

# IX.
## Die
# Herrschaft Limpurg-Speckfeld.

### §. 1.

#### Name.

Diese Herrschaft hat ihre Benennung von dem Schloß Speckfeld, fast mitten in Franken, um welches auch der beträchtlichste Theil derselben herliegt. Der Ursprung des Namens jener Burg aber ist wahrscheinlich in dem setten Erdreich der Gegend zu suchen.

### §. 2.

#### Lage. Gränzen. Umfang.

Sie ist in Ansehung der Lage zerstückt. Der größte Theil derselben, worinn das Bergschloß Speckfeld selber liegt, ist von dem Bisthum Wirzburg, dem Fürstenthum Brandenburg-Onolzbach und der Grafschaft Kastell umgeben; ein andrer Theil, worinn Sommerhausen und Winterhausen liegen, am Mayn, nicht weit von der Stadt Wirzburg, ist überall von dem bischöflichen Gebiet umschlossen; ein dritter kleinerer Theil, nicht weit von der Stadt Uffenheim, liegt auf der Gränze des Wirzburgischen und Onolzbachischen Gebiets. Diese drey Theile betragen zusammen beyläufig 2. Quadrat-Meilen.

### §. 3.

#### Erzeugnisse. Handel.

Das Amt Markt-Einersheim, und das von Gollhofen liegen beyde in einer fruchtbaren Ebene, das Amt Sommerhausen aber diß- und jenseits des Maynflußes in einem weiten Thale, welches auf beyden Seiten durch hohe Berge begränzt wird. Die vornehmsten Erzeugnisse sind treflicher Wein, der von

Som-

Sommerhausen den Namen führt, viel Getraide, und vorzügliche Obstarten. Bey Sommerhausen wächßt eine Art Frühweichsel, die besonders geschäzt wird. Mit diesen, wie auch mit Zwetschgen und anderm Obst wird ein einträglicher Handel bis Rotenburg, Nürnberg, Bamberg und Wirzburg getrieben. Ausser dem Landbau bestehet die Nahrung der Einwohner vornemlich im Wein = und Getreide = Handel. Hiezu haben sie auch vermöge der Lage des Landes alle Bequemlichkeit. Vermittelst des schiffbaren Mayns ist das Verkehr mit Frankfurt, dem ganzen Rheinstrom und Holland sehr leicht. Durchs Amt Markt-Einersheim gehet die stark befahrne Strase zwischen Frankfurt und Nürnberg; durch Gollhofen die Landstrase von Uffenheim nach Ochsenfurth. Beyde sind chaussirt, und in recht gutem Stand. An Holz ist kein Ueberfluß, weil die zur Forstey Neundorf gehörigen, in Laubholz bestehenden Waldungen, wenn sie auch hinreichend wären, der Entlegenheit halber die ganze Herrschaft nicht einmal versehen könnten.

## §. 4.
### Volksmenge. Unterthanen.

Die gegenwärtige Volksmenge der Herrschaft Speckfeld lässet sich nicht so detaillirt, wie in den schon beschriebenen Limpurg = Gaildorf = und Sontheimischen Landesantheilen angeben, weil keine neuere Volkszählungen von derselben bekannt sind. Jedoch kann man dieselbe aus der Anzahl der Unterthanen, die im Jahr 1772. wirklich angesessen waren, beyläufig berechnen. Es befanden sich nemlich damals, nach der bey der Speckfeld = und Sontheimischen Landes-Abtheilung zum Grund gelegten Angabe

in

in dem Amt Sommerhausen 429.
in dem Amt Markt=Einersheim 198.
in dem Amt Gollhofen 107.

folglich in der ganzen Herrschaft 734. Unterthanen.

Rechnet man nun auf jeder dieser Unterthanen=
Familien überhaupt 6. Personen oder Seelen, wel=
ches nicht zu viel seyn wird, wenn man zumal die
Familien der sämtlichen herrschaftlichen, weltlichen und
geistlichen Dienerschaft, der Ausgedinger und Schuz=
verwandten, als darunter begriffen annimmt, so
wären nach dieser Voraussezung

in dem Amt Sommerhausen 2574.
in dem Amt Markt=Einersheim 1188.
in dem Amt Gollhofen 642.

in der ganzen Herrschaft 4404. Seelen.

Wahrscheinlich beträgt aber auch der Zuwachs
seit dem Jahr 1772. eine ziemliche Summe.

Folglich kämen auf eine Quadratmeile etwas
über 2000. Menschen, ein Verhältnis, welches dem=
jenigen in der Grafschaft Limpurg an den Schwäbi=
schen Gränzen im Ganzen ziemlich gleich ist.

Die Baurengüter sind meistens bona censitica,
darunter wohl auch Erblehen, aber keineswegs, wie
in der Kochergegend, bona vitalitia, oder Fall= und
Bestand = Güter. Leibeigene sind hier gar nicht zu
finden. Die Matrikular=Summe der Herrschaft ist
schon im 1. Theil angegeben.

§. 5.

## §. 5.

#### Geſchichte der ältern Landesherrn.

Ebedeſſen hat ſich eine beſondre edle Familie
von Speckfeld geſchrieben. Es kommen davon in
ſichern Documenten vor

A. 1226. **Wasmudus de Speckveld, in** Uffens
heim Nebenſtunden, B. 1. S. 203.

A. 1242. **Conradus de Spekuelt** und deſſen Söhs
ne **Wahsmud** und **Godfrid,** eben daſelbſt,

A. 1291. **Nobilis vir Godfridus de Specvelt,** als
fide jusſor nebſt andern, **Alberti et Friderici**
**fratrum Dominorum de Hohenloch,** als dieſe
ihr **Caſtrum** in Ergersheim cum hominibus an der Johanniter-Orden verkauften. l.
c. B. 2. S. 652.

A. 1340. **Heinricus de Speckvelt.** l. c. B. I.
S. 203.

A. 1354. Götz von Speckfeldt. S. 253.

Es iſt aber nichts ausführliches von der Ges
ſchichte dieſes Geſchlechts bekannt. Das Prädicat
**Nobilis vir** zeigt ihren freyen Stand an, und dies
ſes vorausgeſezt, könnte man vermuthen, daß ſie vors
zeiten das **Caſtrum** Speckfeld oder etwas daran bes
ſeſſen haben, wiewohl ſie zulezt zu bloſen Vaſallen des
Hauſes Hohenlohe geworden ſeyn mögen. Wie dem
ſey, ſo gehörte ihnen wenigſtens im Jahr 1330. das
Schloß Speckfeld mit ſeiner Zugehörung nicht mehr
zu. Denn als in dieſem Jahr die Hohenlohe-Uffens
heimiſche Linie theilte, ſo fiel dem einen Bruder Lutzen
(Ludwig) von Hohenlohe unter andern auch die Veſte
Speckfeldt mit ſeiner Zugehörung zu. Aus dem
Theilungsbrief vom gedachten Jahr, welcher in der

Limp.

Limp. Deduction' von Jahr 1714. ausgezogen ist, *)
ersieht man, worinn damals die sämtlichen Besitzungen der Hohenlohe-Uffenheimischen Linie bestanden
haben, und es wird wohl der Mühe werth seyn, sie
hier kürzlich anzuführen. Albrecht, der eine Bruder,
ein Geistlicher, der nachgehends im Jahr 1345. Bischof
zu Wirzburg wurde, erhielt nemlich zu seinem Antheil 1. die Veste Gailenau, mit Zugehörung, 2.
die Veste Vogtsperg, 3. Goßmannsdorf, was Hohenlohe da hatte, 4. einen Hof zu Erlichsheim, 5. und
6. Fuchsstadt und Umpfenheim, was Hohenlohe da
hatte, 7. am Reiches-Guth auf dem Mayn und unter den Bergen ein Drittel, 8. am Dorf Gollhofen
ein Drittel, 9. am Markt Aw ein Viertheil, 10.
Schwebheim, was Hohenlohe daselbst hatte, 11.
alle Güter, die Hohenlohe hatte auf dem Wald, die
Grafen Conrads von Oettingen waren; der andre
Bruder Lutz aber erhielt folgende Vesten: 1. Specks-
feld, 2. Schernau, 3. Frankenberg, 4. Landsberg, 5.
Uffenheim, 6. Kropfsberg, 7. Hohenlohe, mit allen
Dörfern, die dazu von Alters gehörten, mit Leuthen,
mit Gülbten, mit Kirchsätzen ꝛc. 8. an des Reiches
Guth auf dem Mayn und unter den Bergen zwey
Theile, 9. das Reyngau *\*) mit Dörffern ꝛc. 10. am
Dorf Gollhofen zwey Theil, 11. u. 12. zu Untern-
und Obern-Braith, was Hohenlohe daselbst hatte,
13. am Markt Aw drey Theile, 14. die Hölzer hinter Frankenberg und Landsberg, 15. Hemmersheim,
16. Pfahlheim, 17. u. 18. Geilichsheim samt dem
Gelaith daselbst. Lutz von Hohenlohe scheint also der
erste

*) Seite 42.

**) Dies kann keinesweges der Pagus Rhingovve des mittlern
Zeitalters seyn, sondern wahrscheinlich der Strich am Flüßchen
Rannach in der Gegend von Uffenheim, Pagus Rangovve sive
Rengowe, stricto sensu.

erſte geweſen zu ſeyn, der unter den Hohenlohern
Speckfeld zu ſeiner Reſidenz machte, und eine
Hohenlohe=Speckfeldiſche Linie anfieng. Da aber
durch den Tod ſeines Bruders Albrechts deſſen An=
theil auch wieder mit dem ſeinigen vereinigt wur=
de, ſo theilten ſeine Söhne Gottfried und Gerlach
aufs neue. Der leztere bekam inſonderheit Uffen=
heim, veräuſſerte es aber auch im Jahr 1378. an
Burggraf Friedrich zu Nürnberg vmb vier vnd
zweinzig tauſend Gulden vngeriſch und behe=
miſcher Werung, \*) weil er keine Kinder hatte.
Gottfried, der eine Gräfin von Henneberg zur Ge=
mahlin hatte, pflanzte die von ſeinem Vater ange=
fangene Hohenlohe=Speckfeldiſche Linie fort, welche
aber, was den männlichen Stamm betrift, in ſei=
nem Sohn Johann im Jahr 1411. ſchon wieder
erloſch. \*\*) Des leztern Schweſtern, Anna, Gr.
Leonhards v. Caſtell, und Eliſabeth, Schenk Fried=
richs von Limpurg Gemahlin, erbten ſeine Verlaſ=
ſenſchaft, welche aber nur noch in einem Bruchſtücke
jener vorangeführten weitläuftigen Beſizungen der
Hohenlohe=Uffenheim=und Speckfeldiſchen Linie be=
ſtund. Wie die Caſtelliſche Hälfte jener Erbſchaft
zu der Limpurgiſchen erkauft worden, und wie ſich
Limpurg gegen die damaligen Anſprüche der ältern
Hohenlohiſchen noch fortblühenden Linie behauptet
habe, iſt im erſten Theil an ſeinem Ort deutlich
und hinlänglich ausgeführt.

Von dieſer Zeit an iſt die Herrſchaft Speck=
feld beſtändig bey dem Hauſe Limpurg geblieben,
und hat einer beſondern Hauptlinie deſſelben den
Namen

\*) Den Kaufbrief ſ. Uff. Nebenſt. B. I. S. 12.
\*\*) S. das Geſchlechtsregiſter in der Abhandlung über die älteſte
Limpurgiſche Stammreihe.

Namen gegeben, welche sich aber zu verschiednen Zeiten wieder in die Linien Sontheim und Speckfeld abtheilte, wovon man ebenfalls im ersten Theil das eigentliche findet.

Die Final = Abtheilung zwischen den hohen Nachkommen und Allodial = Erben beyder Linien geschah aber erst im Jahr 1772. zu Obersontheim, wobey von der Herrschaft Speckfeld die Hälfte des Fleckens Gollhofen, doch mit Ausschluß des Zolls und der Zollstrafen, zu völliger Gleichstellung der Theile zu dem Antheil Limpurg = Sontheim = Michelbach geschlagen worden.

### §. 6.
#### Heutige Landes = Herrschäften.

Die dermaligen Besitzer der Herrschaft Speckfeld sind bereits im 20. Abschnitt der ersten Abtheilung angegeben.

### §. 7.
#### Anmerkung.

Es ist übrigens, wie man auch nur aus Vergleichung mit jenen Gütern siehet, welche 1330. in Theilung kamen, die heutige Herrschaft Speckfeld nur ein kleiner Ueberrest der ehmaligen Hohenlohe-Uffenheim= und nachher Speckfeldischen Stammgüter, wahrscheinlich Trümmer verschiedner Dynastien, wie auch ihre zerstreute Lage anzuzeigen scheint. Es gehörte so gar ehmals das Dorf Sulzbach, oder die Weilerstadt bey Schmiedelfeld in dem Kochergau dazu, *) welches aller Wahrscheinlichkeit nach

Z 2                          urs-

*) In der angeführten Limp. Deduction wird aber Sulzbach und die Weilerstadt bey Schmiedelfeld am Hopfenbach verwechselt, wovon bey dem Antheil Schmiedelfeld das nöthige gemeldet worden.

ursprünglich keine Zugehörung der so weit entlegnen
Veste Speckfeld, sondern vielmehr, so wie mehrere
Orte in dem obern Theil des Kochergaues ein uraltes Erbstück des ganzen Hohenlohischen Hauses war,
und erst durch Theilung an die Hohenlohe-Uffen-
heim- und zulezt Speckfeldische Linie kam.

## §. 8.
### Zu welchen Gauen im mittlern Zeitalter
### die Speckfeldischen Orte gehörten.

Sonst lag Speckfeld, die Veste mit den zunächst daran liegenden Orten im Pago Iphigowe,
und wie es scheint, auch zum Theil im Pago Rango-
we, wie denn die Hohenlohe-Speckfeldische Linie
auch wirklich einen besondern District unter dem Namen Reyngau im Besiz hatte, (§. 5.) Winterhausen
im Pago Badenegewe, Sommerhausen im Pago Goz-
feld, Gollhofen im Pago Gollahagowe oder Gollachs-
gau. Schon die blose Ansicht der schönen Charte
von den Gauen des östlichen Franziens im zweyten
Theil des Hanselmannischen Werks von der Römer
Macht, kann hier überzeugen, und noch mehr die
Bestimmung der Gränzen jener Gauen im Text.

## §. 9.
### Noch etwas von den Schicksalen des Landes.

Die Waffen der Römer sind hieher nie gedrungen, wie Hanselmann im angeführten Werk gezeigt
hat, daher man auch in dieser Gegend keine Spuren
derselben suchen darf. Dagegen ist gewiß, daß das
Christenthum sehr frühzeitig hier eingeführt worden.
Dann dem h. Burkard wurde schon die Kirche S.
Johannes des Täufers in Gollhofen geschenkt, wie
bey dem leztern Orte genauer wird bemerkt werden,

und

und sie mag wohl nicht erst damals erbaut worden seyn.

An dem bäurischen Aufruhr im 16. Jahrhundert nahmen die Landes-Einwohner, gleich andern,
grosen Antheil.  Peter Goßwein, ein Wirth von
Possenheim, diente dabey andern zum Anführer, und
half das Schloß Speckfeld plündern und verbrennen.
Das lezte widerfuhr auch dem Bruckhof.

Im dreysigjährigen Krieg hat die Herrschaft
durch Einquartierungen und Brandschazen von Freund
und Feind viel erlitten.  Man mußte auch deswegen, weil die Kraften des Landes aufgezehrt waren,
einst in Wirzburg 10,000. Fl. aufnehmen, um die
Schweden zu befriedigen, welche das ganze Bisthum Wirzburg inne hatten.

Zur evangelischen Lehre bekannten sich die Lan-
deseinwohner frühzeitig, welches um so weniger zu
bewundern, da selbst in dem benachbarten Wirzburgischen die Reformation so viel Beyfall fand, und
auf der andern Seite die Brandenburgischen Unterthanen sie leicht mit der Liebe zur Reformations-Lehre
anstecken konnten, wenn auch ihre Regenten derselben nicht so geneigt gewesen wären, wovon man
mehr im 1. Theil nachsehen kann.  Seit dieser Zeit
ist die evangelisch-lutherische Lehre im Land ununterbrochen fortgepflanzt worden, wenn man nur die kurze
Zeit von 1628. bis 1631. ausnimmt, in welcher
den Katholiken die Kirchen zu Markt-Einersheim,
Possenheim und Helmizheim eingeräumt werden
mußten, und die evangelischen Gemeinden dieser Orte
sich zum Gottesdienst in der Schloßkirche zu Speckfeld zu halten genöthiget waren, welches aber durch
die Ankunft des Schwedischen Königs, im leztange-

zeig-

zeigten Jahr wieder aufgehoben wurde. Andre Religions = Verwandte sind nirgends im Land ansäßig; aber wohl benüzen die Protestanten in Wirzburg die Nähe der Orte Sommerhausen und Winterhausen, und die Bequemlichkeit, auf dem Mayn hieher zu kommen, um da zu beichten und zu communiciren.

### §. 10.

##### Vom Titel und Wappen der ehemaligen Herren von Speckfeld, Hohenlohischen Stammes.

Der Titel der ehemaligen Besizer dieser Herrschaft aus dem Hohenloh = Uffenheimischen Geschlechte, war gewöhnlich Dominus de Hohenlohe, oder Nobilis de Hohenloch, welches in alten Zeiten ein hohes Prädicat war. Der lezte des Hohenlohe = Speckfeldischen Astes wird in deutschen Urkunden genennt: Der Edel Johann, Herr zu Hohenlohe. Ihr Wappen enthielt entweder die zwey Hohenlohischen Leoparden, mit einem Pfauen=Schwanz auf dem Helm, oder nur einen einzelnen grosen Löwen, oder auch die Leoparden, mit einem seine Flügel schwingenden Adler auf dem Helm. *) Es wurde folglich von wegen der Veste und Herrschaft Speckfeld insonderheit, weder ein besondrer Titel noch ein besondres Wappen geführt. Daher auch nachher das Haus Limpurg, welches dem von Hohenlohe im Besiz von Speckfeld nachfolgte, um desselben willen, auch weder in seinem Titel noch in seinem Wappen etwas veränderte oder beysezte.

§. 11.

---

*) Die beyden ersten sind in Sigeln vorhanden. Uff. Nebenst. B. 2. S. 640. und 643. das dritte in unsrer Kupfertafel IV. 2. zu sehen, wie es ein altes steinernes Monument im Ritterstift Komburg, in der äussern Schenken-Kapelle darstellt.

## §. 11.

**Weltliche und geistliche Verfaſſung des Landes.**

Die Landes = Herrſchaften ſind gewöhnlich im
Land nicht anweſend. In Sommerhauſen befindet
ſich aber eine Regierungs-Kanzley, unter welcher die
Beamten der drey Aemter Sommerhauſen, Markt=
Einersheim und Gollhofen ſtehen. Ebendaſelbſt iſt
auch ein beſondrer Amtsſchuldheiß und Rathſchrei=
ber, der erſtere als Staabhalter, und der andre als
Actuarius bey dem Gericht. Rathhäuſer ſind in
allen Orten zu finden, und die alte gerichtliche Ver=
faſſung, wie überall in Franken. Zu Helmizheim
iſt die Limpurgiſche Cent, welche ſich auch über andre
Orte auſſer der Herrſchaft erſtrecket, und von ei=
nem Rath als Centgrafen, der gewöhnlich zu Markt=
Einersheim wohnt, verwaltet wird. An dem leztern
Orte wohnt auch der Forſtmeiſter, der die herrſchaft=
lichen Waldungen unter ſeiner Aufſicht hat.

Das Konſiſtorium wird durch den präſidiren=
den Hof = und Regierungsrath, und den Oberpfarrer,
welche Stelle bald mit der Pfarrey Sommerhauſen,
bald mit der von Winterhauſen verknüpft iſt, for=
mirt, wo alle geiſtliche Sachen ihre lezte Entſcheidung
finden. Pfarreyen ſind 1. in Sommerhauſen, 2.
Winterhauſen, in welchen beyden Orten die Gemein=
den das Jus denominandi behaupten, 3. in Lindel=
bach, 4. Markt=Einersheim, 5. Helmizheim, 6. Poſ=
ſenheim, 7. Gollhofen. Die Speckfelder Kirchen=
ordnung von 1666. wird noch beobachtet. Die
Heiligen=Pflegen werden Gotteshauß=Pflegen genen=
net, ihnen ſtehen Gotteshauß = Pfleger vor, welche
Gotteshauß = Rechnungen führen.

Es folgen die Beschreibungen der drey
besondern Aemter.

### 1. Kellerey-Amt Sommer-und Winterhausen.

§. Sommerhausen, ein schöner bemauerter und ge-
schlossener, stadtähnlicher Marktflecken am Mayn,
und zwar an dessen rechtem Ufer, oder an der Som-
merseite, woher ohne Zweifel der Name kommt,
oberhalb der bischöflichen Stadt Wirzburg. Die
Einwohner haben ihre gute Nahrung, theils
von dem starken und vortreflichen Wein- und
Obstbau, theils von dem stark befahrnen Mayn-
fluß, welcher zum Handel alle Bequemlichkeit
verschaft. Auch gehet die Ochsenfurter Post-
straße durch den Ort. Es ist ein altes Schloß
hier, welches gewöhnlich die Kellerey genennt
wird, und ordentlich von keiner Landesherrschaft
bewohnt wird, ausserordentlicher Weise aber,
wenn solche dahin kommen, denselben zur Wohnung dient. Graf und Schenk Georg Eberhard von Limpurg, der Stammvater des neuern
Hauses Limpurg-Speckfeld ist den 15. April
1705. hier gestorben, und auch in der hiesigen
Kirche begraben. Die Regierungs = Kanzley
und das Konsistorium der ganzen Herrschaft,
ein dem hiesigen Amt vorgesezter Rath und
Amtmann, ein Amtsschuldheiß und Rathschreiber, ein Pfarrer, und zuweilen, wie schon
bemerkt worden, auch der Oberpfarrer haben
hier ihren Siz. Zu den öffentlichen Gebäuden gehören auch ein schönes Rathhauß und
ein Waisenhauß. Es sind hier Jahr- und
Wochenmärkte. Die Geschichte der hiesigen
Pfarrkirche ist von Oberpfarrer Eber im Jahr
1740. aus Gelegenheit der Einweihung eines
neuen

neuen Kirchenbaues besonders beschrieben worden.

2. **Winterhausen**, ein ansehnlicher auch geschloßner Marktflecken, dem vorigen gegenüber, auch am Mayn, auf dem mittäglichen Ufer oder der Winterseite desselben. Der Pfarrer ist zuweilen zugleich Oberpfarrer. Es ist hier auch ein Amtsschuldheiß und Rathschreiber, wie in Sommerhausen. Die Einwohnerschaft hat gute Nahrung.

Das Kloster Heilsbronn hatte in Sommer- und Winterhausen einige Zins- und Gültwein-Gerechtsame, die mit einer Kapelle zu Sommerhausen 1533. käuflich an Limpurg kamen. Ein Philipp Wolfskeel zu Rothenbauer verkaufte 1550. und eine Maria von Rheinstein 1565. auch dergleichen Zinße an die Landesherrschaft.

3. **Lindelbach**, ein Flecken mit einer Pfarrkirche. Diese 3. Flecken, nebst Gollhofen, wurden im Jahr 1483. dem Hochstift Wirzburg kunkellehnbar gemacht. Die Ursache ist an seinem Ort, im ersten Theil, erzählt worden.

Not. Das Dorf Westheim ist nach Absterben des limpurgischen Mannsstammes, als Wirzburgisches Lehen von dem Lehensherrn eingezogen worden.

2. **Amt Markt-Einersheim, ehmals das Speckfelder Amt genannt.**

1. Das Bergschloß Speckfeld, von welchem die ganze Herrschaft, und lange Zeit auch das

3 5       **Amt**

Amt dem Namen trug, war zur Hälfte
bischöflich Wirzburgisches, und zur Hälfte bischöflich Bambergisches Lehen. Jener Theil trug
den besondern Namen Frankenland, dieser den
Namen Staigerwald. Beyde sind von den
Lehenherren nach Abgang des Limpurgischen
Mannsstammes, nebst den Zugehörungen, die
ebenfalls lehenbar waren, eingezogen worden,
und das Schloß darauf zerfallen. Es diente
der Hohenlohe-Speckfeldischen Linie geraume
Zeit zum Aufenthalt. In der Schloßkirche
wurde 1673. den 1. Sept. die Stammmutter
des neuern Hauses Limpurg-Sontheim mit
Graf Vollrath getraut.

2. **Markt-Einersheim,** oder **Mark-Einersheim,**
ein Marktflecken, in einer schönen, ebenen, frucht-
reichen Gegend, wovon jezt das Amt den Namen trägt. Die hiesige Pfarrkirche enthält
einige Grabstätten von Personen aus dem Limpurgischen Schenken-Hauß. Sonst ist hier
ein herrschaftliches Schloß, und ein dem Amt
vorgesezter Rath und Amtmann, der Forstmeister der Forsten Neundorf, und der Centgraf
über die Limpurgische Cent haben hier ihren
Siz. Durch den Ort gehet die Frankfurter
Land- und Zollstrase, welche chaussirt ist, daher hier ein groser und kleiner Zoll entrichtet
werden muß.

3. **Possenheim,** ein Flecken mit einer Pfarrkirche
und einer Post. Eine Margareth von Wil-
mersdorf verkaufte hier im Jahr 1498. vier
Güter an Limpurg.

4. Helmiz-

4. Helmizheim, ein Flecken mit einer Pfarrkirche, auf welchem eigentlich die vorangeführte Cent haftet. Von einem Seyfried von Cölln erkaufte Limpurg hier 1438. acht eigenthümliche Güter. Dieser Ort ist auch in der Literär-Geschichte merkwürdig, weil der berühmte Lehrer unter den Unitariern, Johannes Crellius, von welchem viele Schriften in der Bibliotheca fratrum Polonorum stehen, hier, wo sein Vater Prediger war, 1590. den 26. Jul. gebohren ist. Seine Stammsverwandte haben sich bis auf die neuere Zeit hier erhalten, sollen aber ihre Geschlechtsnamen in Kreller verwandelt haben.

5. Neundorf, ein Dorf, welches im Jahr 1471. von Schenk Wilhelm umb Petern von Tünnfeldt, nebst Zehenden und Schäferey, mit allen Rechten, als frey ledigs unbekümmertes Eigen erkauft worden.

6. Der alte Speckfelder Hof, der nach der oft angeführten Limp. Deduction nicht unter den Hohenlohischen Erbstücken sich befunden, sondern nachher erworben, doch aber von Wirzburg als Lehen eingezogen worden.

7. Der Enzlar-Hof, welcher 1419. Schenk Konrad, Herrn zu Limpurg, von Hanß Bühle von Helmizheim und Catharina, seiner ehlichen Würthin, vermacht, und vor dem Landgericht zu Wirzburg aufgegeben worden, als ein freyes Gut.

8. Der Bruckhof, von Hohenlohe ererbt, dessen Gebäude aber im Baurenkrieg von den Aufrührern Plünderung und Brand erfahren mußten.

Note.

Note. Oberlaimbach gehörte ehmals auch
zu diesem Amt. S. unten bey Welzheim.

### 3. Das Oberschuldheisen-Amt Gollhofen,

welches sonst auch zum Speckfelder Amt gerechnet wurde, bestehet eigentlich in dem Flecken
Gollhofen, in alten Urkunden Gollahova,
am kleinen Gollachfluß, wovon der Ort und der
ganze Gau den Namen hat, nicht weit von
der Brandenburgischen Oberamtsstadt Uffenheim gelegen, in einer an Getraide ungemein
fruchtbaren Gegend, nemlich in dem vortreflichen Uffenheimer und Ochsenfurter Frucht-Gäu.
Es ist hier ein Pfarrer und Oberschuldheiß,
und eine eigene bürgerliche Verfassung. Oeffentliche Gebäude sind ausser der Pfarrkirche,
ein Pfarr- und Schulhauß, ein Amthauß, ein
Rathhauß, auch ein alte Kapelle, welche aber
nicht gebraucht wird. Die Landstraße von
Uffenheim nach Ochsenfurt, welche chaussirt ist,
gehet durch den Flecken, daher hier auch eine
Zollstatt ist, wozu 2. Beyzölle Gollachostheim
und Lipprichhausen gehören.

Der Ort kommt schon zur Zeit des h. Burkards urkundlich vor, und hatte schon damals
eine dem h. Johannes, dem Täufer, gewidme-
te Kirche, welche von Karolomann der Wirzburgischen Diöces mit andern unterworfen wurde, — in pago Gollacgeue Ecclesia S.
Johannis Bapt. in villa Gollahova. Wibels
Hohenl. Kirchenhist. Th. 1. S. 149. und
Eckhart de reb. Franc. Or. T. I. p. 391.
Eine andre merkwürdige Urkunde, Gollhofen
betreffend, liefert der sel. Herr Wibel l. c.
Th. 2.

Th. 2. S. 28. Aus derselben ersiehet man,
daß das Stift zu Oehringen gewiße Zinsleute
zu Gollhofen hatte, die ihm von seiner Stifterin,
der Königin Adelheit übergeben worden. Sie
waren von allen Diensten befreyt, mußten aber
jährlich 3. Denarios oder den Werth derselben
in Wachs zum Altar des h. Peters zahlen.
Starb eine Mannsperson von ihnen, so mußte
das beste Stück Zugvieh aus seiner Verlassenschaft oder 5. Solidi, starb aber eine Weibsperson, derselben bestes Kleid, welches sie selbst
gewoben hatte, (contexuit,) den Brüdern zum
gemeinen Nuzen abgereicht werden. Starb
jemand ohne Erben, so fiel sein ganzes Vermögen den Brüdern im Stift zu. Die Urkunde ist vom Jahr 1157. Zeugen waren mehrere Grose, und gegenwärtig unter andern Fridericus dux (von Schwaben) adhuc inermis.
Man wird also schwerlich mit Zuverläßigkeit
einen ältern Besitzer von Gollhofen außer dem
Hauß Hohenlohe angeben können, so wie auch
die oben (§. 5.) angeführte Theilungsacte beweißt, daß der Ort im Jahr 1330. in dessen
Händen war, und bekannt ist, daß er von demselben nach dem Tode Johanns von Hohenlohe
an das Hauß Limpurg gediehen. Es haben
aber auch verschiedne edle Familien, als: Ussenk-
heim, Seckendorf, Stetten, Ehenheim, Sau-
ersheim, Biberehrn, Auerbach, ohne Zweifel
Vasallen der Landesherrschaft, Güter daselbst
gehabt, laut vieler Urkunden, welche aber dieselbe nach und nach an sich gekauft hat.

Vor der Reformation war der Pfarrer des
Orts manchmal auch Dechant, wie denn Mag.
Niclaus

Niclaus Rücker, Dechant und Pfarrer zu Gollhofen noch 1533. als Procurator der Brüderschaft der Becker in Uffenheim vorkommt. Uff.
Nebenst. B. 2. S. 73. Damals waren auch
die heut zu Tag Brandenburgischen Pfarren
Senheim und Custenlohr noch filiæ von der
Pfarr Gollhofen, sie wurden aber durch Mark-
graf Georg davon getrennt, und mit eignen
evangelischen Geistlichen versorgt. Uff. Nebenst.
B. 2. S. 610. 629. Im dreißigjährigen Kriege mußte der Ort viel leiden, brannte auch
mehrmal in demselben gänzlich ab. Seit 1772.
gehört die Hälfte desselben, zum Antheil Limpurg-Sontheim-Michelbach, in der oben be-
schriebnen Grafschaft Limpurg. Nach dem
Theilungsplan waren damals in Gollhofen
überhaupt 107. steuerbare Unterthanen, und
103. Unterthanen-Häuser.

### Note.

Nach dem Absterben des Limpurgischen Mannsstammes wurde die Herrschaft Speckfeld durch
Einziehung mancher Lehenstücke, so wie nachher durch Ueberlassung mancher andrer eigenthümlichen Zugehörden an Brandenburg
sehr geschwächt, wovon in der Beschreibung
der ehemaligen Besitzungen der Schenken
von Limpurg, an seinem Ort, genauere
Nachricht vorkommt.

X. Ehe-

# X.

## Ehemalige
## Befizungen des Haufes Limpurg.

### Schenkenberg, ein Castrum, und die Orte Waldmannshofen, Rietheim, Wolfigshausen, Biberere.

Diese sämtliche Orte trat Schenk Walther im Jahr 1237. an Gottfried von Hohenlohe ab, zum Ersaz für zugefügten Schaden in einer Fehde, welcher auf tausend Mark Silbers und hundert Pfund Würzburger Münz geschäzet wurde. Sie waren theils Eigenthum, theils Wirzburgische und Bambergische Lehen, wie im Cessions-Brief bemerkt ist. Die leztern Orte liegen an der Tauber oder nicht weit davon, und die Veste Schenkenberg mag auch nicht weit davon entfernt gewesen seyn. Zu gleicher Zeit mußte Ludwig von Schipf seine Veste Schipf aus ebenderselben Ursache, in gleichem Werth an Hohenlohe überlassen. Hanselmanns Diplom. Bew. 2. Th. S. 399.

### Num. 2.

### Hall.

Was Schenk Walther an die Bürger zu Hall für Ansprüche gemacht, ist bereits an seinem Ort vorgekommen. Durch den Vertrag, welchen K. Rudolph I. im Jahr 1280. zwischen ihnen gemacht, wurde die Fehde aufgehoben, und beyde Theile zulezt an den kaiserlichen Landrichter Gottfried von Hohenlohe gewiesen. Es erhuben sich aber nachher gar oft neue Irrungen und gegenseitige Befehdungen, bis im Jahr 1541. das Schloß Limpurg und anderes der Stadt verkauft wurde.

## Num. 3.
## Schloß Limpurg und anderes.

Das Schloß Limpurg, das nun bis auf weni=
ge Mauren abgetragen ist, hatte eine für einen
Dynasten alter Zeit unvergleichliche Lage. Auf seiner
rechten westlichen Seite, in sehr geringer Entfernung
davon, senkte sich Hall, dieser alte Siz so vieler
Edel=Bürger den Hügel hinab, zur Linken hatte es
das ehmalige gräfliche Schloß, nachmalige Kloster
und Ritterstift Komburg, vor sich gegen Mittag eine
gähe Höhe bis zum Kocher hinab, gegen Mitter=
nacht eine geräumige Ebene. Seine natürliche Lage
machte es fest, und zur Beherrschung der umliegen=
den Gegend geschickt, so daß man auch mit Stü=
cken in die Stadt spielen konnte. Die Aussicht
mußte vortreflich seyn und sehr mannichfaltig. Die
Gelegenheit zum Fischen war nahe, und der Aus=
ritt zur Jagd gemächlich, welches nicht der kleinste
Reiz für Herren seyn mußte, die ihre Zeit, wenn
der Panzer abgeschnallt war, nicht blos mit Zechen
ausfüllen wollten. Doch auch die Vergnügungen
der Gesellschaft konnte man genießen, ohne seine
Ahnen zu entweihen, indem sich nicht nur in dem
zur Burg gehörigen Flecken Unter=Limpurg eine
gute Anzahl rittermäßiger Leute aufhielt, sondern auch
die so genannte Adelstadt so nahe war. Für eine
alte Veste lag das Schloß auch recht gut, an 3.
Seiten durch einen hohen und steilen, natürlichen
Erdwall geschüzt. Nach Mitternacht hin hing es
durch eine Art von Erdzunge mit einer geräumigen
Ebene zusammen, hatte dahinaus mehr als einen
Abschnitt, einen tief in Felsen gehauenen Graben,
und gewölbte Gänge, deren Ueberbleibsel die Zeit
noch nicht ganz vertilgt hat.

Daß

Daß es sehr alt gewesen seyn müsse, beweißt unter anderm der Umstand, daß es auch zum Theil aus dem Grund seiner Baufälligkeit verkauft worden, und zwanzig Jahre nach dem Verkauf die Mauer gegen die Ebne von der Stadt Hall neu aus dem Grund erbauet wurde, weil sie den Einsturz drohete. Im Schloßhof befand sich ein Brunn, zwey und siebenzig Klafter oder 432. Schuhe tief, dem unten am Schloßberg vorbeyfliesenden Kocher gleich, wie man sagte. *) Es konnte also im Fall einer Belagerung das Wasser nicht abgeschnitten werden. Von einem solchen Werk kann man ziemlich sicher auf einen stattlichen Urheber schliesen. Denn die Tiefe desselben betrug nicht viel weniger, als die Höhe des Straßburger Thurns.

Es gehörten zum Schloß auch die Flecken Unter-Limpurg und Langenfeld. Der leztere war in der Gegend des heutigen Langenfelder Thors hart an die Stadt angebaut, wurde aber in einer Fehde im lezten Viertel des vierzehnden Jahrhunderts niedergebrannt. Unter-Limpurg macht heutiges Tags eine Vorstadt der Stadt Hall aus, gerade unterm Schloß, längst dem Kocherfluß bis an das Stadt-Thor. Dieser Ort hatte während des Schenkischen Besizes eine Frauen-Clause, eine Kapelle, daraus im fünfzehnten Jahrhundert eine Pfarrkirche gemacht wurde, nächst daran ein Spital, von S. Wilhelm, einem Domherrn zu Cölln, Bamberg und Wirzburg († 1475.) gestiftet, wovon bey Obersontheim etwas ausführlicheres gemeldet worden, und mehrere kleinere Burgen oder nach alter Art befestigte Häuser, deren eines Bretenfels hieß, und zum Limpurgischen Zollhauß

Aa 2      ge-

*) Freylich noch lang kein Königsteiner Ziehbrunn, und nicht ganz ein Viertel so tief, doch wohl immer merkwürdig.

gebraucht wurde, andere aber von edlen Vasallen der
Schenken bewohnt waren, als von denen von Schwa-
benburg, von den Unmusen, denen von Hohenhart,
den Kecken, Rinderbach, Münzmeistern, Spiesen,
Sensten, und vielen andern.

Eine fatale Periode wars für Limpurg und
insonderheit für den Ort Unter-Limpurg, vom Jahr
1431. bis gegen die Mitte des folgenden Jahrhunderts. Denn in dem langen Zeitraum von 112.
Jahren war das Thor, das von der Stadt nach
Unter-Limpurg führet, zugemauert. Wer die Lage
weiß, kann sich leicht vorstellen, wie sehr dieß den
Ort herunterbringen mußte. Dieß und mehr anders
hat die Veräusserung des Schlosses Limpurg und
der nächstgelegnen Zugehörde zur Folge gehabt.
Schenk Erasmus ließ endlich diesen Hauptstein aus
der Reihe der Limpurgischen Familien-Kleinode fallen, der von keinem sonderlichen Nuzen mehr für
ihn war, und von der Stadt Hall nach damaligen
Umständen theuer erkauft wurde. Der Kaufbrief
ist gegeben uff Mitwoch nach Petri Cathedra 1541.
Der Kaufschilling war nach demselben fünf vnd
vierzig Tausend vnd Siebenhundert Gulden Rei-
nischer Gemeiner Landtswehrung In Münz. *)

Verkäufer überließ der Stadt „ von seines
„ bessern Nutz vnd frommen wegen, mehrern
„ seinen schaden damit zuvorkommen, "

1. das ganze Hauß und Schloß Limpurg mit seinem ganzen Umfang, zwo Scheuren vor dem
   Schloß,

---

*) Das Schloß um 42,000. Fl. 3,000. Fl. für die Oefnung, die
den übrigen Schenken zugehörte, das andre Weinkauf der Frauen.
Haller Chronik. 9000. Fl. mußten gleich erlegt werden. Nachher soll doch Schenk Erasmus die Veräusserung bereut haben.

Schloß, einige Baumgárten, den Thiergarten und Ziegelhütten, den Schenken-See nebst
Fischgruben, 112. Morgen Ackerbau, frey eigen, bey 46. Tagwerk Wiesen, die Weinberge, und das kleine Waidwerk in einem gewissen Bezirk,

2. den Flecken Unter-Limpurg, die Burg genannt,
samt desselben Herrlichkeit, Gerechtigkeit, Zu-
und Eingehörungen ꝛc. 41. Bürger-und Unterthanen-Häuser, deren Besizer benennt werden, mit zugehörigen Gárten und vielen andern Gütern, die zum Theil von Hallischen
Bürgern besessen wurden, „welche berürte
Güetter vnd Gülten frey aigen sein,“ das
Umgeld der Burg, die Hálfte der Kelter, (die
andre Hálfte war Limpurg-Gaildorfisch,) den
Spital mit aller Zugehörung, die Mahl-und
Ság-Mühle, samt zugehörigen Gütern und
Zoll, zwo eigne Behausungen, die Hofstatt
uff der Schitte mit zugehörenden Gárten und
andern Rechten und Gerechtigkeiten, den Holz-
zoll uff dem Wasser, der Kochen genannt,
zum halben Theil, (der andre halbe Theil
gehörte nach Gaildorf,) ein Stück Fischwasser
im Kocherfluß von Steinbach bis an der Schle-
ßen Wasser,

3. Neun und neunzig Morgen, ein halb Viertel
Bau-und Brennholz an verschiednen Orten,
samt der Forstgerechtigkeit zu Frankenberg,

4. das Pfarrlehen unsrer lieben Frauen Pfarr-Kir-
chen, unter Limpurg, samt derselben, auch Sanct
Margarethen Kirchen zu Sulzdorf Ein-und
Zugehörungen, laut Verzeichnisses, für frey
ledig recht ꝛc.

5. Die

5. Die hohe Malefiz-Obrigkeit zu oft gemeldter Burg, deren Bezirk beschrieben wird,

6. den halben Theil an den Zöllen und Glaiten zu Hall und Geißlingen, innerhalb bemerkter Gränzen, „doch diß alles den obgedachten Unsern freundl. lieben Vettern, Ihren Erben vnd Nachkhommen, an Ihrem halbtheil in allweg ohne Nachtheil, "

7. den hohen Wildbann im Dendelbach, dessen Bezirk beschrieben wird; „welche jetzt gemelte drey stückh, nemblich die hohe Malefiz-Obrigkeit zu Vnder Limpurg, die Glaid vnd Zoll zu Hall und Geißlingen, vnd der Wildpann Im Dendelbach von Kayserlicher Mayst. vnd dem Hey. Röm. Reich zu Lehen rühren vnd gehen. „

8. Bernhard und Ludwig von Rinderbach, Philipps Keck und Herr Caspar Faber, (vnser Diener) sollen, so lang sie leben, aller bürgerlichen Beschwerden und Diensten frey auf ihren Behausungen und Gütern in Unter-Limpurg seyn.

9. Mitgesigelt haben auch Carol, Wilhelm und Johannes, alle drey Herrn zu Limpurg ꝛc. als Mitverkäuffer und Bewilliger, wie auch Erasmus der jüngere, und Philipps, auch Herrn zu Limpurg, und Thumb-Herrn der hohen Stift Bamberg, Straßburg und Würzburg.

Zwey Jahre nach diesem Kauf wurde das vermauerte Thor wieder geöfnet; das Schloß Limpurg aber, ob man es schon im Anfang zu erhalten suchte, und im Jahr 1561. noch neue Mauren daran aufführte, endlich bis auf einige Ueberreste abgetragen.

Num. 4.

Num. 4.

Komburg.

Diesem ehemaligen Benedictiner-Kloster, heutigen Ritterstift, von dessen Stiftung und Schicksalen oben schon manches vorgekommen, haben sich die Schenken auf vielerley Weise wohlthätig erwiesen, sie hatten ihr Erbbegräbnis in demselben, und waren lange Zeit dessen Schuz- und Schirm-Vögte. Hier ist der Ort, wo davon noch mehr gesprochen werden kann.

Das Kloster wurde im Jahr 1088. eingeweiht. Nach Graf Burkard von Rotenburg trugen auch seine Brüder Rüger und Heinrich das ihrige redlich zur Begabung des Klosters bey, wie auch ein gewisser Wignand nebst seiner Gemahlin Adelheid, welche beyde von Maynz hieher zogen, ihr Vermögen aufopferten, zum theils das Kloster noch ansehnlicher zu machen, theils gegen über auf einem niedrigern Berg ein andres für Klosterfrauen, Klein-Komburg genannt, (welches heutiges Tags die Kapuziner-Väter inne haben,) anzulegen, und darauf der eine in Groß- die andre in Klein-Komburg sich dem Klosterleben selbst widmeten. a) Erstlich alles, was man ausser sich hat, und hernach sich selbst Gott zum immerwährenden Dienst im Kloster-Leben zu weihen, war nach damaligen Ideen Heroismus, vom ersten Rang. Daher sind auch ihre Namen sorgfältig aufbehalten worden. Dieser Stifter Gebeine ruhen in der Kirche zu Komburg unter einem grosen vergoldeten

Aa 4 Kron-

a) Quellen sind hier das reichhaltige Komburgische Registratur-Buch, Chronicon Rotenburgense mutum, Widemanns geschriebne Chronick, Crusius Annal. Menke Scriptor. rer. germ. und besonders Georgii Uff. Nebenst. 1. Band.

Kronleuchter, der gleichsam ein schwacher Abglanz ihrer stralenden Glorie ist.

Die Güter der drey Gebrüder Grafen von Rotenburg in dieser Gegend waren also die erste Grundlage zu dem Vermögen des h. Nikolaus in Komburg, welches nachher durch viele andre Opfer pro remedio animarum reichlich vermehrt wurde.

Es verdient indessen angemerkt zu werden, daß unter den Gräflich=Rotenburgischen Gütern, die an dieß Kloster gegeben wurden, in den ältsten Urkunden manche genennet werden, die heutiges Tags noch limpurgisch sind, oder es doch ehmals waren, welches durch Verwechselung geschehen seyn muß. So findet man schon im 11. Jahrhundert Fischach (Vischa und Vischaha, ist wohl das heutige Ober=Fischach,) Sulzdorf (Sulldorff und Sullzdorff,) Winzenweiler (Wittenuuillare und Winitzenvvilare,) Markertshofen (Marcúuarteshoven,) Geisertshofen (Giselbrechtshouen,) Gebenweiler (Gebenesvvilare,) und im Jahr 1095. wurden die Zehenden des h. Kilians zu Michelbach und Brezingen dem Kloster eingewechselt. b) Man siehet hieraus beyläufig abermal, daß die Gegend keineswegs im dreyzehenten Jahrhundert noch zu den ungebauten gehörte. c) Nicht zu gedenken, daß sie mit Schlössern und edlen Familien gleichsam besäet war, welche von den Höch heutiges Tags stehenden Orten Namen führten.

Schuz= und Schirmvögte hat das Kloster gar viele und mancherley gehabt, und es wird wohl

---

b) Georgii Uff. Nebenst. I. B. S. 1139. 1148. 1143. Winzenweiler hat auch Wibel beym Jahr 1098. 3. Th. Cod. p. 34.

c) Wie Herr v. Ludewig muthmasen wollte. l. c.

wohl der Mühe werth seyn, sie von den ältesten Zeiten her kürzlich anzuführen.

Die ersten waren Graf Rüger und Graf Heinrich von Rotenburg, beyde Brüder des Hauptstifters Burkard. Diese kommen nach einander namentlich als Advocati des Klosters vor. d) Daß aber alle drey Brüder die Schirmvogtey abwechslungsweise versehen haben, und Burkard auch, seines Mönchsstands ohnerachtet, Schirmvogt gewesen, e) dieß ist nicht nur unerweißlich, sondern als Klosterbruder war Burkard der Verwaltung dieser Würde nicht einmal fähig. Eben deswegen weil die Mönche der Welt abgestorben waren, und eigentlich auch keine Waffen führen, noch mit weltlichen Regierungs- und Gerichts-Händeln sich abgeben sollten, bedurften sie eines ansehnlichen Schirmvogts aus dem Grafen- oder Herrn-Stand, der sie im Nothfall mit aller seiner Macht hinlänglich beschüzen, sie in auswärtigen Gerichten vertretten, ihre Vasallen und Unterthanen unter dem Panier der Kirche anführen, und in ihrem Gebiet selbst Recht und Gerechtigkeit handhaben könnte. Dieß konnte Burkard nicht mehr thun, da er gleich nach Vollendung seines Klosters die Welt selbst verlassen hatte, und als gemeiner Bruder in seinem Kloster lebte. f)

Aa 5        Eben

---

d) Rüger noch im Jahr 1096. Heinrich 1108. Mencke l. c. T. III. p. 286. n. p. 393. Uffenb. Nebenst. 1. B. S. 1149.

e) Und mögen diese drey Brüder allem Ansehen nach mit der Advocatia umgewechselt, oder einer nach dem andern solche gehabt haben. Georgii. l. c.

f) In der Stiftungsurkunde oder der Maynzer Bestättigung derselben heißt er daher, in so fern von ihm als Stifter die Rede ist, Dominus Burckardus, zulezt aber nur frater Burckardus. Mencke l. c. p. 490. Uff. Nebenst. 1. B. S. 1132.

Eben so wenig darf man den erſten Abt Hem=
mo zu einem Mitſchuzvogt machen, theils aus erſt
angeführtem Grunde, theils weil die Urkunde, woraus
es erſichtlich ſeyn ſoll, in der hieher gehörigen Stelle
nichts mehr und nichts minder ſagt, als : zur Zeit,
da Hemmo Abt und Rugger deſſelben Orts Schirm=
vogt war. g)

Gern wählten die Kloſter= Stifter Anverwand=
te zu Schirmvögten, wenn ſie nur ſonſt unverdäch=
tig waren. Daher ſiehet man hier auch die zween
Brüder Burkards, ſeine und ihre Stiftung beſchü=
zen, wie ihnen dieſes Vorrecht auch ohne Zweifel
zugeſagt wurde, als ſie ihre Einwilligung zum Klo=
ſterbau und zur Veräuſſerung ihrer Stammgüter
an eine todte Hand gaben. Aber ſie mußten es
ſich doch gefallen laſſen, daß man in die Stiftungs=
Urkunde eine Stelle einrückte, die ihr Recht zu be=
ſchränken ſchien. „ Was die Erwählung eines
„ Schirmvogts betrift, iſt feſtgeſezt worden, daß der
„ Abt mit Rath ſeiner Brüder, zu Beſchüzung der
„ Kloſter= Freyheit und Gerechtigkeit, einen ſolchen,
„ der nicht auf den irrdiſchen Vortheil, ſondern den
„ ewigen Lohn ſieht, wenn er einen ſo tauglichen
„ finden kann, ohne jemands Einſpruch wählen,
„ und ihn die hohe Obrigkeit nicht erblich vom König
„ zu Lehen nehmen laſſen ſoll. „ h) Dieß war
wohl

---

g) Hemmone Abbate, Ruggero ejusdem loci advocato. Traditio
Alberti de Bielrieth. l. c. Vergl. Collands Verſuch einer Bay=
penerklärung von Hall und Komburg. S. 36.

h) De advocati quoque' electione hoc ſtatutum eſſe notandum
eſt, ut quemcunque Abbas loci illius cum conſilio fratrum
ſuorum, ad defendendam Monaſterii libertatem et juſtitiam
utilem invenire posſit, qui non pro terreno commodo, ſed pro
æterna' mercede hoc patrocinium ſuſcipere velit, hunc absque alicujus contradictione eligat, et bannum legitimum non
jure hereditario eum a rege ſuſcipere efficiat. Mencke und
Georgii l. c.

wohl gut gemeint für das Kloster, indessen hätten
wohl Auslegungen Statt gefunden, wenn man den
Grafen von Rotenburg hätte die Vogtey entfremden
wollen. Graf Heinrich, als der letzte seines Stamms
starb aber bald nach dem Jahr 1108. in welchem er
sein Kloster Klein-Komburg oder zu St. Aegidii
vollendet hatte.

Seine Güter fielen dem Kaiser Heinrich IV.
heim, welcher sie seinem Tochtermann Friedrich von
Staufen, der schon Herzog im Schwaben war, mit
dem Titel eines Herzogs in Franken schenkte. Von
diesem kamen sie an seinen Sohn Konrad, der unter
dem Namen des Dritten hernach Kaiser worden,
und sie wieder seinem jüngsten Sohn Friedrich hin-
terlies. Dieser Friedrich kommt namentlich als Advocatus des Klosters Komburg unterm Jahr 1156.
vor, da durch seine milden Hände der Platz der alten
Burg Hall zu einer Kirche gewidmet, und derselben
die vormalige Zugehörde der Burg übergeben wird. i)
Es blieb also wahrscheinlich seit dem Abgang der alten Rotenburgischen Grafen die Komburgische Schirmvogtey bey den nachherigen Besizern der Rotenburgischen Stammgüter, aus dem Schwäbischen Herzogs-
und Kaiserhauß. Von Herzog Friedrichen, dem so
genannten reichen Herzog von Rotenburg, ists, wie
schon gedacht, gewiß, von seinen Vorfahren sehr
wahrscheinlich, nicht nur weil sie überhaupt Erben
der Grafen von Rotenburg, und also auch zu dem
erledigten Kloster-Schuz waren, sondern weil es auch
wohl

i) Die Sache ist an ihrem Ort oben schon weitläuftig genug angeführt worden. Man merke noch den nicht unwichtigen Umstand, daß Herzog Friedrich im Jahr 1157. noch nicht wehrhaft
gemacht war, wie deutlich in einer Urkunde stehet, beym Wibel.
2. Th. Cod. p. 29.

wohl die Mönche nicht thunlich fanden, denselben
einem andern aufzutragen, indem diese Schwäbische
Herzoge sehr mächtig, vorhin schon nahe Angränzer,
die nächsten Verwandten der Fränkischen Kaiser und
geltende Prätendenten der Kaiser Krone selbst waren.
Ueberdieß sagt K. Konrad III. in einem Präcepto,
daß er den Komitat Kochengeu, (woduch er eine
dem Kloster ganz nahe liegende Gegend verstehen muß=
te, weil er befiehlt, daß darinnen das Kloster von
keinem benachbarten Grafen auffer dem rechtmäßigen
Advokaten mit Gerichten, Frohnen und Schazungen
beschwert werden solle,) vor seiner Krönung selbst be=
seffen habe, wahrscheinlich also auch den Klosterschuz
dazu, welcher dann von ihm mit den angränzenden
Besizungen wohl auf den Sohn übergegangen seyn
muß. k)

Als Herzog Friedrich im Jahr 1167. starb, so
folgt wohl ganz natürlich, daß jener Kloster=Schuz
mit dem übrigen Erbe wieder in eine und ebendiesel=
be Hand übergegangen seye. Nun aber weiß man,
daß K. Friedrich I. seines Vetters nächster Erbe in
allem übrigen gewesen, und den Kloster=Schuz von
Komburg treffen wir nach sichter Urkunde in den
Händen seines Urenkels K. Konrad IV. an, welcher
ihn

k) Ne comes aliquis vel quisquis sub eo, qui vulgo Walpodo
vocatur, ullum placitandi, angariandi, vel aliquas exactiones
faciendi, per totam illam Abbatiam, potestatem habeat, nisi
tantum Advocatus, beneplacito Abbatis et Fratrum ejusdem
Ecclesiae institutus, hoc autem nominatim per totum Comita-
tum Kogengou, quem ante nostram in Regno sublimationem,
nos ipsi habuimus, fieri praecipimus, humili autem flexi pe-
titione Hartuici, qui tunc temporis eandem rexit Ecclesiam,
instinctu quoque Waltheri de Lobenhusen et fratrum ejus
nos istud fecisse sciatis. Mencke l. c. T. I. p. 415. Der
Komitat Kochengeu hat schon manche beschäftigt, es muß aber
ein eingeschränkter Theil des grosen Kochengaues um Hall und
Komburg gewesen seyn.

ihn an Schenk Walther von Limpurg pfandweise
überließ. Hier ist allenthalben Uebereinstimmung
und Wahrscheinlichkeit für die angegebne Ver:
muthung.

Schenk Walther gab im Jahr 1270. die
Schirmvogtey selbst freywillig auf, wie oben mit
mehrerem vorgekommen. Nach ihm war 37. Jahre
lang kein Vogt über Komburg vorhanden, und das
Kloster hatte sich also allein des allgemeinen kaiser:
lichen Schuzes zu getrösten. Doch mußte dieser
nicht zu allen Zeiten wirksam genug seyn, weil der
Kaiser 1307. dem Stuhl zu Mainz befahl, Kom:
burg zu schirmen. Man erinnre sich, daß der edle
Wignand, Mitstifter von Gros: und Klein:Kom:
burg, von Mainz hieher gekommen, und bemerke;
daß der Stiftungsbrief ausdrücklich das Kloster dem
Erzstift Mainz untergab, in der Absicht, dadurch
am besten zu verhüten, daß der Dienst Gottes in
demselben nicht in der Folge abgethan werden möch:
te, und man wird nun den Zusammenhang wohl
einsehen. 1) Doch wars dem Erzbischof von Mainz
nicht wohl möglich, das Kloster aus der weiten
Entfernung immer eilfertig und nachdrücklich genug
zu schüzen, die Reichsstadt Hall war dazu gelegner,
und an diese kam auch, vermuthlich mit Bewilligung
des Stuhls zu Mainz, dem seine Oberaufsicht doch
blieb, im Jahr 1318. der Kloster:Schuz. Es gab
aber auch gar bald Händel zwischen dem neuen
Schirmherrn und dem Kloster, die zu einem Krieg
aus:

---

1) Ne unquam a posteris suis, vel quibuslibet personis Dei
servicium deinceps illic destrui posset, propterea Dominus
Burckardus prudenter idem coenobium cum omnibus suis
pertinenciis — Archiepiscopali sedi Maguntinensi subdidit
propria manu sua, — tradendo absque omni contradictione
ad altare S. Martini. Uffenh. Rebenß. Band I. Seite 1122.

ausschlugen, in welchem der Abt Konrad, des Geschlechts von Münkheim, von den Hallern schwer
verwundet gefangen wurde, im Jahr 1324. Er
kam zwar durch Vermittelung des Erzbischofs Mat-
thias zu Mainz wieder los, m) aber es fehlte so
viel, daß diese Loslassung eine aufrichtige Versöhnung
und Freundschaft zwischen beyden Theilen bewirkt
hätte, daß vielmehr nach der Zeit der Haß heftiger
wurde, als noch nie. Der Abt ließ nun durch
Bischof Wolfram in Wirzburg Bannstrahlen schleu-
dern. n) Dies geschah im Jahr 1327. Und nicht
hieran gesättiget, war er ohne Zweifel auch Ursache, daß die Schirmvogten seines Klosters der
Stadt bald wieder entfremdet wurde. Denn Fröschlin schreibt ferner, daß sie 1333. Kraften von Hohenlohe, und 1335. Heinrichen von Türwang, Land-
vogt, von K. Ludwig befohlen worden. Doch dieß
war nur Uebergang. Mit Abt Konrads Tod lebten die alten Schirmvogten-Rechte der Stadt Hall
wieder auf, und wurden auch von K. Karl IV. im
13. Jahr seines Reichs für gültig erkannt und bestättiget. o) Dieß ist das Jahr 1360. das Todes-
Jahr Abt Konrads, der den Hallern seine Gefan-
gen-

m) Cruf. Annal. P. 3. lib. 4. c. 6.

n) Uffenh. Nebenst. Band I. Seit. 975.

o) Diese ununterbrochene Folge der Komburgischen Schirmvögte,
die sonst nirgend zu finden ist, habe ich dem Fröschlin zu danken, und kann mir also höchstens nur die Art ihrer Darstellung,
wenn sie einleuchtend ist, zum kleinen Verdienst anrechnen.
Fröschlin selbst nennt seine Quellen hier nicht besonders. Aber
außer der ehrlichen Miene,- die er in seiner ganzen Chronik
trägt, und der sorgfältigen Angabe der Zeitrechnung bey den
einzelen Veränderungen, die glaublich macht, daß er nach sichern
Quellen gearbeitet hat, stimmt auch die lezte durchgehends mit
andern Nachrichten schön zusammen, so daß er wohl Glauben
verdienen möchte. Crusius gibt Annal. P. 2. Lib. 8. c. 3.
die Schirmvögte nur überhaupt, und ohne Ordnung an, die nun
durch Fröschlin an einander gereihet sind.

genschaft und Narben so wenig vergessen konnte,
und das Antritts = Jahr Abt Heinrichs, genannt
Sieder, eines Hallischen Stadtkinds und Patriciers.
Man siehet unerinnert, daß dieß alles nicht blos
zufälliger Weise geschah. Hall blieb nun Schirm=
herr des Klosters bis ins Jahr 1485. in welchem
der Kaiser Bischof Rudolphen von Wirzburg Schuz
und Schirm über dasselbe zu ewigen Zeiten über=
gab, welcher aber so fort demselben wieder unter
gewissen Bedingungen Lehensweise an Limpurg abtrat,
wie oben ausführlich erzählt worden. Mit dem
Aussterben des Limpurgischen Mannsstamms 1713.
kam diese Schirmvogtey wieder an das Bisthum
Wirzburg zurück, und ist noch bey demselben.

## Num. 5.
## Bielried.

Dieses Schloß, zu welchem eine Herrschaft
gehörte, lag etwa eine Meile von Hall, ohnweit
Kreffelbach, nicht weit von dem Flüßchen Bühler,
daher es seinen Namen erhielt. Man findet schon
1078. einen Adelbertus de Bilriet, der im Klo=
ster Komburg ein Mönch wurde, und demselben
sein väterliches Erbgut, die halbe Burg Bielried
und viele andre Güter schenkte. Ein Wolframus
aus demselben Geschlecht, war in der Mitte des
13. Jahrhunderts Abt zu Komburg. Er wandte
dem Kloster das übrige zu. (Wovon das Komb.
Registraturbuch, Crusius, Georgii u. a. Nachricht
geben.) Wahrscheinlich hat Komburg die ganze Herr=
schaft Bielried wieder an Limpurg durch Kauf oder
Tausch abgetretten. Denn im Jahr 1287. an S.
Johannis Tag zu Sonnenwenden, erkaufte sie
Lupold der Kuchenmeister von Nortenberg,
mit

mit gemeinem Muth und mit gesamter Hand
Herrn Friedrichs des Schenken von Limpurg
und seiner Würthin Mechtilde und seiner Mutter und seiner Schwester Frau Elisabetha und
seines Bruders Herrn Ulrichs. Es hat in dem
Kaufbrief: seine (Friedrichs) Burg Bilried zu
rechten eigen gesucht und angesucht, alles das
dazu gehört, Leuth und Guth, ohne seine edle
Leuth, um 1300. Pfund Heller. Es wurde aber
eine zehnjährige Frist zur Wiederlosung gesezt.
In diesem Fall sollte Schenk Friedrich oder seine
Erben 1300. Pfund Heller und 100. Mark Silber
(dies war Heurathgut seiner an Lupolds Sohn Heinrich von Nortenberg vermählten Schwester Elisabetha,) erlegen, und im Fall er die Burg jemand
Fremdem zuwenden würde, noch 130. Pf. Heller
mehr. Das Pfand wurde nicht gelößt, und blieb
den Herren Küchenmeistern von Nortenberg. In
der Folge hatte die Burg, und was dazu gehörte,
verschiedene Herren, bis es die Stadt Hall in Besiz brachte, zu deren Gebiet es noch gehört.

### Num. 6.
### Lorbach.

Diese Veste (bey Mosbach im Pfälzischen gelegen,) nebst der dazu gehörigen Herrschaft, hatte
Schenk Walther aus der Verlassenschaft Graf Conrads von Dürne (Düren, Durn) an sein Haus gebracht. Schenk Friedrich III. verkaufte sie im Jahr
1409. mit ihrer Zugehörung, an Herrn Johann
von Hirschhorn, Ritter, und Standen, Wildgräfin
von Daun, seine eheliche Hausfrau, um 4000.
Rheinische Gulden, auf Wiederlosung, welches Jahr
er

er oder seine Erben wollen. Aber die Wiederlosung
kam nicht zu Stand.

Weiter unten bey Welzheim wird noch etwas
von Lorbach vorkommen.

### Num. 7.
#### Haldenbergstetten.

Dieses Schloß nebst Zugehörungen, war wenigstens zur Hälfte bis 1415. limpurgisch. In diesem Jahr verkaufte Schenk Conrad den halben
Theil des Schlosses und Markts Haldenbergstetten,
mit allen Zugehörungen, an Cunzen von Rosenberg
zu Bocksberg, um 1500. Rheinische Goldgülden,
auf Wiederlosung, welches Jahr Schenk Conrad
oder seine Erben wollen, nach 2. Monate vorher ge-
schehener Aufkündung. Indessen ist auch diese Wie-
dereinlösung nie zu Stande gekommen. Heutiges
Tages gehöret diese unmittelbare Reichsherrschaft
dem fürstlichen Hause Hatzfeld, wird aber zum Can-
ton Odenwald gerechnet. Was oben ein Markt
heißt, ist heutiges Tags die kleine Stadt Nieder-
stetten, am Fluße Vorbach, wo eine fürstliche
Regierung, ein Oberamt, eine evangelische Kirche und
ein Decanat über vier evangelische Pfarrkirchen ist.

### Num. 8.
#### Hohenstaufen mit Zugehörungen.

Das Schloß Hohenstaufen, auf dem Gipfel des
Staufer-Bergs, von dem Kloster Lorch ohngefähr
eine Meile Wegs südlich, zwischen der Reichsstadt
Schwäbisch-Gmünd und der Wirtembergischen Lands-
stadt Schorndorf liegend, der bekannte Stammsitz des
von demselben benannten sehr berühmten Geschlechts,

Gesch. Limp. 2. Bd.          B b          wel-

welches lange Zeit die schwäbische Herzogs- und
römisch-deutsche Königs- und Kaiser-Würde getragen hat, kommt hier nur in Betrachtung, in wie-
fern es eine Zeitlang auch dem Hause Limpurg zugehörte. a)

Man hat ehedem darüber streiten können, ob es nicht
von Graf Eberhard dem Durchlauchtigen von Wirtemberg, in den trübseligen Zeiten des Interregni auf
irgend eine unbekannte Weise mit seinen Erblanden
vereiniget worden. b) Daß dieser nie erwiesene und
schon längst genugsam abgefertigte Vorwurf, auch
mit der gleichzeitigen Geschichte streite, beweiset der
Limpurgische Besiz von Hohenstaufen und dessen Zugehörungen. Schenk Walther versezte nemlich im
Jahr 1274. dieses Schloß mit Gütern und Leuten
seinen Tochtermann Ulrich von Rechberg. Der Pfand-
Brief ist datirt apud Urbach. Anno Domini
MCCLXXIIII. prid. Calend. Maii. Folgende Haupt-
umstände werden daraus anmerkenswerth seyn:

1.) Schenk Walther versezt Schloß und Herrschaft
mit Bewilligung seiner Brüder, seines Sohns
(Friedrichs nemlich, des einzigen, der hauptsächlich ein Interesse dabey hatte, weil die beyden andern Söhne geistlich waren,) und seiner
andern Erben. Also wurde Hohenstaufen als
ein gemeines dem Limpurgischen Hause zuge-
höriges Erbgut angesehen.

2) Es

a) Crusius hat in seinen Annalen die Lage des Schlosses, und
die Ueberbleibsel desselben, so wie sie noch zu seinen Zeiten zu sehen
waren, gar eigentlich beschrieben. Man sehe P. 3. l. 12. c. 35.

b) In den Schwäb. Merkwürdigkeiten stehet ein besondrer Aufsaz
über die Konradische Erbschaft, und was insonderheit hieher gehört, Seite 322.

2.) Es heißt darinn ferner: mit allen unsern Besizungen und Leuten, auf der andern Seiten des Flusses Raemse, auf welche Weise sie uns zugehören mögen, samt dem Patronatsrecht der Kirche in Giengen. Also besaß es Schenk Walther mit der völligen Landeshoheit, indem auch die adelichen Dienstleute mit dazu gehörten.

3.) Die Versaz-Summe war nur 450. Pfund Heller. Es wurde aber dabey bedungen, daß Er oder seine Nachfolger um dieselbe Summe das Pfand wieder einlösen könnten, und alsdann jene Besizungen wieder frey zurückkommen sollten. Doch wenn diese sie verkaufen wollten, so sollte sie niemand kaufen können, als die von Rechberg, oder ein andrer mit ihrer Verwilligung, und alsdann sollte es auf weitere Uebereinkunft oder den Ausspruch der Schiedsrichter ankommen, was noch darauf zu legen wäre. Man kann also aus der geringen Versaz-Summe nicht auf Unbeträchtlichkeit des Versezten schliesen.

4.) Schenk Walther verspricht dabey für sich und seine Nachfolger alles mögliche anzuwenden, daß ein solcher Kauf von K. Rudolph genehmigt werde, und sollte derselbe einige Jurisdiction auf denselben Besizungen behaupten, die Gebrüder von Rechberg durch ein Aequivalent von andern seinen, ihnen näher liegenden Gütern schadlos zu halten. Die Besorgniß war also schon in der Nähe, der König möchte wenigstens einen Theil des Versezten, als heimgefallnes Reichs-Lehen oder königliches Domänengut ansprechen, ob es schon der Schenk

eigent

eigentlich nicht zugibt, sondern nur auf jeden Fall Gewährschaft leistet.

5.) bedinget er sich, daß die von Rechberg, bey sich ergebendem Fall, das Pfarr = Lehen in Giengen einem solchen, den er vorschlagen würde, leihen müßten. Den Pfandbrief haben viele Edle aus der Nachbarschaft, nemlich von Rechberg, von Stühlingen, von Uggingen, von Husen, von Urbach, von Ebersperg, von Hundersingen, auch ein Eberwinus Vænerius Cives de Gamundia als Zeugen bekräftigt, Schenk Walther aber, sein Tochtermann Ulrich von Rechberg und dessen Bruder Johann besiglet. Folglich war diese Verpfändung eine öffentliche redliche Handlung, und der limpurgische Besiz von Hohenstaufen und Zugehörde auch nicht Usurpation, indem es sonst weder Ulrich von Rechberg, der etwa das Heurathgut seiner Gemahlin daran einnahm, so leicht angenommen, noch so viele benachbarte Personen vom ersten Rang durch ihre Zeugschaft, als rechtmäßig in die Hände derer von Rechberg übergegangen, gleichsam mitgewährt haben würden.

Man darf sich aber nur erinnern, in welch vielfachem Zusammenhang Schenk Walther mit dem Hohenstaufischen Hause gestanden, um es wahrscheinlich zu finden, daß ihm entweder schon K. Konrad IV. den Besiz von Hohenstaufen für seine viele Vorschüsse und kostbare Dienstleistungen überlassen, oder er selbst gleich nach dessen Tode mit Hülfe der Benachbarten darnach gegriffen habe, um sich bezahlt zu machen, wenigstens hat Konradin dieß Schloß mit

mit seiner Herrschaft selbst nicht mehr gehabt. c)
Immer erregt es eine nicht geringe Idee von Schenk
Walthers Macht und Ansehen, daß er Hohenstau-
fen bis 1274. besizen, und die Gewährschaft darüber
mit einem unstrittigen Aequivalent, das denen von
Rechberg noch gelegner wäre, leisten konnte.

Wie lange aber hierauf Rechberg Hohenstaufen besessen, ob es König Rudolph an sich gezogen,
ehe es die Schenken vollends durch Kauf abgetretten, oder ob der Kauf richtig worden, das Haus
Oesterreich aber dasselbe von Rechberg wieder erkauft,
oder durch andre Handlung an sich gebracht habe,
ist noch dunkel. d) Wenigstens ist so viel klar, daß
Graf Eberhard der Durchlauchtige von Wirtemberg,
es weder Konradinen bey seinem Leben entzogen,
noch unmittelbar nach seinem Tode in Besiz genommen hat.

Die ganze Urkunde, so wie sie Fröschlin in seiner handschriftlichen Chronik gibt, ist von Wort zu
Wort folgende: e) Nos Waltherus Imperialis
aulæ Pincerna de Limpurg notum esse volumus
universis, quod nos de consensu fratrum, filii postri
et aliorum hæredum nostrorum Turrem nostram
in Stauffen, et aream quod vulgo dicitur Burgsez
cum omnibus possessionibus et hominibus nostris
sitis ex altera parte fluvii, qui dicitur Ræmse
quocunque modo nobis pertinentibus, cum jure
patronatus Ecclesiæ in Giengen, VI. genero
noftro

B b 3

c) Man sehe nur Herrn Hofrath Schmidts Geschichte der Deutschen, Th. 3. S. 88. wo unter den geringen Ueberbleibseln der
Hohenstaufischen Herrlichkeit schon kein Hohenstaufen mehr genennt wird.

d) Sattlers hist. Beschr. Wirt. II. S. 168.

e) Die Abschrift ist zwar nicht diplomatisch genau, aber der Inhalt hat vieles aus der gleichzeitigen Geschichte für sich.

noſtro de Rechberg f) et Johanni fratri ſuo et
cæteris fratribus ſuis et eorum ſucceſſoribus eo
jure, quo haĉtenus ea posſedimus, pro quadrin-
gentis et quinquaginta libris Halln. obligavimus,
tali interpoſita conditióne, quod. cum prædiĉtos
fratres cum ſumma memorata, vel nos vel etiam
noſtri ſucceſſores commonuerimus, eædem poſ-
ſeſſiones ad nos et noſtros ſuccesſores libere
velut ante redibunt. Hoc tamen adjeĉto, quod
ſi præfatas posſesſiones noſtras vendere nos con-
tigerit, nulli omnino nobis ipſas vendere liceat,
niſi partibus memoratis, aut alioni de conſenſu
ipſorum; ipſique fratres aut eorum ſucceſſores
ſummam pecuniæ, quam discreta proviſio ac ar-
bitrium fidele discretorum virorum videlicet domini Conradi de Rechberg g) memoratorum
fratrum patrúi et domini Benediĉti de Urbach h)
militum decreverit, ſuperaddere tenetur. Nos-
que autem et noſtri ſucceſſores eandem emtio-
nem ex parte apud Sereniſſimum Dominum
Rudolphium Dei gratia Regem Romanorum et
ſemper Auguſtum ratam et gratam habiturum
(ſo ſtehr in der Abſchriſt,) pro noſtra posſibilitate

pro-

f) Die noch blühenden Freyherren (auch Grafen) von Rechberg aus
dem Hauſe Calatin, deren Stammhaus Rechberg in der Gegend
von Schwäbiſch Gmünd liegt, hatten ehemals ſehr weitſchichtige
Beſitzungen. Daß ſie Hohenſtauffen im Peſtz hatten, wußte ſchon
Cruſius, ob er ſchon das eigentliche Jahr und die Art der Er-
werbung nicht angeben konnte. Annal. P. 3. lib. 1. c. 4. Ull-
richs von Rechberg gedenkt er ums Jahr 1272. l. 2. c. 22. des
Johannes von Rechberg, mit dem Zunamen Ritter von Stauf-
ſeneck l. 12. c. 1.

g) Dies iſt wahrſcheinlich der Conrad, den Cruſius bey dem Jahr
1270. anführt. l. c. lib. 2. c. 21.

h) Von dem Oberurbach benannt, einem Wittembergiſchen Flecken
im Ramsthal oberhalb Schorndorf. Daß um dieſe Zeit und
lange nachher Edle von Urbach gelebt haben, iſt vermög vieler
Nachrichten auſſer Zweifel.

procurare tenemur. Profitemur item omnes pa‑
riter et proteſtamur, ſi forte præfatus Dominus
Rex quicquid iurisdiƈtionis in eisdem poſſeſſionibus
obtinuerit, per quam iidem fratres ſua pecunia
et jure ipſis ex memorata noſtra obligatione
congruenti fruſtrati fuerint, ipſa bona memoratis
fratribus, et eorum ſucceſſoribus per alia noſtra
bona iſtis æquivalentia et eisdem fratribus ma‑
gis adiacentia nos refundere debere. Adięcimus
etiam quod quanquam Jus patronatus Eccleſiæ
in Giengen i) ipſis fratribus et eorum pertineat
ſucceſſoribus, iidem tamen fratres una tantum
vice et non amplius, videlicet cum pro ſe locus
obtulerit, et facultas, eandem Eccleſiam ad
noſtram petitionem conferre tenentur, in cuius
rei teſtimonium præſentes conſcribi fecimus, et
Sigillorum videlicet noſtri et fratrum prædiƈtorum
munimine roborari. Huius rei teſtes ſunt hi,
videlicet Dominus Hilt. de Rechberg, Archid9
Auge et Conradus frater ſuus, k) Dominus fra‑
ter diƈtus Herter, l) Dominus Eglolfus de
Bb 4 Stüh‑

i) Das Haus Wirtemberg beſitzt dieſes Patronatrecht noch, und
vermuthlich iſt es mit Hohenſtaufen immer in eine und dieſelbe
Hand übergegangen.

k) Der Archidiaconus zu Augſpurg, deſſen Namen in der Urkunde
nur mit den Anfangsbuchſtaben ausgedrückt iſt, iſt wahr‑
ſcheinlich der Hiltebrand von Rechberg, deſſen Cruſius (l. c.
lib. 12. c. 1.) bey dem Jahr 1200. gedenket. Wenn er nem‑
lich damals Kind war, konnte er ja wohl 1274. noch leben. Er
gedenket auch gleich darauf wieder eines Hiltebrands, als Bru‑
ders Biſchofs Siegfrieds von Augſpurg, der 1227. ſtarb. Con‑
rad, deſſen Bruder iſt wohl ebenderſelbe, der im Text als Pa‑
truus Ulrici und Johannis vorkommt.

l) Cruſius führt bey dem Jahr 1274. einen Conrad, Herter ge‑
nannt, an, der in demſelben Jahr dem Frauen‑Kloſter Kilberg
einen Zehenden ſchenkte. P. 3. lib. 3. c. 1. Auſſerdem kommt
dieſe adeliche Familie noch oft vor.

Stuhlingen, m) Dominus Dietmarus de Uggingen, n) Dominus Ruggerus de Hufen, o)
milites, Dominus frater Decanus de Urbach, p)
Otto de Eberfperg, q) Rudolphus de Hunderfingen, r) frater de Vrbach & Dietherus frater
fuus, Conradus junior de Rechberg, s) Eberwinus Vænerius Cives de Gamundia et alii quam
plures. Acta funt hæc apud Urbach Anno Domini
MCCLXXIIII. prid. Calend. Maii.

Num. 9.

m) Von Stüblingen benannten fich ehemals Herren und Grafen.
Einige derfelben aus dem Zeitraum der Urkunde führt Sattler
in Befchreibung des Amts Tuttlingen an, welcher auch berichtet, daß die Herren von Lupfen die Grafchaft lange Zeit be-
feffen haben. Heutiges Tags befitzt das Haus Fürftenberg das
Land, führt es auch als eine Landgrafchaft im Titel.

n) Jckingen (Jggingen) liegt im Umfang des Gebiets der heutigen Reichsftadt Gmünd, gehört aber auch zum Theil dem Wirtem-
bergifchen Klofter Lorch zu. Das edle Gefchlecht, das fich davon
benannte, hatte Antheil an dem Gmünder Stadt-Regiment.
Cruf. Annal. P. 2. l. 9. c. 4.

o) Einen Rutmannus de Hufin führt Sattler fchon unterm Jahr
1095. an. Hift. B. W. II. S. 78.

p) Da hier eines Dechants und ferner eines Bruders von Urbach
gedacht wird, fo fcheint eine geiftliche Fraternität oder ein Stift
in Urbach gewefen zu feyn.

q) Diefer Otto von Eberfperg, wird nebft feinem Bruder Albrecht,
in eben diefem Zeitraum, von Sattlern angeführt. (H. B.
W. I. S. 137.) Sie hatten in der Gegend von Welzheim,
dem fo genannten Nibelgow, Befizungen, und verziehen fich ge-
meinfchaftlich zu Gunften des Klofters Lorch, der Advokatie
darüber. Ihr Stammfchloß, heutiges Tages Wirtembergifch,
liegt ohnweit Backnang. Das Gefchlecht gieng mit dem 14.
Jahrhundert zu Ende.

r) Auch die Herren von Hunderfingen waren nicht von geringem
Adel; fie hatten vielmehr aus diefem ihre Minifterialen. Sattl.
H. B. W. I. S. 120. Die Burg Hunderfingen, die in der
Gegend von Urach lag, kam 1352. käuflich an Wirtemberg.

s) Diefer Conrad, der jüngere von Rechberg, ift wahrfcheinlich
jenes ältern Conrads, des patrui der Pfandinhaber, Sohn.
Denn daß jener Conrad von Rechberg, der um's Jahr 1270. gelebt, einen Sohn gleiches Namens Domherrn zu Augspurg, gehabt habe, fagt Crufius ausdrücklich P. 3. l. 2. c. 21. Wegen
feiner Jugend ftehet er vermuthlich fo weit unten.

### Num. 9.
### Adelmannsfelden nebst Zugehörung.

Dieser Ort ist durch die alte berühmte Familie
der Freyherrn Adelmann von Adelmannsfelden, wel=
che davon ihren Zunamen tragen, bekannt genug.
Man findet schon unterm Jahr 1236. in einer Ur=
kunde des Klosters Adelberg, wodurch demselben ein
angefochtenes Vermächtnis coram iudice septima
manu ministerialium Imperatoris zugesprochen wur=
be, unter den astantibus *ministerialibus Imperii* gleich
vornen an, einen Siferidum de Adelmanesvelde.
J. J. Mosers Schwäb. Merkwürdigkeiten. Seit.
698. Und es kann nicht bezweifelt werden, daß das=
jenige Adelmannsfelden gemeinet sey, welches zwischen
den Limpurgischen und Ellwangischen Gränzen liegt,
da die Freyherrn von Adelmann in dieser Gegend
auch andre ansehnliche alte Stammgüter besitzen.

Indessen gehörte dieses Gut a) bereits um die
Mitte des vierzehenten Jahrhunderts dem gräflichen
Hauß Oettingen zu, welches dasselbe im Jahr 1361.
an das Gotteshauß und Abtey Ellwangen, als ledig
und unverkümmert, nebst dem Steuer=Recht und
mehr andern Rechten verkaufte, welches Gotteshauß
und Abtey dasselbe aber nicht länger behielt, als bis
1380. in welchem Jahr Frau Ytta, Schenk Konrads
von Limpurg nachgelassene Witwe, gebohrne von

Bb 5 Wein=

---

a) Die Quelle ist hier theils Informatio ex Actis in Caufa
Bohenstein contra Limpurg. Gedruckt im Jahr 1717. Fol.
theils des bewährten Fröschlins Urkunden=Angaben, theils die
von dem Freyherrn S. F. v. Gültlingen dem Druck überlassene
und bekannt gemachte Erläuterte Bohensteinische Stammtafel.
Der Historifer erzählt aber hier billig nur Facta und Angaben,
ohne sie zu Gunsten des einen oder andern rechtenden Theils
anzuwenden, da die Sache nicht unter sein Urtheil fallen können.

Weinsperg, es um 3600. Fl. und zwar ebenfalls
gegen männiglich unbeschwert, mit dem Steuer- und
andern Rechten, käuflich an sich brachte.

Von dieser Zeit an machte Adelmannsfelden,
das Schloß mit aller seiner Zugehörung einen Theil
der limpurgischen Patrimonial-Güter aus, und wurde auch, mit der Pfarr daselbst, im Jahr 1441. in
der brüderlichen Theilung dem Limpurg-Limpurgischen
oder Speckfeldischen Loos, in welchem die Schenken
Albrecht, Friedrich und Wilhelm beysammen waren,
zugetheilt.     Dabey wurde noch ausgemacht, daß
zwar der See zu Adelmannsfelden in dem Dorf und
der Graben an dem Schloß daselbst auch zu diesem
Loos gehören, die übrigen Seen zu Adelmannsfelden
aber mit vielem anderm insgemein bleiben sollten.

Als im Jahr 1481. zwischen den beyden regierenden limpurgischen Linien völlig abgetheilt wurde,
so wurde unter andern auch folgendes in die deßhalb
errichtete Theilungsurkunde, Adelmannsfelden betreffend, gesetzt:

„ Es sollen nun zu ewigen Zeiten, Wir Schenk
„ Wilhelm, Unsers Bruders Kinder Mannlich Er-
„ ben, und Nachkommen, die jährliche Nuzungen zu
„ Limpurg, Adelmannsfelden und Buchorn gehören-
„ de, mit samt den Wälden darzu getheilt, haben
„ und einnehmen, mit allen Gülten und Obrigkeiten,
„ niessen und gebrauchen, Wie die von den Eltern
„ Herrn zu Limpurg darzu gethailt worden sind. „

Auf solche Weise wurde nun Adelmannsfelden,
woran bis dahin auch die Limpurg-Gaildorfische Linie
noch eine Ansprache gehabt hatte, völlig der Limpurg-
Speckfeldischen Linie zu Theil, gleich darauf aber,
im Jahr 1482. (um welche Zeit Schenk Wilhelm,

CC

an der Verwandlung des Benedictiner-Klosters Komburg auf eine für sein Hauß kostbare Weise besondern Antheil nahm,) an den damaligen limpurgischen Amtmann Gözen von Bachenstein daselbst, nichts
ausgenommen, als die Lehenschaft der Pfarr und
St. Leonhards-Pfründe, auf Wiederlosung verkauft
um 2000. Fl.

Im Jahr 1493. wurde dieses Schloß Adelmannsfelden mit seiner Zugehörung von Schenk Wilhelm für sich selbst, und als Vormund seines Bruders, Schenk Georgen Söhne, Georg und Gott-
friebs, an Georgen von Vohenstein *) um 3500. Fl.
verkauft, doch mit der ausdrücklichen Bedingung,
daß, wenn Limpurg den nach verflossenen 10. Jahren
sich auf ewig bedungenen Wiederkauf vornehmen wollte, die von Vohenstein dagegen schuldig und gehalten
seyn sollten, gegen Erlegung erstersagten Kauf-Schil-
lings der 3500. Fl. das Gut Adelmannsfelden mit
allen Zu- und Eingehörungen, wie sie in dem Kaufbrief specificirt sind, also in aller der Maas und
Gestalt, wie es Vohenstein von Limpurg empfangen,
hinwieder an Limpurg abzutretten und zu Handen
zu stellen, auch alle arme Leute ihrer Pflicht, ihnen
denen von Vohenstein gethan, wiederum ledig zu
zählen. b)

Es blieb aber Vohenstein bis nach 1530. im
ruhigen Besiz. Nun aber wollten die Gebrüder
Schenken Carl und Erasmus den Wiederkauf vornehmen, darüber sich aber 1536. am Reichs-Kam-
mer-

---

*) Dieses sehr alte edle Geschlecht hatte sein Stammhauß Vohenstein,
ohnweit Kocher-Westheim, wo der Burgstall noch zu sehen ist.

b) Ist mit den Formalien der angeführten Informatio ex actis
angegeben. pag. 2.

mer-Gericht ein Proceß erhob, der 1538. unter
Vermittelung Pfalzgraf Heinrichs, Administrators
zu Worms und Probsten zu Ellwangen durch einen Vergleich beygelegt wurde. Die Herrn Schenken willigten nemlich ein: „Daß Adelmannsfelden
„ Schloß und Amt samt aller derselben Zu- und Ein-
„ gehör, Ludwigen von Vohenstein und seinen ehe-
„ lichen Kindern, so Er jezund oder in künftiger Ehe
„ von seinem Leibe gebohren überkommen würde, so
„ lang Er und dieselbigen im Leben seyn, bleiben,
„ aber weiter nicht, auf sein, Ludwigs von Vohen-
„ stein Enkel oder Nepotes verstanden werden, und
„ die Herrn von Limpurg in bestimmter Weil einigen
„ Wiederkauff zu thun nicht Macht haben, sondern
„ gemeldter Ludwig von Vohenstein und seine ehliche
„ Kinder, Söhne und Töchtere, Adelmannsfelden
„ ihr Lebenlang nutzen, niessen und innhaben sollten,
„ wie obgemeldt, und so Er und seine eheliche Kin-
„ der alle mit Todt abgangen, alsdann mögten die
„ Herrn von Limpurg, ihre Erben und Nachkommen,
„ zu ewigen Zeiten nicht nur das gemeldte Schloß
„ und Amt Adelmannsfelden, samt aller Zu- und
„ Eingehör, wie dann dasselbig des Ludwigs von
„ Vohenstein Eltern kauffsweiß von denen Herrn zu
„ Limpurg an sich gebracht, sondern auch diejenigen
„ Stuck und Güther, so er und seine Eltern ausserst-
„ halben der alten Kauff-Verschreibung, es seyen
„ Weyher, Wiesen, Hölzer oder andere Güther,
„ wo und von wem sie die zu seinen oder ihren Han-
„ den gebracht, auch Er die jezund besitzt und neußt,
„ nichts ausgenommen, Innhalts eines versiegelten
„ Registers, so offtermeldter Vohenstein denen Herren
„ von Limpurg neben diesem Vertrag zugestellet, mit
„ 4000. Fl. Rhein. gemeiner Lands-Währung zu
„ ihren Handen lößen, ohne Irrung oder Eintrag
                                        „ Ludwigs

„ Ludwigs von Bohenstein und seiner ehel. Kinder
„ Erben oder männiglichs ꝛc. c) „

Da nun Ludwigs von Bohenstein Söhne
1.624. alle verstorben waren, so suchten die noch übri=
gen 3. Töchter desselben bey Limpurg nach, sie in
das Gut und Amt Adelmannsfelden zu immittiren.
d) Allein es entstund abermal ein Proceß hierüber,
sonderlich aber in Ansehung der Meliorations = Er=
stattung, welchen erst d. 7. Jul. 1662. der gütliche
Vergleich zu Alffdorf folgenden Inhalts, endigte:
„ daß jezt besagte Herren von Bohenstein, (Hanß
„ Albrecht, Hanß Veit und Ernst Albrecht,) und
„ alle ihre männlich und ehelich gebohrne Descen=
„ denten Stamms und Namens deren v. Bohen=
„ stein, das Schloß und Amt Adelmannsfelden,
„ nach adelichem Recht und Gewohnheit, als ein
„ Rittermannlehen behalten, und jederzeit einen aus
„ ihrem Geschlecht nach Belieben zu einem Lehen=
„ träger wählen sollten, welcher, in ihrer aller und
„ der übrigen Namen, die Lehensgebühr erstatte;
„ hingegen sollen die von Limpurg, nach Abgang
„ des Bohensteinischen Mannsstamms, wenn Bohen=
„ steinische Töchter vorhanden wären, diesen 3000.
„ Rthlr. wenn aber nur allein Kinder von dieser
„ ihrem Leibe gebohren zurückblieben, solchen 2000.
„ Rthlr. auch einen von den beyden Höfen, Ot=
„ tenhofen oder Metzelgehrn erb= und eigenthüm=
„ lich überlassen. e) „

Dabey

---

c) Informatio ex actis etc. pag. 7.

d) Hierinn stimmt die Limpurgische Informatio und die Erläuterte
Bohensteinische Stammtafel völlig überein.

e) Sind die eigenen Worte der Erläuterten Bohensteinischen
Stammtafel, mit welchen der Hauptsache nach übereinstimmt
Informatio ꝛc. pag. 10.

Dabey bliebs bis zur Erlöschung des Limpurgischen Mannsstamms, 1713. Damals lebte Ludwig Christoph von Vohenstein, welcher 1696. seinem Vater Philipp Gottfried in dem gesammten Lehen Adelmannsfelden und dessen Zugehörde gefolgt war.

Wie nun unter ihm die Lage der Sache sich änderte, will ich am liebsten mit den eignen Worten der Erläuterten Vohensteinischen Stamm-Tafel erzählen. Es sind ohne alle Veränderung folgende:

„ Unter ihm starb anno 1713. der Limburgi-
„ sche Mannsstamm aus. Es stunde also lediglich
„ in seiner Gewalt, ob er das dominium directum
„ sich appropriiren, und die Herrschaft Adelmanns-
„ felden, als ein noviter acquisitum allodium, be-
„ sitzen, oder aber zu Vermeidung der daraus ent-
„ springenden Weitläuftigkeiten, solche Herrschaft,
„ als ein Lehen der Limburgischen weiblichen Re-
„ likten, fernerfort cognosciren — oder auch neuer-
„ dings deseriren wollte.

„ Er wählte das erstere, consolidirte also das
„ dominium directum cum utili, wurde aber
„ hierüber mit den Limburgischen Allodial-Erben
„ in einen langwierigen und kostspieligen Proceß
„ verwickelt, welcher jedoch anno 1739. den 20.
„ Octob. vor K. R. Hofr. zum Faveur seiner Nach-
„ kommen dahin entschieden wurde: „ daß das
„ „ Gut Adelmannsfelden, von der Zeit an, da
„ „ der gräfl. Limburgische Mannsstamm erloschen,
„ „ pro allodio, zu achten sey. „ [4] Lit. A.
„ Act. Cam. in Sachen von Onz contra von
„ Vohenstein. Welcher Proceß aber jetzo noch das-
„ selbst in restitutorio anhängig ist. „

Ludwig

Ludwig Chriſtoph ſtarb 1729. und wenige Jahr
re darauf, 1737. durch einen unglücklichen Zufall
im Waſſer, auch ſein einziger hinterlaſſener Sohn,
Johann Ludwig von Bohenſtein. Seine drey Schweſtern folgten im Beſiz der Herrſchaft Adelmannsfelden. Sie ſind, zum Theil mit Deſcendenz, in
folgender kleinen Tabelle enthalten.

1. Eleonora Magdalena Juliana von Bohenſtein.

Gem. Martin Eberhard Jungkenn, gen. Mün-
zer von Mohrenſtamm. †.

2. Maria Auguſta von Bohenſtein. †.

Gem. Johann Friedr. von Nettelhorſt. †.

Kinder und Erben:

a. Charl. Chriſtina Auguſta, † 1768.

Gem. Samuel Friedr. Freyherr von
Gültlingen.

Kinder:

α. Chriſtiana Frid. Auguſta.

β. Carl Ludwig Immanuel.

b. Carolina Friderica.

Gem. Franz Carl, Freyherr von Har-
ling ꝛc.

3. Joh. Dorothea Charlotte.

Gem. Ludwig Wilhelm, Freyherr von Bernerdin, †. f)

Die unter N. 1 — 3. genannten hochadeli-
chen Schweſtern beſaſen alſo die Herrſchaft Adel-
manns-

f) Dieſe Tabelle iſt auch aus der angeführten Bohenſteiniſchen
Stammtafel.

mannsfelden zu drey Drittheilen bis 1762. Allein
in diesem Jahr ergieng vom Reichs=Kammer=Ge=
richt zu Gunsten Herrn Philipp Onz von der Ley,
Churbayrischen Hauptmanns, welcher von Johann
Veit von Vohenstein, † 1694. abstammte, und
daher Ansprüche machte, ein Urtheil, und 1765.
noch eines, wodurch ein ganzes Drittheil der Herrschaft
an gedachten Johann Veits von Vohenstein Nachkömm=
linge kam, wobey sich aber die von Vohensteinischen
Allodial=Erben nicht beruhigen wollen. g) Indessen
mußte es hier angeführt werden, um den gegen=
wärtigen Besizstand der Adelmannsfeldischen Herr=
schaften deutlich vorlegen zu können; nach welchem
an der Herrschaft Adelmannsfelden

1)  ⅓ von Onzisch,
2)  ²⁄₉ von Bernerdinisch,
3)  ⁴⁄₉ von Jungkenuisch,
4)  ⅓ von Güttlingisch,
5)  ⅓ von Harlingisch, oder nach dem Verkauf
    von Adelmannisch sind.

Die Lage der Herrschaft kann man auf unsrer,
auch der Homännischen Charte von Limpurg so
ziemlich sehen, wiewohl nur einige der dazu gehöri=
gen Orte darauf vorkommen. Sie liegt der Graf=
schaft Limpurg ostwärts, und gränzt mit den An=
theilen Limpurg=Sontheim=Schmiedelfeld und Lim=
purg=Sontheim=Gröningen, und übrigens mit der
fürstlichen Probstey Ellwangen. Sie steuert zur
unmittelbaren Reichsritterschaft, und zwar zum Kan=
ton Kocher. Sie hat grosentheils Sandboden und
beträchtliche Waldungen, ist aber doch ziemlich an=
gebaut. Es werden sehr viele hölzerne Gefäse und
Werkzeuge in derselben verfertigt, auch viel baum=
wollenes

---

g) Nach dem Inhalt derselben C. W. Stammtafel.

wollenes Garn in die Fremde verſponnen. Die
Zahl der Einwohner gibt man überhaupt auf bey⸗
läufig 2000. auch darüber an. Die meiſten ſind
evangeliſch⸗lutheriſch, ein Theil derſelben katholiſch.

Der vornehmſte Ort iſt Adelmannsfelden,
ein wohlgebauter Flecken von 800. Einwohner⸗See⸗
len, zwey ſtarke Meilen von Gaildorf, nicht weit
von dem Blinden⸗Roth⸗Fluß, welcher unter Abts⸗
Gemünd in den Kocher fällt. Es iſt hier ein neu⸗
gebautes, von Jungkennniſches Schloß, und ein be⸗
ſonderes Amthauß. Das Patronatrecht hat Lim⸗
purg von alten Zeiten bey der hieſigen Pfarrkirche
hergebracht, das Episcopat aber geſtehet das Hauß
Hohenlein jenem nicht ohne Ausnahme zu. Der
hieſige Heilige iſt ſehr beträchtlich. Aus der ehma⸗
ligen Frühmeſſe iſt ein Limpurgiſches Stipendium
für Studirende errichtet worden. Nicht weit von
dem Ort iſt eine Papiermühle, welche ſchönes Poſt⸗
und Schreib⸗Papier verfertigt, und in dieſer gan⸗
zen Gegend nur die Ellwangiſche zu Unterkochen
und die Halliſche zu Scheſſach zu Nebenbuhlerin⸗
nen hat.

Auſſerdem ſind noch vornemlich zu merken

1. Mezelgehren, der Siz des Freyherrn von
Onz.

2. Ottenhof, der ehmalige Siz des Freyherrn
von Bernerdin.

3. Wildenhof, der Siz des Freyherrn von Gült⸗
lingen.

Num. 10.

Nekar⸗Rems und Nekar⸗Gröningen.

Beyde beſaſen die Schenken von Limpurg ei⸗
nige Zeit als eine Pfandſchaft. Folgende Stelle

aus Herrn Sattlers Hist. Beschr. Wirt. belegt es. Er schreibt bey der Stadt Tuttlingen:

„ Graf Ludwig und Ulrich verpfändeten selbige anno 1434. an Hannsen von Zimmern und seines Sohnes Kinder Wernher, Gottfriden, Conraden und andere derselben Geschwistrigte um 4500. Fl. von welchem Geld sie die Burg und Dörffer Remß und Neckargröningen von denen Schenken von Limpurg eingelöset haben. „

### Num. 11.
### Nellenburg.

Die heutige Landgrafschaft Nellenburg, die zu Schwäbisch-Oestreich gehört, war auch einige Zeit als Pfandschaft in der Schenken Händen.

Eine Stelle in der von Pistorius herausgegebenen Lebensbeschreibung Herrn Gözens von Berlichingen zugenannt mit der Eisern Hand, Seite 39. gehört hieher, die auch nebenbey die Geschichte der Schenken in etwas erläutert. Nachdem Göz von dem im Jahr 1499. angefangenen Schweizerkrieg geredet und gemeldet hat, wie sich Kaiser Maximilian mit einem Kriegshaufen bey Costanz gestellt, so fährt er fort: „ Wie mich nun der Kayser ersicht, so reit er von dem Marggrafen zu mir, und spricht, wem ich zustehe, da sagt ich, meinem gnädigsten Fürsten und Herrn, dem Marggraf Friderichen ꝛc. Da hebt er an, und spricht, du hast einen langen Spieß und ein grossen Fahnen daran, reit mit dorthin zu jenem Hauffen, biß daß des Reichs Fahnen der Adler von Costanz heraus kommt, das thät ich nun, dieweil ich den Kayser kant, und wußt,

wuſt, daß Ers war, fragt derohalben niemands
und kam alſo neben Schenk Chriſtophen von
Limpurg, der hett der Zeit Nellenburg im
Hegen innen Pfandweiß, und hielt mit einem
Fahnen neben Jhm, das wehret irgend eine halbe
Stund ungeſehrlich mehr oder weniger, da gab man
Schenk Chriſtophen von Limpurg den Adler des
Reichs Fahnen in ſein Handt. „

## Num. 12.
## Vellberg.

Dieſes ohnweit dem Bühler-Flüßchen gelegene
Schloß, welches nun die Reichsſtadt Hall ſamt einem davon benannten Amt beſizt, war im 15. Jahrhundert zum vierten Theil auch Limpurgiſch. Schenk
Friedrich erkaufte im Jahr 1400. denſelben von
Contz Löchern mit allen Rechten und Zugehörungen;
ſo wie ihn jener vorher von Contzen Adelmann
erkauft hatte. Da aber das Eigenthum Hohenlohiſch
war, ſo erlangte Friedrich von den Herren Ulrich
und Albrecht, Grafen von Hohenlohe, daß ihm dieſer Theil geeignet wurde. Sein Sohn Conrad gab
ihn aber 1418. wieder Hanßen von Enßlingen zu
rechtem Mannlehen, doch mit Vorbehalt der Oefnung:
Bald darauf aber ereignete ſich der Lehens-Heim-
fall, weil jener unbeerbt ſtarb, und nun erhandel-
ten ihn Georg und Hanß von Vellberg, Gebrüder,
ſamt ihren Vettern Haug und Volkhard, Gebrüdern
von Vellberg eigenthümlich, im Jahr 1432. jedoch
auch mit Vorbehalt der Oefnung, und der Bedingung, die Veſte im Bau zu erhalten.

Cc 2                    Num. 13.

## Num. 13.
### Iphofen.

Im Jahr 1420. verschrieb Bischoff Johannes zu Wirzburg diese Stadt und das dazu gehörige Amt Schenk Conrad und seinen Brüdern, als Pfand für 6000. Fl. Hauptgut, so daß sie 300. Fl. jährlicher Gült davon zu erheben hatten. Schenk Conrad wurde zugleich als Amtmann darüber gesezt, und zog dafür eine gesezte Besoldung, Rath und Bürgerschaft waren ihm solchergestalt gelobt bis zur Auslösung. Seine Gemahlin Clara, geb. Gräfin von Montfort, wurde wegen ihres Heurathgutes auf dieser Pfandschaft noch im Jahr 1439. versichert.

## Num. 14.
### Schnait. Beutelspach.

Diesen schönen Flecken im Ramsthal, der von Alters her, und auch heutiges Tages zu dem Oberamt Schorndorf gehört, auch einen besondern Amtmann und eine Pfarrkirche hat, verkauften Graf Eberhard und Ulrich von Wirtemberg 1366. an das Geschlecht der Norbecken, diese an die Schenken von Limpurg, die ihn 1607. wieder an Herzog Friedrich vertauschten. Sattlers Hist. Beschr. W. I. S. 96.

Auch besasen die Schenken in Beutelspach und andern Orten Unterthanen, welche bey jenem Tausch mit abgetretten wurden.

Limpurg erhielt dagegen die Wirtembergischen Unterthanen zu Michelbach im Roththal, Holzhausen ꝛc. und viele Zehenden hin und wieder, sonderlich im Roththal.

Num. 15.

**Num. 15.**

## Welzheim nebst Zugehörde.

Welzheim scheint ein sehr alter Ort zu seyn, und man wird schwerlich irren, wenn man seine Entstehung bis in den Zeitraum der Römischen Herrschaft über das südliche Deutschland hinaufsetzt. Den ersten Beweis geben die häufigen Römischen Münzen, welche um Welzheim seit langer Zeit gefunden werden. Den andern noch stärkern der alte Römische Gränz-Wall, der sich hart an Welzheim vorbey ziehet, und davon von Hohenstaufen an bis gegen den Hohenlohischen Ort Mainhard, von wo an der berühmte Alterthumsforscher Hanselmann ein solches ungezweifelt Römisches Vallum bis in den Odenwald und weiter hin umständlich beschrieben hat, von einer Entfernung zur andern noch kenntliche Ueberreste unter dem Namen Schanz sich bis diese Stunde erhalten haben. Es ist hier der Ort nicht, weitläuftig davon zu reden; aber die Bemerkung kann ich doch hier nicht übergehen, daß man hieraus siehet, daß die Römer von Pföringen an der Donau bis an den Mayn und Rhein nicht nur eine einige Linie gehabt haben, sondern hie und da, besonders in Gegenden, wo sie gefährliche Nachbarn hatten, deren mehrere hinter einander. Den dritten Beweis gibt die Burg an die Hand, welche gerade in der Richtung des eben berührten Gränzwalls, und hart an dem heutigen Welzheim lag. Der Platz, worauf sie gestanden haben muß, jetzt Ackerland, heißt noch auf der Burg, und ist ebenderselbe, worauf bisher am meisten Münzen gefunden worden. Der unterirrdische Wiederhall, welchen hier an einigen Stellen der Pflug und anderes Getöse macht, läßt auf noch vorhandne Gewölber

Cc 3                                                    schließen.

schliesen. Der Plaz liegt etwas südöstlich von Welzheim, und hat weiter morgenwärts vor sich den kleinen Lein-Fluß, welcher mit dem engen Thale, das
er bewässert, der Burg auf dieser Seite zu mehrerer
Festigkeit, so wie zur Bequemlichkeit diente. Diesen
reihe ich noch einen vierten Hülfsbeweis an, nemlich
den alten Namen des Orts. Er kommt unter verschiednen, und wenigstens sechserley Formen vor.
Aus Wallenzingen und Wallenzen wurde nach und
nach Welnzen, Welntze und Welzen, und endlich
in neuern Zeiten Welzheim. a) Man kann hier
bey dem ältsten bekannten Namen, der unterm Jahr
1335. vorkommt, das Wort Wall als seine Stamm-
wurzel beynahe nicht miskennen. Wald scheint es
wenigstens nicht zu seyn, weil keine alte Form damit übereinstimmt. Darf man auch die Ortsnamen
Pfalheim und Pfalbach von jener Wurzel und von
dem Römischen Wall, an welchem sie erbauet wurden,
ableiten, so wird man diese Ableitung noch weniger
unnatürlich finden, da das Römische Wort Vallum
und das deutsche Wall einander noch näher ent-
sprechen. Doch darauf beruhet die Sache nicht.

Im mitlern Zeitalter besasen die Hohenstaufen
höchstwahrscheinlich die Gegend um Welzheim, und
diesen Ort selbst. Jenes ist daraus klar, daß die beyden

a) In der topographischen Geschichte von Wirtemberg heißt es:
vorzeiten sey diese Herrschaft auch Walsee genennet worden, indem im Jahr 1404. Ulrich von Walsee in einer Urkunde auch
den Namen eines Herrn von Limpurg geführt habe. Seite
504. Allein da unsre bekannten Limpurgischen Geschlechts-Ta-
bellen um diese Zeit von keinem Ulrich wissen, auch keine der
bekannten Urkunden das heutige Welzheim Walsee nennet, so
scheint es, daß jene Urkunde ein andres Walsee bezeichnen müsse.
Es ist auch leicht zu beweisen, daß von unserm Limpurgischen
Schenkenhauß, welches Welzheim ungetheilt besaß, in obigem
Jahr nur eine einige mündige Mannsperson, nemlich Schenk
Friedrich III. lebte.

den Hohenſtaufiſchen Stiftungen, die Klöſter Lorch
und Adelberg noch jezt rings um Welzheim ganze Orte,
und viele einzele Güter beſizen, und darunter das
Dorf Kaiſersbach; das andre läßt ſich aus der Hohen=
ſtaufiſchen Stiftung in Welzheim ſelbſt ſchlieſen, da=
von ich in einer beſondern Abhandlung geredet habe,
worauf ich Kürze halber verweiſen muß.

Die nächſten Beſizer von Welzheim nach den
Hohenſtaufen waren die Herren von Hohen=Rech=
berg, welchen viele Hohenſtaufiſche Güter zu Theil
worden ſind, wie man auch unter dem Artikel Ho=
henſtaufen in dieſer Abtheilung finden wird. Von
dieſen kam Welzheim im Jahr 1335. durch freyen
Kauf an das Hauß Limpurg. Der Kaufbrief iſt
gegeben an Georgen Tag des angezeigten Jahrs.
Der Verkäufer war Albrecht von Hohen=Rechberg,
deſſen Bruder Konrad den Verkauf mitbewilligt und
mit ſeinem Inſigel bekräftigt hat; die Käuferin Mech=
tild, die Schenkiſche Wittwe von Limpurg, welche
der Verkäufer im Kaufbrief ſeine liebe Schweſter
nennt, die es aber nur im uneigentlichen Verſtand
als Schwägerin, und eine gebohrne Pfalzgräfin von
Tübingen war, wovon die Abhandlung über die älte=
ſte Limpurgiſche Stammreihe mehr Erläuterung und
Beweis gibt. Die Kauf=Summe war Tauſend
Pfund guter Heller. Es war aber ein freies und
lediges aigen, wofür es auch der Verkäufer in
allen geiſtlichen und weltlichen Gerichten zu gewäh=
ren verſprach, und heißt in der Urkunde Wallen=
zingen *) Burg und Stadt. Da die Hohen=
ſtaufen eine ſo anſehnliche Stiftung daſelbſt mach=

Cc 4　　　　ten,

*) In einer Abſchrift Wallenzwingen; ich halte aber die
Lesart im Text, die auch Fröſchlin hat, für ächter. Das Origi=
nal konnte ich nicht einſehen.

ten, so muß der Ort allerdings nicht unbeträchtlich
gewesen seyn. Man sah auch noch vor nicht vielen
Jahren einen grosen Graben ausser dem Ort, der ein
Ueberrest eines Stadtgrabens zu seyn schien, und
findet noch jezt Spuren von sehr alten Gebäuden
ausser demselben, die auf seine ehemalige Beträchtlich=
keit schliesen lassen.

Bald nach dem Erkauf müssen aber die Schen=
ken von Limpurg die Hälfte des Orts dem Hause
Wirtemberg zu Lehen aufgetragen haben, indem schon
im Jahr 1379. Schenk Konrad in dem Lehenbrief
meldet, daß ihn Graf Eberhard mit dem halben Dorff
Welzheim und was darzu an Leuten und Gütern ge=
hört, belehnet habe, wie solches sein Bruder Albrecht
und seine Voreltern inngehabt, und zu Lehen em=
pfangen haben. b)   Damals war nur das halbe
Dorf Welzheim und die Burg Lorbach Lehen, doch
leztere auch nur halb.   Als Graf Eberhard von
Wirtemberg im Jahr 1394. Schenk Friedrichen wie=
der belehnte, so heißt es im Lehenbrief: zu rechtem
Mannlehen Lorbach die Burg halber mit Leüthen
und mit Güttern, und was darzu gehöret, als das
Schenk Conrad sein Vater selig zu Lehen gehabt,
darzu Welzen das Dorff halb mit Leüthen und
Güttern, und was darzu gehört. Erst 1418. wurde auch
die andre Helfte von Welzheim dem hohen Hauß Wir=
temberg zu Lehen aufgetragen, von Schenk Friedrichs
Witwe und ihrem ältesten Sohn und Mitregenten
Conrad,

b) So meldet es Herr Sattler in der hist. Beschreibung, und
topographischen Geschichte. Aber in der Jahrzahl muß ein klei=
ner Verstoß oder sonst ein Fehler seyn. Denn Schenk Konrad,
Albrechts jüngerer Bruder, war schon 1376. gestorben, laut Auf=
schrift auf seinem Grabmal zu Komburg. 1377. wurde auch
denen von Rechberg die Vormundschaft über seine Kinder vom
Kaiser bestättiget.

Conrad, gegen Eignung der halben Veste Lorbach.
Allein es war hieran noch nicht genug. Sondern es
wurde auch zugleich das noch nicht lang erworbne
Hohenlohe-Speckfeldische Erbstück Oberleinebach, die
Vestin halb, mit ihrer Zugehörung, ausgenommen
die Zölle daselbsten, von Limpurg als Lehen aufgetragen, und dagegen auch die Waibelhub, in so weit
sie vorhin Lehen war, von Wirtemberg zugleich mit
Welzheim zu Lehen empfangen. Denn die letztere hatte
schon Schenk Friedrich im Jahr 1410. von Wilhelm
von Rechberg, zu Gröningen erkauft, um 1700. Fl.
Rheinisch, Lehen für Lehen, eigen für eigen. Von nun
an wurden daher Oberleinebach, Welzheim und die
Waibelhub miteinander von Wirtemberg an Limpurg zu Mannlehen gereicht, welches auch 1428.
und so fort an geschah.

Das eigentliche Jahr, in welchem die Kirche
zu Welzheim, in der Ehre des h. Gallus, gestiftet
und gebauet worden, ist nicht bekannt; aber daß
es von den Hohenstaufischen Kaisern, und insonderheit von Kaiser Philipp und seiner Gemahlin
Irene, also vor dem Jahr 1208. geschehen, kann
wenigstens vermuthet werden. Die Vermuthungs-
gründe habe ich in dem Aufsaz über das alte Monument
an der Kirche zu Welzheim, angegeben. Es ist daher
wohl vereinbar mit der Geschichte, daß diese Kirche
in der Mitte des 13. Jahrhunderts durch Bischof
Sibotho von Augspurg, als Diöcesan, mit unge-
zweifelter Einwilligung des Kaisers, mit dem Kloster Lorch vereiniget worden, welche Vereinigung
auch nachmals durch Pabst Alexander VI. bestättiget wurde. Es konnte dieses gewissermasen unter
der Voraussezung, daß die Manes der beyderseitigen Stifter nichts dawider haben würden, geschehen.

Der

Der Abt und Konvent zu Lorch war also von nun an Patronus der Pfarr. Der Frühmeß halber wurde aber 1432. zwischen demselben und zwischen Limpurg, als der Landes= und Orts=Herrschaft ein Vertrag errichtet, daß solche von beyden Theilen wechselsweise verliehen werden sollte. Was im Jahr 1488. für ein Umstand deswegen sich ereignet hat, ist bey Gebenweiler angegeben worden. Sonst fin= det man, daß nach der Vereinigung mit dem Klo= ster Lorch, der Kirche ein Vicepfarrer vorgestanden. Ein Heinrich Vicepfarrer zu Wallenzin kommt un= ter dem Jahr 1269. vor, als Zeuge bey einem gütlichen Vertrag zwischen Ulrich, Abt zu Lorch und Wipert, Scultetus zu Wallenzin, einen Noval= zehenden zu Burestall betreffend. c)

Welzheim war auch manchmal in ältern Zei= ten ein limpurgischer Wittwen=Siz. Man findet, daß im Jahr 1413. der Frauen Miechtild, gebohr= nen von Limpurg, Schenk Konrads und Frau Yta von Weinsperg Tochter, hinterlassenen Witwe Graf Rudolphs von Sulz, durch ihren Bruder Schenk Friedrich uf dem Schloß und Marck Welnze 60. Fl. jährlicher Gült verschrieben worden, auch daß er ihr versprochen, weil sie eine devote Dame war, sie von dem lustigern Limpurg an einen andern Ort zu versezen, woher wahrscheinlich wird, daß sie ihre Witwentage in Welzheim zugebracht habe. Auch die Gräfin Maria Juliana, geb. Gräfin von Ho= henlohe, Mutter der beyden lezten Limpurg=Gails= dorfischen männlichen Zweige, die vor ihr hinwelk= ten, erblaßte hier, d. 14. Jan. 1695. Ihre Leiche wurde am 13. Febr. von da nach Schmiedelfeld abge=

e) Cruf. Annal. Part. 3. lib. 2. c. 20.

abgeführt, und in der Schloßkirche daselbst beygesezt. d)

Damals war Welzheim mit der ganzen Waibelhub noch immer Limpurgisch, ob es wohl nach Erlöschung des Limpurg-Gaildorfischen Mannsstanms
an den Speckfeldischen übergieng, aber im Jahr 1713.
da auch dieser in männlichen Erben ausgieng, endigte sich der beynahe vierhundertjährige Limpurgische
Besiz von Welzheim und ihrer Zugehörde, doch, was
leztere betrift, nur zum Theil. Das hochfürstliche
Hauß Wirtemberg zog Welzheim und den Theil von
der Waibelhub, welcher zu Lehen rührte, als ein er-
öfnetes Lehen ein, und nur derjenige Theil von der
Waibelhub und andern Welzheimischen Amts-Orten
blieb den gräflichen Töchtern des Limpurg-Speckfelds-
Sontheimischen Hauses, als Allodial-Erben, welcher
völlig eigenthümlich war. Er ist im Jahr 1774.
durch die Limpurg-Sontheimische Theilung dem Limpurg-Sontheim-Gaildorfischen oder Limpurg-Pücklerischen Loos zugelegt worden.

Aber auch mit dem heimgefallnen Lehen gieng
noch einige Veränderung vor, bis es in die jezige
Verfassung gesezt wurde. Herzog Eberhard Ludwig
schenkte Welzheim mit Zugehörde als eine Herrschaft
den 13. Nov. 1718. der Gräfin Christine Wilhelmine
von Würben, welche sie aber d. 13. Nov. 1726. dem
hochfürstlichen Hause wieder zu Lehen auftrug, doch
so, daß ihr Bruder, Graf Wilhelm Friedrich von
Gräveniz sie gemeinschaftlich mit ihr besizen sollte,
welcher hierauf auch 1727. aufs neue von wegen
dieser Herrschaft Siz und Stimme auf der fränkischen
Grafenbank erhielt, und einen Matricular-Anschlag
von

d) Aus sichern Handschriften.

von 5. Fl. ihretwegen übernahm. Bey nachfolgen=
der Landesveränderung wurde diese Herrschaft aber
dem hochfürstlichen Lehenhause wieder aufgegeben,
und den Kammerschreiberey=Gütern beygelegt.

Nun ist noch übrig, den Ort Welzheim und
seine Zugehörde nach dem heutigen Zustand selbst
kürzlich zu beschreiben.

Welzheim, der Siz eines Oberamtmanns,
welcher zugleich Keller und Amtsschreiber ist, liegt
auf dem Wege Gaildorf nach Schorndorf, 2. Mei=
len von dem ersten, und 1½ Meilen von dem leztern
Orte, in einer waldichten Gegend, welche insgemein
mit dem Namen des Welzheimer Walds bezeichnet
wird, doch fruchtbaren Leimen=Boden, mit etwas
Sand vermischt hat, welcher sehr geschickt zum Flachs=
bau ist, und auch dergleichen in grofer Menge er=
zeugt. Es wird auch viel Holz= und Schneid=Waare
in der Gegend verfertigt, und durch Welzheim ins
Rams=Thal und noch weiter ins Herzogthum ver=
führt. Ehemals muß der Ort wohl auch bemauert
gewesen seyn, und hat wahrscheinlich die Municipal=
Freyheit von den Hohenstaufischen Kaisern, zu deren
Erbgütern er gehört haben mag, erhalten, aber mit
dem Abgang dieses mächtigen Hauses andre minder=
mächtige Herren bekommen, die zu seinem Flor nicht
so viel, als jenes, beytragen konnten, zumal bey dem
Aufkommen andrer Städte in seiner Nachbarschaft.
Seine 3. jährliche Viehmärkte sind indessen von Al=
ters her berühmt, und an deren lezterm, welcher auf
den Feyertag Simonis und Judä fällt, wird auch
ein beträchtlicher Flachs=Markt gehalten. Die Ein=
wohner nähren sich größtentheils von Handwerkern
und dem Landbau. Sie machen zusammen eine An=
zahl von 1100. Seelen, die eigentliche Bürgerschaft
aber

aber 240. Köpfe aus. Diese besizet eine sehr weitläuftige Allmand mit vielen Seen, und schönen Ge-
mein-Waldungen. Vieles davon ist den Bürger-
häusern zugetheilt, urbar gemacht, und hilft den Wohlstand der Einwohner vermehren. Es stehen auch zu
dieser Zeit 1486. fruchtbare Bäume darauf, wozu jeder
angehende Bürger 2. neue zu sezen und zu unterhal-
ten hat. Die ansehnliche Kirche des Orts, welche
das schon angeführte alte Denkmal von 4. steinernen
Bildnissen am Haupteingang aufweiset, ist noch mit
Ringmauren besonders verwahret, welches wohl noch
von den ehemaligen fehdevollen Zeiten herrühret, und
hat auch noch zu ihrem Schuz vor nicht vielen Jahren einen besondern Graben gehabt, der aber einge-
füllet worden. Ueberhaupt hat der Ort in neuern
Zeiten ein vortheilhaft verändertes Ansehen gewonnen.

### Das Welzheimer Amt

wird noch die Waibelhueb genannt, e) und begreift folgende Orte:

1. **Rupertshofen,** wo ein Amtsverweser,

2. **Hinterlinthal,**

3. **Höneck,**

4. **Velbach,**

5. **Holzhausen.**

Diese

---

e) So im Herzogl. Wirtemb. Adreß-Buch. Art. Welzheim. Aber eigentlich, wie man schon oben im 17. Abschnitt findet, war das Amt
der Waibelhueb und das Amt Welzheim vor Alters ganz unterschieden. Was von der Waibelhueb Lehen war, macht nun
das heutige Wirtemb. Amt Welzheim aus; die ehmalige zu
Welzheim gehörige Amtsorte sind heutiges Tags nicht mehr
dabey.

Diese fünf Orte sind mit Lorch, Limpurg und der Reichsstadt Gmünd geminschaftlich.

6. Heldis, ist gemeinschaftlich mit Schorndorf, Lorch und Limpurg.

7. Hafenthal, Hetzenhof, Eigenhof, Hölhöf, Waldmannshofen, Gehrenhof, Ernst und Reichenbach, gehören ganz nach Welzheim.

* Oberleimbach im innern Franken, wovon oben etwas vorgekommen, ist als zu weit entlegen, veräussert worden.

### Num. 16.
### Hausen.

Die kleine Herrschaft Hausen, von welcher hier die Rede ist, bestehet nur in dem Dorf Hausen, in der Gegend von Obersontheim. Die Schenken trugen sie von Churbayern zu Lehen. Da sie durch Aussterben des Limpurgischen Mannsstamms dem Lehenhaus heimgefallen war, so gieng sie durch verschiedene Hände, und kam endlich an Brandenburg-Onolzbach. In der im Jahr 1746. zwischen diesem hochfürstlichen Hause und den Limpurgischen Allodial-Erben errichteten Konvention, ist Art. X. folgende diesen Ort betreffende Stelle befindlich:

„Wie dann letzlichen ex parte des hochfürstlichen Hauses in gegenwärtiger Transaction, nach ob verstandenen Puncten und Clausuln, nichts weiter ausgenommen und vorbehalten wird, als allein das neu acquirirte- und von dem Churhauß Bayern zu Ritter-Mann-Lehen rührende Reichs-Äffter-Lehenbare Gut Haußen, mit dessen hoher und niederer Gericht-und
Jagd-

Jagdbarkeit auf deſſen ganzer Markung, ſamt
allen deſſen Recht = und Gerechtigkeit, auch
Ein = und Zugehörungen. „

### Num. 17.

Kurze Aufzählung deſſen, was an das hochfürſtli=
che Haus Brandenburg = Onolzbach, an adeli=
lichen Vaſallen, an Unterthanen und andern
Nuzbarkeiten durch die Konvention vom 15.
Aug. 1746. abgetretten worden.

### I. Der ganze Limpurgiſche Schild=
### Lehen = Hof.

1. **Von Berlichingen.**

   Lehen: ein Antheil an dem Hof zu Wüſten=
   Erlbach, und an dem Zehenden, groß und
   klein daſelbſt.

2. **Von Ellrichshauſen.**

   Lehen: der Kirchenſaz zu Jaxtheim, nebſt aller=
   ley Zugehörungen.

3. **Ellwangen, Dechant und Kapitel daſelbſt.**

   Lehen: viele Söldengüter zu Neuler, und andre
   einzelne Acker = und Wieſen = Stücke.

4. **Von Eyb zu Dörzbach.**

   Lehen: das ganze Schloß Dörzbach, Antheile
   an den Zehenden zu Rengershauſen und zu
   Dörzbach.

5. **Von Forſter.**

   Lehen: zu Hauſen die Dorfsherrſchaft, Vogtey
   und Obrigkeit, der Burgſtall daſelbſt, viele
   Unter=

Unterthanen daselbst, und ⅗ am Zehenden
zu Birkach.

6. Von Geyern zu Syburg.

Lehen: der Hof zu Hilpertsweiler.

7. Hall, Burgermeister und Rath.

Lehen: Orlach, das Dorf, mit aller seiner
Zugehörung, Gericht und Vogtey, nebst vielen andern Gütern in dem Hallischen Gebiet.

8. Von Holz.

Lehen: Einige Güter im Hallischen Gebiet.

9. Hölzel von Sternstein.

Lehen: Antheile an Zehenden zu Orlach, Bruck
und andern Orten, gewisse Feldlehen zu
Braunspach und Münkheim, Gülten aus einigen Häusern in der Stadt Hall, und gewissen Feldgütern in derselben Nähe, die Haz
und klein Weidwerk zu Biebersfeld, eine Anzahl Güter daselbst mit hergebrachter Vogtey
und Obrigkeit ꝛc.

10. Horneck von Weinheim.

Lehen: Einige Weingärten und Aecker.

11. Von Muggenthal, Grafen und Herren.

Lehen: Das Schloß Leippach, mit aller Zugehörung, Antheile an Zehenden, groß und klein,
zu Clepßheim, und zu Rengershausen.

12. Von Stetten.

Lehen: der Zehende zu Nieder-Mulfingen, zu
Bernbshofen, zu Bittelbronn, Antheile am
Weinzehenden zu Alten-Krautheim, und am
Frucht- und Wein-Zehenden zu Haimphausen.

Anm.

Anmerkung. Diese sämtlichen adelichen Lehenleute und andere Schildlehens-Inhaber wurden im Jahr 1747. ihrer bisherigen Lehenspflichten von dem Hause Limpurg, (jedoch mit Ausschliessung dessen, so viel hieran zu dem Wurmbrandischen Landes-Antheil gehörte,) quit, ledig und los gezählt, und an Sr. Hochfürstliche Durchlaucht zu Brandenburg-Onolzbach gewiesen.

II. Unterthanen, Güter und Gefälle, in folgenden Ortschaften:

### 1. Oberspeltach.

Zwey Unterthanen, Söldner, mit beständigen und unbeständigen Gefällen.

Anmerkung. Ein Filialkirchdorf, von 19. Anspachischen, und 14. fremden Unterthanen, im Oberamt Creilsheim.

### 2. Goldbach und Ingersheim.

An jedem Ort Ein heimgefallener Graf-Geyerischer-Lehens-Unterthan.

Anmerkung. Goldbach, ein Pfarrdorf, von 28. Anspachischen Unterthanen; Ingersheim, ein Filialdorf, von 62. Anspachischen und 7. fremden Unterthanen; beyde im Oberamt Creilsheim.

### 3. Gollach-Ostheim.

An Unterthanen und Lehenleuten, die beständige Gefälle an Geld, Küchen-Rechten und Gültfrüchten zu entrichten hatten, wurden hier abgetretten 19. Die unbeständigen Gefälle bestunden in 1. Schuzgeld von Hausgenossen, 2. Frevel und Bußen, 3. Handlohn, 4. Hauptrecht, 5. Nachsteuer, 6. Frohn- und Dienstgeld.

Gesch. Limp. 2. Bd.   D d   Anm.

Anm. Liegt in der Nähe von Uffenheim. Die
Fränkische Ritterschaft Orts Odenwald, erhebt
die Schazung.

#### 4. Pfahlenheim.

Hier waren Unterthanen und Lehenleute, welche
eben genannte beständige und unbeständige Gefälle
zu entrichten hatten, 6.

Anm. Liegt in der Nähe von Uffenheim. Die
Fränkische Ritterschaft Orts Odenwald, erhebt
die Schazung.

#### 5. Herrnbergtheim.

Die Herrnbergtheim= und Gollhöfer Frühmeß=
Güter an diesem Orte. Ihre Besizer waren zu be=
ständigen Gefällen an Kuchenrechten, neuen Gülten
und Früchten und zu unbeständigen an Schazung
und Handlohn verbunden.

Anm. Der Ort, ein Pfarrdorf, liegt im Ober=
amt Uffenheim, hat jezt 45. Anspachische, und
8. fremde Unterthanen.

#### 6. Seyderzell.

Hier war ein der Herrschaft Limpurg=Schmie=
delfeld lehenbares, im Jahr 1739. zerschlagenes,
und zur Zeit der Konvention in 30. Theile zerstück=
tes Hofgut, deren Besizer jährliche Gülten und in
Veränderungsfällen Handlohn abzureichen hatten.

Ferner einige alte Lehenstücke, davon Handlohn
zu geben war, auf der Seyderzeller Markung.

Anm. Der Ort liegt im Oberamt Feuchtwang,
und hat jezt 12. Anspachische, und 6. aus=
wärtige Unterthanen.

#### 7. Markertshofen.

Dieser Ort war zur Zeit der Konvention ganz
Limpurgisch, und hatte 17. Wohnhäuser, und 18.
einwohnende wirkliche Unterthanen, darunter ein
Müller;

Müller; wurde mit aller hohen und niedern Ge,
richtsbarkeit abgetretten. Die beständigen Gefälle
bestunden in Geld=Hüner=und Frucht=Gülten; die
unbeständigen in 1. Gülten von Hausgenossen und
Schuzverwandten, 2. Haupt=Recht und Besteh=
Geldern, 3. Handlohn, 4. Straffen, 5. Viehzoll,
6. Schazung von Kindspflegschaften, 7. Schazung
und Steuer, 8. Nachsteuer und Abzugsgeldern,
9. vom Brandtweinbrennen, 10. vom Salpetergra=
ben, 11. Dienstgeld, 12. von Leibeigenschaften, 13.
im Ertrag des Fruchtzehenden.

Anm. Die Fischerische Beschreibung des Fürsten=
thums Brandenburg=Anspach, zweyten Theil
1787. gibt für Markertshofen jezt nur 11. Un=
terthanen an. Der Ort gehört jezt zum
Oberamt Creilsheim, liegt in der Nähe von
Obersontheim, ostwärts.

### 8. Unter=Sontheim.

Drey Unterthanen, nemlich 1. ganzer Bauer,
1. Halbbauer, 1. Söldenguts=Besizer. Gefälle, wie
bey Markertshofen, den Zehenden ausgenommen.

Anm. Untersontheim ist ein Pfarrdorf, bey Ober=
sontheim nordwestwärts, und enthält sonst noch
Ellwangische und Hallische Unterthanen.

### 9. Ummenhofen.

Hier wurden durch die Konvention 10. Un=
terthanen abgetretten, darunter 1. Gastwirth; Be=
sizer von ganzen Hofgütern 4, von halben 3. von
Söldengütern 1. Häußler 2. Die beständigen und
unbeständigen Gefälle waren, wie bey Markertsho=
fen angegeben worden, nur mit dem Unterschied,
daß hier der Zehende fehlte, dagegen das Umgeld
von der Erbschenke dazu kommt. Auch wurden

meh=

mehrere Limpurg lehenbare Nebenstücke auf der Um»
menhöfer und Unter = Sontheimer Markung mit ab»
getretten.

Anm. Ummenhofen, ein Filialdorf, etwas weiter
westwärts von Unter=Sontheim, gehöret sonst,
wie dieser Ort, zu dem Hallischen Amt Vell»
berg.

In Ansehung des Orts Gollach = Ostheim ist
noch zu bemerken, daß der dortige Bezoll, die da»
von abfallenden Zollstrafen und Stellung der Zoll»
Defraudanten, wie auch die in dasiger Gegend her»
kömmliche Kuppeljagd der Limpurg = Speckfeldischen
Linie vorbehalten worden.

Die Königl. Preußische Ratification der Convention
erfolgte den 30. Okt. 1747. Die Hochfürstlich Branden»
burg=Onolzbachische den 2. Sept. 1747. Die Hochfürst»
lich Brandenburg=Culmbachische den 21. Novbr. 1747.
Die Ratification von sämtlichen im Vergleich be»
griffenen Gräflich=Limburgischen Allodial=Erben und
Interessenten vom 25. März bis 3. Jul. 1747.
Die Vollmacht für die zu Vollziehung des
Recesses und wechselseitigen Immissions=Geschäftes,
abgeordneten Hochfürstlich = Brandenburgischen Be»
vollmächtigten, wurde den 14. März 1748. ausge»
fertiget, und unter eben diesem Datum ein hochfürstl.
Brandenburg=Onolzbachisches Patent gedruckt, wo»
durch die Gräflichen Allodial=Herrschaften als nun»
mehro rechtmäßige Inhaber der Regalien in der
Herrschaft Limpurg anerkannt und declarirt wurden,
welches Patent von der bisherigen Reichs=Lehens=
Inspections = Verwaltung zu Gaildorf, mit einem
begleitenden Schreiben vom 29. März 1748. an
die Benachbarten gesendet wurde.

# Beylagen.

# L.

## Ueber die vornehmsten Quellen und Hülfs=
mittel der Limpurgischen Geschichte.

Alte, gleichzeitige, mit den Kennzeichen ihrer
Aechtheit versehene Urkunden und andre Ueber=
bleisel der Vorwelt sind es hauptsächlich, wodurch
wir uns längst vergangne Zeiten wieder vergegen=
wärtigen können. Es sind gleichsam Züge, wo=
durch sich die Vorwelt den Nachkommen selbst ko=
pirt hat, damit diese sich nicht allein mit den Re=
lationen der Chronikschreiber, die oft eben so schief,
als unvollständig verfaßt sind, begnügen dürften.
Man hat es nur zu beklagen, daß die Alten in
Aufbewahrung der zu diesem Behufe dienlichen
Aktenstücke nicht immer sorgfältig genug waren,
und viele der aufbehaltnen durch Schuld der Zeiten
und mancherley Zufälle ihre Dauer schon überlebt
haben. Dies ist der Fall mit den **Limpurgischen**
**Archiven**, deren Urkunden nicht ins erste Viertel
des 13. Jahrhunderts reichen, ob sie wohl aus
spätern Zeiten einen Schatz von vielerley guten
Sachen enthalten. Fröschlin (von welchem weiter
unten mehr,) schreibt daher in der Vorrede zu sei=
ner handschriftlichen Limp. Chronik: daß er in ei=
ner Verzeichnus gelesen, daß der Herrn zu Limpurg
Monumenta im Feuer auf einem alten Schloß ver=
dorben, wann aber und was Orten? werde nicht
gemeldet.

Daher

Daher rührt vornemlich die Dunkelheit, worin die älteste Geschichte des Geschlechts der Reichsschenken von Limpurg verhüllt ist. Nur eine noch vorhandene alte Geschlechtsbeschreibung, von 11. mit kleiner Schrift beschriebenen pergamentnen Folio-Blättern, betitelt: Alt Herkommen des Stammens Lymppurg, hilft hier etwas aus der Noth. Sie ist deutsch und lateinisch verfaßt; wann das leztere geschehen, lehrt der Schluß: Descripta hæc singula sunt, latinitatique donata anno Millesimo quingentesimo et quadragesimo, decimo calendas Octobris. Der deutsche Text scheint geraume Zeit vorher verfaßt zu seyn. Die Beschreibung geht nur bis zum Tode Schenk Georgs, der 1475. starb. Was sie von Schenk Walthers Voreltern enthält, ohne Zweifel aus einer ältern Schrift, weil es am Rand heißt: in antiqua carta, ex qua hæc transposita, ist in der Abhandlung über die älteste Stammreihe schon benützt worden. Sie enthält aber auch Auszüge mit alten Rythmen, aus Chroniken, die zu Wirzburg und zu Frankfurt in Sant Bartholmes Kyrchenn befindlich gewesen seyn sollen, in Bezug auf K. Conrad II. der in der Beschreibung dem Geschlecht der Schenken von Limpurg zugesprochen wird.

Die ältesten Urkunden der Stadt Hall sind bekanntlich schon 1376. in einem großen Brand verunglückt. Fröschlin schreibt: in dieser Brunst seyn denen von Hall alle ihre alte Brieff, Monumenta und Antiquitäten verbrunnen, also daß man von dem Ursprung dieser Stadt und andern Denkwürdigkeiten keine Nachrichten gehaben mag. Das hat ohne Zweifel auch der Limp. Geschichte ältester Zeiten Schaden gebracht.

Die

Die Hohenlohischen Archive sind vor andern
reich an alten schäzbaren Urkunden, und man ist
gewiß den Herren Hanßelmann und Wibil für
die öffentliche Bekanntmachung vieler derselben
Dank schuldig, woraus der limpurgischen Geschlechts-
und Landes-Geschichte mehrere Erläuterungen zu-
wachsen. Doch führen uns alle diese Strahlen
zusammengenommen, nicht tief in graue Zeiten
zurück.

Wären nur die Nachrichten von den alten
Kochergäu-Grafen, mit welchen die Schenken von
Limpurg aller Vermuthung nach Eines Stamms
waren, nicht so äusserst rar! Sollten sie auch im
Kloster Murrhard, zur Zeit des großen Bauern-
Aufruhrs, vernichtet worden seyn? Möglich ist so
etwas, da ohnehin die Verlassenschaft des lezten
Kochergaugrafen zu Westheim dem Kloster soll zugefallen seyn. Aber da man überall so wenig von
diesen alten Dynasten zu Westheim findet, so wird
man vielleicht vermuthen dürfen, daß sie schon früher erloschen seyn mögen, als im Jahr 1378. wiewohl der Hallische Chronickschreiber Wiedmann es
bestimmt also angibt.

So viel von Urkunden zur limpurgischen
Geschichte, und deren Mangel insonderheit in den
frühen Jahrhunderten. Die Kanzley-Amts- und
Pfarr-Registraturen enthalten auch mancherley,
das einen geduldigen Nachforscher vergnügen kann.
Nur sind die Sachen meistentheils von keinem aus-
gebreiteten Nuzen. Die öffentlichen Kirchen-Regi-
ster sind zum Theil im dreyßigjährigen Kriege verlohren gegangen. Doch sind hie und da noch alte
vorhanden, woraus sich schließen läßt, daß bald

Dd 5 nach

nach dem Religions-Frieden dergleichen angeordnet
worden. In Geifertshofen fangen sie mit dem Jahr
1559. an, in Oberfontheim 1585. in Sulzbach am
Kocher 1588. andre noch später. Eine Gaildorfische Kirchen-Chronik, die allerley brauchbare Nachrichten enthält, ist von Sup. Albrecht 1631. angefangen, aber nicht ununterbrochen fortgesezt worden. Sie hat große Lücken; das lezte darinn sind
die Bemerkungen Sup. Majers, die von 1719.
bis 1735. reichen.

Stein- und Grabschriften trift man nicht
wenige an, und zwar vornemlich zu Komburg, wo
das alte limpurgische Erbbegräbnis war, in den
Kirchen zu Gaildorf, Oberfontheim, Markt-Einersheim, und der Schlösser Schmiedelfeld und Gröningen, wo die neuern Begräbnisse sind, auch zu Bamberg und Wirzburg, wo viele Schenken der ältern
Zeit geistliche Pfründen besaßen, und begraben
liegen.

Zu dieser Klasse kann man auch die mancherley Gratulations- und Trauergedichte, Gedächt-
nispredigten u. d. g. zählen. Sie enthalten zuweilen mit unter gute Materialien; und wo man
in Ansehung derselben leer ausgehet, möchte man
doch die Angaben der Zeitbestimmungen für einzelne
Fälle bemerkbar finden.

Oeffentliche Staatsschriften haben sonderlich die Strittigkeiten in Ansehung der Reichs-Lehen
und der Succeffion veranlaßt. Man kann sie nicht
übergehen, wenn man sich eine ausführlichere Kenntnis der verschiednen gegenseitigen Ansprüche verschaffen will. Es sind hin und wieder in diesem
                                        Werk-

Werkchen schon verschiedne solcher Schriften ange-
führt worden. Die neueste ist: Rechtliche Aus-
führung des dem Herrn Grafen Philipp Friedrich
Carl von Pückler und Limpurg auf die limpurgische
Allodial- und Lehens-Verlassenschaft seiner verstor-
benen Tochter, Gräfin Caroline Sophie Louise von
Pückler und Limpurg zuständigen Erbrechts. Von
D. C. C. Hofacker, ord. Rechtslehrer zu Tübingen.
Tüb. 1789. Fol.

Ein limpurgischer Secretarius Christoph
Fröschlin (oder Fröschel) ist der erste, der ein
Limpurgisches Geschichtsbuch verfaßt hat, welches
aber nie gedruckt worden. Es hat den Titel: Das
uralte Herkommen Stammen und Geschlecht der
Herren zu Limpurg, des h. R. R. Erbschenken und
Semperfreyen. Der Verf. überreichte es seinem
Herrn, Schenk Friedrich zu Obersontheim 1593.
zum neuen Jahr. Nachher ist es noch etwas
fortgesezt worden. Das Ganze ist in 5. Bücher
abgetheilt. Das erste fängt mit dem Jahr Christi
372. an, und erzählt viele alte Traditionen, unter
andern, die von der Verwandtschaft des Hauses
mit Carl dem Großen im 14. Grad, und mit K.
Conrad II. Es sind auch demselben am Ende
ebendieselben Extracte einverleibet, die wir oben bey
dem alten Pergament bemerkt haben. Das zweyte
und die folgenden Bücher sind fast durchgehends
aus den vorhandnen Diplomen geschöpft, und sehr
achtungswürdig.

Alle Genealogisten der reichsständischen Häuser haben Fröschlins Angaben hie und da mit Aenderungen, wiederholt; aber wie er, insgemein Herzoge von Limpurg in den Niederlanden, und Herren
von

von Limpurg an der Lahn, mit den Schenken als
Verwandte aufgeführt. Spener bemerkt im Opere
heraldico, daß Henninges unsern Schenken das
Wappen der Limpurge an der Lahn beylege. Vor
andern hat Paſtorius in Franconia rediviva eine
ſehr unrichtige Geſchlechtsbeſchreibung geliefert; des⸗
gleichen Rauchpar in Oettingiſcher Geſchlechtsbe⸗
ſchreibung. Herr v. Ludewig in Erl. güld. Bulle,
überläßt ſich gar zu ſehr ſeinen Muthmaſungen.
Biedermann in Gen. Tab. der hohen fränk. Gra⸗
ſenhäuſer, iſt ſehr brauchbar, aber der Anfang ſei⸗
ner Limp. Geſchlechts⸗Tabelle ſchwebt auch in der
Luft. Hübner hat weißlich über Johannes, Schenk
Walthers Vater, nicht hinausgehen mögen. Nähe⸗
re Beurtheilungen einzelner Angaben Limp. Ahnen
enthält die Abhandlung über die älteſte Geſchlechts⸗
reihe. De ortu Fam. Lymp. hat inſonderheit D.
u. Prof. Harpprecht in Oratione funebri ſuper
obitu Dn. Eberhardi, Dn. in Lympurg, Tüb.
1622. gehandelt, bringt uns aber nicht weiter,
als andre.

Zur Kirchengeſchichte hat man im Druck die
Limp. Speckfeldiſche Kirchenordnung, und einige
andre Verordnungen. Sup. Weinheimer in Gail⸗
dorf, ließ 1653. eine Predigt: Gottes geiſtlicher
Fuhrwagen drucken, welcher ein Verzeichnis aller
zu den Herrſchaften Gaildorf und Schmiedelfeld ge⸗
hörigen Kirchendiener, von der Reformation bis
auf ſeine Zeiten, angehängt iſt. Hofprediger Ge.
Sal. Ziegler in Mark⸗Einersheim gab 1730. einen
Limp. Jubelhall in Verſen heraus, welche durch
angehängte Anmerkungen erläutert ſind, aber alles
iſt ſehr kurz. M. Joh. Volpert Eber, Oberpf. in
Sommerhauſen hieng ſeiner Einweihungspredigt der
                                        Sommerh.

Sommerh. Kirche, eine kurze Geschichte derselben
an, die 1740. gedruckt wurde. Man kann etwa
noch eine und andre Predigt hieher rechnen, die
aber alle zusammen nicht viele Aufklärung in diesem Fache geben.

Was zur politischen Regenten- und Landesge-
schichte gehört, ist sehr mühsam zusammen zu suchen.
Fröschlin hat weder im Manuscript, noch im Druck
einen Fortsezer gefunden, und hat sich selbst über
seine Dokumente hinaus nicht viel verbreitet. Man
hat daher, ausser den einheimischen Quellen in Registraturen, die aber eben so zerstreut sind, als dem
Gebrauch nach eingeschränkt seyn müssen, nichts
übrig, als vielerley, sonderlich von Schriftstellern
über Geschichte benachbarter Lande, zu lesen, und
etwa hie und da etwas auszuzeichnen, das Limpurg
angeht. Dahin gehören vornemlich:

M. Johann Herolds Hällische Chronick. Er
lebte in der ersten Hälfte des 16. Jahrh. und
hat vieles von Hallischen und benachbarten Sachen aufgezeichnet zum Theil als Augenzeuge,
wenigstens Zeitgenosse.

Ge. Widmann (Wiedemann) Komburgischer
Syndicus hat um ebendiese Zeit gelebt, und
eine schäzbare Chronik hinterlassen, welche
auch viele Nachrichten vom Stift Komburg
und Kloster Murrhard enthält. Er war ein
verständiger und erfahrner Mann.

Andre Hallische Chroniken, die bis in die neueren Zeiten reichen, sind dabey nicht zu umge-
hen, wenn man sich eine weitläuftigere Kenntnis erwerben will.

Crusius

Crusius Schwäb. Annalen. Er hat diesem Zeitbuch vieles aus Herold und Widmann einverleibt, und aus vielen andern guten Quellen. Nur ist seine Ordnung nicht die beste, und die Sachen liegen oft bunt über einander.

Georgii (Dechants in Uffenheim) Uffenheimische Nebenstunden, in 13. Stücken, die 1740 — 1754. herauskamen, enthalten Chronik-Auszüge, aber auch gute diplomatische Sachen aus der ältern Zeit.

Hanßelmanns (Hofraths in Oehringen) diplomatische Werke und von der Römer Macht in Ostfranken.

Wiebels (Hofpredigers in Langenburg) hohenlohische Kirchen- und Reformations - Historie in 4. Bänden. Die öftern Anführungen dieser Quelle in der Geschichte und Beschreibung Limpurgs, zeugen, wie oft und nüzlich für diese aus jener geschöpft werden kann.

Auch Sattlers (Regierungsraths und Archivars in Stuttgard) historische und geographische Werke gaben manche nüzliche Belehrung an die Hand.

Nun muß man immer, so viel möglich, die einheimischen und auswärtigen Quellen miteinander vergleichen, und untersuchen, auf welchem Wege sich zuweilen manche Umstände genauer erörtern lassen, und zu künftigen Untersuchungen vorbereitet wird.

Zu

Zu der Beschreibung des Landes, nach der
heutigen Abtheilung, konnte freylich keine in den
vorhandnen Erdbeschreibungen, kleinen und grosen,
vorkommende Notiz viel beytragen. Hier war uns
umgänglich Selbstbereisen, Selbstsehen und eigenes
Nachforschen nöthig. Zur documentarischen Angabe
der speziellen Umstände, die einzelnen Orte betreffend,
dienten Auszüge und Belehrungen aus alten Kauf-
und Tausch-Documenten und Lagerbüchern. Die
detaillirten Bevölkerungs-Summen sind theils aus
öffentlichen Listen, wo sie eingeführt sind, theils erst
in dem verwichnen Sommer 1789. durch genaue
Nachfragen einzeln eingehohlt worden. Die Kirchenbücher gaben auch bey einigen Orten eine Vergleichung mit der ältern Bevölkerung vor und
nach dem dreyßigjährigen Krieg an die Hand.

Ich will diese Anzeige mit einem mir mitge-
theilten Fragment einer Beschreibung des Kocherthals aus Ladislaus Suntheims Chronick im
Manuscript, beschließen. Man siehet beyläufig daraus,
wie man zu Ende des 15. Jahrhundert Länder be-
schrieb.

Item das Kochenntal ist ain guts länndel
hat visch vogel wiltprebt vil ochssenn zu dem Ackher-
paw vil viech gut koren haber vnnd obs Vnnd da
der Koch enntspringt da wechst Jnn fünff meylen
kain wein der weinwachs vacht allerst an pey Gail-
lendorff ain stättl vnnd slos — — vnnd ist sawrer
slechter wein kochenweinn genannt — — Item Gay-
lendorff ain stättl vnnd Gslos schenk Albrecht von
lympurg Gesäß Schwebisch Hall ain Reichstatt hat
ain aigne mauer („Landwehr,„) die get nit waitter
wann sonerr Jr gepiett ist oder werdt vnnd vill
*adels*

abels ſitzt zu Hall in der Stat da ain koſt=
liche ſalzpfannen vnnd das ſaltz ſeltzt gar wol
vnd iſt gar klein vnnd ways furt man In
Frannckhenn vnnd in den Reinſtrom — — konburg
etwann ain munch cloſter vnnd Itzunt weltich kor=
herrn haben die Herrn von Lympurg geſtifft („ nein!
die Grafen von Rotenburg, aber die Schenken haben
es begaben und fördern helfen„ ) vnnd zuvobriſt
Conrad Rex kanr Hertzog Inn frannckhen iſt di ſag
der ſey ain Her von Lympurg geweſenn („ die Tradition
war alſo damals allbekannt„ ) Lympurg ain ſlos vnnd
margkht dovon die ſchennckhen von Lympurg Irn
namen haben— — — Grieningen ain Slos ſchennckh
Albrecht von Limpurg krainichſperg („ jezt Cransperg„ )
ain purgſtall auch ſein desgleichen puchhorn ain
purgſtal ꝛc.

Es iſt dies ohne Zweifel eine der älteſten
noch vorhandnen Beſchreibungen des Kocherthals;
Sebaſtian Münſters iſt ihr ähnlich ; aber ſichtbar
nachgeformter Auszug.

# Register

über die in diesem zweyten Theile vorkommenden Orte, Gegenden, Flüsse rc. welche ehmals Limpurgisch waren, oder noch sind, oder auch sonst mit der Herrschaft auf gewisse Weise in Verbindung standen, oder noch stehen.

---

Ee 2                          Kohl=

Detens

Ee 3                    Stiert=

# Zusätze und Verbesserungen.

## Theil I.

S. 48. Andere wollen ein mittleres Stück jezt nur auf 18 Klafter im Gehalt schäzen.

S. 56. und II. Th. S. 98. Seifertshofen hat nur zwey Jahrmärkte.

S. 148. Statt Vinna lese man Vicinia, (d. i. ein Austragsgericht von benachbarten Edlen von kundbarer Rechtschaffenheit.)

S. 207. muß es heissen: Reinsperg, einem Hallischen Dorf.

S. 331. Christian Friedrich lebte 1631. nicht mehr.

S. 407. Pfalzgraf Götz von Tübingen, der 1316. starb, verpfändete die Stadt Böblingen an das Kloster Bebenhausen. Ein andrer Graf Götz, vermuthlich dessen Sohn, verkaufte sie unter gewissem Vorbehalt 1344. an Graf Eberhard von Wirtemberg, dem sie auch 1357. gänzlich abgetreten wurde. Dieses leztern Graf Götzen Schwester muß Elisabeth, Schenk Albrechts von Limpurg Gemahlin, gewesen seyn.

## Theil II.

S. 92. Die Holzpreise im Limpurgischen, im ersten Viertel des jezigen Jahrhunderts, lassen sich noch genauer darcus schäzen, daß damals, nach erhaltenem sichern Bericht aus alten Rechnungen, Eine Klafter Brennholz, jedoch auf dem Stamm, gewöhnlich um 6 kr. verkauft wurde.

S. 136. Eschenau ist nicht nach Sulzdorf, sondern in eine nähere Hallische Kirche gepfarrt. Die Mezelhöfe (Vückl.) nach Lorch. Langertshof (Assenh.) ist ein Zuwachs der Viechberger, Lindenhof (Vückl.) der Eschacher Filialien. Die im 23. Abschnitt angegebnen Seelenzahlen sind zum Theil, sonderlich bey Viechberg, Eschach, Gröningen, Michelbach, aus den in der Topographie detaillirt angegebnen Summen noch genauer zu bestimmen.

S. 144. statt Geile — Geilndorf.

S. 160. statt 1746. — 1546.

S. 161. statt Berg — Beeg.

S. 177. statt Scheny — Schnayberg.

S. 275. statt Wiesen — Weisenhof.

S. 284. statt weislich — erweislich.